The Human Calling
Three Thousand Years of Eastern and Western
Philosophical History

三 千 年 人 類 思 想 簡 史

何道峰 著

人文出版社
HUMANITIES PRESS

踏入靈性朝聖之旅

陳劍光

閱讀何道峰五百多頁的著作《人的應當》，乃一次令人歎為觀止的心靈導賞旅程。該書深入探討人存在的意義、人應該如何生活，進而追問兩者的關係。**這是自文明誕生以來一直困擾眾生靈魂的心靈期盼。**作者在不同的知識領域苦苦求索，從東方及西方的古代哲學家開始，到希臘、先秦和希伯來文明，再到羅馬、印度和在中國的統治地位的儒家，最後到基督教和當代世俗主義。作者寫下他的反思，並與我們分享他的心路歷程。**這是一部仔細研究而後成的學術著作，以其獨特的導遊方式向讀者一一介紹從古代到現在的文明景觀。**

何道峰出身並受教於唯物主義世界觀的背景，卻能超越唯物主義，引導讀者進入人類生存的更高的層次，達到令人耳目一新的境界——靈性。 缺乏這個維度，眾生往往會迷失於物質主義、後現代或技術中心的深淵中。 他漫長曲折的智力旅程也是一個靈性朝聖之旅，正如聖奧古斯丁在 15 世紀前所指出：我們內心深處的空虛，只有上主才能填補。**在作者的引領下品讀這本書，不期然踏入令人自省而謙卑的旅程，不僅明白我們到底是何物，而且啟發我們知道為何而活，應當如何生活。**

主的前驅聖約翰洗者瞻禮日
2023 年 6 月 24 日

陳劍光：牧師，哲學博士，宗座神學博士，太平紳士。

人生兩大問題：人的所是與人的所為

柏有成 *

我們的本事大極了——楊振寧
人類一思想上帝就發笑——猶太人諺語

有幸認識道·安基金會何道峰老師，承蒙贈與他所撰寫大作《人的應當：三千年人類思想簡史》。打開此書，閱讀六頁的序言，我知道這不是一本閒書。因為何老師博覽群書、學貫中西、博學多聞、縱橫古今，他以慧眼的視角品評由古希臘、文藝復興、啟蒙運動、宗教改革到工業革命之後的現代文明，進而探索人生的大哉問。何老師像是一位織布機的師傅，將歷史的線條，在他的筆下，經緯交織地呈現歷史宏觀的全幅畫面。他又像是一位導遊，帶領讀者進入歷史長廊，由古希臘、羅馬、希伯來、印度到中國古文明，如數家珍地將歷史全貌娓娓道來，讓讀者既見樹亦見林，兼顧細緻的微觀與鳥瞰的宏觀。承蒙何道峰老師的邀請，分享讀後感言，起初是戒慎恐懼，因為我的養成教育是屬於自然科學，研究病毒分子生物學，對於人文歷史沒有太深的涉獵，如果大放厥詞有班門弄斧之譏。而且這本書旁徵博引文獻之多，涵蓋層面之廣，必須拿出預備大學高考的態度來閱讀，方能體會何老師深邃的思考總結。翻譯成大白話就是，這本書讀起來非常燒腦，非誠勿試，但是，值得一試，而且是"悅閱愈視"，就是越看越喜歡看的意思。

可是讀這本書需要一個重要的裝備，就是世界觀。它是用來觀看世界，理解世界的一種觀點。我們都有世界觀，只是我們不會刻意地去查驗。有一家隱形眼鏡的廣告詞是這麼說的："博士倫——看見，更有遠見。” 因此，世界觀像是我們的隱形眼鏡，我們都戴著它觀看周遭的世界，只是不察覺它的存在。一個整全的世界觀要能夠提供宏大的視野讓我們看得遠，明澈的視鏡讓我們看得清，聚焦的視角讓我們看得準，這是世界觀基本的三大要求。我是一名基督徒，我深信耶穌基督的福音提供了這種整全的世界觀，所以我以基督徒的世界觀來理解我所身處的世界，以此來回應何老師在書中所提出的三個思考範疇：人的能夠，人的必須，人的應當。在此野人獻曝，分享我的讀後感。

人的能夠

何老師在書中以人的自由意志為基礎，探討人的能力，技術創新，引以為傲的科技成就，以及所帶來盲目的自信與驕傲，頗有見地。何老師書中強調人是健忘的，總以為這個世代的人不會重蹈覆轍。呼應了葛尼斯（Os Guiness）在《一生的聖召》這本書中所敘述的一個發人深省的故事。葛尼斯提到一位有名的藝術家，即將臨近生命的盡頭。因著自己嘔心瀝血的傑作，受到無法彌補的破壞，感傷生命中那種無以言喻的失敗，因此深陷在憂鬱之中。於是他拿起一張紙，隨意塗鴉，畫下一連串的小方塊。每一個方塊代表他生命中一項又一項的重大嘗試。他先將前面的小方塊畫成直立的，但是他將後面的方塊畫成一個一個相疊的圖案，好像被推倒的骨牌一樣。在這張圖的下方，他寫道：“一個推倒一個。這些方塊就像人的一生和他所做的努力。”寫下這句話的人，名叫李奧納多·達文西（Leonardo da Vinci），是文藝復興時代最多才多藝，最具創造力的發明家。他強壯、英俊、聰明、自信，而且野心勃勃，以非凡的信心出發，夢想能成為當代最偉大的藝術家。我們現代人認為他的夢想實現了。可是我們現代人認為我們比達文西時代的人更能幹，更有能力，我們“能夠”做的事太多了。大丈夫，有為者亦若是，所以達文西"能夠"，我們更加"能夠"。我們的本事大極了！可是當我們熱情地追求科技、財富、安適、幸福的時候，讓達文西臨死之前悲傷的結論提醒我們："追求完美是一個不可能的悲劇，我們不應該渴望那不可能的事。永遠都是時間太少，還有好多事沒有完成。"

基督教的世界觀是如此看待"人的能夠"：人之所以有能力，是因為人是按着神的形像和樣式受造而被賦予創造力，然後被賦予使命，以神所賜的能力去治理管理神所創造的世界，增進全人類的福祉。可是人類的犯罪與墮落，帶來一個嚴重的後果，就是人的能力不再是為着他人的利益而存在。"人的能夠"成為一種以自我為中心，追求個人權益的功利手段，尋求自己的最大幸福而不惜犧牲他人的益處，甚至使用暴力的方式。這就是何老師書中所提及的暴力與死亡。解決暴力的衝突，脫離困境就需要一個解決方案，人提出的解決方案是"人的必須"。

人的必須

何老師認為"人的必須"是群體生活中的公共約定。在家族處境下，以倫理道德的約定俗成來規範人的外在行為；在國家的體制下，以成文法的規定來約制個體的行為。這種強制性的法律規則，強調責任與義務，共同福祉，讓人勉力而行，可以給社群帶來外表行為的自我約束，可是它不會持久，因為外在的規條無法改變內在的人心。基督教的世界觀認為，一個沒有被耶穌基督福音更新的內心，終有一天會顯露它敗壞的本相。目前人沒有觸犯法規，是因為沒有給予犯罪的機會，如果有機可乘，而且不需要承受後果，人的自私與好逸惡勞就會成為我們開始以身試法的第一張"達文西式"的骨牌。人類的歷史，不斷見證着這種"立志行善由得我，行出來由不得我"的挫敗。

內心敗壞的人規劃出"人的必須"法治之路，無法解決"人的能夠"所造成的破碎與敗露。人類所矜誇的財富，地位，名利，聲望，充其量只是一種高級的無花果樹葉子。人得了世代健忘症，一代又一代地在罪所污染的"能夠"與"必須"中，進行自我救贖的惡性循環，而且是每況愈下，無法為人類提供終極的出路。雖然現代科技提供許多前所未有的契機，可是如 Alvin Toffler 所說："坐擁科技，配備齊全的現代人，卻驚恐萬分地在駕駛座上茫然四顧，不知該把生命的列車開往何方。"聖經傳道書 1:3 說道："等我看明世人，在天下一生當行何事為美。"所以，人的一生應當如何去行，才是永恆的真善美呢？這是"人的應當"的問題。

人的應當

因此何老師在書中上下求索，周遊歷史，細數文明，帶領讀者探索生命的意義，一種神聖的"呼召"。何老師認為唯有回應這種神聖的呼召，才能矯正"人的能夠"背後那種健忘與驕傲的本性。葛尼斯在《一生的聖召》這本書中對"呼召"做了如下的定義："呼召就是神毅然決然地呼喚我們就近他，以致於我們的全人，我們所做的每一件事，以及我們擁有的一切，都投資在一種特殊的忠誠及活力裏面，活出來回應他的呼喚與事奉。"

聖經傳道書 12:1 說道："你趁着年幼、衰敗的日子尚未來到，就是你所說，我毫無喜樂的那些年日未曾臨近之先，當記念造你的主。"因此第一個"人的應當"就是認識這位創造我們的主。傳道書給當代的人最後的勸告是："敬畏神，謹守他的誡命，這是人當盡的本分。因為人所做的事，連一切隱藏的事，無論是善是惡，上帝都必審問。"（12:13-14）。因此第二個"人的應當"就是敬畏神，謹守祂的法度命令，這才是"人的必須"。一個被福音更新的人，才會甘心樂意地謹守聖約的典章制度，才能帶給人長治久安的福祉與心靈的康健，就是希伯來人所說的"沙龍"（平安）。雖然這是寫給當時的人，作者想藉這卷書傳遞一份處世的智慧，就是人在有限的一生，要時刻以敬畏神並遵守祂的吩咐為當盡的本分。我認為這段經文完美地總結了何老師反覆強調"人的應當"。

2000 年夢工廠電影公司出品的史詩電影《神鬼戰士》（英語 Gladiator，中國大陸譯為《角鬥士》，香港譯為《帝國驕雄》），劇情敘述羅馬帝國時期一位驍勇善戰將軍麥希穆斯（Maximus）的故事。在劇中麥希穆斯將軍出征之前鼓勵戰士們說道："兄弟們，我們現在所做的會在永恆迴響。"願我們現在所做的是回應神的聖召，知道人的所是（應當，being），才知道人的所為（能夠，doing），如此才不會虛度人生。

《人的應當》讀後感

2022 年 10 月 20 日

* 關於柏有成：

曾是一顆被薊馬叮過的稻穗，徒具光鮮外殼，卻沒有真材實料；

曾是一名知識殿堂的觀光客，自詡學養兼備，卻沒有深厚功底；

但是神豐富的憐憫與恩典，叫他與基督一同活過來，在基督裡學習成為忠心宣講福音的門徒。

他就是柏有成，耶穌基督的終身僕人。現任基督使者協會會長。

編者按：

基督使者協會（Ambassadors for Christ）：是北美最富影響力的校園事工機構之一，致力於為基督贏得這世代的華人知識分子。

前言

何道峰

這是一個最激動人心的時代，也是一個最令人無奈的時代；這是一個憑感官就能感覺到眼前充滿希望的時代，也是一個認真沉思便能意識到人類面臨難題無解與絕望的時代。因為移動互聯網中，全球化信息的快速交流和摩爾定律主導的信息計算能力快速迭代，兩種力量相互推動，促進着信息加工與傳輸實用技術的快速進步，光傳輸和量子計算技術對算力的最新突破，以深度學習和機器學習為標誌的編程技術與算法革新，更為人工智能產業帶來更為高遠的想像。另一方面，基因複製、阻斷和測序技術的進步，正在開創生物微觀技術領域的革命性進步；加上人際間、組織間和國家間市場競爭制度的壓力，人類技術創新行為被棘輪式地推入了前所未有的高速迭代軌道，疲於奔命的人，沒有時間和精力停下來沉靜與思考。因此一種不加思索的新技術讚美、期盼與崇拜，在不知不覺中形成時代風潮，引領並主導着人類的輿論與群體行為，在快速前行中給人類帶來鴉片食吸類的饑渴期盼以及事後的迷茫與不安。人類焦慮、抑鬱、暴力傾向、群組性衝突、國家間衝突，正在成為新時代的核心問題，這些問題並未因新技術日新月異地發展而減少，反而因新技術發展而迅速增加，因此，**深入思考並尋求新時代人類精神追求與物質追逐之間的平衡，不僅是理論與信心來源的解釋學的需要，而且是人類減緩衝突、斷裂，從而減少焦慮、增加福祉的現實需要。**

人類文明史展示出**人在歷史中的兩大優勢，就是組織化與文字信息的記錄和傳播；人在歷史中最容易犯的兩大錯誤，就是驕傲和健忘。**

通過人類自身的組織化，人類放大了個體的有限能力；通過文字信息記錄與傳播，人類獲得了群體性的學習與創新能力。今天我們回望整個人類文明史，它無非是這兩大優勢的群體性累積在征服自然過程中，所形成“人的能夠”的探索與擴張而已。始於自然哲學並通過人的經驗累積而創新的技術，與超驗的想像力和邏輯推導能力相結合所推動的現代科學的躍升，及其日漸加劇的科學與技術之間的互動與合流，借助人類的組織化和信息傳播與教育，讓“人的能夠”這種征服自然、利用自然的能力，達到了人類前所未有的新高度。可是人類在每一個歷史進程中，總是為眼下所取得的“人的能夠”之集體性累積成就，盲目地自信與驕傲，總是墮入新技術、新工具崇拜的深崖，以為借助這種新技術、新工具，人就能夠用組織化的方式去控制和奴役他人，提升“人的能夠”。而被奴役者也總迷醉於新技術、新工具，在奴役者所製造的潮流中盲目舉杯，徹夜狂歡，最終導致強權暴力對生命的瘋狂踐踏。可是，藉着人的這種盲目驕傲，人類總是對人類歷史中犯過的類似錯誤犯健忘症，從而不斷重複犯相同的錯誤，不斷陷入奴役風潮、暴力衝突與自相殘殺的絕境。直至問題走到極端，那些中流砥柱式人類智者的深思邏輯與醒世恒言，才會穿透人類本性驕傲健忘寓於當下流行風潮中的重重迷霧，喚醒人因群體信仰而深藏着“人的應當”的神聖呼召，矯正那驕傲健忘的本性，小心翼翼地從歷史記錄的偏差和教訓中學習，醫治驕傲和健忘所帶來的創傷，從而推動人類歷史矯正前行。可是，創傷的醫治和向前發展，又會在時間的流變中孕育出新工具崇拜的流行風潮，誘發人那驕傲與健忘的本性。因此，**組織化與信息化引領的技術創新，便是“人的能夠”藉以擴張自我的新工具崇拜；而人驕傲健忘的本性矯正，就是人類如何回應超驗的神聖呼召，處置自己的生命際遇以獲得神聖性公共意義的“人的應當”問題，像一個錢幣的兩面不**

可離分。人類有文字記載以來的歷史，無論多麼紛繁複雜，都可以概括為人類關於"人的能夠"與"人的應當"之間矛盾、衝突並相互推動的歷史。

人類有文字記錄的可考歷史，可追溯到 6 000~7 000 年前蘇美爾人的楔形象形文字，5 000~6 000 年前埃及的象形文字，3 000 年前衣索比亞的象形文字，以及華夏文明 3 000~4 000 年前的古漢語象形文字，而由字母組合的結構功能化文字發端則要晚一些，大約在 4 000 年前左右，主要文字有希伯來文、希臘文和拉丁文、印度梵文等，阿拉伯文的出現則要晚很多，迄今回望只有大約 1 500 年的歷史。但由於地緣政治的變化特別是貿易和戰爭的影響，發軔古老的象形文字在運用上逐漸消失掉了，整全性的運用只剩下漢語語系，其他地區則主要由字母組合的文字所替代。漢語語系在東方文明中守住了象形文字的歷史根脈，並通過近現代的白話文運動，推倒了橫亙在這兩大語言系統之間難以逾越的牆體，使西語中以英語為代表的結構功能化文字影響力，迅速擴展到新的漢語結構中，從而使漢語獲得了嶄新的生機與活力。在這些有文字記載的可考歷史中，文字的記錄與傳播猶如一個金字塔結構，從神學哲學思考的頂端往下，縱跨文學藝術啟示，政治治理結構與戰爭，經濟發展與貿易往來，社會自治與風俗文化，以及日常生活的具體細節，不一而足。而這種分層、分類的縱向結構之間，存在着一種文明內部的某種終極性深刻的邏輯一致性。因此，如果從思想史的深層角度去觀察和比較，我們就能夠找到一種東西方文明比較的獨特視角，窺見東西方文明演進差異背後的深層原因，窺見被我們今天稱頌為"現代化"文明的深層定義，以及不同文明系統內部思想與歷史互動的神聖源頭與權威源頭之差別。我們由此找到一種辨析人類當下所面臨問題的深層思想觀和歷史觀，使問題的辨析找到一種可比性底層邏輯，這便是本書想去探索的研究與分析路徑。如此大膽的想法對我而言，似乎過於狂妄和不自量力，因此我一直懷着忐忑不安的心情在閱讀相關文獻並思考。奇妙的是，五十歲生日之後，由於更年期的深度失眠，我能清晰感知到物理生命"死亡"的迫近感和近距離感。自此開始，除了歷史、哲學和神學思想者的著作之外，我無法閱讀其他著作。經過十多年的閱讀與思考，特別是命運的反復擊打與試煉，我在四年前提前退休，兩年前開始寫作。

我嘗試着將歷史與思想史之間的邏輯聯繫建構起來，去勾勒現代化文明起源與孕育成形的歷史脈絡。我嘗試着將人類在 3 500 年前到 1 700 年前形成的有文字記載的思考與思想，概括為人類第一次大反思。這與思想史界的第一軸心時代的思想不同，第一軸心時代的思想發生在 2 700 年前到 1 800 年前。我以為人類第一次大反思應當包含古希伯來信仰思考，印度古老而深邃的吠檀多哲學與信仰思考。當然，古希臘哲學思考、中國春秋戰國哲學思考、佛陀哲學思考以及基督信仰引發的哲學思考，是這一時期人類思想的重要部分。這一次人類大反思，是一次人類對其所面臨終極問題和絕對真理問題的發問與反思，討論了自然哲學與人文哲學的種種命題，重點設問並回答了人從何處來並向何處去，以及應該如何處置自己此生生命的"人的應當"，以及"人的能夠"與"人的應當"如何交錯衝突的種種問題，這次大反思涉及問題的深度與高度，此後直至今日為止的人類，從未達到與超越過。

我嘗試着將公元 1 200 年至 1 800 年的核心思考，概括為人類經歷的第二次大反思。這包括對古希臘亞里士多德思想的再研究及其與基督信仰的再次整合，文藝復興與宗教改革，佛陀信仰的東亞移植與南亞吸化，宋明理學與儒學儒教化，現代公益的發育與科學的躍升，人類理性自主與啟蒙運動，現代政治、經濟、社會市場化制度的建構與現代法治化建設等等。這次大反思以基督信仰深藏着的"人的應當"作為人的生命獨特尊嚴與個體生命之間擁有平等自由權的神聖源頭，從根本上解決了人的個體尊嚴與平等自由權源於上帝造物主的神聖性與權威性，源於耶穌基督遵循上帝旨意在十字架上的贖罪祭與復活帶來的挽回祭，為人作為被造物與造物主之間的關係連接，架通了耶穌基督道成肉身的神聖橋樑。這一信仰作為神的理性，從根本上定義了人類歷史的時間與空間，從根本上定義了人與其他受造物的本質差別，從而定義了人類生命尊嚴的獨特性，從根本上定義了人類社會根除暴力與奴役的真理與道路在於"愛"與"寬恕"，從根本上定義了堅守"愛"與"寬恕"的根本，在於保持人與造物主之間的神聖關係；從根本上釐清了只有在神聖的人神關係中，才可能保持人的"感恩""知罪""悔改""喜樂""平安""愛人如己""寬恕他人""神聖盼望"的生命品性與人的應當。在這樣生命個體聚集的社區與社會中，啟蒙時代的海洋學派思想家們通過深刻辨析與思考，確信政治與經濟立法，必須以構建造物主上帝賦權人的人際間公平競爭，以及代行公共意志的政府系統能夠公正裁決為出發點，才能使人源於上帝賦權的個體生命尊嚴與平等自由權，得到最為充分的顯現。這種顯現與保障，便是基於基督信仰基石所創建的經濟、政治與社會的三大市場競爭制度，而此種制度的生發，則植根於具有共同信仰之獨立個體公民之間訓練有素的公益自由結社與社會自治精神。這種自由結社與社會自治建構精神，最大限度地調動了人的想像力與創新力，將人類群體性**"人的能夠"**充分發揮、展示並極致挖掘，將人類群體性**"人的應當"**的悲憫與博愛推升到了前所未有的和諧一致，從而創造出一種全新的"現代化"文明範型。因此，**代表人的普世化現代性的自由、平等、公平、**

正義的價值觀基石，是在這一次大反思中形成的，它為現代社會、經濟和政治等三大市場競爭制度的構建，接通並夯實了基督信仰之神聖而權威的根基。由此將人類歷史中體現“人的能夠”的文明與繁榮，以及體現“人的應當”的生命品性、愛與寬恕的人際關係和諧，推升到了前所未有的新高度。

可是，自人類第二次大反思末期開始的大陸學派啟蒙運動，將人類離開上帝實現獨一理性自主的“左傾”思潮，在19九世紀推到了存在主義與財產公有化的另一極端，這種極端化思潮，帶來了嚴重違背三大市場競爭制度的公有制國家壟斷大實驗，這種20世紀的國家壟斷社會大實驗，給這些國家帶來了驕傲與健忘的巨大歷史創傷。而在全球化席捲的國家中，強調人類依靠科技實現人類獨一理性自主的科技崇拜浪潮，推動着極端實用主義的無度演進。科技越發達，新工具崇拜就越盛行。商業化對政治與社會的滲透越深，人就越在海量的碎片化信息中迷失方向。廣告業越發達，人就越被流行風潮所席捲而失去獨立思考和自主決策的能力。而在這種流行思潮驅使下的人，也會更加驕傲和健忘。沒有人能擺脫一生的壓迫感和無度忙亂感，心中只有貨幣計量的財富和用掌聲或點擊率計算的名聲，恰如末路狂奔而不知航向。因此，人類面臨着第三次大反思的大事因緣與歷史叩問。如何回應人類第三次大反思的歷史呼召，深入思考與辨析生命的意義在新時代背景下的“人的應當”，已經成為人類最大的也是最緊迫的問題。因為人工智能、基因工程、環境惡化、恐怖主義、核武威脅，每項人類自以為傲且體現“人的能夠”的群體性技術創新積累，都可能終結人類。所以，著名物理學家霍金在他生命最後一刻留給了人類忠告：“人工智能，或許將終結人類自身”，這的確意味深長而發人深省。

當然，本書的嘗試也許是膚淺的或被認為離經叛道的，也許因寫作風格是寫意式而非經典考據式的而受人詬病，也許很多論點未經嚴謹的文獻引用和論證為人所不喜歡。但在今天這個社會科學分工細緻和過度企圖自然科學化即數學化的時代，為了學術的比較和贏得學術地位，人們習慣於在每片樹葉乃至每片樹葉的一條葉脈上精雕細琢，而忽視整棵樹乃至整片森林之間的多維空間邏輯和歷史邏輯。**也許這是一本閒書**，但如果它能提醒人們去關注人類思想史和人類群體行為之間的互動，對於人類文明的演進存在怎樣深刻的底層邏輯關聯，能啟迪人們面對日益碎片化的海量信息，仍能保持整全性思考和精神信仰等方面哪怕有一星半點的作用，我也就因此而心滿意足了，正如一位老者將其畢生經驗教訓和生命體悟促成的思考轉化成滋養來者思考的肥料般滿足。

於北京世茂奧臨社區秋水齋

2019 年 11 月 18 日

目 錄

第一章

人類：特質、本性與公共衝突

第一節　人作為個體的脆弱性特質

依現有人類對地球所做的實證性研究與觀察，人類不是唯一主宰過地球的生物。在人類以壓倒性優勢主宰地球之前，恐龍、獅子、老虎、獵豹、大象、犀牛、河馬、大猩猩，乃至細菌、病毒等都在不同程度上主宰過地球。相對於那些強悍的動物與無孔不入的微生物，人表現出比較突出的物理脆弱性。

人的這種脆弱性，不僅表現在沒有厚重皮毛、利齒、利爪、超強繁殖與感染等天然的保護與攻擊性武器方面，而且體現在相對緩慢的奔跑速度與攀爬能力方面。更重要的是人的生育數量少，在母腹中發育時間長，進而哺乳及護嬰週期更長，因此一個個體的人從胎兒到能夠完全獨立生活需要近二十年的漫長歲月。而在此過程中，其受傷害乃至死亡的概率很高，風險很大。通過考古發掘回望的人類的史前死亡遺跡，常令人恐懼而顫慄。因此以人的個體物理脆弱性而論，人類戰勝其他物種、主宰地球的概率並不大。

當然，根據考古學家們的部分推論和部分實證性的研究成果，人有其他物種絕無僅有的優勢，即人能直立行走且腦容量超大。自 10 萬 ~8 萬年前東非智人向全球移民，大量繁衍並逐漸替代尼安德特人以來，一個正常成年人的腦容量基本達到了 1 250~1 400 立方厘米。智人的腦容量最高可達 2 000 立方厘米，相當於靈長類動物中最大腦容量類人猿的 4~6 倍。因此佔人體總重平均不到 5% 的頭顱所消耗的能量，超過了人體能量總消耗的 20%。這個優勢不僅使人的完全直立行走與奔跑、攀爬成為可能，而且可能使人成為具有"思考—行動—反思"之思考型行為模式的動物，而不僅僅是依靠"條件反射—行動"之本能型行為模式的動物。[1] 但這種優勢並不必然能克服人作為個體，在地球物種競爭中所自然攜帶的相對脆弱性。

　　那麼，是什麼促成人類在地球這場強手如林的漫長物種競賽中，克服了個體的脆弱性，從而在整體上勝出並成為地球上絕對的主宰者？是外在於人類的上帝造物主依上帝理性創造了人類和自然，並使其依上帝理性所創造的法則運行？這始終是人類反復思考與爭論的歷史大問題。依着這一問題的思考與爭論，人類構建了種群相異的社群文化或民族文化。

第二節　人作為整體的群居性選擇與公共困境

　　人因其個體在物理上的脆弱性而選擇了群居，從而產生了人類獨有的社群生活。當然，群居並不是人類獨有的存活方式，但是因人類群居而形成的社群生活方式，以及因此產生的根本問題及其解決嘗試，促成了人類非同凡響的群體性進化與文明創造。

　　人類獨有的社群生活，讓人投入到一種個體之間的相互連接關係中。這種連接從一開始就像上帝鑄就的一枚錢幣，具有完全相反而又共通的兩面性。一方面，人因與他人的連接而增強了應對外部的力量，增強了個體之間的合作，從而增強了自我的信心，增強了個人對社群的公共歸屬感。總之，人應對外部世界的能力因這種連接而增強了。另一方面，人因與他人的連接而增強了個體的風險，因為他人即是每個人的"他者"或"外部世界"。這個"外部世界"可能是"善"的，個體會有一個美好的期盼；這個"外部世界"也可能是"惡"的，它可能搶走你的所有、所愛，侵佔你的空間，甚至可能奴役你或殺害你，這個"他者"風險構成了個體與他人連接的公共陷阱。這個"人與他者"的"公共歸屬"與"公共陷阱"，就是人類在社群生活中相互連接的"風月寶鑒"[2]，打開正面是心儀之美，打開背面是憂傷骷髏。元初如是，永遠如是。對上述問題的思考與解決嘗試，使人與動物徹底區隔。

　　人用其屬靈之性，試圖去解決這個最元初的"風月寶鑒"兩難命題。可是人的屬靈之性來自何處，來自上帝之造？來自進化？來自外星？我們暫且不去討論，因為浪費時間，了無結果，不如選擇信仰簡單，選擇你所相信的。因為人的屬靈性質，基於"思考—行動—反思"的獨特行為模式，或許是由人直立行走及腦容量大的物理結構和能量消耗高佔比的化學結構所決定的；或許是上帝造人從而賦能以人，使其獲得屬靈性質的。我們很難證實與證偽，但可以通過個人信仰來解決。暫時撇開起源之論，人的行動受思考支配且行動之後再反觀思考的行為模式，註定了人有學習能力和創新能力，這則是可以實證觀察的。實證觀察可以詮釋人在社群生活中的學習能力和創新能力。怎麼詮釋學習能力？所謂學即效仿，習乃為重複或複製，即人能效仿他人或其他物種之行為並使其重新複製出來，而反思則強化了人下一次學習的選擇性，選擇則會形成優化。因此，人在社群生活中的行為模式運行是有方向性的。怎麼詮釋創新能力？創即發現而非模仿或效仿，即發明而非重複或複製；新即與過往發生過的不同，含有群體行為橫向比較而非僅對個體縱向比較的結果。

　　人在群體生活中獲得的這種學習能力與創新能力，似乎使人類群體性獲得了不斷提升"人的能夠"的新機制，從而使人類與其他動物從根本上區別開來。儘管很多學者嘗試通過實驗科學去證明蜜蜂、螞蟻、猩猩等動物也具有學習能力，但到目前為止的研究結果，也僅證明這些特別的動物個體只是遵循"條件-反射-行動"的行為模式而已。蜜蜂和螞蟻的內部分工與組織，是一種條件反射式的群體分工對所有個體角色的生物性固化，其個體只依被固化的角色採取條件反射式的行動，旨在完成其在群體中被固化的角色任務。譬如一隻雄蜂只按蜜蜂社群對其固化的角色存活 90 天，完成交配任務後就死亡，而沒有人類個體思考性行動選擇的自由意志。因此動物與人的行為模式具有本質上的不同，也不可能獲得人在群體生活中所具有的那種可持續性"學習"與"創新"的自由與能力。[3]

　　人作為個體的自由意志源於人的靈性，而此靈性是上帝造人的賦權，還是社會進化的賦權，始終是人類神學與哲學爭論的話題。世界上許多人相信上帝是人獲得靈性進而獲得自由意志的最初源頭；也有相當多的人相信"環境適調進化"是人的靈性與自由意志的過程性源頭；二者的證實與證偽都是同樣困難的。**但人有自由意志這一本質靈性，是人之所以為人的前提，它對我們理解人的行為模式以及由此產生的學習與創新之自由及能力，十分重要。**因為自由意志是人行動前思考的前提，也是行動後反思的必要條件。任何社會中的自由，均以自由行動之結果的衡量與取捨為前提，並以特定社群中的公共倫理與法律秩序為條件，否則就不是真正意義上的個體自由。而一切個體自由，均是以自我為中心的，如果沒有以自我為中心的"人"這個意志主體，"自由"頃刻間就因喪失其全部意義而灰飛煙滅，只剩下一些人被另一些人奴役的謊言之瓦礫。**因此，具有自由意志賦權的個人主體，和個人主體擁有自我為中心之自由意志賦權這兩個最基本的出發點，是我們討論一切人類問題的出發點與歸宿點。**而如何使人類社群既有個體自由意志賦權，又能實現公共有序治理，是人類社群生活永恆的理想與難以完全實現的困惑。

第三節　"人的能夠"與"人的應當"之永恆衝突

　　當人帶着自由意志特質及其獨特的行為模式開始人類的社群生活時，其社群與個體的協同性和衝突性悖論，立即如上帝鑄就的錢幣般，呈兩面性地展現開來。

　　打開社群生活協同性的一面，我們立刻可以看到：人在社群生活中將人類個體置身於人類群體的四面包圍之中，因而增加了人類個體的安全性和安全感；人類個體通過社群組織的連接，擴大了個體應對自然及外部世界的能力，並因此而增強了人作為個體存活的信心，增強了人作為群體與其他物種競爭以獲取資源並勝出的信心。人逐步感知並學習到了這種連接個體共同行動的"組織"意義，並增加了人對"組織"的想像力與依賴性。人類個體通過社群生活培育了共同的生活習性，共同分享社群生活中的真實故事與想像故事，獲得喜怒哀樂的共同源泉，特別是共同面對外部自然的危機挑戰，如集體狩獵、應對其他社群攻擊及自然災難等，極大地增強了人類個體對群體的歸屬感與榮譽感。社群連接的組織方式是人類的第一個偉大發明，它打開了人類個體可以通過群體行動去克服個人脆弱性的組織化想像空間[4]，使人類個體的能力通過群體組織化得到大數量級擴張，從而也使人在地球的物種競爭中邁出了最為關鍵的一步。於是人的激情被調動起來了，人類個體為這種群體組織化行動學習，並創新想像，並講述起舞，並謳歌。

　　打開社群生活衝突性的另一面，我們立刻能夠看到：人在用社群"組織"去提升個體安全感的同時，更大的不安全感被孕育出來。因為社群的規模和邊界變成了新問題。在社群內部，社群組織化規模越大，群體行動對人類個體能力擴張的倍數就越大，社群征服自然和應對外部社群攻擊的能力就越強，個體的激情就越能得到充分的調動，這樣的社群就越精彩並值得其個體自豪。可是另一方面，社群組織越大，多數個體之間的連接必然會變得鬆散，個體之間的陌生感也會增加。當個體之間的自由意志發生衝突時，人在社群生活中學到的外部挑戰與危機回應之術，就會被挪用於內部，致使個體不安全性和不安全感陡增。而在社群外部，因爭奪外在資源、榮譽而發生的社群組織之戰，常常是血腥且暴力的。在這種社群組織衝突中，人類個體的自由意志會成倍數地被擠壓和縮小，進而變得無足輕重，社群組織化衝突的危機，替代了個體在整個世界中孤獨無助的危機。但是，社群組織衝突的危機，並未降低人類對社群組織化依賴的激情，反而激發了社群組織化規模的擴張，仿佛擴張了的社群組織規模能獲得更大的力量。越來越大的社群組織，產生了打着"組織"旗號對個體自由意志進行約束的需要。可是這種狀況一經出現，對個人自由意志的限制，到底是源於真實的社群公共需求，還是源於少數社群組織領袖對其他社群成員的意志強加，就成了人類社群生活的永恆話題、灰色地帶乃至黑箱。由於信息的不對稱，社群內少數人的自由意志，對多數人自由意志的組織化強加和奴役就會被製造出來，成了人類社群生活中最黑暗的部分，它在有的時候是必需的，而在大多數時候是荒唐且無奈的。於是人類的悲情被調動起來，為此悲愴，為此抗爭，為此憤慨、批判乃至戰死。

　　在人類社群生活中，個人自由意志主張與組織化奴役這樣相反相成的兩面性，如何在動態中和解？人類如何實現個體最大限度的自由意志主張，而又最大可能地過協同一致的社群生活，並能在地球物種競爭中存活勝出？上述兩方面的社群問題，逐漸成為人類必須面對的歷史性動態群體問題，折射出人尋求這種兩難沖突破解的社群特徵，即人的自由意志靈性，一直在尋求公共擴張與個體保護並存的內在可能，以及外在有序性展現。人與他者之間，因外在連接而生發的社群問題的兩面性，只不過是人的自由意志靈性，這一兩面性的內在衝突在社群組織中的外化而已。

　　人的自由意志要表述的正面即人是自由的，它包含着個人為自由意志主體以及這個主體有自由意志這兩個要點。人的自由意志，蘊含着人這種個體可以自由想像、言說及行動，並自由享有行動成果這樣的"主體自由"和"客體自由"兩個方面，同時包含着個體之間自由想像、言說、行動、自由享有自己行動成果的相互比較和競賽的動態進程，否則我們甚至都不知道、也無法定義"自由"是什麼樣子。首先碰到的難題是這個主體是否健康、有意識能力、正常存活等；其次是這個意志主體在何時及何種技術背景下存在，怎麼想像、言說、行動並如何享有其行動成果等。上述人的自由，立即生發出另一個人的問題，就是"人的能夠"命題，即在人類所定義的時間流變中，一個人類個體到底"能夠"自由到什麼樣的程度。它也是人的自由意志首先要回答的第一命題。如果一個人類個體如魯濱遜般漂流到一個孤島上，那麼這個人類個體面對的只有自然這個"外部世界"，他的自由意志以他所處時代的技術為限來進行定義，譬如他能用樹枝搭一個庇護所，他能從島上找到淡水水源，他能採摘野果充饑，他能削尖木頭用於捕魚及安全防衛，他能在木頭上按日打上刻度以記錄人類定義的時間，他能在沙灘或岩壁上畫想像的城市和天空的飛鳥，等等。上述這些"能夠"，就是魯濱遜自由意志的最好定義。[5]

　　但當魯濱遜回到人類的社群生活中時，他面對的問題就不僅是自然這個"外部世界"了，而是要面對社群生活中許多"他者"的另一個"外部世界"。這時，我們就不得不面對"人的自由意志"這個表述背面所暗含着的內生問題，即回歸人類社群的魯濱遜的自由是受限的嗎？一個人類個體在發揮其自由意志的時候，是否會傷及或妨礙他人的自由？首先，在物理空間上，當一個人佔有或擁有某一自然物品或空間時，必然同時排除他人的佔有或擁有，因此人的自由意志的行使本身就會導致人際之物理性衝突；其次，想像、言說等作為人類個體自由意志賦權也是排他的，因此社群生活中會產生名譽權等主體性衝突；再次，人類個人主體的行動可能直接傷害他人的自由，如偷盜和搶劫財物這樣的客體性衝突；最後，人的行動可能產生直接傷害甚至殺害他人的主體性衝突，等等。所有這些問題的背後，實際上潛藏着一個更大的命題，即在人類獨有的社群生活中，人類如何構建一種社群性的公共制約與公共秩序？一個個體的人"應當"怎樣想像、怎樣行動，才能既保有自己的自由而又尊重他人的自由？這個"人的應當"如何與"人的能夠"相協調，使人心態適當、行止有度地生活，從而構建一個既保障個體自由意志又保證公共秩序相協調的社群生活與動態社會，以值得人的屬靈生命所嚮往？**顯然，"人的能夠"在人類歷史中是"可見"的或曰"顯性"的，"人的應當"則是"不可見"的或曰"隱藏"的，它來自高於人維度的不可見的神聖源頭，它定義着人類可見文明的深層基石差異。**

第四節　　生命跌宕中的神聖作答

我們看到，人自從成為人類開始，其內在的特質與自由意志之本性，就從根本上強烈驅動着我們去破解"人的能夠"和"人的應當"這兩個相反相成的兩難命題。**"人的能夠"**在很大程度上表現出人作為個體人格的自由與成就，人有思考的自由、選擇的自由和行動的自由，並因這種自由而享有其思考、選擇與行動的成就；**"人的應當"**在很大程度上表現為人作為社群生活中的公共人格的定義與限定，它是對人作為個體自由邊界的定義與公共空間規約——只有構建一個個體自由之公共邊界或公共空間，去規約個人自由的無度發揮，人作為個體在群體中的自由才是可能的。反之，只有作為個體的人獲得在群體中可以明確定義和衡量的自由，這樣的群體生活才使人能夠建立穩定的預期或期盼，從而使這樣的社群生活值得人過。**因此，"人的能**

夠"和"人的應當"，猶如錢幣必須有兩面一樣，人始終無法擺脫這個兩難命題的助力與困擾。這個兩難命題破解的過程，定義了人類全部的文明史。它不僅定義了人類在與其他物種競爭中贏面和輸面交錯的歷史，還定義了人在一個特定的共同體中與其他共同體競爭時贏面和輸面交錯的歷史，更定義了人在同一個共同體中如何營造公共環境並實現個人自由意志主張的歷史。

在人類文明史中，人的信仰和公益，作為營造人類公共空間以規約個人自由意志的"人的應當"命題，其起源、發展與未來期盼，無不交織在前述兩大命題破解的歷史進程之中，值得我們思考與探索。

從主體意志角度來看，"人的能夠"更接近人的主體思考自由、行動自由和行動成果的客體分享自由。可是任何人的這種主、客體自由，都發生在特定的歷史時空中。而特定的歷史時空，則由人們普遍使用的技術手段和公共空間的主流規則所定義，超越這種時空定義的自由是很難想像的。可是如果所有人都只囿於特定時空的普遍技術與普遍規則而採取行動，人的自由就是靜態的，"人的能夠"也是靜態的，那麼人類的命運便因等同於其他物種的命運，而陷入周而復始的自然循環中。可是，人類的歷史並不是這樣的。

人類的歷史充滿了個體自由的違規和群體性的衝突跌宕。每個時代總是有偉大先驅們用超常的思考和行動，來打破其時空中的技術限制和公共規則，以尋求自由的升級與規則的升級。可是這種超常思考和行動的源頭活水在哪裡？其正當性又來自何處？為什麼不同社群的先驅們會有如此超前於社群共同體的思考與特別的行動，從而常常對歷史產生方向性的影響？那種深藏在偉大先驅們超常思考與行動中的巨大驅動力量和定向力量是什麼？為什麼？我以為這些設問在本質上便是關於"人的應當"的設問，即人應當如何處置自己生命在時空中的際遇，以使自己對生命的"此生"感到滿意，並能使不可見的時間永恆中的生命過去和未來，與自己今生生命際遇的處置在邏輯上自洽完美。基於此種偉大的哲思與行動，先驅們就找到了在共同體中與他人相處的普遍方法，及其被今人稱為"換位思考"的黃金法則，同時也找到了自己生命跌宕際遇中的信心與勇氣，從而堅定、勇敢並神聖地面對生活。**此種基於某種神聖期盼的生命尋找，便是人實現自我規約、自我激勵、自我堅定的"人的應當"。**

在人類歷史中，隨着社群規模的擴大，複雜性和陌生感的增加，技術手段的進步和人際溝通、交往方式的改變，"人的應當"常常被部分地轉化為一個社群非成文法的公共規約，從而成為社群共同體對個人行為約定俗成的公共強制，違規的個人將受到強烈的譴責與公共壓制，這種被轉化的部分，其實是"人的應當"中的倫理和道德部分——"人的應該"，它體現了共同體在特定時空中對個人行為的公共強制，希望每個人依這種公共約定俗成的道德壓力來修正自己的行為，以使自己外在地與共同體的行為習慣保持某種協調一致。但這種"人的應該"的公共道德，並不能給每一個個體帶來生命的激情想像，因此不能帶來自我激勵及自我堅定。隨着共同體國家這種強制組織的出現，"人的應當"中包含的自我規約，繼續被部分轉化出很多內容而形成國家成文法規則，用以進一步約制個體的行為，而這些內容屬於"人的必須"，是國家機器對個人的強制性規則，比如不遵守這些規則會給個人帶來嚴重的後果，甚至可能導致喪失人身自由和生命。雖然每一個社會共同體中的倫理道德約制和法律令規則對人的管控，都會勢所必然地在歷史中出現並發揮作用，但這種公共規約之"人的應該"和國家強制性規則之"人的必須"，都不可能給人帶來自我規約、自我激勵和自我堅定的激情想像和神聖理性，不可能產生那些引領我們穿越歷史迷霧的偉大先賢靈魂，因此依然不能完全替代我們所要討論的"人的應當"。

　　因此，我們只能從人的自願性公益精神及信仰之更高更深的屬靈領域中，去尋找“人的應當”。只有在那裡，我們才可能找到人類生生不息、取之不竭的公共精神性源頭。人類歷史中那些非同尋常的偉大思考者，為我們對這一命題的求解提供了符合邏輯的歷史線索。**在本書中，我將這些影響人類歷史公共轉向選擇的偉大思考，按人類三次大反思進行歷史分期，即第一軸心時代，圍繞“人的應當”公共精神源泉的第一次人類大反思；12~19 世紀圍繞在上帝公共有序之理性世界中，人是否可以獨自實現人的完全自主理性的第二次大反思；20 世紀以來，在泛自由主義社會中，人類向何處去的第三次大反思。**雖然人類在經驗性科學技術和物質輝煌的成就上達到了前所未有的巔峰，可是今天我們面臨着的“人的應當”難題，絲毫不因為技術上“人的能夠”的發展而比以往歷史更加輕鬆，甚至人類今天更加窘迫和沒有餘地，就像上帝賦予凡·高對色彩的獨特感受之後，凡·高越在技術上將色彩表現到極致就越無路可走一樣，[6] 因此今天人類所面臨的窘境，可能更像莎翁所說：“生存，還是毀滅，這是本質的問題。”[7]

第二章

發問：在人與自然的關係中破解“人的能夠”

第一節　人類的定義和討論的起點

根據考古學的最新研究，特別是量子技術用於考古的成果猜測，最早直立行走意義上的人 Lucy[8]，出現在 318 萬年前的東非衣索比亞。但從腦容量意義即思考能力上來講，Lucy 跟真正意義上的現代智人仍然存在本質差距，其腦容量，大約跟迄今地球上有實證證據的類人猿 400~500 立方厘米的腦容量相當。真正整全意義上的現代智人的腦容量為 900~1 450 立方厘米。有確切考古記錄和人類活動遺跡而又達到這個腦容量水準的智人群體，是 10 萬 ~8 萬年前的東非智人和歐洲尼安德特人，而現在世界上的人類幾乎都是東非智人的後代，他們通過漫長的適應性遷徙在 8 萬年前走出東非，走向全球。現代最前沿的基因檢測技術發現，現代人類擁有一個共同的東非智人祖先[9]，而考古發現的 60 萬年前的北京猿人和 60 萬年前的元謀猿人等類似的直立行走“猿人”，都在人類史前文明中完全滅絕了，跟今天的中國人毫無關係。即便留下大量歷史遺跡的歐洲尼安德特人，也在 3 萬年前突然群體性滅絕，不知所終。因此，人的進化絕不是如達爾文所假設的那樣，是一條從猿到人逐漸直起腰板來行走的想像型直線，這條想像直線是完全未經證實甚至永遠不可能證實的假說。人類迄今積累的超過三億片古生物化石，沒有一片能夠證明存在處於直立行走中間的半人半猿類生物，也沒有任何一片能夠證明存在現代智人與猿人之間的過渡性生物。

岩壁繪畫與文字可考的證據，可以拼湊出現代智人意義上的人類文明史曲線，但我們依然無法證明哪些類人猿是我們的祖先。[10] 依現代可考的智人對自身和外部自然思考與認識的遺跡和文字記錄進行分期，我們稱之為“人類”的具有文字歷史的地球特殊生物物種，其可考並極具特殊性的文明，經歷了萬物有靈、形而上學和實證主義三個大跨度定義的歷史階段。今天，我們企圖利用人類第三階段普遍運用的實證主義手段，去證實與描繪人類史前文明的圖像，其"實證科學"的探索之旅並不平坦，[11] 在有文字之前的人類文明，其圖像是很難被描繪得清晰無誤的。當然，由於歷史學和文化人類學對現存各種原始部落的橫向比較研究，我們可以通過時空轉換的邏輯想像力，將史前文明的圖像縱向化地拼湊出來，這是有某種想像意義的。**本書則企圖從人類那些偉大哲學與神學思考相結合的視角，從人類歷史的時間軸上，分析和理解人類作為一種"思考－行動－反思"型生物所創造的文明演進脈絡，觀察和思考我們人類今天所處的歷史時空座標，以及共同面臨的核心難題與破解路徑。**

第二節　血腥中的暴力激情

　　我們可以憑邏輯推斷，人類在地球物種競爭中的第一個階段是採摘、狩獵與漁獵文明。如果我們將採摘想像為第一階段，那麼人類的社群生活似乎如伊甸園般地浪漫運行。因為採摘是一種和平的行為，比較安全，沒有什麼大的危險需要人應對，因此也無須採取很權威、很強制的組織措施，個體之間的差異並不凸顯。而狩獵文明就不同了，那是一種充滿暴力的生活，也是充滿危險的人類活動，是人類和他們的外部世界進行的血拼。為了在這種血拼中取勝，人類需要創新殺戮與攻防的工具，需要集體活動的強制性組織，需要個體對群體的忠誠，需要一些個體強有力的組織和指揮，需要一些個體的勇敢和犧牲，需要群體對個體勇敢的激勵、犧牲的祭祀和勝利的狂歡，因此人的自由意志在狩獵文明的社群生活中得到了充分的激發與彰顯。

　　面對這種暴力、危險、壯麗的社群生活，人的想像力得到了充分的激發，石斧、石刀、石錘、陷阱、壕溝、弓箭、火等攻防工具和技術，通過許多個體的自由想像力被發明創造出來；面對危機、危險的群體應對與處理，一些個體的組織能力、指揮能力、勇氣乃至犧牲精神等，得到了充分的施展與發揮；面對如獵獅、獵象、獵虎這樣的重大勝利以及社群成員乃至社群領袖的犧牲，人的愛慾、喜悅、悲傷、恐懼及憤怒之情，被最大限度地調動、激發出來，並促成了一些個體的吟唱、言說、儀典乃至舞蹈等人類獨特的情感表達方式；面對如此血腥、生死與共、輝煌壯麗的社群生活，一些個體預測危險，從而防範與籌謀組織的能力得到了極大的激發。因此，個人之間因自由意志激發的分化激劇展開，人類個體的差異性日益凸顯。[12]

可以說，狩獵文明時代是人類自由意志的一個充分激發期。它通過組織激發了人的想像能力、學習能力與技術創新能力，激發了人對外部世界變化的預測與籌劃能力、社群歸屬培育能力、情感表達能力和文學藝術創造能力，等等。這是人類社群生活及個體自由意志表現的最壯麗演練期。通過這個時期的組織創新演練，人對社群生活的安全感、歸屬感、自信心激發、個人能力激發，都有了深切的體會與認知，"人的能夠"被充分開發與提升。**這種"人的能夠"的開發與提升可以概括為組織創新、技術發明、情感表達、宇宙解說四個方面。**

組織創新是人個體之間連接方式的創新，以女性作為氏族血緣的親緣關係連接，是一種自然形成的選擇性連接，因為以母親為標誌的血緣關係是容易界定的，父親系列的界定則要複雜得多。而以狩獵、特別是以大型狩獵為特徵的人際連接方式，則需要許多創新，譬如對參與成員進行挑選，婦女、老人、孩子會視情況被排除在外；對既往經驗進行回顧並嘗試預測結局，從而學會籌劃當下；對參與成員進行分工，如弓箭手、石斧手、長矛手、陷阱佈置者、吶喊助威者等；對可能的傷亡進行救助與後援，對戰利品進行社群分享和對勇敢者進行獎賞，等等。總而言之，人類從這種社群生活實踐中，開發了人對公共組織的構造和利用能力。這些最初的組織與管控嘗試在今天顯得簡單，其實它們已包含支撐現代組織的最必要構件。這種血緣關係功能性組織在"氏族部落"中的形成，是人類個體自由意志藉以相連的最早的公共組織創新[13]，是人類獨特的組織化創造性發明。

公共組織因激勵個體在群體中的突出感而推動了技術發明。[14] 技術發明，是人在社群生活中種種模仿、複製、改變、突破的嘗試，無論是石刀、石斧、石臼、石錘、陷阱、壕溝、弓箭，還是火、洞穴、骨針、獸皮衣、庇護所、獸骨或貝殼裝飾等，它們都是重大的技術性發明，都會給人的社群生活帶來驚喜與衝擊，都會得到社群生活中其他人的讚賞和外部社群的仿效與複製，都會給人的自由意志發揮帶來新的想像空間。雖然我們從今天的角度來看，這些技術發明還是太原始和太慢，但相較於其他物種而言，這種變化和差距仍然是巨大的，每一個技術進步都在開發和提升"人的能夠"方面扮演重要的角色。

公共組織促進了人與他者之間的情感表達。情感表達是人自由意志的獨特表現，喜、怒、哀、樂、憂、懼、愛，需要創造新的表達方式來展示它。[15] 這種展示包括畫在洞穴牆壁上的圍獵畫；圍獵勝利後篝火旁的集體狂歡、舞蹈、吶喊，及由此發展出的手鼓、竹竿節拍器等樂器；在死亡葬儀上的集體淚奔、哀號與低且悠揚的吟唱；出征前、凱旋後，組織領導者的宣講式言說。諸如此類的情感，表達激發了許多個體的創造性靈感，並通過所在社群的回應和其他社群的傳播而傳承下來，成為人具有屬靈性質和自由意志的見證。這種情感表達方式創新的意義，在於它能最大限度地擴展並調動人的激情，讓人能更加激情地投入喜、怒、哀、樂、憂、懼、愛的情緒之中，而又能從這種情緒中解脫出來。這正是人作為個體的自由意志獨特性以及作為群體的公共協同性，所進行的創造性開發與拓展。

公共組織促進了深入思考與宇宙解說。[16] 宇宙解說，是人們嘗試去解說人類及其所處自然環境的由來和去向，以及這些由來和去向背後的原因。這是人類自由意志獨有的大尺度想像與敘述能力。上下四方為宇，這是人所能意識到的物理世界；古往今來為宙，這是人以自我為中心所能定義及敘述的認知世界；人要對自己所經歷的故事排序，因此需要以當下為中心來定義時間流變。首先，我們生活於其中的空間即天地世界是怎麼產生的，怎麼構成的，未來要如何變化？其次，我們和自己所處的社群在時間中是如何產生的，從哪裡來又要到哪裡去？這些大尺度問題的設問與作答非常重要，因為它們為人之存在和正在過的社群生活找到了正當的理由與邏輯，從而為人的自由意志找到了邏輯與自信。這種對世界的解說能力，是人的社群生活所獨創的，因此神話與傳說便應運而生。它為"人的能夠"的開發與拓展提供了個人想像與公共力量的不絕源泉。

人類在漫長的狩獵文明中，因公共化組織而推動的上述學習和創新，逐步孕育出新一輪文明形態——游牧文明與農耕文明。因為一方面，狩獵文明受自然資源限制，人口的增加會引起嚴重的可獵食生物資源匱乏，反過來限制人類的發展；另一方面，狩獵有很多不確定性，從而導致人類社群的食物供應不均，有時浪費，有時斷檔，不利於社群生活的穩定性。最嚴重的情況是，在漫長而寒冷的冬季和水災、旱災等重大自然災害來臨時，人很難找到必要的獵獲食物與採摘食物，反而增加被捕食風險與人口減員風險，這對人類社群生活而言是空前嚴峻的存活挑戰。

第三節　家庭中的牧歌

上述"人的能夠"問題，反過來激發解決問題、應對挑戰的人類個體之自由意志想像，於是動物馴養和植物移栽及嫁接被提上了議事日程。這是人類文明歷史上，第二次也是第一次根本性的技術創新浪潮。所謂第二次根本性的技術創新，是相對於採摘狩獵時代的技術創新而言的。所謂第一次根本性的技術創新，是相對於哲學層面的思考而言的。我在本書中不想遵循按石器時代、青銅時代和鐵器時代，對人類文明史進行的工具性斷代分期；也不想遵循按原始社會、奴隸社會、封建社會和資本主義社會進行的倫理型斷代分期。因為前者過於具像而缺乏對歷史的整全性概括，而後者則過於倫理化、主觀性而無法客觀地解讀歷史。**從技術上講，**我更傾向於基於自然動力的狩獵技術、農耕種養技術、手工製作工藝技術及商業運載技術進行分期；基於石化動力的合成分解工業製造與運載技術、基於移動互聯網的基因工程與人工智能技術來進行歷史斷代分期；這更能有效地概述本書的歷史觀。**從這個意義上講，**相對於石器時代為延長人手和獵獲動物而進行的攻防技術創新，以動物馴養和植物馴化為特徵的農耕技術創新 [17] 是人類文明的一次革命性的躍升。但這些技術創新均基於人類組織的第二次創新，即以男性為核心的家庭組織的創新。家庭組織是個體自我為中心基因的最有效公共化，因為它既擴張了 "自我"，使個體能力得到了組織化提升，同時又使這個擴張了的 "自我" 被嚴格地限制在愛慾緊裹着的血緣關係鏈上。這一組織創新意義重大，它是農耕文明所有技術創新得以發明和推廣的前提。因為家庭成了愛慾物件固定化、親情血緣化、經濟活動組織化和人類個體延續組織化的載體，從而推動了農耕文明的技術創新，對人類文明影響至深且遠。

　　第一，這種技術，改變了人與其他物種之間的以純粹血腥暴力衝突為特徵的競爭關係，並代之以表面上看起來以和平利用為特徵的競爭關係。馴養其他動物以儲蓄食物，可以降低人所面臨的季節與災變風險；馴化外部自然界的植物，則進一步強化了家庭對動物的馴養能力，並促進了人的食物結構，從肉食為主向植物性食物與動物蛋白相結合的方式轉變。這種新的生活方式，促成了人與外部自然世界的能量攝入方式與交換方式的革命性變革。上述兩方面的轉變，極大地提升了人相比其他地球物種的存活能力，從而反過來激發人類個體的自由意志想像與技術創新能力，進一步推動以動物馴養和種植馴化為特徵的技術進步，因此創造了人類的農耕文明與游牧文明。雖然從歷史實踐的角度看，這兩種文明差異很大，但從技術源頭來看則是完全同源的。只不過在歷史實踐中，因居住地理的差異，農耕和游牧這兩種生活方式和文化傳統的差異得到了擴散。

　　第二，農耕技術的發展，極大地降低了人作為個體對大規模社群生活的依賴，因為動物的馴養與糧食作物的馴化種植，都是以和平方式進行的。相比之下，狩獵文明那種大規模暴力進攻與防守的生活則顯得風險高且穩定性差。在此基礎上，狩獵文明逐漸退出了歷史舞台，而小規模動物馴養與種植馴化的農耕或游牧社群生活範式登上了歷史舞台，人類因而創造了“家庭”這種組織形式，來取代傳統的“氏族”“部落”組織形式。“家庭”這種組織形式首先是一種最核心的人際血親連接，人在這種血親連接中定義了人的自我中心內核——我，我的父母，我的子女，我的兄弟姐妹，然後才是其他人際間的非血親連接。其次，家庭這種組織擔負着人類再生產的重任，因此使人自出生開始就有了更清楚明確的社群定位，人對家庭同時負有更為直接的社會責任，特別是經濟責任，因此家庭很快變成一個經濟責任中心和經營單位。表面看來，人的社群生活規模，因“家庭”這個組織形式的發明而似乎在客觀上驟然變小了。

　　實際上，“家庭”這一組織創新，反過來推動人類基於經驗累積的技術變革。譬如在生活方式上，發明了陶器，發明了獸皮或樹皮的衣服，進而發明了粗布的紡織品和衣物等；在居住方式上，則發明了遮風避雨並防動物攻擊的人造茅棚，大自然中的樹枝、木頭、泥土、石頭以及茅草等材料都被用於居屋的建造。人類因這些經驗性技術創新而離開了那些資源有限的天然洞穴，在廣袤無垠的大地上，開始了更易大規模擴張的文明居住征程。在人的行走方式上，動物的馴養為人類開闢了新的想像空間，牛、驢、駱駝等都充當過人的運載工具。而馬的馴養則是革命性的，因為它大尺度地提升了人類的奔跑速度。火的運用，不僅改變了人的膳食結構，提升了人的營養水準和抗感染能力，而且促進了冶銅業的發展。在冶銅中加入汞則產生了青銅，從而提升了銅的硬度和強度，因此新的殺傷性武器——青銅劍誕生了。歷史學家常用 "新石器時代（冶陶）" 和 "青銅時代" 來進行人類文明史的劃分。在我看來，更本質的技術是動物的馴養與植物的馴化。其他技術，只不過是基於動物馴養和植物馴化而生發的符合邏輯技術表現形式的延展罷了。

　　第三，上述技術創新和組織創造，推動着人類情感表達方式和表達能力的改進，最大的改進莫過於文字的發明和創造。[18] 從人類歷史實踐和考古學家的實證研究來看，可考的最早文字，是從 6 000~7 000 年前美索不達米亞文明中發掘出來的蘇美爾楔形文字。這些文字書寫在無數的泥板上，不僅記載着當時的生活方式，而且記載着當時人們對神祇的敬畏與崇拜，對神祇祭祀的儀式與情感等。[19] 除此之外，在埃及沖積平原挖掘出來的 4 000~5 000 年前的古埃及象形文字，表達了金字塔的建造和人們對人間神法老權力的敬拜。[20] 在中國河南挖掘出來的殷商時代（3 000~4 000 年前）的甲骨文，主要記載了社會上層祭司們占卜（預測未來吉兇）的故事。[21] 東非衣索比亞 3 000 年前的象形文字記錄了最早的《希伯來聖經》故事。4 000 年前的希伯來文、印度文和稍後的古希臘文及拉丁文，開闢了人類用字母作為元素，構建文字以表意的抽象性文字歷史。[22] 但無論哪一種文字的發明，都沒有達到 1 萬年的歷史記錄，而以動物馴養和植物馴化為核心的農耕技術和游牧技術，則從 8 萬年前就開始了。這說明人類在這一時期對農耕和游牧文明的孕育和涵養，耗費了相當漫長的時間，在學習用文字表意的持續性創新上經歷了相當漫長的歷史浸潤。

文字的發明創造是人類的巔峰之作，人類因此跟地球上的其他物種進行了最後也是最本質的切割。這是因為文字的創造不僅從根本上改變了人的情感表達方式，為詩歌、神話、童話故事、戲劇、吟誦、表演等文學藝術創造奠定了基石，從而大大提升了人類喜、怒、哀、樂、憂、懼、愛的表達與表現能力，更為重要的是，它還使人類個體自由意志發揮的創造性，得以通過文字記錄和互激來實現人類獨有的群體性"積累"，這種人類獨有的群體性"積累"，反過來又為個人自由意志的發揮與發明創造奠基。因此，這種互為基礎的激發機制，是人類獨有的建立在文字基礎上的社群生活積累機制，它有獨特的"學習—創新—反思—學習—創新"的積累效應且具加速能力。而人的"個體性"與"公共性"協同與衝突，則始終是人類群體性積累機制形成並升級的內在動力。

第四，以動物馴養、植物馴化技術和家庭組織為基礎的農耕文明進化，進一步涵養了人對宇宙的解說能力。人對宇宙的這種解說能力，部分來自生命的經驗與感受，部分來自人的自由意志想像與推理。從既有的考古發現和文字記載來推理，神話一直伴隨着人類的社群生活，農耕文明則進一步開發了人類的神話想像。[23] 後來的哲學家們把這一漫長文字孕育期的宇宙觀，概括為萬物有靈論。人對萬物有靈的想像部分，來自對未知世界的集體性神秘渴望，部分來自人類對人之有限性和偶然性，進而對未來不確定性的群體性深度不安的釋放，部分還來自生命脆弱與衝突的群體性安全期盼。神話是人心中這種渴望、不安與期盼的解決方案，神話賦予人活下去並將社群生活進行到底的群體性勇氣與信心。因此，每一個社群都由那些具有想像能力和言說能力的人，口口相傳專屬這個社群的獨特神話，而這些神話對宇宙的解說充滿邏輯與想像，同時也充滿激情與力量，還暗含着對人的行為的勸導與期盼，激勵着一代代的社群傳承者以加倍的信心與勇氣、獨特的個性與公共精神，將他們獨特的社群生活進行下去。在文字發明之後，這些神話進入人類文明社群史的記載，並成為人類社群生活的神聖寶典。

顯然，以動物馴養和植物馴化為基礎特徵的農耕技術與游牧技術，消解了人類狩獵文明面對自然災害與季節變化帶來的或然性風險，並通過家庭這種組織的創新，使人的個體在血脈的連接中得以擴張，從而降低了非大規模群體動員情況下的生存風險，使人的數量得到了有效擴張。而文字的發明創造和宇宙的神話解說，則置換了狩獵文明對個體連接的大規模動員，使家庭組織形式下的社群生活獲得了前所未有的激情與力量。於是人類在這種社群連接方式下迅速繁衍，並將人的個體存活納入不同範式的家庭組織中。

第一種範式即農業耕作方式，即在具有肥沃土地與澆灌用水這兩大要素的地理位置上抓地生根並開花結果，譬如近東幼發拉底河與底格里斯河沖積平原、埃及尼羅河沖積平原、印度恒河沖積平原、中國黃河與長江沖積平原，還有無數河流的沖積平原，它們都因為具備肥沃的土地和水資源這兩大優勢，而成為農耕文明技術孕育的發祥地，成為人類解決“人的能夠”問題的孵化器或搖籃。

第二種範式即游牧生活方式，因為有遼闊的草原和基本的水資源，家庭可以選擇水草豐茂之地搭帳篷而居，馴養牛羊並牧飼，以形成穩定的食物資源，當一地草資源被適當消耗，這些家庭就會即移居另外一片草原。

第三種範式即手工業生活方式，這些家庭雜居在農耕家庭和游牧家庭之中，發展自己的特殊技能，如製陶、冶銅、製鐵、冶金、木匠、織匠、皮匠、石匠、飾匠、房屋帳篷建造師等等，以滿足農耕家庭和游牧家庭的用品需求。這些家庭創造了日益深化的勞動分工與手工製作技藝。

　　第四種範式是商人家庭，商人家庭雜居並川流在上述各種家庭之中，將這些家庭在空間和時間上多餘的物品買進，並在另一些空間和時間上賣給那些有需求的家庭。商人家庭創造了"公平交換""貿易契約"等完全不同於狩獵文明的個體之間的連接方式，從而為現代社會複雜的人際連接方式與問題解決奠基。同時商人家庭還創造了"儲藏"和"運輸"這樣的行為模式，來解決人的需求在時間和空間上的差異與不均衡問題，並由此推動了人類文明對時間的再定義和空間的再定義，從而為現代社會的儲藏、運輸、交通、通信、貼現等現代產業，埋下了最原初的種子。

　　在上述這四種以農耕技術與游牧技術發育為肇始的文明範式中，"家庭"因為有其組織內在更緊密的血緣聯繫，更明確的責任與權利關係，更易組織和穩定等優勢，成功地取代了"氏族"組織形式，成為人類私人組織的新範型。似乎一種小型、親密、有效且牧歌式的血緣家庭生活，將向我們展現出解決"人的能夠"問題的無限輝煌前景。

第四節　人、契約和國家

　　好景不長，家庭組織下田園牧歌式的社群生活出現了新問題。這個問題就是一些人類個體對另一些人類個體的侵犯與暴力傷害。這種暴力傷害包括偷竊他人財物，強佔他人所愛與財產，侵犯他人身體甚至傷害他人生命。人本身就是從與其他物種競爭的暴力相向中走出來的，因此人的本性必然是充滿暴力傾向的；但當人將暴力投向自己的同類（他者）時，悲劇與混亂便大規模發生了。因為其他物種的攻擊是相對易於防範的，而同類攻擊太難防範也太讓人難以接受了。人類的相互“暴力”成了人類文明演進中碰到的最大難題。現代實證考古學從人類墓葬或其他考古現場挖掘出的大量“陪葬”與“殺戮”的文物，證明了人類的這種“暴力”本性，以及這種暴力給人類帶來的災難性後果，理性回望常令人心悸且觸目驚心。

　　人類這種暴力傾向來自兩個方面，即社群外部的社群間暴力和社群內部的個體間暴力。[24] 內部暴力通常表現為“偷竊”“佔有”“傷害”等，外部暴力則通常表現為“集體搶劫”“集體佔領”“集體屠殺”“集體奴役”。這種“內部暴力”與“外部暴力”的定義與劃分立即碰到一個難題，即怎麼定義社群的邊界？如果將“家庭”生活定義為“社群”生活，我們就會發現“家庭”這種社群生活是很難長期維繫下去的，因為家庭所面臨的外部暴力將是無休止的，人無法在這種無休止的暴力衝擊中，保持對未來的理性期盼與積極行動。因此，在農耕和游牧文明演進的歷史實踐中，由於上述種種人類暴力的催化作用，表面上看起來已經被家庭組織取代的“氏族”“部落”，經過進化改造而逐漸得以復興，並重新在農耕文明時代發揮更大的社群作用，這種作用就是組織並領導一個由很多“家庭”組成的“部落”，以抵禦其他“部落”的暴力進攻，使部落內部的家庭獲得生產、生活、財產安全特別是生命安全的保障，從而減輕人作為個體的極度不安全感。在這種“部落 / 國家”的公共組織創新進程中，“家庭”這種組織形式很快被轉化為擴張了的人類“個體”角色。在新時期人類社群生活中，“家庭”扮演着相對於“部落 / 國家”這個人類公共利益角色而言的“個體”角色，從而取得了人類新時期農耕或游牧社群生活中“私人”與“公共”相對應的存在狀態。

　　首先，我們來討論人類面對的“外部暴力”威脅及其解決方案。

外部暴力的血腥和恐怖是不證自明的，即使在被我們定義為"現代文明"的今天，一個國家社群也可以任意以自我言說的邏輯，將另一個社群定義為"敵人"，進而發動戰爭以群體誅殺之。而在人類數以萬年的長期歷史進程中，這種社群之間的"敵人"定義與暴力誅殺，是人類所具有的基本特質與常態。為了應對這種來自外部的暴力威脅，社群領袖們的解決方案，幾乎毫無例外地是採用擴大社群規模與邊界的方法，來增加社群成員數量，從而增強社群內部成員間的公共凝聚力與資源動員力，以達到增強抵禦外部暴力以防衛共同體安全的"公共"目的。

顯然，社群規模越大的部落，其抵禦外部暴力的能力越強，其成員的安全感就越強，反之亦然。這種人類社群生活實踐，無疑給社群成員中具有語言運用優勢和組織能力優勢的個體，賦予了必要的邏輯力量和充分的施展空間。他們通過詩意想像、邏輯陳述乃至神話力量，去說服社群成員擴大社群規模與人口數量。於是一場以抵禦外部暴力為藉口、公共安全為鵠的的人類社群規模擴張競賽，拉開了歷史的大幕。人類因此而創造出"國家"這一飽含"長期"或"永久"之時間含義的社群規模極限，使之成為與人之"個體"相對應的最大"公共"，去防止外部暴力的侵害。與此同時，人類創造了"政府"這一最大限度的"公共"組織來代表國家，具體籌劃管理個體集群，以反抗外部暴力作為公共利益訴求，作為共同體代表反抗外部暴力的公共機器，並通過向個體納稅以取得收入來維護這個公共機器之運轉。

其次，我們來討論人類面對的"內部暴力"及其解決方案。以千個家庭為邊際的人類社群生活中，依然存在成員間的偷竊、搶奪、污辱、侵犯、傷害等暴力行為，而在一個數百萬計個體組成的社群規模中，這種"內部暴力"就會顯得越發嚴重。解決這種內部暴力的方法，通常是由社群領導人向社群成員口頭傳達一些需要共同遵守的行為準則，並對違反者予以懲處。於是，人類個體之間在社群生活中的最初契約性規則就誕生了。而自文字發明之後，有些社群便將此類內部公共契約性規則記錄下來，成為人類最早的成文律法。於是我們發現，人作為個體的自由意志發揮，需置於共同體公共保護與制約之下，並通過 "稅貢" 和遵守 "人的必須" 之規則的責任相交換。這體現了個體自由意志與群體性公共意志相衝突的人類兩難困境，及其相應的解決方案。

第五節　在暴力悖論深處

在這場不斷擴大社群規模的 "國家" 歷史大賽中，很多社群領袖發現一個嚴格的為防範內部暴力風險而設置的系統，更有利於推動社群規模的擴張，而業已擴張的社群規模，反過來為共同體強化社群成員的紀律與秩序遵從感，提供了足夠的藉口和強制能力。因此，這種 "外部暴力" 風險防範與 "內部暴力" 風險防範的解決方案，變成了互為因果的推動力，推動着社群生活規模的有效快速擴張，直至最極限的 "國家" 邊界。於是，自然性邏輯形成的 "國家" 不僅成為 "外部暴力" 風險防範與應對的最大社群邊界，也成為社群生活固定化並秩序化的範圍與範式。

通常講這種 "國家" 範圍，常與地理上形成的山脈、海洋、河流、草澤等天然屏障相關；這種 "國家" 範式，常與社群最原初的種族及在過程中逐步形成的共同語言、習俗、文字、文化相關。"政府" 則作為社群 "外部暴力" 風險和 "內部暴力" 風險管理的公共利益代表與 "公共管理人" 被人類創造出來，成為與人類 "個體自由意志" 相對應的 "公共意志代表"。通常，"國家" 這種公共意志代表是與人類個體自由意志相對應的，“政府”這種組織形式則是與“家庭”這種自我中心組織形式相對應的。可是無論政府組織形式跟家庭自我中心的“私人”組織有何不同，政府組織還是要由人類個體組成，而組成這個組織的個體依然有自我中心的自由意志。於是借着佔有國家和政府組織的特殊位置和特別名義而將以自我為中心的個人利益公共化就不僅成為可能，而且幾乎成為一種必然。這體現了人類性質的本質悖論，代表個體的“家庭”期望借着“國家”與“政府”的組織創造而增大自己在社群生活中的安全感，從而同意以稅賦形式向政府交付自己的部分財富和自由，以換取外部暴力威脅和內部暴力威脅得予降低的安全感，可是這種公共理想，往往如夢幻泡影般消解在人類社群生活的現實悖論之中。

人類早期文明史向我們展示了上述這種邏輯的根莖與繁盛的枝葉，一如 6 000~7 000 年前的亞述王國和美索不達米亞文明、4 000~5 000 年前的古埃及法老王國和尼羅河文明、3 000~4 000 年前的以色列王國與耶路撒冷希伯來文明、2 500~3 000 年前的希臘王國與希臘城邦文明、2 000~4 000 年前的中華帝國與中華文明、2 500~3 500 年前的雅利安孔雀王朝和印度恒河文明、700~2 500 年前的羅馬帝國與羅馬歐洲文明等所顯示的那樣，凡是能夠成功創造出“家庭”“國家”和“政府”這樣的概念和組織形式，強制代表個人利益的核心家庭去繳納稅賦，以換取國家為其抵禦外部暴力與內部暴力的理念與方法，並將上述理念與方法表達為“成文”法的種族社群，都能最大限度地擴張其社群規模與地理邊界，創造出前所未有的人類農耕文明帝國，最大限度地拓展農耕文明時代**“人的能夠”**這個深刻且恒久的人類命題。[25]

今天我們展開 2 500~10 000 年前的歷史畫卷，拼湊那些曾深埋地下的歷史證物拼圖，可以窺見人類社群規模擴大之歷史競賽的暴力場面，無論是對其他社群的進攻還是防禦，其血腥與慘烈的程度遠遠超過狩獵文明時期對其他動物的獵殺，場面可謂觸目驚心。可是人類面對這種暴力的心情與情感表達是奇怪的。翻開人類有文字記載以來的情感表達歷史，鮮有對這些群體暴力給人類個體帶來傷害與自由意志摧毀的同情、哀嘆、傷痛、憂懼與憤怒的表達，倒是留下了許多諸如《阿卡德之戰》《荷馬史詩》《薄伽梵歌》等，對這種暴力勝利的歌頌及對英雄的崇敬之情。人類心中暴力憂懼與暴力渴望的同時並存，由此可見一斑。[26]

　　人對暴力的憂懼是容易理解的，可是人類心中這種對暴力的渴望，到底來自何方？顯然來自人作為個體之自由意志的發揮對多數人公共安全渴望的利用。這種利用產生了"國王家族""政府王公貴族"等公共代表，對個人及其家庭的強制與奴役，無論是美索不達米亞平原的亞述王國，還是埃及法老的王國，抑或是中國華夏、商、周朝王國的社群極度擴張，無不是來自這種少數人對多數人公共安全渴望的利用，無不是來自這些社群的國王、政府等公共組織，對平民私人家庭的內部強制與奴役。人類的早期農耕文明史，說到底是一部人類社群之間的暴力史，是一部社群內部的部分個人借公共利益名義，對個體家庭的強制與奴役史。"語言"和"組織"，不僅成為部分個體領袖，用以動員社群個體以抵禦外部暴力的工具被創造性地發揮運用，同時也必然成為他們以抵禦內部暴力為名，從而奴役個體成員的工具被創造性地發揮運用。

　　人類社群生活中的這種外部暴力與內部暴力的預防與解決，一方面推動了技術的利用、創新以及社群控制的有序化，從而加速了人口的成長與文明的積累，使"人的能夠"問題得到有效破解，使人在應對其他地球物種的競爭中逐漸勝出；另一方面又極大地破壞了更大社會範圍的秩序性，引發了大量個體生命的暴力死亡。死亡本來就是人生命中的最大問題。一個家庭中成員的死亡不僅帶來了強烈的情感割裂、安全憂懼,而且帶來了巨大的心靈恐慌。而人類無度的暴力與殺戮,特別是這種社群之間的群體殺戮,以及社群內成員間的相互殘殺,則極大地加劇了人類群體對這種死亡的憂懼與恐慌,於是催生了一些人對人類所面臨的不可見的**"人的應當"**問題的思考與發問。人為什麼總是擺脫不了自由與暴力的兩難困境?人是否能擺脫外部暴力與內部暴力的陰影,過上個體自由與群體和諧的社群生活?在人類企圖擺脫暴力脅迫而又不斷生發出暴力的兩難困境中,生命的意義何在?在一個無法獨居的社群規模競賽歷史中,人應當如何活着?人應當如何思考並採取行動?人應當如何在追求自由意志中避免奴役他人和避免被他人奴役?人應當如何在推動社群公共利益中保持自己的自由意志?人從何處來又要向何處去?人的生命在過去和未來永流的時間中如何邏輯一致地相接續?如此等等。由是,**人類迎來了第一次大反思時代**,即所謂"第一軸心"時代對"人的應當"之哲學思考與辨析,開啟了人類文明的新篇章。這個時代大約為公元前 1 500 年～公元 500 年。

第三章

溯源：古希臘的閃爍星河

　　哲學家們總是把人類哲學的源頭追溯到公元前 1 000 年 ~ 前 500 年的古希臘城邦時代。那是大河流域和廣袤草原地帶的人類，在進行農耕、游牧技術與社群生活艱難探索的時代；而佔據 2 500 多個島嶼、且具有獨特地中海溫潤地理氣候優勢的**古希臘人**，已經學會利用海洋運載優勢去進行不同社群間平等交換，而非獨一暴力征服的商業文明探索了。商業文明需要更多尊重人的個性與獨立，需要社群中更多個體對文字與語言的更熟練運用。古希臘哲學，便是古希臘人在商業城邦文明探索中，對人類所面臨那些不可見的“人的應當”之深奧哲學問題，所做的最深刻發問、思考與作答嘗試。那是一個哲學思考與語言文字運用大師競相崛起，哲學家如群星般閃爍的時代。總體上可將他們分為前蘇格拉底哲學家和後蘇格拉底哲學家。[27] **前蘇格拉底哲學家**生活在公元前 1 000 年 ~ 前 500 年，主要包括探討人與自然關係的自然哲學為重心的米利都學派、畢達哥拉斯學派和埃利亞學派；**後蘇格拉底哲學家**主要包括探討人與他者之公共關係的人文哲學家，如哲學三巨師蘇格拉底、柏拉圖和亞里士多德，新學園派、犬儒學派、伊壁鳩魯學派與斯多葛學派。

第一節　古希臘神話——人類悲憫與反思的發端

　　事實上，就人與他者關係之“人的應當”問題的哲學思考而言，**希伯來人**可能在公元前 800 年 ~ 前 1 500 年就進行過發問與思考，也有更為堅定斷然的答案。只不過古希臘留下了許多邏輯嚴密且哲理深邃的文字記錄，以及獨特的建築與雕塑藝術；而希伯來人只留下了一部《聖經》，看起來它似乎只是一部啟示性文學，既沒有嚴謹的邏輯推論，也沒有發人深省的哲學提問與作答，因此常被哲學家們排除在哲學討論之外。但就對“人的應當”問題的反思而言，並不能用文字記錄的多寡來衡量其成果。其實希伯來人《聖經》中隱含的哲學思考更早更深，時至今日，我們仍然可以說，人類依然沒有能夠完全理解希伯來《聖經》背後深藏着的、人類最早、最深刻的，對人的生命源頭與自然源頭同源性思考的哲學發問、思辨與隱喻式作答。

　　無獨有偶，在古希臘哲學文字的理性辨析與表達之前，人類包括古希臘人已經創新並運用了完全不同於動物的語言表達，那就是通過口頭流傳的隱喻故事，來進行人類思考的特殊表達。神話就是這種隱喻故事的典型代表。這種隱喻，不僅含有所有動物都具備的對主體自我的情緒表達，更重要的是，它創造了獨立於表達主體之外的客體指稱。這種指稱包含對各種各樣物體的定義，還包括對其他動物或同類主體的指稱，並最終用抽象的命名來取代，從而形成了人類語言“主 + 謂 + 賓”和“主 + 系 + 表”的獨特結構。這種語言結構，不僅為人類行為的動態描述創立了全新的語境，而且為人類“主 + 系 + 表”的指稱判斷開闢了全新的語境，給形容詞和副詞的使用開闢了廣闊的可能性空間。

　　神話借助這種人類獨特的語言結構口口相傳，形成了人類獨有的隱喻故事[28]。他們通常都通過描述與人類相對應的神明故事，來隱喻世界的模樣和因果，描述那些超自然力的神明，具有的令人感嘆而嚮往的力量、愛情、美、復仇能力等。這些神話故事可不是胡編亂造的，它們潛藏着隱喻人類生命奧秘和規勸人類行為之應當的激情嘗試。神話通過隱喻故事，把人類作為個體內心渴望真、善、美的公共嚮往，帶入了人們的社群生活，成為“人的應當”的初步嘗試。文化人類學的研究向我們揭示：任何一種偉大的人類文明，都是從神話的隱喻故事肇始的，概莫能外。因為正是神話的隱喻故事，給了人類個體發揮自由意志進行創新的足夠動力與信心，也給予了人與人之間能夠在共同神話故事的語境中，規約自我行為的“人的應當”。因此人在相互獨立同時又相互連接的社群生活中，通過人神崇拜而有了共同嚮往的公共神聖朝向——共同精神追求[29]。可是，每一個在特定地理環境中長期共同生存的民族，都有一個獨立的神話人物譜系。這些神對人來說，既超越每一個個體能力之上，又內在於這個民族的公共精神之中。既是超驗的神，又是經驗的人，因為他們有愛、有恨、有力量、有生死。因此他們作為一個社群或民族的共同精神崇拜物件，引領着這個社群的公共精神追求，成為守護這個民族社群的神靈，得以在個體的生生死死中實現公共傳承，維護着這個民族譜系的代際公共傳遞。但是由於神很多，譜系就變得複雜，多神必然產生神的分工或分責。神常因其特殊地滿足社群公共精神需求而獲得指稱與力量，而在離開其被分工分責的指稱時失去力量，因此神需要變得實用，即因人的個體經驗期望的普遍化而得到公眾指稱與力量。可是若如此，神就會變成某些個人的神而失去社群公共性，因失去這種公共性的神失去了超驗的力量，因失去超驗力量而落入同人一樣的悲劇結局，只能屈服於表像力量背後的死亡命運。神如屈服於表像力量背後的死亡命運，其對社群保護的公共力量便終結了，最終一如人之個體，消失在必將死亡的時間命運河流之中。

　　古希臘悲劇便是這種諸神之譜系演化的典型代表。[30] 古希臘最原初的神，是荷馬與赫西俄德說在混沌中生出大地之神蓋婭，從而使萬物得以生息繁盛；同時還生出主管兩性結合的愛神愛洛斯，地獄之神塔爾塔洛斯及黑暗之神厄瑞玻斯等。大地之神蓋婭與天神烏蘭諾斯結合誕生了第三代神族，他們分管希臘社群的各種公共事務，最大的是巨神泰坦，其次是瑞婭，最小的是克洛烏斯。由於天神烏蘭諾斯害怕其子女神會取代自己，便將他們打入地獄，只剩因母親蓋婭的保護而倖免於難的克洛烏斯。最後克洛烏斯戰勝其父並將其閹割，天神烏蘭諾斯因喪失生殖能力而失去神的力量，從而退出歷史舞台。克洛烏斯因此得以將其兄弟姐妹諸神從地獄中解放出來。後來，克洛烏斯與自己的姐姐瑞婭結合，誕生了第四代新神，諸如豐產女神赫拉、農神得墨忒爾、海神波塞冬、灶神赫斯提亞、地獄之神哈得斯以及雷電之神宙斯等。在克洛烏斯從女巫處得知自己未來必被其子女之一所取代後，便將孩子逐一吞食入肚內，只剩下最弱小的宙斯。究其原因，一是克洛烏斯動了惻隱之心，二是源於母親瑞婭的保護。弱小的宙斯成長起來，打敗克洛烏斯並將其閹割，使其失去了神的力量。宙斯解救了兄弟姐妹，成為眾神之神。宙斯生下的第五代新神，就是希臘城邦鼎盛時期最著名的奧林匹斯諸神，如太陽神阿波羅、戰神阿瑞斯、美神阿佛洛狄忒、智慧女神雅典娜、月亮女神阿耳忒彌斯、創造之神赫淮斯托斯、酒神狄奧尼索斯等。

　　希臘諸神的故事很多也很美，他們的故事成為古希臘人社群公共精神生活的中心，所有真、善、美的哲學理念全部生發於古希臘神話，所有詩歌、文學、音樂、舞蹈、雕塑、建築藝術的產生，無不以希臘神話故事為核心。希臘諸神是真、善、美的化身，都具有超個人、超自然的力量，分工分責維護古希臘公共精神秩序，但每一個神都有其獨特的命運。他們雖有超自然能力但都戰勝不了神背後的死亡命運，因此結局都是悲劇性的。[31] 可以說，古希臘悲劇是人類諸神型公共精神生活的終結，諸神因人類公共精神空間構建的需要和指稱而獲得力量；他們的力量反過來，使人類社群獲得公共秩序、公共價值導向和公共精神空間，從而使該社群生活中的個體獲得信心與力量。但是諸神無法駕馭他們的命運，他們在死亡命運的驅使下走入悲劇，一如人類個體必死的命運悲劇一樣。古希臘諸神的命運悲劇，最大限度地調動了人類內心最深層的絕望與悲愴，讓人群體性地大淚滂沱與悲天愴地，從而最大限度地調動了人類內心的決絕與反思，讓人類重新思考

人與他者之間的公共關係、公共空間與公共精神，並進而思考在這種
公共關係中，個人的生命起源及目的、生死觀念、與宇宙空間萬物之
間的關係等等。從這個意義上講，**古希臘悲劇是推動人類進入第一次
大反思的激情與理性發端。**

第二節　前蘇格拉底哲學家的追尋與獻身

　　古希臘哲學是人類第一次大反思的思想寶庫。它所發問的問題如
此之多、如此之深、如此之廣，是人類前所未有的；它所嘗試去解答
這些發問的角度，如此之廣博、如此之深刻，亦是前所未有的。以致
於近 2 800 多年來，每一次人類劫難觸發的大反思，都要到古希臘的
哲學思想寶庫中去追根溯源，尋找方法與路徑。即使是今天，我們依
然必須不斷從古希臘哲學寶庫中，去挖掘人類哲學思考的方法與力量
源泉。

　　古希臘哲學要回答的問題，實際上是由人類面臨的獨特命運和挑
戰提出來的，這個挑戰的核心命題便是 "人的應當"，即人應當如何
破解人類命運中暴力憂懼與暴力渴望相並行的悖論挑戰，並繼續前行。
由於古希臘城邦是一個相對而言暴力困擾較小的人類社群，因此反思
一經啟動，思考與討論就由那些迷人的個人自由意志使徒們去充分發
揮，從而使古希臘這個哲學討論場變得精彩起來。

　　前蘇格拉底哲學的討論是從米利都學派 [32] 開始的。米利都學派的
代表人物泰勒斯、阿那克西曼德、阿那克西米尼及赫拉克利特等人，
都致力於追尋世界的本原在哪裡。我們所看到的世界是多變且異質的，
萬物皆流、無物常住、 "人不可能兩次踏進同一條河流"，那麼必然
有一個更為本原的世界，藏在物質性的現象世界背後。這個物質性現

象世界背後的本原到底是什麼？儘管他們的回答不盡一致：在泰勒斯那裡是"水"，在阿那克西曼德那裡是"空無"，在阿那克西米尼那裡是"氣"，在赫拉克利特那裡是"火"；但是，追問這個流變的物質現象世界背後的本原世界是他們的共同目標。這個追問，開啟了人類探索流變的物質現象世界背後之絕對真理的探索之門。探討人與自然之間關係的哲學，被稱為"自然哲學"；探討人與他者即人與人之間關係的哲學，被稱為"人文哲學"[33]。米利都學派雖然肩負着探索人與人關係的"人的應當"的歷史重責，可都把所探討問題的重心放在自然哲學上，並從這種自然哲學中引申出"人的應當"，從而為人與他者關係的哲學思考，奠定了堅實的自然哲學邏輯基石，並因此而展開了支配自然和人類的真理具有同源性探求的宏大佈局。這個宏大佈局，奠定並樹立了人類公共秩序的內在邏輯與自然萬物運行的內在邏輯完全同源的西方"自然法"燈塔。以致人類走到任何時間點與遠地點駐足回望，都能看到充滿歷史沉鉤感的古希臘前蘇格拉底哲學燈塔之光芒，並驚心與嘆服。

在米利都學派之後，公元前 600 多年的古希臘南部出現了畢達哥拉斯學派。此學派對現象世界和本原世界的追問有了新的進展。畢達哥拉斯學派認為自然的現象世界中存在兩種對立的本原，[34] 如奇數和偶數、有限和無限、多和一、雄和雌、明和暗、善和惡等，這兩種本原的對立統一便是神與靈魂，人的身體這種現象世界背後的本原就是神與靈魂，宇宙是神的自我實現，身體是靈魂的自我實現。從這個意義上講，我們都是這個世界的"異鄉人"。靈魂是被囚禁在身體中的神聖存在，因此靈魂本身屬於永恆的理性，與身體的結合屬於非理性領域。靈魂通過真理便能達到神聖，而德行居於真理的首位，因此人應當追求德行與真理，使靈魂朝向神聖。畢達哥拉斯學派嘗試着從自然現象中抽象出數學，去解釋人與自然及宇宙間萬物之同源關係，並嘗試着從萬物這種具像與抽像的對立中，引申出人的物質身體與抽像靈魂的對立，具像的人類與抽像的神靈之間的對立，最終引申出人應當注重那不可見的抽像世界，而規約自身行為以朝向神聖的"生命應當"[35]。

在畢達哥拉斯學派之後的公元前 499 年 ~ 前 400 年，埃利亞學派誕生了。[36] 其著名的代表人物有色諾芬尼和他的學生巴門尼德、巴門尼德的學生芝諾，還有恩培多克勒、德謨克利特、高爾吉亞等。色諾芬尼和巴門尼德堅持否認變化的存在，認為變化是一種幻覺，"存在之外沒有非存在"。理性世界是真實的存在，無始無終，感覺世界則是一種變化的幻覺，並不存在。因為這種理性存在包含在思想世界中，過去、現在、未來永遠如此，獨立於時間和空間，沒有任何差別，我們感覺到的差別是幻覺。感覺之外深層次的本質差別，在於光明與熱和黑暗與冷這兩種本原的對立，但神用愛將這兩種對立的本原統一起來了，這種統一便是善。惡的起源，就是忽視神所統一起來的這種理性存在，注重感覺世界虛幻的變化。巴門尼德[37] 告誡人們：人應當忽視感覺幻象的困擾，在真理之路中尋找理性，在信念之路中尋找激情。芝諾則通過"飛矢不動"和"阿喀琉斯與龜賽跑"等著名的案例首創辯證法，來捍衛他老師巴門尼德"一"即是神的理性世界，"多"和"變"則是現象世界之幻象的哲學思考。芝諾為實踐他的哲學理念，認為違反希臘城邦人的民主、正義的僭主專制就是這種"多"的幻象，因此捲入並力圖實現周邊島國廢除僭主專制的政治理想，試圖推翻殘暴僭主尼阿庫斯，後被逮捕。但芝諾決不妥協和背叛他的政治理想和他的巴門尼德真理，被尼阿庫斯用石臼酷刑折磨至死，不得全屍，成為第一個為真理和信念而死的古希臘哲學家。[38] 他的死激起島國城邦人民的憤慨，島國城邦人民最後聯合起來打死了僭主。

在埃利亞學派之後，被稱為"原初唯物主義鼻祖"的原子論學派[39] 誕生了。阿那克薩哥拉，堅持在他的宇宙觀中引入"心靈"的概念。

他認為"心靈"是萬物的本原，即與萬物分離的存在。"心靈"像宙斯神那樣居於至高王寶座之上，賦予萬物最初運行的動力，但隨後便讓萬物依循"心靈"的意願自行運動。在運動中，密度大的東西向旋渦中心聚集，形成萬物和秩序；密度小的東西則被甩到宇宙的邊緣。由於阿那克薩哥拉的哲學主張違反了希臘城邦的主流認識論，因此他成了古希臘哲學家中第一個被審判和流放的人，[40] 罪名是"腐化青年"。恩培多克勒隨後出現，創造了他半神似的詩性哲學。他認為宇宙是由"火、氣、土、水"四元素構成的，萬物生滅只是其形式的變換，萬物死亡只是另一些萬物新生的起點。四大元素是永恆存在，只是因不斷分離組合而成為愚笨的人們所觀察到的萬物罷了。宇宙中存在兩種內在的動力：其一，愛神阿佛洛狄忒所代表的愛、友誼、和諧、激情與歡樂；其二，戰神阿瑞斯所代表的恨、爭、無序與憎惡。四大元素在愛神力量的驅動下相互結合，形成完美秩序的宇宙；而恨和爭則驅動生命短暫的人類，產生無盡的戰爭、變動、無序與生滅。因此即便是天上的精靈，都應當受到來自諸神律令之約束，更何況人呢？如果神恣意妄為，以殺戮為樂，就要被逐出極樂之地，進入死者的軀體，經受各種痛苦折磨。人則要經歷生命輪回的淨化，根據生前的行善、作惡來決定輪回的升降：或從普通人轉變成物理學家、先知與國王，或從罪人轉變為野獸和蔬菜。神只有通過服從並正確行事，才能淨化錯誤，遠離人的痛苦與悲傷，獲得諸神的榮耀。據說，半神的恩培多克勒為自己完美的哲思邏輯而自豪。他在確信自己已經完成了詩性哲人的使命之後，在一次莊嚴款待了朋友的盛宴與獻祭之後，悄然離去，不知所終。另一傳說稱他渴望成為不朽的神靈，因此莊嚴地跳進埃特納火山口，一隻鞋子還從火山中被拋了出來，留給這個生命短暫且變動不居的世界。恩培多克勒成了為"人的應當"進行莊嚴思考，並為其發現的絕對真理莊嚴獻身的第二位古希臘偉大哲學家[41]。

在傳承了阿那克薩哥拉與恩培多克勒哲思的基礎上，德謨克利特首創"原子"概念[42]，將宇宙構成的元素論推到了極端。在德謨克利特看來，埃利亞學派所認為的理性世界是不存在的，存在的就是充實與虛空、存在與非存在的對立統一。虛空並非不存在，而是有"原子"存在的，世間萬物都是虛空的原子運動的結果。現象世界中，萬物之間的差異就是原子的性狀、次序或位置的差異，說到底是原子運動的結構性差異。從這個意義上講，精細的"原子"系統就是宇宙的靈魂和永存。原子運動的原理是重的原子聚集到中心，成為土、水等地球物質；輕的原子被甩到外邊，成為火、氣、以太等虛空物質。因此，離開原子物質的理性世界是不存在的。人只能通過感覺原子構成的萬物而獲得認知，像哲學家那樣通過推理獲得真知，無憂無懼，生活在快樂之中。德謨克利特認為人的幸福，不是歡享宴飲與滿屋黃金，而是心靈的平靜——像原子論哲學家那樣追求正當理性、言辭華麗並履行義務。因為極端的原子論和物質主義，德謨克利特被視為"唯物論哲學的始祖"，獲得了與"哭泣哲人"赫拉克利特相反的稱號，被後人稱為"歡笑哲人"。原子論學派的唯物論基礎和其所提出的人應當堅持愛、反對殺戮、淨化錯誤以及正當理性、履行義務等公共精神的結論之間，沒有任何嚴密的邏輯關係，反而為接下來在古希臘流行的、強調個人感覺至上和及時行樂的"智術師"詭辯時代，提供了充足的哲學理論基礎。

第三節　哲學的墜落與蘇格拉底之死

德謨克利特的原子唯物主義，因被智術師們誤解而導致古希臘哲學迅速向世俗化方向墜落。部分原因是公元前 466~ 前 406 年的西西里島，為驅逐專制僭主並嘗試建立民主政治，推動了民間辯論與演說術的大發展。大量通過市場化收費授徒、教人演說術的"智術師"，湧入伯裡克利時代的希臘政治中心雅典，進行市場化的政治辯論。在智術師們對德謨克利特原子唯物主義理論解說的以訛傳訛中，一時間實用主義的智術師，取代了深刻思考"人的應當"的前蘇格拉底哲學家。普羅塔戈拉和高爾吉亞是當時這種世俗主義智術師的典型代表。[43]智術師們沿着個人主義和實用主義的路線，繼續任意發揮原子學派代表人物德謨克利特的唯物論，他們認為真理和理性世界是不存在的，只有人的感覺是真實的。個人在現象世界的感覺是獨立的、非理性的且非關聯的。理性存在是不可感知的，即使可感知也是不可表達的，因此是不存在的。唯有人是世間萬物的尺度，是所有存在及如何存在的尺度，是所有非存在及如何非存在的尺度。

這種只有物理性個體而丟掉人的群體性公共人格與精神理性的詭辯術，既迎合了那個時代政治民主需要的個人主義思潮，又因其在公眾前演說之邏輯淺顯而迎合了社會表面需求，從而大為流行。可是這種智術師演說的市場競技，嚴重摧毀了前蘇格拉底時代的哲學沉思傳統，使整個社會在這種無規則無邏輯的語言競技中，充斥着憑個人感覺而發的膚淺輿論；而個人的感覺，又因時間、地點、人的心理差異而千差萬別；時間久了，便都服從於個人利益的世俗算計；於是人的公共人格喪失，公共理性喪失，公共真理與公共秩序喪失，人成了只有個體人格的動物。希臘年輕一代的精神世界坍塌了，榮譽、虔敬、恪守誓言及追求真理之精神喪失殆盡，"人的應當"之古希臘哲學反思，面臨着前所未有的巨大挑戰。正是在這種歷史背景下，偉大的古希臘哲學家蘇格拉底橫空出世。

今人討論古希臘哲學大多從蘇格拉底開篇，原因之一是蘇格拉底是古希臘哲學的歷史分界線。**前蘇格拉底哲學**的重心在自然哲學上，重點討論宇宙萬物的起源何在，現象世界的物質由何構成，理性世界的法則及至高真理是否存在及如何存在，人應當從這種自然哲學中得到何種啟示、思考並規約人的公共人格行為。**後蘇格拉底時代的古希臘哲學**則將重心轉向人文哲學或使二者並重，主要討論人是否存在個體物理性身體之上的更高存在——人的靈魂，從而實現身體死後，靈魂不死；人是否應當服從這種更高存在理念的支配與激勵；這種至高存在的根本是否算美德；人應當怎樣處理快樂與幸福；人的公共性應如何在社群共同體中得到體現；我們應該用什麼樣的邏輯方法來討論問題並追求絕對真理，等等。原因之二是蘇格拉底用他獨特的思考與追問方式、行為與死亡方式，詮釋了他對人文哲學的深刻思考，建立起始自蘇格拉底的第一塊古希臘人文哲學里程碑。[44]

　　蘇格拉底從那個時代的智術師們教導並流行的辯論術出發，不過他並不闡述自己的觀點或普遍真理，而是到處找智術師們辯論。他將蘇格拉底式飽含神聖美德的懷疑論眼光投向他的辯手，用一連串無休止的發問把辯方推向窮途末路，從而引發智術師們對人的個體世界背後的普遍性、公共性問題的震撼性思考，使人意識到智術師們基於原子唯物論的獨一實用主義與個人主義的荒謬性。其實每個普通勞動者的個體行為和技藝經驗背後，都有外在於他自身和高於他自身的普遍法則，如正義、美、實用等。而這些普遍法則作為理念存在，先於人的行動而存在，指導人的行動，並體現人所行動的深層價值。這種理念性的存在，作為人採取行動的原因，人行動的成果及對其行為是否完善的反省。正是這種先存理念的指導與行為反省，使人所處的公共社群變得有序和更加美好，從而值得人在其中生活。因此任何普通實踐者都不像智術師們所說的那樣，是完全靠自我感覺而行動的個人主義動物，完全沒有對智慧和真理的追求，也沒有行為的反省。相反，蘇格拉底所開啟的始於個體發問的歸納推理方法證明了，每一個普通的實踐者都有智慧和德性，而這種智慧和德性，正是高於人的個體感覺的普遍性至高存在，它們是支撐自然世界和理智世界的道德支柱。因此，人需要"認識你自己"，即認識人的個體存在與至高存在之間的理性關係，通過服從理性與個性自製，來達到自我潛能的充分展現。

蘇格拉底表面上簡樸自然、不修邊幅、放蕩不羈，而他的行為背後潛藏着深刻的公共目的與"人的應當"之完滿德性。他不分貴賤、不分貧富地找人辯論，與人深談，通過系統化的追問去喚醒人類心靈的沉思，促使人去反省個人感覺的差異性、個別性及非普遍性，讓人體會這種個別性後面深藏的正義、美、實用等德性的存在，以及這種德性超越任何個體生命生死而長期普遍存在的深刻意義，從而解構智術師時代流行的極端個人主義道德崩潰陷阱。他的這種行為也得到很多人的讚賞和追隨，如自以為無所不知和代表正義的歐得莫斯，在被蘇格拉底追問到窮途末路之後就說過："要想做一個值得稱道的人，除了盡可能多地與蘇格拉底對話之外，沒有別的途徑。"但是，蘇格拉底式的追問和他獨具一格的反諷也使很多自以為博學和高貴的人感到自慚與窘迫，從而引來了對話者的憤怒、智術師的攻擊與其他文人的諷刺。而對於這些，蘇格拉底完全不在意，繼續他獨步於天地之間的行為方式與生活方式。

蘇格拉底最終用死亡詮釋了他的哲學，[45] 詮釋了他所認為的物理生命之上的至高存在、永恆存在與普遍存在的認識論與價值觀。這種存在，便是不同於個人感覺的絕對真理、神聖美德與不死靈魂。蘇格拉底在他放蕩不羈的外表之下深藏着一顆對道德法則與社會秩序之神的虔敬之心，他鄙視那種因個人利害而丟棄這種"人的應當"的公共虔敬之行為。而這不等於他不注重人作為個體的自由，相反，他十分欣賞那些超越現存社會法則而富有創造力的藝術家和哲學家，哪怕這種創造給社會帶來離經叛道的衝擊與批判也沒關係，這些藝術家和哲學家經常在他們所處的時代因這種離經叛道而備受折磨乃至審判。但在下一代人眼中，他們是追求至高存在的殉道者與英雄，因為他們自願成為現時代法則的罪人。因此，人真正的正當性就是"自願成為罪人"[46]，為追求至高的存在而殉道。真正的"罪"是不自願成為罪人，他們挑戰現存的規則，因使他人受害而犯罪。對於死亡，蘇格拉底也有他獨特的看法。他並不認為死亡意味着人的完全消亡，他認為死亡只是個體物理性質身體的消亡，其更為深層的存在即靈魂並不見得消亡，因此為了"人的正當性"或"人的應當"而死並不可怕。

正是基於這樣的哲學思考和真理認知，蘇格拉底用他自己的獨特方式來應對那場古希臘歷史，乃至人類歷史上有名的"蘇格拉底審判"。他拒絕被流放，也拒絕不出庭，甚至拒絕跟法庭和解，而是將法庭變成另類意義上的蘇格拉底式辯手，他的追問式抗辯使法庭的控辯詞"瀆神和腐化希臘青年"顯得漏洞百出。但他桀驁不馴的態度也激怒了由300多人組成的陪審團，最後被判處死刑。而蘇格拉底似乎對判決十分滿意，他用虔敬之心選擇了對希臘城邦法律的服從而不是反抗，他拒絕任何形式的和解與抗辯努力。最後，他焚香沐浴，與他的追隨者們談笑風生，優雅地喝下那杯毒芹汁，從容自若地與這個充滿差異和個人利益算計的物質世界作別。他用虔敬的生命演繹了人為至高真理追求而"自願成為罪人"的正當性，並用自己的生命為人類社群公共秩序之美獻祭，[47] 完成了他對人類關於"人的應當"之永恆誡告——"未經思考的生活是不值得過的"。蘇格拉底因此成為繼阿那克薩哥拉之後被審判的第二個古希臘哲學家，成為芝諾和恩培多克勒之後第三個為追求絕對真理而死的古希臘哲學家，為古希臘人文哲學對"人的應當"之反省樹起了永久的歷史性里程碑。

第四節　柏拉圖的"洞穴"

　　蘇格拉底阻止了希臘城邦的道德沉淪頹勢，將古希臘哲學推入了新的人文哲學繁榮軌道，進而誕生了小蘇格拉底學派和大蘇格拉底學派，但最重要的是推動了蘇格拉底的傑出弟子柏拉圖的登場。柏拉圖20歲時醉心於詩作，但因聽蘇格拉底的哲學論辯而深受其影響，遂燒掉自己的詩稿，追隨蘇格拉底10年之久，直至蘇格拉底於公元前399年被判死刑。之後，柏拉圖與其他追隨者一起逃亡麥加拉，歷經滄桑，差點兒被西西里僭主老狄奧尼修斯販賣為奴，最終被朋友贖出，回到雅典，建立了柏拉圖哲學學園，並在與弟子的對話中終其一生，享年81歲。柏拉圖留下了大量的、以他的老師蘇格拉底為主角的對話體著作，這些作品內容廣博，論述深邃，可謂前無古人之哲學百科全書。以致後人研究任何哲學問題，都要以柏拉圖為研究文獻的起點。

　　柏拉圖認為智術師們誇大了個人感官對現世生活的作用。其實身處物質世界的個人，就像手腳都被束縛在椅背上的洞穴居民，只能靠火光投射到洞壁上的感官影像來認知世界，誤以為那就是真實的存在。如果有人掙脫束縛，走出洞穴看到洞外的景像，那麼他會頭暈目眩，以為是幻象；如果他回到洞中告訴洞穴居民真相，那麼習慣了黑暗中的感官世界及語境的洞穴居民會嘲笑他甚至會打死他，因為熟悉黑暗景像的人們既害怕光明，也害怕真相。因此，"理念世界先於感官世界而存在，是一種更高級的存在"[48]。人通過感官去認知這種理念，在某種程度上像回憶或喚醒既有的存在。這種理念世界不僅是先驗的，而且是普遍且有秩序的。感覺需要借助理念並與理念相結合，才能被我們人類所思考、理解並命名。

　　可是這種理念世界從哪裡來呢？柏拉圖在《蒂歐邁篇》中，肯定地論述了理念世界的永恆創造者是神。因為神至善、絕對自由，他按他的渴望和理念創造了世界，讓世界無形變有形，混沌變秩序，空虛變實在。創造是神的思想理念與行動的統一。人的身體只是感覺的工具，人通過感覺獲得的觀念會隨人的個體消失而消失，而理念不會消失，諸如正義、美、善、永恆存在等，正是神的思想和理念，它們不會消失。人與這些理念相結合，便參與神的思想中，使人的快樂變成完滿的善。神是至善 [49]，既是善的原因，又是善的實現，還是善的完滿。

柏拉圖在《理想國》中繼續論證，人的身體是工具，只能產生幻象；理性是靈魂的能力，通過理性才能獲得真知。人的靈魂能力有三種：欲望、激情與理性，而至善是生命的目的。為了達到至善，人需要理性所具備的三種力量來挖掘靈魂的能力，這三種力量就是節制、勇敢和智慧。為達此目的，人們需要推動城邦教育，知道公共善、學習公共善、制定法律引導公共善，從而達到個人的至善。在這樣的城邦中，工匠代表節制，護衛者代表勇敢，統治者代表智慧。而教育則需要通過音樂來培育人的節制，通過體育來培育人的勇敢，通過哲學來培育人的智慧，並追求"美"。

柏拉圖在《會飲篇》和《斐德若篇》中深刻地闡述了愛慾與美的邏輯。愛慾後面深藏着人要"續接生命得永生"的深刻驅動邏輯，因此因嚮往美的身體而慾與之結合去孕育子女，以追求某種意義上的生命接續與永生的行為就很好理解了。可是當人發現名聲更且有這種實現感時，人為此而付出的努力就更加驚人，顯然人把這種名聲當成永生與不朽的更美來追求。善於哲思的人發現知識更美，靈魂之美甚之。靈魂而非身體的孕育更能使人體會到永生之美感，這就是為什麼對靈魂之美的追求，比對身體之美的追求更加令哲人迷醉。因此，人應該認識自己的愛慾，並培育這種愛慾從低級到高級逐漸攀升，即從一個美的身體到多個美的身體，上升到追求美的生活方式，再上升到追求美的知識，最後上升到追求美本身——神聖純然單一的"美"。因為，

"只有至美的生活才是值得過的"[50]。

　　柏拉圖在《斐德若篇》中論述了靈魂先於我們的身體而存在的道理。邏輯上說靈魂後於身體而消亡，可是靈魂又先於身體而存在。"靈魂先存"因從教育能夠喚醒人對知識的"回憶"而得到證明，而在猴子那裡卻無法喚醒。靈魂是能夠與理性結合的，並通過這種結合參與神的思想，從而可以接觸到永恆的真理，反過來使人可能獲得德性與智慧，以指導人自身的行為。人在死亡後有一個死後世界，靈魂要接受神的審判，神根據人一世為善去惡的行為給予相應的賞罰。因此，人無論貴賤，都要具有共同體的公共精神，承擔公共責任，為善去惡，滋養其靈魂與神聖理性的結合。[51] 柏拉圖引入不可見的"靈魂"與"神"，和人可見的物理性身體相對應，並從人與靈魂的潛在結合及其對神的渴望，來揭示可見世界背後的真理，為人類面對暴力挑戰所提出的"人的應當"問題，提供了最早且最有智慧的哲學解釋。這一哲學解釋的深刻含義不斷為後人所挖掘，但真正理解其哲學意義的，是 500 年 ~800 年後的基督教的神學哲學家保羅、克萊門、奧利金、德爾圖良與奧古斯丁，是他們使柏拉圖的哲學洞見與基督教神學，實現了第一次卓有成效的融合，從而為基督教的繁榮奠定了深厚的神學與哲學基礎。

第五節　巔峰之上的亞里士多德

　　從 18 歲開始跟隨柏拉圖近 20 年直至柏拉圖去世，一直受到柏拉圖"約制"而非"驅策"的學生亞里士多德，成為馬其頓王國、後來的希臘帝國最偉大的征服者亞歷山大大帝的老師，深刻影響了亞歷山大輝煌而短暫的一生，並受其資助，創辦了"漫步哲學學園"和"亞里士多德圖書館"。他全面、系統、完整地梳理了古希臘哲學,將其推至頂峰。

　　亞里士多德認為,思考是由人的好奇心推動的,人的自由就是可以不受限制地通過好奇心推動思考以獲得真知。他繼承了柏拉圖的觀念,指出人的個別是無法獨立存在的,個別之中深藏着人的普遍性。但他認為普遍性,也無法像柏拉圖認為的那樣在個別之上獨立存在,普遍性作為共相只能存在於個體事物之中,因此二者是相互對立又相互依存的。就我們所能見到的世界而言,個體事物反而是最真實可見的存在。這是因為任何事物都是"質料"與"形式"二者結合的產物。所謂"質料",就是事物的潛能,或曰內在於事物的目的因;所謂形式,就是事物的形狀,或曰形式因;事物的實現是二者的結合,就是事物的功能,或曰效力因。任何事物都具有"目的因""形式因"和"效力因"三方面的功能與性狀,概莫能外[52]。亞里士多德認為,生物體不同於其他物體,它們有生命,即有攝取營養和生滅變化的生命過程。作為生命體的人,靈魂是他的質料或目的因,身體是他的形狀或形式因,這個人的存在是他的實現或效力因。但人的靈魂的功能是沉思,靈魂的形式又不同於身體的形式,身體的形式主要跟土、氣、水、火四大自然元素相關,而人的靈魂則與第五大元素——神聖的"以太"相關。人並不是因為有手才成為有智慧的動物,而是因為有靈魂的智慧,才成為有手能通過用手使用多種工具及技藝的動物。靈魂並不是人所獨有的,但植物擁有的靈魂只是營養靈魂,即攝取他物又使自己不同於他物,並複製自我以朝向永恆的靈魂;動物擁有的是感覺靈魂,即感知外物又使自己獨立於外物,並複製自我以朝向永恆的靈魂;人所擁有的是認知或智性靈魂,即通過思想既獨立於外物又內化外物,並追求理性與神聖的靈魂。[53] 因此人的靈魂是更高級的存在。

　　亞里士多德進一步認為,人的靈魂和智慧是有差異的,這種差異就是個體中共相的“種”“屬”“類”的差別，比如最低的共相“種”與個體的聯繫最緊密，反之亦然。高階的存在包含了低階的存在，低階存在的實現是高階存在實現的潛能。所有低階的存在，都為更高階的存在做好了準備——比如人的靈魂實現，既包含了營養靈魂攝取他物的生殖創造，又包含了感覺靈魂尋求獨立於他物的生殖創造，這是人與動植物的共相。但人相對的個性就是理性的心智，共相就是追求德性與智慧。最高的共相是神，神是永恆、必然、絕對的實現，神所體現的“時間”和“本質”都先於人的個別經驗而存在。[54] 思想以神第一因共相為起點往下降，直至具體的個別物件，這是“演繹法”或“推理法”；思想以個別物件為起點，逐步上升到共相“種”“屬”“類”直至神，這是“歸納法”。人的目的，就是要用歸納法沉思和反思感官世界，最終意識到神的靈魂即“神聖心靈”，認識到神是處於完滿中的永恆，以此解決人所面臨的缺乏公共精神和行為準則的問題。人如果不能朝向神，就會脫離法律與正義，墮落成最邪惡的動物，充滿貪婪、邪惡與殘暴。因此神的正義是人類政治的準繩，是人類政治共同體有序運行的基礎。

亞里士多德花了大量的精力來討論追求理性、智慧及神聖的方法——邏各斯（Logos），並形成了完整的“歸納推理”和“演繹推理”的邏輯學學術系統，從而為人文哲學、自然哲學的討論與研究，奠定了 2 000 多年來無人出其右者的邏輯學方法論基礎。這就是為什麼直至今天，我們的社會科學和自然科學研究，都無法繞開亞里士多德而前行的最重要原因。亞里士多德的哲學方法論 [55] 主要體現在三個方面：第一，是分類和定義，準確的分類和定義開啟了科學發現、技術發明與創新的大門，而這把鑰匙是亞里士多德最早留給我們的；第二，是辯證邏輯，他最早通過質料與形式的對立統一分析，使人類能夠意識到萬物的對立衝突與統一法則，從而能夠發現衝突法則孕育的變化，其意義是深遠且長久的；第三，是形式邏輯，他創立了大前提、小前提、判斷式結論的"三段式"推理，這無論對從共相到個相的"演繹推理"方法，還是對從個相到共相的"歸納推理"方法，都是普遍適用且嚴謹的。它規範了人類數千年的思考、探究與爭辯方法，為古希臘發起的人類自然哲學與人文哲學（即今天的自然科學與社會科學）奠定了方法論基礎。

第六節　黃昏中的實踐哲學

最後值得一提的是，古希臘在反思並回答"人的應當"問題中的"實踐哲學"，包括"犬儒學派""伊壁鳩魯""斯多葛主義"和"新學園派"中的新柏拉圖主義哲學。說他們是實踐哲學，主要是因為他們在思考的深度、系統性、自洽性以及哲學方法論上，已經無法在蘇格拉底、柏拉圖和亞里士多德三巨師之後實現突破，因此他們的哲學關注重點，只能轉到為"人的應當"之行為實踐提出路徑指導的形而下技巧上來，從而在人類思想文明史中，他們總是被當作古希臘哲學的附錄而被提及。

由安提斯泰尼創立、其學生第歐根尼發揚光大的犬儒學派認為，[56] 人熱愛快樂的本性是邪惡的根源，靈魂深處的智慧與德性才是值得追求的，而智慧與德性的獲得需要經過"摒棄邪惡"的磨煉，以實現人的獨立與自由。自由是對享樂的否定，人之所求越少，越接近諸神的自由生活。因此，智慧的人在生活中磨煉身心、蔑視快樂並保持獨立和自由——"與其享受生活，我寧願喪失理智""我寧願死也不要過快樂的生活"。因此智慧並有德性的人總是在痛苦中發現快樂，因蔑視快樂而最終獲得真正的快樂。犬儒學派還認為，人管好自己，社會自然就好了。人要模仿自然的方式生活，因為只有統治自然的力量才是神聖的。人對待政治要像對待火那樣不遠不近、不宜太高的熱情，以免被那種不適當的政治熱情所俘虜；但也不能太遠而忽視政治，最終被政治專權所碾壓。因此當第歐根尼被問及他屬於哪個城邦時，他回答：“我是世界公民。”

　　以皮浪、伊壁鳩魯和盧克萊修為代表的伊壁鳩魯學派[57]，從對古希臘主流哲學，即理性主義的懷疑論出發，拒斥普遍法則與深層理性的存在，認為人生如夢，一切不過是人的感覺而已。感覺的相似性在心靈中發展出概念，進而發展出句子，最後形成判斷。而靈魂是感覺的主要原因，身體各部分又是靈魂的主要原因，因此靈魂跟身體與其他萬物一樣也是由原子構成的，只不過其構成原子更精微罷了。諸神是不朽的，他們由最精微的原子構成，沒有可朽的身體。生命的目的就是遠離痛苦與獲得快樂。快樂涉及全部生命，因此要追求持續快樂。在對快樂進行比較時，伊壁鳩魯學派進入了典型的循環論證：心靈快樂比身體快樂強烈，而心靈快樂來自回憶過去和預見未來的快樂，這種回憶和預期又根植於身體快樂，因此最終還是身體快樂。故而，即使理想主義不是偽善的，至少也是虛幻的，“我寧願死也不會愚弄自己”。顯然，伊壁鳩魯主義說到底，與德謨克利特的原子唯物論及智術師高爾吉亞的個人感覺至上是一脈相承的，其結論就是及時行樂與生命死亡後的虛無主義。

　　以芝諾、克呂西普為代表的斯多葛派，也以普遍理性的懷疑及不可知為起點，他們只強調邏輯學和實踐哲學，因此他們的認識論是相互矛盾的。一方面，他們認為感覺是外部刺激和內部知覺接受共同作用的結果，從而產生出觀念，隨着年齡增長與經驗積累而具備心靈，最終到達靈魂與諸神。另一方面，他們認為宇宙萬物的結構有三重：第一重是神本身，神永恆不朽，既是萬物之發端又是萬物之歸宿；第二重是神作用於其上的質料，如火、氣、水、土四大元素；第三重則是上述二者的合一。因此，世界受"先存觀念"和"哲學理性"的統治，理性彌漫於宇宙的每一個角落，但這些"先存觀念"和"理性"也是物質的。這種循環論證因回到出發前的原點而自相矛盾。

斯多葛派的實踐哲學認為善和惡是相對而生的，善和惡影響人的幸福，但不影響宇宙法則和自然法則這樣的不朽力量的實現。人追求善，只是為了人的幸福。人在幼年屈從人的本能即離苦得樂，成長後開始理性反思，然後通過學習獲得正義與可敬的先賢們至高榮光的照耀，最後通過自身的磨煉區分善惡，朝向至善——智慧、正義、勇氣與節制。雖然這個世界上的壞人常常志得意滿，好人常常身處逆境，但只有好人才配真正擁有智慧、自由與幸福。因此好人即使身處逆境、貧困潦倒、衣衫襤褸乃至深陷痛苦，也要拒斥引誘和不義，尋求正當與追求智慧的理想人格，最終獲得擁有德性的安寧。

斯多葛派影響了很多人，包括寫過著名《沉思錄》的羅馬皇帝馬可·奧勒留。因此賀拉斯將斯多葛派稱為"衣衫襤褸的國王"[58]。不過在羅馬帝國暴政時代，思想禁錮，生命困苦與悲觀。斯多葛派步入晚期後，自殺盛行，在悲情與不失莊嚴的氛圍中在歷史舞台上謝幕，被哲學界的新學園派的不可知論與懷疑主義取代。

新學園派的代表人物是普魯塔克、西塞羅和普羅提諾等。[59] 但討論新學園派是一個過於複雜的話題。**與我們討論的"人的應當"主題相關的、值得提起的人，是在古希臘人文哲學三巨師（蘇格拉底、柏拉圖和亞里士多德）的夕輝照耀下開創了新柏拉圖主義的普羅提諾。**普羅提諾致力於通過辨析反駁伊壁鳩魯派和斯多葛派的物質主義，認為物質主義不能令人信服地確立知識主體並解釋思想，思想、知識、靈魂肯定是非物質的。普羅提諾描述了一系列階梯狀的存在：至高的存在是"太一"，往下依次為"心靈""靈魂"（包括"世界靈魂""居間靈魂"和"低級靈魂")和"物質世界"。這個階梯既是下降通路也是上升通路。至高存在"太一"的本性，流溢產生了低級的存在。我們是被困在物質形體中的靈魂，這種狀況是某種"墮落"導致的，即靈魂常被攪在一起的物質感覺所誤導。我們應通過追尋知識與德性，將靈魂從身體的桎梏中解放出來，並上升到心靈，與神聖的"太一結合"，最終獲得知識與美德。

最後值得一提的是，在古希臘哲學的黃昏中出現的諾斯替主義 [60]，它在很大程度上與新柏拉圖主義十分相像。諾斯替主義也有一個類似普羅提諾的"存在階梯"，這個階梯的頂端是：至高光明神的存在；下邊是半神性的居間世界；再往下是更低級的存在者，他們錯誤地創造了物質世界，從而產生了"墮落"的黑暗時，使我們半神性的靈魂被囚禁在純肉體的物質世界中。因此，人們需要在諾斯替教師們的幫助下，經受理智及道德的磨煉，通過飲食和性的節慾，幫助靈魂從身體囚禁中解脫出來，進入死後的靈界，與靈界相通的至高光明神合一。

第七節　古希臘哲學盛宴的寬廣向度

從以上基於"人的應當"角度梳理古希臘哲學的人類大反思中可以看出，古希臘哲學盛宴的確輝煌、豐盛、深邃且寬廣。古希臘哲學家把思考的角度拉寬，將不可見的"人的應當"問題納入三個向度進行探討和追問：第一個向度，是從人與自然之關係入手，追問人與自然即人之萬物之間的關係；第二個向度，是從一個個體與其他個體之間的關係入手，追問個體與"他者"之間的公共關係；第三個向度，是"人和自然"與"人和他者"這兩種關係之間是否有一個共同的起源和去向，是否存在一個共同的造物主或有序化的締造者和主宰者。

人生前死後處在什麼樣的時間與空間維度中？人為什麼存在？人為什麼必死？人為什麼需要和擁有自由而又因自由而犯罪？人為什麼既追求個人自由又追求公共理性？**"人的應當"說到底，就是人應當如何解釋人所處的世界，如何解釋人的思考以及如何駕馭，如何自我規約、自我激勵與自我堅定人的行為。**

在第一個向度的討論中，古希臘哲學家涉獵了許多問題並嘗試做了回答。首先，萬物是由什麼構成的？古希臘哲學家嘗試的答案：水、火、氣、土、以太、數、最小不可分的微粒原子等。其次，萬物是以什麼方式存在的？什麼是萬物的"真"？古希臘哲學家嘗試的答案：萬物以人所感覺到的形式存在；萬物以"質料"和"形式"結合的方式存在，而"質料"是目的因，人無法感知它，但可以思想它；只有不可見的存在才是真的存在。因此萬物的"表像"是可感知的；萬物內在的"存在"則是不可感知但可以思考的；萬物內在的"真"就是它內在的靈魂或心靈，人不可感知。再次，萬物是有秩序的嗎？這種秩序是美的嗎？古希臘哲學家嘗試的答案：萬物處在變動不居的混亂中，無物常駐，其無序與無常令人哭泣；萬物即人的感覺，為人所用，只有個別，沒有普遍與秩序；萬物分為可見的現象世界和不可見的理性世界：現象世界變動不居，充斥着個體差異和混亂；理性世界則穩定、有序且有規則，這種有序和規則是一種至美。最後，人與這由萬物構成的自然世界是什麼關係？人能從與這個自然世界的關係中找到"人的應當"嗎？古希臘哲學家嘗試的答案：人是宇宙間萬物的一種，但人不同於萬物之存在；人有高級靈魂和心靈，人能思考並有理性，理性在世界的秩序中，並先於物理世界而存在；因此人應當追求有序、有法則、至美與理性的生活。

在第二個向度的討論中，古希臘哲學家依舊涉獵了許多問題並嘗試做了回答。例如，人是個別的人還是普遍的人？是否存在人的共同的普遍理性？“善”“理性”和“美德”存在嗎？生命的目的和意義何在？人應當用感覺來對待生活，還是應該用思考來對待生活？“國家”和“共同體”的公共理性意味着什麼？人應該如何與他人相處？由人構成的社會是否應該有秩序？“國家”和“共同體”的公共理性與秩序是什麼關係？人類社會的秩序與自然宇宙之秩序存在何種關聯？人是否應當追求理性與美德？如此等等。古希臘哲學家們充分發揮了他們的自由想像能力、證明能力和推理能力，產生了豐富的文字成果，但他們得出的結論大相徑庭。有的哲學家認為只有個別人及人的感覺，沒有普遍理性和公共理性；大多數哲學家則認為個人的感覺是很表面的，在其背後存在深層而普遍的共相，這種共相就是人的普遍理性與美德，這種公共理性產生的“秩序”與“美德”使人的生活值得人去過，生命之美值得人去追求。人應當穿越感覺世界的重重迷霧，用思考去洞察和發現迷霧背後的公共理性真理，追求美德，善待他人，履行公共責任，維護共同體或國家的公共秩序與公共精神，實現人類公共德性與秩序的美好。

在第三個向度的討論中，古希臘哲學家觸及了人類思考中最終極的問題，即人的生死問題。他們認為人之外的“自然世界”，與人與他者關係的“社會”處在一個同源的連接中，同時也處在一個共同趨向未來的連接中，只是在當下暫時獲得了萬物的物理性差別形式而已。因此，人在時間的定義中創生了人類獨有的“二元世界”：其一，是世人感知到的物理性現象世界；其二，是人生前與死後只能靠靈魂來把握的精神世界。這樣的定義同時也使人的生命在當世的時間中，產生了生命的“物理性”與“精神性”兩個維度。無論是被後世稱為唯物主義始祖的原子論，還是被後世稱為唯心主義始祖的柏拉圖主義，大多數古希臘哲學家都相信“存在”具有階梯狀，從人的“感覺”“經驗”到“觀念”“靈魂”“心靈”和“神”，低階的存在都為高階的存在做準備，高階的存在都包含了低階的存在。因此萬物都有朝向高階存在之神的永生傾向，"原子"只不過是"愛神"用以組合人的材料而已。一些哲學家則認為神創造了人和萬物，因此才有自然的秩序和人的理性。雖然人的物理的身體必死，但靈魂是不滅與輪迴的。神需要對人的為善去惡的行為進行賞罰，以決定靈魂在輪迴中的升降。這些討論為後來的宗教神學，特別是為人和自然都受同源性的神所創造的規律、規則制約，而變得有序的"自然法"理念奠定了堅實的人文哲學基礎。

在上述三個向度的哲學討論中，古希臘哲學家創造了第四個向度的討論，即哲學研究、證明、討論與爭辯的方法論。它包括：概念或觀念的定義，物之種、屬、類及高階、低階等分類方法，數學與物理計算與表達方法，歸納推理、演繹推理的三段式形式邏輯方法，對立統一的辯證邏輯方法等。這些方法對人類個體自由想像力的發揮和規約，對人類想像能力的群體性積累，特別是對人與他者之間在提問、辨析、討論並達成公共認識方面，具有非凡意義且影響深遠（直至今日）。

第四章

加入：中國先秦的反思

第一節　　"封國制"導致的侯勝王衰

　　中國關於"人的應當"的哲學大反思，發端於公元前 600 ～ 前
500 年，當時周王朝經歷 400 多年，正進入衰敗期。周朝始自公元前
1046 年，商朝封地上的諸侯國領袖周國，聯合其他諸侯國對荒淫昏
聵殘暴之商紂王的戰勝，此戰的正當性來自周文王的哲學理念：天將
權力授予君王讓他統領人間萬民，君王再將權力授予各大臣和各諸侯
國王，直至子民。前提是君王應保持勤政愛民的仁政本色，維護人間
的美好秩序與百姓的富足生活；如若君王不守天道秩序，不施仁政而
荒淫無道，造成人間混亂與百姓疾苦，其他人就可以順承民心和天意，
發動戰爭推翻統治並取而代之。這是人類歷史上最早的有關"君權神
授""民權君授"和"天佑蒼生""敬天保民"[61] 的政治哲學理念，
是對商朝（公元前 1571 年 ～ 前 1046 年）"君權神授"和"人祭人
殉"政治理念與實踐的重大修正。周武王按此哲學思想發動反商紂王
之戰並建立周朝後，由成王時期的攝政王——周公旦統領，制定了一
整"禮""樂"制度，將商朝原來用於重大祭神活動的"禮"和"樂"，
轉變成規範人的等級定位及行為準則之"禮制"，以及規範各種公共
儀式場合、依據等級差別制定不同儀典音樂的"樂制"，從而形成了
一套引導人遵循其等級角色定位的行為倫理與心靈引導範式。而人的
等級，是依討伐商朝的戰功論功行賞分封土地給諸侯形成的封地等級
而定。根據這套政治哲學與禮、樂之制，西周創造了"禮樂並茂"，
建立了內外和平近 400 年的新文明秩序。因此，周朝是中國式"封建
社會"的鼎盛時期。至於今人將 20 世紀之前的中國都統稱為"封建
社會"，實在是毫無根據的以訛傳訛。

　　中國作為人類歷史上最早採用分封制解決戰功之激勵制度的國
家，與西歐和日本在約 2 000 年後實行的封建制具有本質的不同。

首先，其分封的土地不是建立在社會顯性契約的基礎之上，因此君主在將土地分封後就已不在成文法意義上擁有最終的土地所有權了。由此帶來的是封臣並不需要像歐洲封建制中的封臣那樣，永久地履行他從國王那裡取得土地使用權所附屬的永久性忠誠之法律義務。可是土地上隱性附帶着的國家權力——稅收權和軍隊權在分封中被隱性地轉移掉了。隨着時間的推移，這種分封土地上隱性附帶的忠誠義務，因缺乏顯性契約基礎而迅速被磨洗乾淨——因為，封臣會認為封地是對其戰功的應得獎賞而不是使用王地的永久性領主恩典；但土地上隱含的稅收權和軍隊權的隱性轉移，卻生發了永久性的侯盛王衰。這種王和侯的權力義務不對等的"封建"制，很快使帝國之內君王所分封的封臣，轉變為與君王競爭政治權力的對手，並反過來刺激了君王身邊等待分封的皇戚近臣隊伍的增加。從這個意義上講，周朝所實行的是事實上的"封國制"而不是後來歐洲意義上的"封建制"，這種封國制不斷培植周朝帝國的掘墓人——分封諸侯國。他們之間的關係，是完全的你強我弱的零和博弈，剩下的只有一條表面化的、倫理道義上的微弱紐帶，即"周禮"與"周樂"維繫着周天子與諸侯國之間的道義關係；被封出的土地，則永久地帶走了隱含在土地上的政治權力；周天子唯一剩下的只是"天子"的虛名，以及周朝禮樂制度中最高規制的獨享祭天權。當所有土地都被分封完畢時，諸侯國達 300 多個，周天子就成了一個禮樂之王。[62] 而諸侯國之王們，則繼承了他們從周天子那裡學來的暴力基因與奢華基因，極盡奢靡、殘暴無倫、相互殺伐與吞併，並覬覦着問鼎帝國之巔的政治權力。這就是西周歷經 300 年繁盛之後出現的"禮崩樂壞"，它以公元前 771 年周幽王被西北游牧民族犬戎攻滅為轉捩點，此後漫長的 500 年歷史見證了中國式"封建制"瓦解的侯盛王衰——中國進入了一個帝國國家權力徹底衰減，而"封國制"培植的封臣之國群雄紛爭的春秋戰國時代，史稱"東周"。西周"禮樂"社會秩序的崩塌和東周諸侯國之間的土地爭奪之戰亂，**構成了中國加入人類關於"人的應當"之第一次大反思討論的兩大歷史誘因。**

第二節　孔孟哲學——"有序美"的復古期盼

孔子公元前 551 年生於中國東部的諸侯國魯國。他把目光投向了現實社會中各諸侯國之間為爭霸而暴力相向的苦難與痛徹，以及對周王朝開國初期"禮"與"樂"盛之社會秩序之"有序"回望，從而期盼那種歷史性的社會秩序美，能重新回到現實中來。因此，孔子的哲學，不像他同時代流行於古希臘的畢達哥拉斯學派和埃利亞學派那樣，屬於哲學殿堂裡莊嚴思考的形而上學哲思，而屬於一種實用型的現實主義實踐哲學。孔子認為，周文王在中國歷代先賢的基礎上所完善的"君權天授""敬天愛民"的政治哲學理念是完美的，周公旦據此而制定的周朝"禮""樂"制度是更為具像化且完善化的；因此我們當代的"儒生"無須發明創造什麼新東西，只要恢復周禮或規約自己的行為符合"周禮"的秩序，即"克己復禮"就好了。

那麼"周禮"的核心是什麼呢？就是人與他者之間關係的"尊卑有序"[63]，更具體說這個"有序"就是"君—臣""父—子""夫—妻""兄—弟"。這個有序的秩序鏈是從上往下的：上為尊，如"君""父""夫""兄"；下為卑，如"臣""子""妻""弟"。而這個秩序圍繞着兩個核心組織進行構建，一是"國"，一是"家"。在國中，臣必須服從君和忠於君，猶如在家中子必須服從父和忠於父一樣。同樣，妻必須服從夫和忠於夫，弟必須服從兄和忠於兄。這種人際關係，就是尊卑有序的美好秩序，就是"禮"的核心。它形成了一整套每個人作為不同的家庭成員角色，與國家中政府官員角色之間可比擬的行為禮儀規範，實際上，是一部個人在社會中扮演不同角色應當預設的心理與行為操作手冊——《禮記》。《禮記》規定了每個人與自己的角色定義相對應的日常生活禮儀，比如心態、服裝、坐姿、站姿、行姿、住房，以及生、婚、死、離異、守寡——人生重要關鍵時期慶典及祭祀活動的禮儀、言辭等，有數以千條守則，它們極為細緻而複雜。"樂"是在各種不同公共場合，適用於慶典或祭祀"目標人"尊卑秩序的樂章；通過儀典上的演奏，培養"目標人"被預設的、以禮制為核心的心理預期，並因這種儀典之"樂"構築人際和諧的秩序之美。

那麼我們作為個體人怎麼才能做到"克己復禮"，在遵循這一套繁文縟節的前提下，仍然覺得生命有意義呢？孔子既未預設也未回答。但他似乎意識到這是一個問題，因此他主張教育。誰來做教育呢？儒士。儒士是什麼樣的人呢？就是像孔子這樣的人。於是，孔子給自己和他的追隨者找到了一個獨特的社會角色定位，即一群胸懷天下蒼生、追求社會和平有序，並以身作則、鍥而不捨地去說服各諸侯國國王們恢復周朝"禮""樂"美好秩序的先驅或儒士。孔子帶領他的弟子花了近 20 年時間周遊列國，宣揚他的儒家理論和秩序教條，企圖獲得諸侯王重用，以實踐自己的儒家理論，教化萬民克己復禮，建立一如他幻想中周朝初年的人際公共秩序之美。但想像是美好的，現實之路則殘酷而複雜。孔子在飽受挫敗之後回到家鄉整理典籍，在《春秋》中點評各諸侯國國王們奢靡敗德、傷風亂道的種種行徑。由門生們記錄整理的他的言說，為那個時代留下了儒家經典，成為後代儒士生命應當的行為指南。公元前 479 年，孔子跟那個令他失望之極的荒誕失序的世界作別。[64] 或許是因其一生遭遇了無數挫敗卻依然堅守周禮傳統，他被後世奉為聖者。

　　人們也許要問，怎樣才能成為一個好的儒士呢？孔子用他和門生傳世的儒家經典以及自己的生命實踐為此做了最好的注釋，那就是要具備"格物、致知、正心、誠意、修身、齊家、治國、平天下"的人格修養。格物乃調查研究，致知乃掌握知識，正心乃使心正直而光明，誠意乃對他人的真摯與誠懇。在此基礎上，人就可以練習修身。修身要遵循"己所不欲，勿施於人"的換位思考黃金法則，熟悉"禮"與"樂"。然後，人要嘗試管理好自己的家庭，有此歷練就可嘗試事君治國，最後實現平天下的政治理想了。這樣的儒士不卑不亢，胸懷大志，知禮善樂，隨時準備喚召於朝廷施展政治抱負，但決不拿原則做交易；具有二十而學、三十而立、四十而不惑、五十而知天命、六十而耳順、七十而從心所欲的生命精進與人格魅力。做到這些，儒士就能成為君王和百姓的人格榜樣，教化人民與社會歸仁複禮，創造一個禮豐樂盛的有序美的太平盛世。

　　孟子則是將孔子的儒家學說發揚光大的人，他是公認的孔子最傑出的學生，但事實上他比孔子晚生近 180 年（公元前 372 年）。孟子將幾乎被時代忘卻的孔子學說之大旗再度祭起，用自己的論述充實完善了孔子的學說，並用自己的生命踐行，再次呼喚各諸侯國施行儒家宣導的新社會秩序，使孔子的儒家實踐哲學成為以孔子和孟子為代表的"孔孟之道"。孟子對孔子實踐哲學的發展主要是"仁政愛民"[65]，他轉而討論君王為至尊的前提，而不是主張人們毫無原則地"忠君"。他認為：民重君輕。只有重視百姓利益的君主，才具有"君權天授"的合法性與正當性，才是施行仁政的仁君。因為天聽來自民聽，天意代表民意。由此推知，仁政的本質就是"愛民如子"。君主不愛民從而不施行仁政，下臣就有權而且必須勸諫他回歸仁政；如果下臣屢次勸諫後，君主仍不知悔改，下臣就可以推翻他，扶持有仁愛之心的有德君王取而代之。因此推翻一個沒有愛民之仁義正當性的君王並非不道德的"弒君"，而是替天行道的"誅殺"。此種說法，雖然僅在君和民兩個主體之間循環論證，並無太強的邏輯說服力，但在當時亦如驚雷般令人震撼。

孟子最後還是回到孔子的邏輯體系中去發展他的教育觀，他認為勞心者治人，勞力者治於人。教育的目的，就是要讓勞力者懂得自己在與他人關係連接時卑下的角色定位。這種人際關係連接定位的核心，就是孔子的禮教——"君—臣""父—子""夫—妻""兄—弟"的天定秩序，就是君子即儒士為追求此種秩序而需踐行的"格物、致知、正心、誠意、修身、齊家、治國、平天下"的人格修養之道。儒士就是完成這種匡扶"禮樂"秩序使命的勞心者群體。他們要出則兼濟天下，不計利害得失地勸諫君王守儒家禮教，示範萬民，哪怕為這種勸諫犧牲生命也在所不惜；他們還要入則獨善其身，不受重用也要保持自身修養與高尚品行，成為百姓的道德楷模。[66] 孟子堅決反對楊朱學派主張的"人不為己，天誅地滅"的人性論，也不同意墨子提出的一個恒常不變指引人之行為的"天志論"。墨子的"天志論"認為，人們的私慾和情緒會阻礙他們去順應天志，因此墨士要存兼愛他人之心去替天行志，以維護賞罰分明的天志秩序，從而匡扶正義。孟子認為人性本善，皆有惻隱之心，但世界支離破碎、變化無常、混亂複雜而不可預測，沒有一個確定不變的抽象之善可以讓人遵循。人要通過日常生活中的具體行為發現"善端"，追隨內心，回應具體情境，陶冶情操，在瑣碎的行動中養成禮的習慣，這樣就能防止自利思想的侵蝕，獲得利他的儒家理想人格。這種理想人格，從周文王、周公旦、孔子及孟子這樣的"聖賢"的言論和身體力行上就可以看到，他們是儒家理論的標杆，是無論君王、王公貴胄，還是平民百姓踐行"禮樂"人際秩序的非凡榜樣。沒有他們，我們就失去了前行的航標與方向。

　　孟子最早提出了如何制約君王行為的千古難題，但他在論證上出現了嚴重的邏輯不自洽。一方面，包括君王在內的勞心者都可能不仁不德，需要"民聽民視"以校正之，甚至需要用民誅以更替之；另一方面，大多數"民聽民視"者作為勞力者，又只能守持儒家禮制所規定的卑下角色定位，那麼"民視民聽"的力量和通道又如何發揮作用？難道孟子主張用暴亂方式誅殺君王嗎？孟子既不承認人的利己之心，又不承認墨子位於君王之上的天有仁愛與和平的天志，那他如何解釋君王失德與失仁的原因？而就連君王都可能因失仁失德而被誅殺，為何儒士卻獨能保持仁德之品性，而成為社會中道德秩序的中流砥柱呢？如果人無利己之心，那麼為什麼民有恆產後才會有恆心呢？這種種邏輯矛盾，很大程度上，應為此後兩千年不斷獲得政治話語權的儒家邏輯不自洽與偽善負責。

　　孟子效仿孔子，耗費近 20 年，在自己最富膽識與智慧的生命時期周遊列國，費盡移山心力和絕身心智，示範並說服諸侯國王們施行愛民的"仁政"，而非奢靡無度、橫徵暴斂的暴政；勸諫他們堅守仁政的"王道"[67] 而非依靠暴力的"霸道"。孟子強調，王道的核心是保民，保民則王。保民而需制民之產，民有恆產，方有恆心。君王應充分認識"天時不如地利，地利不如人和"的相對關係，內政愛民勤政，節慾虛心，重民輕君；外交應尊奉周禮，與其他諸侯國和而為貴，從而恢復理想中的周朝"禮樂"秩序。孟子還提出了"井田制"的公共理想，即八戶為一組圍公地於其中並共同耕種，以納國家稅賦。

　　孟子的期盼性說教很美，但在對那個時代的君王言說方面，收效甚微，一如他的心靈導師孔子那樣碰得頭破血流，終在 60 歲之後心灰意冷。他在給後人留下一堆且行且碰壁、越想越智慧的經典對話故事，以及他那充滿對儒家理想人格的渴望而四處奔波、直言勸諫的人格形像後，便消失在茫茫人海之中，回鄉著書立說。他留下《孟子》七篇，充實並發展了孔子的學說，形成"孔孟之道"，於公元前289年，滿懷遺恨地離開了那個與他的儒家政治理想和儒家人格追求完全背道而馳的混亂世界，享年83歲。

孔子和孟子的理論並不是很系統的哲學思辨和討論，它們大多是對生活實踐的總結和點評，充滿了格言式的智慧和語言之美，耐人尋味與咀嚼。孔孟理論對"禮"的數千條規定細緻、冗長、煩瑣，今人看得頭痛欲裂。當時，或許是給了那個混亂無序的社會一個具有莊嚴儀式感且令人嚮往的、回應秩序性期盼的方案，對"樂"的認識美麗而神秘，能夠引起人心中對美的期盼與神聖共鳴。對於為什麼社會變得如此混亂無序，為什麼人們需要一個孔孟所描述的人際公共倫理秩序而不是別的秩序，孔子和孟子從沒有更深入的追問，也就沒有更深入的思考與作答。因此在老子和莊子看來，儒家這套學說既是沒有理性邏輯的，也是沒有實踐價值的。

生活在公元前313～前238年的荀子，是孔子和孟子實踐哲學體系中一個十分重要的人物，他在很大程度上通過人性的前提性討論，完善了儒家的理論體系，使儒家支離破碎的復古式哲學格言，成為言之成理的邏輯系統，滲透到後世的儒學發展中，使儒學不僅可以在宗教式的禮儀儀典中實踐，也可以在高深的哲學殿堂中進行思辨的探索。雖然荀子始終未獲得帝國權力及儒家主流文化的認可，但他真正維護了儒家實踐哲學格言之所以成為學說的理論根基。

荀子徹底否定孟子認為"人性本善"的理論出發點，認為"人之生固小人也""人生性惡，其善者偽也"[68]。善並不是自然天地給人的一顆必然種子，相反世人必為生存與獲得而爭，爭必傷及他人，因此"人性本惡"。正因為"人性本惡"，人不值得理所當然地被信任，才需要"禮"和"樂"對這種惡之人性的規約與教化。但"禮"不僅是那種清規戒律和巫術似的宗教實踐，而且是以百姓為基礎的"仁政"的體現。以仁政為內核的"禮"像一把雕刻刀，把粗鄙和惡為本性的一塊塊木頭，雕刻成知禮通樂的人。如果"禮"失去了"仁"的內核，就成了一把鈍斧頭，只能把那粗鄙的"人性本惡"的木頭砍成更爛的木頭。因此具有"仁政"內核的"禮"乃君子之舉，其心須以民為本，其行須節用裕民，故合乎"道"而順乎"義"。"禮"的意義在於對人的社會界定與區分。這種區分並不平等，即"維齊非齊"，但能在仁政基礎上形成尊卑秩序，人們應該各自相守"禮"之區分，以達"禮之用，和為貴"的社群生活之同——公共精神。

　　基於人性本惡的哲學認識論，荀子認為孔子和孟子"禮"的秩序——"君—臣""父—子""夫—妻""兄—弟"不能絕對化而要加以辨析運用。雖然臣忠於君是"忠道"，子忠於父是"孝道"，但決不能"愚忠"和"愚孝"，還要用"道"與"義"進行辨析與考量。如果"忠""孝"違背了"道""義"，人就應該棄"忠""孝"而保"道""義"。因此，"從道不從君，從義不從父，人之大行也"。

　　荀子這種超越人的血緣聯繫和職務忠誠的"道""義"論述，[69]為儒家學說的"尊""卑"夯實了"仁""慈"的基礎；為孔孟對那個時代"人的應該"的"忠""孝"行為的期盼，奠定了用"道""義"來辨識的前提與基礎，讀之的確令人振聾發聵。**荀子是那個時代的儒家學者中，唯一一個觸及不可見的普遍性與絕對真理的人，其根基深厚且邏輯一貫的闡述，大大提升了儒學的理論高度與深度，將儒家學說這一依賴歷史性回望和煩冗儀禮的等級制說教，根植到"人性本惡"的哲學認識論中，從而使儒學成為可以登堂入室進行思辨的倫理哲學。**當然荀子的着眼點依然是一套倫理性的實踐哲學，它是一種具像化的人的行為指南，屬於公共外在強加給個體的、日常行為應遵循的"人的應該"，缺乏神聖性與權威性源頭。

第三節　老莊哲學——純然美感的“道德”人格

　　老子生卒年月並無很具體的考證，因為除了他留給西北邊關尹喜的五千言《道德經》，就是他做過周朝國家檔案館館長，並在此期間與造訪周都洛邑的孔子有一次會面與對話，此外別無其他生活與著述的記錄，可謂“神龍見首不見尾”之哲人。老子的哲學思想，盡在他那為通關作別於失序的“春秋”世界五千言《道德經》中。老子的《道德經》是世界上迄今為止最簡短最深奧的哲學論文，僅有 5 000 字，卻分為 81 章，前 37 章闡述《道》，後 44 章闡述《德》，合起來為“道德”[70] 之經，最貼切、最直接地回應了人類第一次大反思關於“人的應當”的命題。

　　老子認為，凡是我們所能看到、能感知到及能命名的萬物，都是表面化的現象世界，都不是隱藏在這種現象世界背後的真相世界，更不是支配這種現象世界運轉從而使其紛繁變化的內在之“道”。而那個不可見的深刻的“道”，玄妙深奧得不可言說，一般人很難理解它。只有聖人才能想像它、理解它並遵循它。因為這個“道”是我們感知到的現象世界之外的不可見的終極力量與規律；虛無混沌由“道”而生，天地萬物之有又從虛無混沌之中而生，因此它是一切生之源。萬物生長之後必死，死後又歸之於“道”，所以“道”又是一切生命死亡之終結。雖然萬物生生死死，而“道”則永存，不增不減，不生不滅。

　　我們雖然看不見“道”本身，但我們可以通過“道”所呈現出來的現象背後的對立統一規律，嘗試着去理解“道”。譬如生與死、美與醜、善與惡、難與易、弱與強、高與低、長與短、多與一、動與靜、虛與實、有與無等，可被命名的世界萬物總是由相對的兩個方面構成，相互對應並相互轉化。比如生與死對應，否則我們既無法理解生也無法理解死。生與死還相互轉化，花草冬天死了，其實孕育着春天的新生，而新生的又必然走向死亡。其他所有相對的命名與概念，都是對立統一而又相互轉化的。引起對立的雙方相互轉化與變動的力量，就是深藏在對立雙方背後的"道"。

天地之所以孕化萬物，並不是因為它的慈悲，也不是它有自私之目的，而是背後的"道"。正因為天地沒有自身的目的，只遵從天地背後的"道"，所以才能夠做到天長地久。"道"於常人聽起來虛無縹緲、空虛落寞，實則無處不在，先時而存，後時而居，世間萬物，皆從"道"幻化而來。但同時"道"也非遠離我們能感知到的現象世界，相反它充盈於天地之間，引導萬物之流變，深入萬物變化之因果，是一切現象世界運行之宗源。因此，我們能夠通過感覺、深入思考來認知"道"並遵循"道"。

老子認為，聖人是人間"德"之榜樣。之所以如此，是因為聖人沒有自己獨立的"德性"或"美德"，他們的"德性"和"美德"就是遵循"道"，[71] 從不考慮自己的身名，更不受現象世界的物質誘惑。現象世界中的世間萬物完全不同於深刻、平靜而虛空的"道"，它們競相綻放，展示自己的生機。人因有身體而有敏感的感官系統，能感知萬物的生機並深受吸引，以為這就是生命需要去追求的。因此，人生出了許多的欲望與自身的目的，並為此爭鬥搏殺，引起了社會的混亂與大道的廢弛。其實人錯了，這些被感知到的東西是不值得人的生命去追求的，因為堅強的東西易折斷，繁盛的東西易死亡，芳香的東西易迷亂，甘美之物易傷身，奇珍異寶易使人貪心而不軌。因此，只有不可見的"道"值得追求，因為它能帶給你寧靜自足的生活、自然長久的幸福和雅致循道的生命智慧。

因此，老子的"道德"完全不同於孔子的"道德"，也不同於今人定義的"道德"。這些道德，都是社會中約定俗成的人應該如何對待他人的倫理規範，即"人的應該"。而老子的"道德"，則是人應當如何認知深藏在萬物運行表像之下的不可見的"道"，從而使自己的行為順服"道"並與之合一的"德性"，故曰"道德"或"人的應當"。老子人之德性應當遵循"道"、和於"道"的"人的應當"，飽含了他那"天人合一"的人類社會的美好秩序嚮往。在這個美好秩序的嚮往中，人遵循大地之法則，大地遵循天之法則，天遵循道之法則，道遵循自然之法則。

那麼怎麼去追求"德"與"道"結合的"道德"之秩序呢？人首先要認知和思考"道"，理解"道"然後才能徹底地遵循與順從"道"。對"道"滿含敬畏感與神聖感，不注重自身的肉體，才能認識"道"與順從"道"，變得勇敢且無畏。順從"道"，就要考慮他人在先，顧及自己在後，置身事外，這樣反而能達到"後其身而身先，外其身而身存"的效果；順從"道"，就會輕視權力，視之為神器，不輕易去取，否則必將敗落；順從"道"，就不喜歡用兵和暴力，視兵為不祥之器，不輕用之，即使勝者也應懷哀悼之心；順從"道"，就要懷淡泊之志，寧靜之心，棄絕貪得無厭之心，抱元守一，得道之真諦；順從"道"，就要在清靜淡泊之中做到"無為"，其實是"不妄為"，順應"道"的內在邏輯去展開生命的篇章；順從"道"，就要示弱而不逞強，學習水的本性，居下而忍辱，讓"品德"在時間的流變中與"道"合一，成為改變世界的柔性力量[72]；順從"道"，就要深思慎言，大智若愚，大辨如訥，大慧若拙，大象無形，切忌花言巧語，清規戒律，這樣才能真正把握住"道"的邏輯，追求完美的"道德"秩序。

老子認為，管理國家的人需要學習聖人對"道德"的把握能力，首先不得有自心，要以百姓之心為心；其次要順從"道"，寧可"無為而治"，也不可"妄為亂治"；再次要以海納百川之心容人，謙

卑而居下，天下必歸順；最後要修身養德，身範天下，"我無為，
而民自化；我好靜，而民自正；我無事，而民自富；我無欲，而民
自樸"。老子告誡統治者，治理國家，別用計謀，別用奇技淫巧，
別用暴力，而要用"道"，此是正道，"以正治國，以奇用兵，以
無事取天下"，否則，"天下有道，則走馬以糞；天下無道，則戎
馬生於郊"，統治者如果無道，農田裡耕作的馬就會變成戰馬來推
翻他。因此，政治家們要學習"道德"相融的先賢聖訓，用美德去
蓄養"道"所生之萬物世界，垂範萬民，使百姓生活簡單樸素、民
風淳厚、秩序相和，天下相安。這便是老子推崇的"聖君之道"，
即"聖道"。[73] 因此，老子認為孔子那一套儒家教條和清規戒律完全
沒有邏輯智慧，也沒有任何實踐意義。因為大道廢棄了，才講"仁義"；
六親不和，才講"孝慈"；做國君的昏亂無道，才講需要"忠臣"。
這套周禮的清規戒律有什麼用呢？春秋時周天子的昏聵和各諸侯國
之間的戰亂，不就是"周禮無用"的最好明證嗎？孔夫子把這套陳
舊的戒律再搬出來又能解決什麼問題呢？但是，除了勸誡之外，對
於如何才能使那些握有至高權柄的君王獲得"聖道"，以及對那些
離"聖道"很遠的君王又當如何，老子既未設問也未作答。或許他
那無形且充滿神聖力量的"道"自會在時間流變中懲處這樣的君王，
這或許便是老子的答案。

　　莊子生活在公元前 369 年～前 286 年，與孟子幾乎是同時代人，
他基於老子的道德哲學，將其發揚光大，使其成為系統完善的"道家"
哲學。同時，莊子不像老子那樣簡約地只留下 5 000 字的《道德經》，
他留下了十余萬字夾敘夾議的寓言故事、對話故事、富有詩意的哲學
論文，無論是在哲學還是文學上，都是人類第一次大反思歷史上的一
座高聳入雲的奇峰。他的思想深邃、系統、大尺度且飄逸，他是類似
古希臘恩培多克勒那樣的詩性哲人，對後世影響至遠至深。

　　莊子堅信老子的基本理論框架並發展了它，認為"道"是先驗的存在，在"有"和"無"存在之前就已存在了，是天地萬物的宗源。[74]在古往今來的時間上具有永恆性，無休無止；在上下四方的空間上具有無限性，無法窮盡。道生成萬物之有，又寂滅萬物之有，是一切有形有名之物的出發點和歸宿。

　　莊子認為，由人所指稱或命名的現象世界，是處在"方生方死，方死方生"的無盡變化之中的，因此大小、多少、長短、遠近、美醜、善惡、冷熱、貴賤等，都是相對的，一切差別都是說不清也不足道的。泰山可能很小，秋毫之芒可能很大，夭折的兒童可能已經很長壽了，而活了八百多歲的彭祖依然年輕得可稱為"夭折"。大的之外還有更大的，小的之內還有更小的，一切依對立雙方的比較和相對性而定。大鵬展翅九萬里，絕雲霓負蒼天而飛於九天之上；蓬蒿雀蟬，怎能與之比識天地之高哉？鳳凰逍遙於碧湛藍天之間，只擇梧桐而棲和桐籽而食，塵垢類鳩何知君不喜腐肉？朝菌不知月之盈虧，蟪蛄不識春秋之變，只有萬物對立雙方之間的共同之"道"，是同一即"萬物齊一"的，或者說是"道通為一"[75]的。當然，莊子的"道"具有更加豐富的層次感，除了超越時空作為萬物本源的"道"外，"道"還深藏在萬物連接與相互變化背後的規律與法則中，驅動着萬物生死變化的連續性與趨勢性，並主宰萬物變化相續的時間節奏，它無善惡之分，亦無貴賤之別，決不依人的喜惡而改變。

　　除此之外，"道"還是人在日常生活與工作中，基於熟練的技巧和完美的體驗駕馭生活的智慧，如"庖丁解牛"中的屠夫之"道"，這種"道"使人感受到"天人合一"般的純然之"自我"。莊子花很多篇幅來展開他關於人的生命之"道"，即人生於"道"而死後複歸於"道"。人之生如"白駒過隙"，生前和死後更長久，死亡是必然的，但死亡並不意味着消失，而只是自然的某種形式轉變，又意味着新生的開始，與萬物變化背後的"道"相連接。

　　基於上述關於"道"的認識論，莊子繼續持守老子的"德"順服於"道"，並完美結合為"道德"的理論，並堅守"無為"的行為應當且極大地擴展了它。莊子堅持人的"美德"就是遵循"道"，其方法或途徑就是觀察"道"、體驗"道"從而認知"道"，並"無為"（不妄為）地順服"道"，成為真正理解並運用"道德"的"真人"和"至人"。[76]

　　為此，人首先應當摒棄人過分注重"自我"當下的利益計較和為此思考的習慣，讓純然的"自我"顯露出來，放飛這個純然的"自我"，使其獲得思想的自由。在人的思想獲得自我放逐並自由飛翔的前提下，人就能夠感知到"道"在空間上的無際性和時間上的永恆性，從而能夠感受到"道"的磅礴力量。

　　其次，"道"依其內在的規定性而運行，為萬物之"齊一"，不分善惡高下，無論貴賤美醜。儒家那些人與人之間的等級觀念，都是孔子這些人用"分別心"搞出來的，而人的"分別心"又出於"成心"和"機心"，即自我為中心的自利心和算計心，加上世人因物乏爭鬥而以鄰為壑，故"人心險惡如山川"。因此，求"道"之人應當讓自心擺脫"成心"與"機心"的束縛而自由飛翔，抵制和廢棄儒家的清規戒律和尊卑秩序，回歸只遵循自然法則的人人平等之"道"[77]。

　　第三，"分別心"人皆有之，它是阻礙我們理解"道"、遵循"道"的重要原因，因此人應當修煉自心以提升去除"分別心"的能力，也能提升理解"道"的能力。為此，人應當回歸自然，返璞歸真，讓自己的心與萬物接通，減少人世的遑惑，清而靜之，閑而適之，使心空而明之，這樣你就理解並接近"道"了。如此接近道的人，就是"達人"。

　　第四，真正理解"道"的人，絕不是空泛論道的人，而是熟知"道"在萬物中運行規律的人，即"真人"。他們居於"道"中，善於運用"無為"的行為方式來達到"有為"的目的，但決不行揠苗助長之類的"妄為"之舉，通達生死而不樂生悲死。

最後，最通達"道"和最順服"道"的人，就是"至人"或"聖人"，他們的"德性"與"道"完全合一，臻達"天人合一"[78]之境界。他們不僅通達萬物運行、相互轉化之"道"，而且通達人為即"偽"之行為結局的社會之"道"。他們知道"無用之用，方為大用"之理，從而知道如何"全身避禍"之道；知道"天下至柔"不柔之理，從而知道"以柔克剛"之道；知道"自然順道"與"無為圖有為"之理，從而知道"入則鳴，不入則止"的"進退有度"之道；知道生死幻化"道通為一"之理，從而知道"生亦不喜、死亦不悲"之道，或知"生當狂歌、死亦狂歌"之道。這樣的"至人"，"道"與"德"相融，"天"與"人"合一，行走於人世之間，翱翔於九天之上；"乘天地之正，禦六氣之辯，以游於無窮"；入則智慧天下，出則修德齊身；吸化天地陰陽之氣露，察禦萬物幻化之機；不以物喜，不為己悲；不取功名，超然物外；喜閱前生，樂瞻後世。這樣的至人已入化境，大澤焚之而不熱，山川凍之而不寒，天崩地裂而不心驚，世人贊之而不榮，天下毀譽而不辱。此種至人乃達"道德"之巔也。

莊子就這樣與老子共同完成了"人的應當"之反思的道家學說，形成了用動態的辯證方法，來理解"人與自然"和"人與他人"關係的最早、最系統的自然主義道德學說，並為中華民族特別是具有獨立個性的知識分子，塑造了理想的"道德"人格，且因其激情想像和純然美感超越極限的文學描述與哲學隱喻，為這一自然主義道德哲學，蒙上了永久的神秘主義晨霧。此種晨霧，與 2 000 多年來中央集權的政治制度和儒法戒條相一統的、令自由知識分子思想窒息的社會現實形成強烈對照，從而使一代代渴望靈魂放逐的知識文人為之着迷與癲狂；後經鄒衍、王弼等對"道"之對立統一運行的"陰陽學"解說，以及東晉竹林七賢在另一戰亂之世中放逐自我的文學想像與挖掘，終在 600 年後被張道陵與葛洪等人，創變為中國完全超驗但非形而上的物理性神秘主義宗教——"神仙道人"之道教。

第四節　法家哲學——"人的應當"到"人的必須"

　　法家哲學說到底是一種徹底的政治實踐哲學，[79] 但其實踐需要哲學理論上的正當性認知。**這種認知，是基於個體在社群生活中反思公共人格之"人的應當"命題的深化。**在中國春秋戰國時代，法家是不相信孔孟儒學周禮式倫理實踐、能夠恢復社會之公共有序的一群人。他們認為只有通過法、律、令來建立公共尺度，定紛止爭，令所有人必須遵守，才能有效對抗內部暴力和外部暴力，建立一個社會的公共有序。但讓人遵守"人的必須"就涉及對人的"強制"，實質上是對人某些"自由"權利的剝奪，而這種"剝奪"又需要建立在"人的應當"之正當性的認識論基礎上，否則就會產生"惡法"而非"良法"。

　　因此法家從楊朱學派和道家的哲學中，去尋求這種正當性的哲學認識論基礎。公元前 450 年 ~ 前 370 年，楊朱創立了楊朱學派，認為人應該是平等的，平民、貴族在死後同為枯骨，沒有什麼不同。相同之處在於，人人看重自己即"貴己"，其實質就是自我為中心地思考、權衡利弊與得失，因此人應當"全性保真"並"輕物重生"，即保持自然賦予人自身的本性，重視生命，輕視身外之物質，追求自由率真的天性生活。這樣一個人應當"人人自利"，既不利他也不害他的社會，必是一個治理有秩序的美好社會。楊朱學派論述了法家立論的哲學認識論前提，[80] 故常被歸為法家。

　　荀子的"性惡論"從另外一個角度，也構成了對法家政治主張的哲學支撐。[81] 在法家看來，除荀子外的儒家提出的"人性本善"的觀念是虛偽的，因此其"周禮"治國的想法完全不切實際。難道周王朝不是因為那套建立在人性本善基礎之上的虛偽"周禮"才無路可走嗎？因此要正確面對"人皆為己""好利惡害"或"趨利避害"的人性。人為了得利，可上千仞之山，可下百尺之海，不畏嚴寒、不懼酷暑地追求奮鬥。治理百姓，就要利用人性"趨利避害"之道，並制定"法"，而後依法治國。但"法出乎權"，而"權出乎道"，因此"法"能做到"至公無私"。這個"法"的基礎即"道"，"一人用之，不聞有餘，天下行之，不聞不足"，因此基於道之法治，是善治之道。法，就是要建立社群共同體生活的公共尺度與準繩；律，乃定紛止爭，即確定物之所有權而終止紛爭之道；法律有效的前提是"令"召天下，使人皆知法，並對宏法者和違法者實行公平賞罰，從而起到促進人們遵守公共法律，並約束自己私人行為的效果，最終使國家變得有序治理。法治是春秋戰國時期所有諸侯國在相互吞併爭霸過程中，對周王朝封建制度的反思與適應性變革，因此幾乎最主要的各大諸侯國都或多或少進行過變法的嘗試，最著名的有管仲、李悝、吳起與商鞅。當然，法家所講的"道"只是一個所頒律令背後的原則和道理，不是老子和莊子所說的深藏在萬物之中並驅使萬物運行之"道"。

　　管仲（公元前 723 年 ~ 前 645 年），為齊桓公之相，執政於公元前 685 年，輔佐齊桓公 40 餘年直至去世，實行變法。其變法着重於經濟上重農並獎勵耕植的農地法令，傾向於更為公平的稅賦法令，公平貿易的法令，運用政府在稅收、貿易、鹽鐵壟斷、鑄幣、國際貿易等方面進行市場調控、平準物價等旨在保護低收入階層的法令，還頒行任賢用能、憑功過賞罰提高政府行政效能的法令等，成功地發展了齊國經濟，使齊國民富國強。他在政治上提出"尊王攘夷"的主張，帶頭示範對西周天子行諸侯封國對天子之禮，並多次與其他諸侯封國會盟（通過政治契約歃血為盟之形式），以維護周朝的封建政治秩序。同時，齊國對那些僭越周禮、犯上作亂乃至侵犯周朝的諸侯封國和蠻夷部落用兵開戰，以維護道統和周朝之天子威嚴。管仲的法制，不僅使齊桓公成為春秋戰國時期、真正讓周朝天子和其他諸侯國心服口服的各諸侯封國之霸主，而且讓齊國成為富強有序且禮樂升平的禮儀之邦，作為中國數千年來政治理想的典範個案而被稱道。由齊國"稷下學宮"編纂的包含了那個時代依法治國方方面面理念的《管子》[82] 一書，迄今依然是中國人研究古代王道政治治理的必讀書，也是西方學界發表今日中國政治評論的必讀參考書。書中滲透着中國農耕文明時代中央集權帝國政治文明中，整個士大夫階層的政治秩序理想與期盼。

李悝（公元前455年～前395年），公元前422年為魏文侯之相國，提倡重農興國，實行"盡地力""平糴法"：其一，是統一分配農民土地以獎勵耕作；其二，是國家在豐收時收儲糧食、歉收時，向市場投放糧食以平準糧價、應對饑荒，並防止穀賤傷農。在刑法上，繼公元前544年鄭簡公之相子產鑄刑於鼎之後，李悝主持制定並頒行了中國歷史上第一部系統的成文法 ——《法經》[83]。《法經》共分"盜法""賊法""囚法""捕法""雜律"和"具體"，包括法律條文、司法程序和量刑三個方面，是比較系統的封建成文法典。李悝選用法家吳起，共同推動了魏國的秩序重建與中興，使魏國迅速崛起為諸侯國中的強國。

吳起（公元前440年～前381年），曾經前後輔佐魯穆公、魏文侯、魏武侯和楚悼王，事魯事魏期間作為大將軍。身經百戰，勝者近九成，其餘不分勝負，罕有負者，戰功彪炳，留下著名的《吳子兵法》[84]。公元前386年，吳起無法忍受魏國臣相公叔不斷向國君魏文侯進宮廷讒言，更無法忍受魏武侯聽信讒言後對自己漸行漸遠的不信

任，故離魏投楚，深得楚悼王信任並成為相國，開始了歷史上著名的
"吳起變法"[85]。吳起立法並頒佈成文律令，主要內容為廢除超過三
代以上封爵貴族的血緣世襲制，強令他們搬到地廣人稀之地，並獎勵
墾殖，從而削弱貴族家族權利並鞏固增強王權；精簡政府機構，裁減
冗員，整頓吏治，打擊舞弊，提高政府效率；獎勵農業發展，擴充軍
備，提高士兵待遇，獎練強兵。吳起變法收到富國強兵之效，加上他
傑出的軍事才能，變法迅速結出碩果。楚向南平定百越，向北兼併陳、
蔡，逼三晉而西伐秦。公元前 381 年聯合趙國大敗諸侯強國魏國軍隊，
楚強而崛起。但也就在這一年，楚悼王去世，在變法中利益受損的舊
貴族乘機反撲，追殺吳起。吳起奔赴楚悼王屍體旁大叫"有人謀反"，
連同楚悼王屍身一起被亂箭射穿，成為春秋戰國為變法而獻身的第一
個傑出變法思想家、軍事家和政治家。

　　商鞅（公元前 390 年～前 338 年），應秦孝公"招賢令"自魏入秦，
與秦孝公嬴渠梁四次對話，志同道合心心相印，深得孝公厚信及重托，
於公元前 360 年輔佐孝公，突破重重阻力，推行法家在各諸侯國中最
深刻、也最系統的"商鞅變法"[86]。商鞅是一個理論系統徹底並立場
堅定、毅力頑強的超級實用主義政治家，他深信人性本惡、趨利避害，
因此儒家之"王道"政治與倫理禮儀誤國誤民，道家之"聖道"政治
要求君王道德修養至聖的理論亦屬空談誤國，唯有法家富國強兵之"霸
道"政治與法治理念能以暴制暴，統一天下紛爭，建立新的社會秩序。
商鞅在思想深處深知周朝建立於分封理念與舉措之上的"封國制度"，
具有無可救藥之深刻弊端；政治變法決不能如齊桓公之管仲、魏文侯
之李悝、楚悼王之吳起那樣，頭疼醫頭、腳疼醫腳；也不能像韓昭侯
之申不害、齊威王之鄒忌那樣治標不治本；政治變法，就是要從根本
上徹底廢棄周王朝的政治、經濟與社會制度，建立一套全新的政治、
經濟與社會法治秩序，霸道天下，統一中國。

　　基於這樣的認識，商鞅環環緊扣地頒行了十一部成文律令：農耕法、軍功法、連坐法、戶籍法、家庭法、土地法、賦稅法、郡縣制、度量衡法、風俗法和統一思想法。這些法令，貫徹了商鞅關於政治制度和社會秩序的核心理念與邏輯。

　　第一，強化王權、削弱貴族侯權，規定貴族受封世襲的爵位和封地在三代之後即被取締，除非另立軍功而新受封勒。通過秦國分設三十六郡縣的郡縣行政長官直接任免，將封地上原封侯的稅收權和軍事權廢止，統一收到王權政府手中。被分封的侯爵貴族，除了獲得經濟上短期的來自王權的獎勵性俸祿之外，封地這種永久性財產只剩下名譽權，一如商鞅是商地的封臣"商君"一樣，完全沒有任何實質性的經濟與政治權利。這就從根本上杜絕了新諸侯王產生而興天下大亂的可能性。

　　第二，創立更適合農耕文明的新型國家組織結構和層級更少的社會等級秩序，激發下層社會的生產積極性與經濟活力。在周王朝的封建制中，井田之中 1/9 為公田。因此，由八戶合作共耕並向王朝納稅的儒家理想，根本就是一種早已全面流產的幻想。受封諸侯逐漸變成封地上的唯一王，他們擁有直接納稅和養兵的權力。各諸侯國在相互戰爭中為獎勵戰功又不斷分封，形成了封地上盤根錯節的世襲貴族，這些世襲貴族家庭具有強大的宗法式家族結構，養着很多閒人食客、奴僕和佃農，其實是奴隸制、佃農制的宗法式混合組織。大的世襲貴族還擁有武裝力量。這種組織方式一方面分散並削弱了王權；另一方面形成層級眾多的等級分封造成的"封建 + 奴隸"制混合經濟，致使下層社會負擔沉重，奴隸沒有人格及人身自由。

　　商鞅變法明確規定成年人結婚後必須分戶註冊，登記成向秦國王權納稅的"核心家庭"組織形式，按核心家庭獲得土地並向秦國王權納稅，從而確立了最適合農耕文明的"自耕農"制度。而政府官員完全隸屬於秦國王權且分工明確、核定工作量和受王權監督，這使之沒有時間去禍害百姓；同時限制和取消貴族家庭的奴僕數量，使奴隸獲得自由並通過授予土地變成自耕農。這就從根本上，創立了"自耕農核心家庭"和"秦國王權政府"這兩個相對應的"私人經濟社會組織"與"王權國家政府組織"；從根本上，解構了周王朝"周天子政府""諸侯王政府""貴族宗法氏族"凌駕於"佃農家庭""奴隸家庭""商人家庭"及其他"附屬家庭"之上的、層層疊疊的"中國周朝封建制"組織方式與社會結構，從而因增加了人的平等經濟權利而受到下層社會的廣泛歡迎。

第三，通過廢除貴族爵位世襲制度，以及按對敵作戰斬首數量獎勵爵位與俸祿的法律制度，建立了不分貴賤等級、只重為國立軍功的政治平權制度，極大地增強了軍隊的戰鬥力。

第四，使稅賦制度簡單化，由多種稅變為單一綜合稅，按授地核心家庭的農業產量計稅，並統一了貨幣和度量衡；加倍徵收不分家的複式家庭和宗法氏族家庭的稅賦，加倍徵收使用眾多僕役和食客的宗法氏族家庭之稅收，從根本上削弱了貴族氏族家庭乃至複式家庭的力量，使秦國的單式家庭自耕農製成為佔比最高的經濟單元，從而使稅賦更加平等，秦國王權代表的國庫更加充實，下層民眾更加富裕。

第五，為了使變法得以實施並取得預期效果，商鞅頒行了嚴格的戶籍登記管理法律，並推出全民互相監督的連坐法，重農抑商，限制和管理人口流動，強力廢除私刑械鬥等民間暴力；並統一宣傳法家思想，打擊自由言論，嚴禁因其他思潮流入而影響輿論民心，削弱秦國的政治變法效果等等。

第六，為了使變法得以推行到底，商鞅除了親力親為地建立強有力的普法隊伍和執法隊伍外，還在執法上立信於民、將變法提高到信仰高度，堅決向"法之不行，自上犯之"的人類惡行開戰。"徙木立信""臉刑刺字太子師公孫賈"和"劓太子虔"等案例,樹立了"法律面前人人平等"的變法之信,使變法得以貫徹到底。

商鞅將他生命中最精彩的 22 年,獻給了秦孝公的政治變法偉業,也獻給了他心中的政治與社會秩序理想。他目標明確、設計系統且邏輯一貫,以必死之心堅定變法、立法與執法意志,決不妥協。他使"商鞅變法"在三秦大地深入人心,成為習慣,從而促使平民階級崛起長成,貴族世襲階層江河日下,奴隸階層成為平民,以秦國王權為核心直管稅賦,並任免郡縣官員的中央集權官僚制度,取代了周朝以土地分封帶動政治分封的"中國式封建(封國)"制度。變法成功後商鞅初試用兵,秦芒不可擋也。賽道未開,輸贏已定,"商鞅變法"後的秦國強大已然無可避免,統一六國已然只是一個時間問題。後來的秦始皇,只不過是"商鞅變法"形成的政治、經濟與社會制度成熟後,催生出的一個舞台演員罷了。正如孫子所言:"戰爭只不過是經濟力較量的表像而已。"

公元前 338 年,與商君靈魂合一、血肉交融地戰鬥了 22 年的秦孝公積勞成疾而亡,二人都同時感受到了命運之歷史大幕即將落下時的悲愴。秦孝公提出將秦國王位傳之商君,意在維護變法,也避免某種預感到但不確定的政治悲劇發生,商鞅堅定拒絕,他想不出在那個時代有什麼比"君權天授、子承父業"更好的、能取信天下的政治倫理邏輯,儘管他預感到這一拒絕,意味着他將以自己及整個家族的生命與鮮血為代價。商鞅清楚,戰國時代並無堯、舜時代"王位讓賢"的政治倫理哲學,如果他接受孝公傳位,秦國的變法,就會因蒙上商君個人政治私心的陰影而變得不純潔並被後人棄之如敝屣,這等於商鞅變法的徹底失敗。因此,他決定用自己的生命護法,拒絕接受孝公傳位,以明大義。孝公既歿,公子虔在甘龍、杜摯等策劃下率舊貴族乘機反撲。秦惠文王少年時期被商君之律逐出宮廷、流落民間的舊恨,恰與公子虔等舊貴族策反相共鳴，遂以謀反罪逮捕商君，處車裂之刑並誅其全家。商君以自己被誅但維護孝公變法為條件，與秦惠文王達成了政治妥協。

商君在變法成果得以維護的前提下，順服死亡的命運安排，用鮮血和生命為"商鞅變法"護法，在各諸侯國前赴後繼推行變法的"法家"理想主義餘暉中，留下了那部高聳入雲的《商君書》。作為法家變法案例的巔峰，《商君書》為法家的實踐哲學做結，並為中國 2 000 多年的"中央集權政治 + 核心家庭自耕農"政治經濟體制，奠定了最基本的政治哲學框架。"人的應當"這個人類第一次大反思的哲學命題，在商君這裡，被徹底地轉變為"人的必須"之法哲學命題。中國因此由周朝的"王道政治"轉變為秦以後的"霸道政治"[87]。

韓非子（公元前 281 年 ~ 前 233 年）從理論上對法家的政治實踐進行了總結，他和統一六國的秦始皇嬴政的相國李斯，是師承荀子的同門師兄弟，著有《韓非子》計 55 篇超過 10 萬字的法家之論，因秦始皇嬴政非常喜歡他的學說而成為相國李斯的潛在競爭對手，在受邀客居秦國期間被李斯設計謀害。雖然學術界普遍認為韓非子沒有傳承他的老師荀子的儒家師脈，但事實上，荀子的性惡論是韓非子全部理論的根基和出發點。韓非子認為，人不僅是自私的而且是"惡勞而好逸"的。"好利惡害"乃人性之本能。[88] 韓非子不僅對普通人的人性持悲觀的態度，而且對上層社會的人性持更為悲觀的態度。因此他認為儒家帝王仁政與禮教的推崇者、到各國做政治游說的縱橫家、帶劍行俠的墨家博愛和平者、害怕參戰的人以及從事工商業買賣的商人的人性，都是為了名利可以無所不為的，是社會的"五蠹"，即危害社會整體的蛀蟲。特別是君王身邊的妻妾、親信、父兄、幕僚、有雄心的下臣、炫武的臣下以及在社會中威望高的臣下這八種人，更加不可信賴，他們是社會的"八奸"，即危及君王霸權與法治秩序的奸細或病菌。

　　正是基於這種比荀子更加刻薄的對"人性之惡"的苦毒認識，韓非子在管仲、申不害、李悝、吳起和商鞅法治變革實踐的基礎之上，構建了他的"法、勢、術"相連接的系統性霸道政治理論大廈。第一，韓非子認為，"凡治天下者，必因人情，人情者有好惡，故賞罰可用。賞罰可用則禁令可立，而治道具矣"。在法治上，他比較推崇商鞅變法的徹底性，執法的嚴肅性和法權威對所有人的平等性。第二，他認為僅有法是不夠的，要達到法治的理想秩序還必須構建"勢"，"君持柄以處勢，故令行禁止……勢者，勝眾之資也"。韓非子的"勢"，其實就是君王的權威，即正當性。這種正當性，在孔子那裡來自君權之天授；在孟子、荀子那裡還需附加君王的仁政愛民之心，即"王道"；在老子和莊子那裡還得加上君王具有聖人那樣通達"道"的智慧與胸懷，即"聖道"；而在韓非子看來這些觀念沒用，最重要的是：君王要為自己權力的正當性造"勢"，這種造勢可以不拘於事實根據，關鍵要統攝人心，無所不用其極，最後達到"法勢合一"的狀態，即可天下大治。第三，鑒於人心的險惡與"五蠹""八奸"的存在，君王仍然面臨很多治理的風險，因此還得研習帝王駕馭之"術"。"術"跟"法"最大的不同："法"是顯於天下的，必須明令禁止；"術"是隱於君王心中的，必須巧於計算，工於心計，以不相信任何人為準則，依人依勢變換賞罰方式，以達恩威並施之效果。最好的術要做到神秘莫測，神龍見首不見尾，使身邊的人看不清楚，因而心懷恐懼而事君。這樣，君王就可以達"法、勢、術"三位合一，以收天下大治的效果。

　　韓非子是從荀子性惡論和老莊道家帝王聖道學說的角度，推導出君王需運用"勢"和"術"與"法"相結合的，他也主張君王應遵從"道"來運用"勢"和"術"，盡最大努力做到"無為"，即"不妄為"。

但韓非子從來沒有懷疑過君王的人性，其實君王也是人，其人性之惡亦在"五蠹""八奸"之列。如果君王惡的人性加上"勢"與"術"，那麼天下危矣，世道壞矣，民生艱矣。韓非子的"法、勢、術"理論[89]，比西方 1 700 多年之後才出現的馬基雅維利的《君主論》主張，有過之無不及，變成了有術無道的神秘主義統治"know how"技巧。**他過早地開啟了中國帝王"統馭術"思考的閘門，並深得帝王及宮廷權貴們垂青，因此在相當大程度上，應該為中國數千年來宮廷政治的詭詐、黑暗與無底線負理論責任。**當然，如果以荀子和韓非子為代表的中國哲學家們能更前進一步，從根本上懷疑包括帝王在內的人性，將人性之惡貫徹到底，那麼唯一神信仰或許有可能被呼喚出來，中國的哲學思想史乃至整個歷史，就可能會被改寫。可惜歷史是沒有如果的。

第五節　墨家學派——人類最早的公益組織

　　除儒、道、法三大哲學學派之外，墨子是我們無法不提及的一個重要人物，他所創立的墨家學派，同時也是人類最早的"公益組織"之範型，其在人類第一次大反思時代對"人的應當"之思考，是中國哲學諸學派中最獨到、最廣博和最具邏輯系統的。

　　墨子（公元前 468 年～前 376 年）因師從儒學，而開始了探求"人的應當"的真理之道。但儒家那套煩冗、僵化且無趣的日常生活禮儀，實在滿足不了墨翟那顆活躍且不息探究之心，於是他在承襲了儒家天地君臣父子的基本倫理哲學的合理成分後，迅速自立門戶，自創了另外一套更具邏輯系統的墨家學說且開門收徒講學，並組織運作了人類歷史上最早的公益宣導組織——"墨士"。

　　墨子學說及其影響可以從三個方面來歸納。

　　其一是人文哲學。墨子從儒家"仁義"之倫理綱常出發，認為"天"是有人格意志（"天志"）的。"仁義"就是天的意志。而"仁義"這個"天意"的含義就是"天"愛所有人，不分其大小、高下、富貧、貴賤與慧鈍，"天"視人人皆平等。[90] 同樣，家和國在"天"的意志中也是平等的，因此"天"不準允人世間以大欺小、以強凌弱的暴力與霸道。這個"天志"，對每個人的天性產生了"兼愛"的要求——人應當"兼相愛、交相利"，即愛己也愛人，在交往中堅持利己也利他的互惠原則。堅持人的平等和人與人之間的"兼愛"，就是堅持"天"的意志——"尚同"，因此"尚同"的共同認識，是"仁義"得以守持的前提。

　　墨子認為用儒家那套繁文褥節和清規戒律，是無法使"仁義"得到持守的，那怎麼能夠使天下人達成"尚同"的共識呢？君主之權為"天"所授之，君主要深入瞭解"天"的意志，然後根據"尚賢"（選賢用能的原則）來選擇天子之下的"三公"、三公之下的"大臣"、大臣之下的州縣之令，以及鄉里之長。所選擇的人只有才德配位，榮耀養廉，才能貫徹"天"的意志，形成仁義之政，以使人與人之間達到兼愛與互惠互利的效果。因此，"尚賢"是"尚同"的重要手段。君主施行仁政，不僅需要正確的任命之賞，還需要制定法度，用撤換和刑責處罰才德不配位之人。特別需要強調的是，即便是"天"的仁義"意志"存在，也不能消除人間諸惡的存在[91]，因此這個世界仍然存在臣不忠君、子不孝父、人不兼愛、交不互惠的現象，國、家和個人之間以大欺小、以強凌弱、以富欺貧的情況仍然頻頻發生，暴力事件層出不窮，社會秩序混亂不堪。

　　因此，君主要堅決與種種社會暴力與暴政做鬥爭，即"非攻"[92]。因為這種相互的暴力爭鬥會破壞百姓的生產、毀壞社會的秩序並濫殺無辜的生命，給人民帶來永無止境的苦難；要維護"非攻"的和平秩序，決不允許以大欺小、恃強凌弱，更不允許臣不忠君、子不孝父。而為了實現"非攻"和平與社會有序的理想目標，墨子設計了三種路徑以促進其實現：

第一，君主作為"天志"的代表，應持守"兼愛"與"非攻"的天意，施行仁政，使民得利並相互惠，使民老有所養、弱有所扶，並通過天子的行為帶頭阻止暴力，運用賞罰手段阻止以大欺小、恃強凌弱的暴力霸道行為，從而實現社會的和平與秩序。

第二，如果君主不能施行仁政，就等於違背天意，必遭"天譴"。因此，天志必在人世派很多鬼神相助以護天志，即"明鬼"，明鬼亦助力"天志"對此類人間暴力行為進行懲處。無論是君主、王公大臣還是平民百姓，其暴力行為都會遭到鬼神的懲罰，只不過這種懲罰在時間上沒那麼及時對應罷了。

第三，墨家不僅是一種理論學說，而且需要一群認同墨學、替"天"行"義"之士，他們應當堅信天下"非攻"和"兼愛"的仁義秩序，負有及時維護與懲處的責任。基於此種考慮，墨子把他的三百弟子構建成一個嚴密的公益組織——"墨士"。這些為維護"天志"之仁義赴湯蹈火、死不旋踵的義士，始終活躍在春秋戰國的政治舞台上，[93]幫助一些國家誅殺弒君之臣，殺父之君，幫助一些弱國防禦強國之攻，直接勸說大國放棄攻打小國的打算。兵法上一套的獨特"軍事攻防策略"和"軍事攻防技術"也因此誕生，對當世和後世影響既深且遠。

其二是自然哲學。墨子是春秋戰國時期的哲學家中唯一一個思考過自然哲學的人。[94]他將人與自然之間相互關聯的世界以空間和時間為維度做了劃分：空間為"宇"，時間為"久"。"宇"由最微小的單位"端"構成，"久"由最微小的單位"始"構成。因此，時間和空間既是有窮的（如"始"和"端"），又是無窮的（如"久"和"宇"）。

運動只能在"宇久"（時空）中發生，運動表現為在時間中的先後差異和在空間中的位置遷移，離開時空的單純運動是不存在的。運動是由力推動的，即"力，形之所以奮也"；而運動的停止則是阻力的作用，即"止，以久也，無久之不止，當牛非馬也"，沒有阻力，運動當一直持續下去。墨子還因此在數學的"長方形""正方形""十進位制""倍數效應""杠杆原理"以及光學"小孔成像"等方面有很高的建樹，其定義的精準程度，可與古希臘的數學與物理學相提並論。這些自然哲學在解釋學層面的成就，還被墨子運用到幫助弱國以防禦強國的軍事攻防技術的發明創造中。

其三是哲學辯論的方法論。**墨子是諸子百家中唯一一個涉獵過思考和辯論方法的哲學家，**[95] 他認為思辨要遵循共同的方法，否則無法**達成共識。**思辨的基本方法就是要描繪（"摹略"）萬物之聯繫，論述前人觀察的結論（"群言"），用概念（"辭"）對事物做出定義，用推理（"辭"）表達判斷，並追索其成因（"故"）。辨的另一種方法，是通過類比（"以類取，以類予"）做出判斷。類比判斷的邏輯是"別同異，明是非"，建立判別"同與異"和"是與非"的標準，得出"合"標準者為"是"，不"合"標準者為"非"的結論。人之所以要堅持這樣的思辨之邏輯方法，是因為人的認識形成要經過三個階段：具有運用概念生心動念的思維能力，即"慮"；感知外物的能力與過程，即"接"；邏輯思辨的方法與過程，即"明"。墨子的方法論，雖然不能跟亞里士多德的邏輯學相提並論，但他的類比推理的邏輯，對演繹推理和溯因推理來說，具有邏輯學的基礎方法論意義，是中國哲學方法論的歷史豐碑。只不過中國象形文字的非結構功能性質，以及後來儒法聯盟造成的文化壟斷性和排他性，阻礙了墨子思想的傳承與發展，甚至可以說完全被遺棄，這不能不說是中華先秦文化根脈傳承的一大歷史遺憾。

第六節　中國與古希臘的"華山論劍"

如果將人類第一次大反思時代的中國哲學思考，與古希臘哲學思考做橫向比較，那麼我們不難看出其共同性和差別性。

就其**共同性**而言，這兩群完全不曾謀面和互不相知的哲學家都關注、研究和討論了四個向度的問題：

第一，人與自然萬物之間的關係是什麼？萬物關係如何運行以及為什麼這樣運行？

第二，人與他者之間的人文關係是什麼？如何運行以及為什麼這樣運行？

第三，人與他者之人文關係和自然萬物之自然關係，在時間維度同源性上和空間維度因果性上，是否存在關聯？這種相互關聯如何發生以及為什麼發生？

第四，哲學思辨及其討論的方法論如何標準化和公共化，才能推動人類思考能力與想像能力的公共提升？

這四個向度的問題中，包含"人的應當"反思答案，即作為獨一的人類個體，人應當如何認知所處的世界？如何認知這個世界中萬物之間的關聯，人與萬物的關聯，特別是人與人之間的關聯？人應當如何以及為什麼在這個世界中思考並採取行動？人應當如何以及為什麼堅持某些準則而放棄另一些準則？人應當怎樣以及為什麼這樣面對並處置自己的生與死？人應當以及為什麼用某種共通方法，來思考和討論此類重大的生命問題？如此等等。人們之所以在遠隔萬里且未曾謀面的情況下，關注和討論共同的問題，其原因在於他們共同面對人類在農耕文明演進過程中生發的最本質問題。

首先，如何止息或減緩人類因社群生活而生發出的內部暴力和外部暴力？如何創造一種更為和平有序的社群公共生活，以使人作為個體能找到更值得過的理想的社群生活？雖然，古希臘和中國都已創造了"城邦民主國家"和"王朝分封制國家"這樣兩種代表"社群"公共利益的組織形態，作為個人利益代表的"家庭"組織形態，同時也創造了從家庭徵集稅收，用於社群公共利益處置的基本方法。當然他們二者之間仍然存在很大的差異。古希臘的家庭和國家，是地中海東岸 2 500 個島嶼群基礎上的城邦文明，陸地與海洋結合，及其與周邊其他社群國家的開放性、多樣性貿易方式，決定了其在處理私人與公共問題時更為顯性的商業開放基因，更為明顯的商業契約基礎。中國黃河與長江大河流域的農業澆灌條件與外部相對封閉的社群國家基礎，則決定了其在處理私人與公共問題時更加顯性的農業封閉基因，與周邊社群國家更為明顯的征服與臣服特徵。這種差別，也許部分是他們思考上述哲學問題而生發出的群體性差異來源。

其次，人類個體在無力改變其所在社群公共秩序的前提下，如何預設其生命的未來，從而讓自己的當下生命在這樣的公共秩序中作符合邏輯的演繹與展開，以使自己感到快樂和幸福，並找到生命的終極意義？這便是"人的應當"這一社會公共命題，成為人的生命激情與理性之力量源泉的歷史意義。

就其**差別性**而言：

第一，在第一個向度的問題中，古希臘的前蘇格拉底哲學家，幾乎都將重點置於人與自然關係的討論上。他們都認為可見的現象世界變動不居、無物長駐，因此不值得重視；深藏其後的不可見世界，才是真實存在的，有自己獨特的結構與功能，普遍先存後死從而久遠有力量。因此，探討這種不可見世界之本真的結構與功能，意義重大且趣味無窮。而且人與他者關係的社群公共精神，應當也只能從這種不可見世界的本質存在真理中，去尋找啟迪與力量的神聖源泉。而在中國的哲學家中，只有老子、莊子和墨子三個哲學家討論了這個問題。

而老子和莊子對萬物起源的"道"的討論，並不是要去破解自然世界的物質結構與功能，去破解對現象世界背後之"道"的結構與功能，而是要通過激情想像，去確立具有神秘主義特徵的"道"的至高地位，以指導人在這個變動不居、暴力紛爭不止，以及生死相續的塵世中的認知"應當"和行為"應當"。只有墨子的討論，是對古希臘哲學家們自然哲學的相同認知的探求。遺憾的是孤獨的墨子，沒有獲得後來的思想者在這個命題上的任何持續回應。

第二，在個人與他者的社群公共關係討論中，古希臘幾乎所有的哲學家都不同程度地回應了這個問題。特別是後蘇格拉底哲學家們，普遍認識到人作為個體的特殊性和暫時性，其普遍性和永恆性的特質，是先存於人並在人死亡後繼續存在的，那便是朝向神聖之善的靈魂與美德。追求靈魂之善和美德，就是人處置人與他者公共關係的"人的應當"。唯有這種人人追求公共之善與美德的社群生活，才值得人過。古希臘哲學家們基本上不約而同地把目光投向諸神，他們認為那些普遍性、絕對性真理，都不可能被人所掌握，而存在於神所掌握的抽象世界之中，比生命感知到的現象世界先存且後死。因此，我們人只能或應當朝向至高的神聖，並從神那裡尋找公共真理與永恆的精神力量。中國的先秦哲學家們，墨子和老子、莊子的道家哲學，討論了現象世界背後存在着的"天志"和"道"的深層力量；但他們的着眼點，更多地放在勸誡君王應當如何提升其德性修養，以合於"天志"所要求的博愛與非攻，以及"道"所要求的"聖王"德性，從而將天下治理得更加有序；而不是將着眼點放在一般意義的"人"身上展開討論。這或許是東西方一開始就存在着的一個巨大差異。儒家和法家所討論的問題更多是形而下的，對感知不到的抽象的不可見世界不感興趣。儒家的興趣只是建立一套人與他者的公共關係，具體為通過倫理壓力強迫個人遵從的約定俗成或倫理規範，相當於倫理哲學層面的"人的應該"。而這些約定俗成和倫理規範，主要來自對古人（祖先）的精神回望，就像嬰兒總是把目光投向母親，以為那裡包含着解決一切現在與未來問題的鎖鑰。法家的實踐哲學則強調"亂世重刑"的政治秩序性力量，繞開了"人的應當"而直擊"人的必須"，相當於直接換用政府這一形式來以暴制暴。從這個意義上講，只有"道家"和"墨家"的學說，是在與古希臘哲學相當的層面上討論"人的應當"這個形而上哲學命題的。"道家"和"墨家"學說，不僅嘗試去回答人為什麼應當需要一種與他者協調共存的人際公共秩序，而且指出了實現這種秩序的路徑，並進一步挖掘了人"當且應當"思考並行動的神聖性原因，是來自不可見世界的至高層次。

　　第三，在人與自然和人與他者之雙重關係的同源性思考上，古希臘哲學家表現出較為明顯的二元論與人格化多神傾向，因此大多數哲學家認為現象世界的人與萬物背後，均有一個更深刻的理性世界的同源，儘管這個更深刻的理性世界的核心構成元素，在米利都學派那裡是"水""火""氣""虛無"；在畢達哥拉斯學派那裡是"數""神與靈魂"；在埃利亞學派那裡是"原子諸元素"及主宰它們的"心靈"與"愛神"；在蘇格拉底那裡是個體世界背後的"普遍理性"與"至高存在"；在柏拉圖那裡是"神聖至善"與"永恆創造者"；在亞里士多德那裡是代表"智性靈魂"和"永恆、無限、必然"之普遍法則的"神"；在實踐哲學苦行的犬儒學派那裡是靈魂深處朝向諸神的"智慧與德性"；在伊壁鳩魯享樂主義那裡是由"精微原子"構成的"諸神"與"普通原子"；在衣衫襤褸但內心高尚的斯多葛學派那裡是"先存觀念"與"哲學理性"；在新學園派那裡是"神聖太一"與"心靈"；在諾斯替主義那裡是"至高光明神"與"居間靈魂"；如此等等。但不管它們之間命名的差別如何，它們之間的共同點，就是認同一個二元世界的"存在觀"——即在人的物理感觀感知到的世界之外，還有一個看不見摸不著的，只能靠思考的理性來理解的世界。即使是被很多人誤讀為一元觀的埃利亞學派的原子論，認真閱讀這類著作後，你會發現構成物質世界的"原子"及"水、土、氣、火"，只不過是另一元世界的主宰即"愛神"與"心靈"，用予構建物理世界之萬物的建築材料而已。

　　古希臘二元存在觀中的物理性第一元，是個體的、形式的和流變的，它要體現"人的能夠"，因此要參與自我為中心的競爭與奮鬥，它有生之歡愉、爭之憤恨也有死之悲恐。而精神性的第二元，則代表着人與人之間的"公共精神"，它是恒常不變的普遍法則，其核心是"愛""同情""善"與"美"，它要體現人對物理性的第一元之自我克制與自我超越的"人的應當"，因此它是不死的，是物理世界中人與自然萬物的"共同源泉"，先於人而"存在"，不隨人的死亡而消亡。人在身體消亡之後，仍有"靈魂"可以去融入那另外一元世界的更高乃至至高存在。這個古希臘的二元論世界觀的核心，就是西方自然法的哲學基礎——無論是人與人之間的關係，還是萬物之間的關係，都受一個同源性的法則支配。而關於這個同源性的法則，由誰創造、如何創造、為何會被創造等問題的回答，則為後來的上帝唯一人格神信仰的產生，埋下了堅固的哲學基石。因此，如果沒有古希臘哲學家的先期探索，那麼後來基督信仰那堅固的哲學基石的鍛造與輝煌建築的構建，也是難以想像的。

　　而中國第一軸心時代的哲學家們可以分為兩個派別：其一，是道家和墨家，他們從表像上看可以歸入二元論世界觀，因為道家論述了"道"和萬物的差別。"道生萬物"似乎表明"道"是一個超驗的世界，萬物則只是物理世界，"道"是物理世界即萬物的本源。中國古文文法濃縮產生了模糊美。當你讀到"人法地、地法天、天法道"的時候，你可能會認為，天地自然之外還有"道"作為另一元，是終極存在並支配自然天地的邏輯；當你繼續讀到“道法自然”的時候，你隨老子邏輯而通向二元世界觀的分析模型就坍塌了。因為這裡似乎表達了存在世界的等級制，而不是二元論世界觀。人遵循地的法則，地遵循天的法則，天遵循道的法則，道遵循自然的法則，可是，自然不就是萬物嗎？“道”的世界去遵循自然的法則，而自然萬物不就處在物理性的生滅之中嗎？恒常不變的“道”怎麼能遵循“萬物生滅”的法則呢？那“道”還怎麼保持它生發萬物的“本源”之位呢？顯然，老子陷入了他自我設置的天地人道及自然之間的“循環論證陷阱”。

墨子則不用抽象的“道”而直接承認“天的意志”和“鬼神輔天”，通過賞罰維護人世間“兼愛”與“非攻”秩序的物理世界，似乎是比較明確的二元論世界觀了；但他並沒有進一步去發問和挖掘人與自然、人與人關係背後的本質與同源性，這使他的“天志”失去了唯一人格性及神聖性。當存在大量的“鬼神輔天”時，鬼神的神聖性便失去了權威人格來源，滑向了女巫式的神秘主義鬼世界。墨子探討了物理世界中的時間與空間，時空之中的運動與阻力，以及點、線、面、杠杆等數學關係，是唯一 一位元研究自然萬物之結構功能關係的中國哲學家。中國道、墨二家的二元論世界觀，與古希臘哲學二元論世界觀之間的最本質差別在於：中國道、墨二元論世界觀的本質是自然主義，即自然萬物背後的定律——“道”或“天志”，決定了人與人關係的定律。自然關係的天地等級差別，決定了人的尊卑差別，而不是在自然萬物與人相互並列後，更進一步探討這種並列關係背後的同源性，因此不可能生發出人與人之間關係的本質，是“自由且平等”地朝向本質性神聖的自然法觀念。這個本質差異，深刻影響着東西方文明的不同走向。

儒家和法家就更加直接地生活在可見的物理性一元世界中了——

他們的認識論所主張的"儒家禮儀"和"法、律、令"，只不過是物理性一元世界秩序化的方法而已。而這種物理性秩序，是依祖先回望而生發的個人期盼性有序，是依人的社會角色而尊卑有序的。它們不關心、不承認人所感知到的物理世界之外的另一元不可見世界，不關心人作為個體生命背後的普遍意義和神聖力量，更不會被個體生命的"生前"和"死後"的存在和意義所困擾。它們只關心生命在當下時間中、整個社群在當下空間上的公共有序性。而從時間上看，人的個體生命既無過去也無未來，除非你將它放進血親在可見身體中流動的物理性血統傳承中去想像，因此"無神論"和"祖先崇拜"，必是這種可感知一元論世界觀在時間上符合邏輯的文化沉澱。

第四，墨子的哲學思辨方法論在"類比推理"方面的確獨樹一幟；但從形式邏輯的嚴謹性和系統性上看，它跟亞里士多德的邏輯學相比，當然僅屬於亞氏邏輯學中的一個部分而已；這就是亞氏的邏輯學無論對今天的社會科學還是自然科學，都仍然能起指導作用的重要原因。因為今天的自然科學發源於自然哲學，而社會科學發源於人文哲學。亞氏的形式邏輯對概念定義、科學分類、實證"歸納"與"演繹"推理而言，確實是系統且嚴謹的。但是在辯證邏輯的方法論方面，老子創立的道家學說，不僅跟他同時代的古希臘哲學家畢達哥拉斯學派一樣，討論任何事物都用對立統一兩個方面進行辨析，而且老子深入地闡述了對立雙方的衝突所造成的變化，這種變化就是隱藏在人際與萬物關係背後的"道"。它呼籲有智慧的君王，"應當"去認識並遵循這種"道"而行"無為"——不妄為之舉，呼籲人作為個體"應當"去認識並遵循這種"道"，尋求自覺、自在、自靜的內心幸福與充盈。這種對哲學辯證方法的駕馭與把握，與印度的《梨俱吠陀》和《奧義書》同樣神秘而深刻，長期影響着中國和東方的思維與文化範型。

　　古希臘哲學在"人的應當"路徑上，極大地推進了人的理性思考能力，極大地拓展了人類獨創的"二元世界"中的"精神元"世界。這個"精神元"世界，其實是人類獨創的"公共精神"空間，給我們留下了大量的迄今都無法超越的哲學思辨高峰；但它並沒有負起古希臘悲劇賦予它的歷史重責。在亞里士多德的學生亞歷山大，用他的戰馬、寶劍和他迷人的戰爭自然法精神，橫掃整個歐、亞、非大陸之後，希臘文明的輝煌英名遠播，直達東方的印度，席捲中亞與北非。但勝利後的亞歷山大大帝猶如一個降臨人間的希臘戰神，在征服世界之後，心靈變得空空蕩蕩，在其恩師亞里士多德高深的哲學理性中，也找不到位置安放他那狐獨落寞的心靈。因此，他溯尼羅河而上，遠赴東非衣索比亞叢林和烏干達神秘浩渺的維多利亞湖，去向祭司詢問自己的命運與不死之法，但得到的結論是物理性身體的必死性乃至英年早逝的命運，他的名字將長存天地。

　　33 歲的亞歷山大大帝，一如希臘悲劇中的天神烏蘭諾斯、克洛烏斯、宙斯和狄奧尼索斯，可以戰勝人間的"他者"乃至神界的"他者"，但不能戰勝他自己必死的命運。他在人類定義的時間中扔下了自己的人間帝國，撒手人寰。隨後，古希臘帝國因無合法繼承人而迅速四分五裂，並在時間的流逝中逐漸衰落，讓位於那個在哲學"人的應當"思考上、完全不能與古希臘哲學相提並論的羅馬帝國。可是，我們到哪裡去尋找古希臘哲學家們那些完全不一致的"人的應當"主張的信心與激情呢？怎麼去避免古希臘悲劇中諸神及人的必死命運呢？古希臘哲學家的那些對"人的應當"思辨的討論，到底對人類個體與群體有什麼意義？這些問題留給了人類後來的歷史。

　　中國春秋戰國的哲學家們，則在東方聳立起另一座哲學思辨的高峰，但他們的思辨不像古希臘哲學家那樣，是在一個數百年和平且早期民主輝煌的城邦商業文明環境中進行，而是在一種數百年戰亂的動盪不安之農耕文明危機中進行，因此不像古希臘哲學思辨那樣閒適與從容不迫。他們在"二元世界"的純"精神元"世界的設問與思辨作答方面，顯得幼稚且想像力非常不夠，他們將更多的精力放在"物理元"世界的公共有序化重建上，即使是道家和墨家那樣高深、超前的二元世界觀想像力，也難免被拖入到解決當下物理世界窘迫的公共有序化重建的政治泥淖中。

因此，其討論的"人的應當"的哲學命題，當然地被儒家轉變為現實主義的"人的應該"教條，當然地被法家轉變為對人行為強暴約束的"人的必須"律令。因為在儒家看來，沒有日常生活禮儀中約定俗成的數千條"周禮"，去規約人的思想與行為，即"人的應該"訓練，這個社會的非暴力秩序就無法重建，人也無法成為一個懂得"禮樂"精神的"仁義"之人。法家則直接將君王的權威神化，並用國家機器從上至下頒推行"法、律、令"，嚴酷地懲處違反者並威懾普羅大眾，這樣迫使人，通過"人的必須"而回歸到戰戰競競的非暴力被統治秩序中。法家的"人的必須"之方法，為地處偏遠的諸侯國秦國所用，使其成長為統一其他諸侯國的大秦霸權帝國。儒家的方法則在秦滅亡後捲土重來，為漢帝國所用，並通過儒法聯盟的整合後，使周朝的王道政治，轉變為漢朝的"皇帝人間神＋霸道政治"制度。而道家和墨家的思想，則被反覆邊緣化，特別是被宋朝的儒法聯盟儒教化所剽竊，被吸盡精華後慘遭流放，成為民間與底層社會的精神魅影。

從這個意義上講，**春秋戰國的中國哲學，其核心目的在於"求用"；而古希臘哲學的核心目的，則在於"求真"。二者從一開始就走進了兩條目標迥異的河流。**中國哲學家都爭相對着有權力的王者講話，向他們推銷自己"有用"的國家與社會治理方法，但長久地失去了"人的應當"命題中，包含着的人的"自由意志"與人對神之"美"與"善"

的神聖渴望，朝向"平等"與"自由"的期盼，從而長期忽略了人個體生命中，本應包含着的屬靈性"自由"與"平等"，成為一元性物理世界中，等級分明的"人的應該"及"人的必須"的混合體。個體人在神所定義的時間中，獨自享有的"精神元"靈性尊嚴，被徹底閹割掉了。可是，除了社會的公共有序之外，個體的人擁有屬靈的自由意志和獨特尊嚴嗎？除了人所能感知到的物理性一元世界之外，是否還存在着一個不可見的、先存不死的另一元隱性世界？**一個沒有生前後世的"暫時人"，如何面對物理生命的必死性？一個國家之公共與整體秩序，真的是唯一重要的嗎？一種閹割掉個人自由意志與尊嚴的以暴制暴的公共有序，是否本身就包藏着更加恐怖的政治暴力奴役？**這些問題則留給了之後的人類歷史。

第五章

鍛造：煉獄中的希伯來猶太人

　　人類第一次大反思，無法繞開的是希伯來文明的貢獻。希伯來文明，是在美索不達米亞文明（5 000~6 000 年前）和古埃及文明（3 500~5 000 年前）的擠壓中成長起來的。美索不達米亞平原邊緣地區的半游牧民族閃米特人，以及在向埃及和巴勒斯坦移民過程中、與迦南地人結合所形成的半農半牧部落，處於希伯來文明的發育期（公元前 17 世紀 ~ 前 13 世紀，即 3 200~3 600 年前。[96] 希伯來文明並不體現在它所創造的物質文明上，在這方面，它當然無法跟美索不達米亞平原文明、古埃及文明、古希臘文明和古中華文明相比較，甚至也無法跟同時代的亞述文明與巴比倫文明相比肩。可是希伯來人以其獨特的弱小邊緣民族的苦難經歷為基礎，深刻地思考了無窮無盡的外部暴力威脅之下的"人的應當"命題，通過無數先知的共同思考、悲情呼籲，與神聖預言等社群公共生活實踐的泣血捍衛，回應或創立了耶和華上帝唯一人格神信仰，將古希臘和中國春秋戰國哲學家討論的"人的應當"命題，推升到了人類思想前所未有的新高度。

第一節　西奈山之約

　　希伯來回應的"唯一人格神"信仰有三個重要因素。第一，希伯來大約在 4 000 年前發明了線形文字，比起蘇美爾文明的楔形文字，古埃及、古中華的象形文字，它具有了最早的文字可分解為單位元素的意義，這為文字的結構性功能化奠定了最可能表意和抽象的思考基礎。第二，希伯來人在回應他們的"唯一人格神"信仰時，處於半游牧部落的歷史淵源中，作為與個體相對應的公共利益人代表，作為部落文明，擁有文字溯源的歷史在人類歷史上是十分罕見的。在希伯來文明中，比部落更大的社群並非國家，而是部落之間在契約基礎上形成的"部落聯盟"。如果這種部落聯盟可以被稱為"國家"或"政府"的話，那麼它也是完全不同於道格拉斯·C·諾思在《暴力與社會秩序》中所定義的"自然國家"概念的。[97] 希伯來部落聯盟，被定義為真正意義上具有成文法契約的"自然國家"或"自然政府"更為貼切。而諾思之大多數農耕游牧文明時代的"自然國家"，其實都是基於少數人用暴力控制多數人的家族血緣世襲制國家。第三，希伯來人在創立他們的"唯一人格神"信仰的過程中，群體性地經歷了作為古埃及帝國法老王的奴隸而被奴役 300 年~400 年的苦難歷史。對於深刻理解希伯來文明對"人的應當"與萬物關係同源性信仰命題的破解，理解上述這三個要素意義重大。

　　希伯來人斷然相信並皈依"耶和華上帝"，相信整個宇宙萬物都是由一個主體的位格神耶和華上帝所創造的。人類的始祖亞當和夏娃，也是由耶和華上帝創造的。上帝作為代表無限永恆的獨一神主體，斷然在宇宙之外的"彼岸"實施創造，成為"人與自然關係"和"人與他者關係"的共同神聖源頭，絕對神聖又絕對權威，全能且全善。這種上帝作為全能全善的絕對真理信仰，立即使古希臘哲學家長期無法解決的眾神悲劇問題迎刃而解。上帝創造人，賦予人獨特的自由意志，並選擇以色列民作為他的子民，訓練以色列民成為上帝的立約伙伴。立約從口頭之約開始，最早的口頭立約伙伴是亞當，但因為亞當背約，墮入罪中，上帝依約懲罰了亞當和夏娃。第二個口頭立約伙伴是挪亞，上帝將挪亞家族從大洪水的懲罰中拯救出來，並誓言今後不再毀滅性懲罰他所創造的人類。第三個口頭立約伙伴是亞伯拉罕，上帝耶和華為了試探他對上帝信仰和對神聖立約的忠誠，讓他帶領整個家族從富庶肥沃的兩河流域之地吾珥，遷徙到阿拉伯沙漠北邊的哈蘭，再遷徙到上帝給以色列的應許之地迦南，又讓亞伯拉罕以他的兒子以撒，向耶和華獻祭。亞伯拉罕經受住了試探，因此上帝與亞伯拉罕立約，要將祝福帶給亞伯拉罕的子孫，讓以色列民蒙福興盛，並要亞伯拉罕和以色列民作為上帝的大器皿，把上帝的祝福與立約，帶給天下萬族的人類。

　　經過數百年漫長的揀選與試煉，耶和華上帝選擇大先知摩西，帶領以色列人群體性擺脫埃及法老長達 400 年的奴役而“逃出埃及”。儘管史學界有的學者根據摩西在埃及宮廷長大的記述，而並不認為摩西是以色列人，甚至有的學者如佛洛德，認為以色列的上帝獨一神信仰來自於埃及第十八法老王阿肯那頓，可是《聖經·舊約》的記載是獨特的、歷史相互佐證並邏輯自洽的，完全不像其他民族的神話故事那樣的隨意、零散並語焉不詳。摩西秉承上帝的旨意向埃及法老和希伯來人行諸多神跡，歷盡艱辛，最終將希伯來人從埃及法老的奴役中解救出來。根據上帝的旨意，希伯來人在摩西的率領下，在西奈山上與耶和華上帝訂立盟約。根據盟約：希伯來人承諾按照上帝對人所期盼的“人的應當”生活，那便是在社群公共生活中遵守“盟約律法”；上帝則應許將迦南地賜給以色列，作為希伯來人的寄居之地，並讓希伯來人成為神選之民而蒙祝福。盟約律法並不複雜，一共十條，簡稱《摩西十誡》。前四誡，主要約定希伯來人與上帝之間的“人神關係”：包括希伯來人只崇拜上帝為宇宙唯一神，拒絕崇拜他神，拒絕任何偶像崇拜，包括拒斥任何形式的耶和華上帝的人造偶像，並拒絕濫用上帝之名，用占卜來預測吉兇等一切古老巫術。後六誡，主要約定希伯來人如何處置“人與他者”之間的關係，譬如不殺人、不搶劫、不姦淫、不貪戀他人財物、不做假見證等。人類直至今日也未必十分清楚無誤地深刻認識到：那不可見的高遠於“人的能夠”的、由神聖源頭所啟示的“人的應當”，古希臘數以百計的偉大哲學家和東方先秦數十位傑出的哲學家，窮其生命數百年的向上探究，都未能找到邏輯自洽的公共性答案；而在被“人的能夠”歷史所忽視掉的希伯來人那裡，一位聲稱外在於宇宙的人格主體——宇宙萬物及人的創造者耶和華上帝，通過對人自上而下的啟示，用一個極簡的"摩西十誡"神聖立約，便邏輯自洽地給出了一個極具公共性的答案。"人與他者"的公共關係，應當順服於基於信仰的神聖立約的"人神關係"。這是十分令人意外的，也是十分令人驚奇的。

於是到公元前 13 世紀晚期，經過受奴役於埃及的孕育，以及逃出埃及的誘發，希伯來人在摩西帶領下在曠野中歷經 40 年堅守盟約的律法訓練，淘汰掉那一代在埃及法老王的奴役下培養出十足奴性的希伯來人。摩西大先知帶着上帝對應許之地的應許，埋葬在約旦河穀對岸的尼波山巔。新一代希伯來領袖約書亞，帶領希伯來人進入上帝應許的——"流着奶和蜜"的迦南之地。希伯來人作為上帝立約伙伴的"選民"信仰，基本成形。這個信仰的哲學根基是：人與人之間關係的"人的應當"與自然萬物之間關係的"物的應當"，同源於耶和華上帝唯一人格神，因為是他創造了萬物與人，萬物與人無不存在於上帝所定義的時間與空間之中。因此，萬物與人都應當順服於上帝所創造的、支配萬物運行的"法則"。這些源於上帝而不可見的"法則"，便是西方"自然法"最初也是最本質的神聖源頭。[98]

在公元前 13 世紀～前 11 世紀的 200 多年相對和平的歲月中，希伯來人與巴勒斯坦當地居民逐漸融合，並形成 10~12 個支系相融的以色列部落聯盟。這些部落之間並非因依賴完全純正的希伯來血緣而相聯繫，而是因依賴源於上帝律法的契約和對耶和華上帝唯一神的信仰而相聯繫。通過上帝信仰，一方面通過朝向上帝的公共性團契社會，另一方面通過守與上帝所定的律法契約，以解決防禦外部暴力和審判成員間內部暴力等公共秩序問題。部落聯盟之間的組織相對鬆散，從內部來看，成員間有共同的上帝信仰相連，並無大的衝突。從外部來看，除了進入這一地區紮根的初期有些小的衝突戰之外，部落之間並無大的戰事，無須建立常備武裝力量——徵收日常稅收以及管理這些稅收的政府。內部暴力的審判則主要由拉比祭司按"律法書"執行。在這種環境中，希伯來"耶和華唯一神"信仰得到了長足培育與發展，為"人的應當"的人類大反思，找到了一種既充滿激情又飽含人類理性的新答案，回答了古希臘哲學和古中華哲學關於人類理性之"人的應當"所不能回答的哲學難題。[99]

第一，希伯來所信仰的耶和華上帝是唯一的宇宙之神，在他周圍和之下沒有眾神圍繞，因此沒有眾神的分工與分責，也就沒有了眾神分工造成的局限。耶和華上帝是無限的、全能的和永恆的，因此他既無命運、也無悲劇。

第二，耶和華上帝是宇宙和萬物的造物主，他創造了宇宙間天地萬物和人，因此他外在於人類所能感知到的有限世界和生命所能感知到的有限時間，他不僅在空間上無限而且在時間上永恆。人只能運用上帝所造的感官感知到物理性的一元世界。另外一元世界則是屬靈的，人只能通過靈魂在與上帝的關聯中思考並理解它。這就解決了古希臘哲學反復爭論的二元世界背後的同源性與先存性的"求真"問題。如果你要感知二元化世界，你就必須將靈魂投入上帝唯一神信仰以建立人神關係；如果你要加入創造一個個體有意義群體有秩序的生活，你就必須以人神關係來統帥人與他者之間的關係。這也解決了中國哲學家老子的"道與自然"之間的循環論證，最終靠自然律來支配人與他者關係的"自然主義"哲學問題。

第三，希伯來所信仰的耶和華上帝是一個人格神，人是依上帝的形像而造，因此人神同型，人因這種"被造"而獲得了自由意志與生命的尊嚴，人的生命在造物主面前因而完全平等。這就解決了"人在現象世界或物質世界不平均、但在屬靈世界則人格平等"的問題，也解決了中國哲學家墨子理論中一個非人格的天卻有"天志"的自相矛盾問題。

第四，上帝並非像其他民族的神那樣只是希伯來人的民族神，他是宇宙唯一神，因此不是希伯來人選擇崇拜耶和華上帝，而是上帝揀選了以色列人作為他的首選子民，並指派一個“異族”的先知摩西，去實施上帝對受奴役於埃及法老的希伯來人的“揀選”與“拯救”。希伯來人對上帝的崇拜是一種報恩。至於上帝為何揀選希伯來人，是因為希伯來人承受了太長的苦難？表明上帝拯弱罰惡的至善之心？表明人神關係需要經過苦難的“試煉”？希伯來人的《聖經》記錄有自洽的邏輯，但作為非希伯來人，我們既無法證實亦無法證偽。

第五，上帝揀選希伯來人作為子民並非是無條件的，而是有條件的，這些條件就是上帝與希伯來人的代表先知摩西在西奈山立的“約”——《摩西十誡》。因此，希伯來人二元世界觀中的人神關係是通過“立約”而確立的，本質上是一種信用關係。希伯來人的耶和華上帝不是一個為所欲為的神，儘管他是全能的，但他依約行事。當然，他的立約伙伴希伯來人也依約行事，即遵守神約所期盼的“人的應當”。這是對古希臘人文哲學所探討的人類公共理性，即“人的應當”的最高詮釋。因為這裡的“約”既不是古埃及《漢謨拉比法典》中的“法律”條文，也不是中國秦封國《商君書》裡的法、律、令條例，**因為那裡沒有立約雙方相互之間信用關係的神聖確立，只有至高的世俗王權單方宣佈王權之下的臣民必須遵守的行為，因此只是“人的必須”而非“人的應當”。**

第六，西奈山之約的條款並不複雜。從上帝方面講，拯救希伯來人擺脫埃及奴役，承諾應許之地，賜福以色列並給人以“自由和平等”。從希伯來人方面講，崇拜上帝為唯一神因而不可敬拜其他神，不能以任何方式造神，包括任何人造的上帝形像與雕塑，也不可行占卜那樣的瀆神巫術。此外在人與他者關係方面，主要誡律是尊重人作為被造生命的人格尊嚴，不謀殺他人生命，不偷盜，不姦淫，不恃強凌弱，不做假見證等行為規範，維護人類社群生活中關乎人權和物權的非暴力公共秩序，這種公共秩序就是人類社群生活中的公平與正義。

第二節　永居耶路撒冷

希伯來的"上帝唯一神信仰"歷經磨難，是由血和淚寫成的。研讀這段從苦難的煉獄中鍛造或"試煉"信仰的人類歷史，需要閱讀者有強大的內心與意志力支持。從公元前 11 世紀下半葉起，希伯來部落聯盟表現出它在應對外部暴力上的弱點。沒有經過常規訓練的武裝力量及相應稅收制度支援的國家組織形態，面對南部沿海非利士人社群的暴力攻擊，便顯出窮於應付的特質。因此，在非利士人強悍的連續進攻下，部落聯盟式的國家組織形態迅速瓦解，為向君主家族制的國家形態轉變準備了前提。[100] 其代表性事件是公元前 1 050 年，以色列人在與非利士人的交戰中一敗塗地，中心城市示羅被攻佔，部族聯盟的中心神殿被毀，神的"約櫃"被非利士人掠走。以色列人在舊秩序瓦解中誕生了以撒母耳為代表的先知，他們回應上帝呼召，在希伯來人社群中奔走呼號，形成一個士師階層。在失去中心神殿和約櫃的形勢下，他們依然在部落聯盟間堅守耶和華信仰，照摩西之約的律法進行案例審判，以維護希伯來人的公共秩序，同時伴着音樂受感說話，以喚醒希伯來人對上帝靈恩的激情，點燃希伯來人心中將非利士人逐出以色列的強烈渴盼。

大約在公元前 1 030 年，撒母耳作為大先知暗中膏立掃羅為以色列王，使其擔負驅逐非利士人的歷史重責，這得到了民眾的積極回應。從此掃羅便率領以色列人與非利士人戰鬥，並取得了節節勝利，完成了將非利士人驅逐出境的歷史使命，成為以色列的第一位君主家族制國家領袖。但由於掃羅的性格喜怒無常，在新舊國家制度的觀念摩擦中猶豫不決，過份關注自己的個人權威而置“約櫃被非利士人棄之荒野”於不顧，因此掃羅招致祭司階層的強烈反對。掃羅因個人權威被冒犯而迫害祭司。加之他嚴重妒忌他女婿，即與他兒子約拿單立下生死之盟的下屬大衛，憂懼大衛的英勇和人格魅力超乎自己而欲滅之，迫使大衛逃亡到南方猶大的曠野。失去大衛的掃羅也失去了軍心，終被非利士人打敗至死，家人多數被殺，大批以色列人同遭屠戮，僅剩掃羅的一個兒子依施波設逃到約旦河以東，被其他先知膏立為北以色列王。大衛則在南方被另一些先知膏立為猶大之王，從此南北以色列分立為兩個國家。[101]

　　大衛是一位非同凡響的充盈着上帝靈恩的政治領袖。公元前1 000 年～前961 年，他立足南部，通過數次戰鬥打敗並徹底驅逐非利士人，對北以色列同胞國則拒絕動用武力乃至計謀。他希望通過掃羅之女（他的妻子米甲）的回歸來實現南北和平，但遭到北以色列王依施波設的拒絕。他決不濫殺無辜，戰爭只用於維護上帝公義。大衛體恤民生，慎用公器，從不鋪張奢靡。這些都與掃羅和依施波設的言行形成鮮明對照，因此上帝對大衛王之揀選成為人心所向。不久後，依施波設眾叛親離，終被其部下所殺，大衛仍將前來獻首級邀功的兵士按律斬殺，以證公義和自己的坦蕩之心。之後，大衛徹底清除了非利士人對南北以色列全境的暴力威脅，被膏立為充盈上帝靈恩的全以色列王，並通過平叛約旦河東邊的亞捫、以東等侵襲，將版圖向南擴充至埃及溪谷，向北穿越敘利亞大馬士革，直抵幼發拉底河，東抵外約旦的亞捫摩押等地區。大衛王通過版圖擴張形成了初具君主家族制形態的國家，終結了以色列部落聯盟國家組織形態的政治歷史。[102] 大衛王代表希伯來人的新國家形態，並在其晚年嘗試着用徵稅來彌補日益增長的、僅靠進貢和貿易難以支撐的政府支出，同時維持最低限度的常備軍事防衛力量。這表明其君主制基礎國家的政治生態已逐步成型。總之，以色列人在大衛王冠的輝映下，成為希伯來民族在以色列地的統一新標識。隨後，大衛王決定建都耶路撒冷，並將被忘卻半個多世紀的上帝約櫃從荒野抬進耶路撒冷城，萬民歡呼，大衛王成了上帝揀選以色列子民的代表。因此先知書裡上帝與大衛王之新盟約也誕生了。上帝再次揀選錫安山（耶路撒冷）為人間永居之所，揀選大衛王及其後裔為以色列王，實施上帝神權下的君主制政治有序治理。[103]

大衛王死後，大衛之子所羅門繼位。公元前 961～ 前 922 年，這位以色列君主頭腦清醒、思路明晰，在內控、防衛、外交、賦稅、徭役方面，真正完成了君主家族政府的制度建設，成立了 12 行省，從根本上終結了以色列部落聯盟 "自然國家" 的政治形態；同時在商業、對外貿易、冶銅和鐵器工業等方面取得了巨大的成功。因此，以色列有能力建造輝煌的所羅門聖殿，並將神的約櫃安放其中。[104]以色列在所羅門王時代似乎到達了輝煌之巔，初步實現了上帝對以色列人的應許。

可是在君主制之前的 "自然國家" 形態中，以色列人與上帝之約是很自然的，部落聯盟領袖，並不在上帝和以色列人之間扮演將二者分離的居間角色。當神再次揀選錫安山放置約櫃、大衛王家族作為國家永久治理之代表後，除了大衛王給以色列人帶來的塵世榮耀之外，代表王權的所羅門政府直接向以色列人徵稅和徭役，這完全不同於以色列歷史上只對祭司階層繳納的傳統 "什一奉獻"，常導致稅收負擔越來越重。大衛王和所羅門王於是在上帝和以色列人之間成了一個新的 "居間" 角色，相當於上帝的養子，這與傳統以色列信仰背後的哲學產生了巨大的張力。於是，新的教義被發展出來：上帝揀選大衛王為以色列人的代表，在神權之下統治以色列，責任是在被上帝管教的痛苦中追求公義，為此大衛王及其繼任者必須不斷接受上帝所呼召的先知們的責備，以使自己不偏離以色列人與上帝公義之間的居間角色要求。[105]

第三節　背叛下的末日狂歡

所羅門王去世之後，脆弱的帝國開始分崩離析。首先是北國以色列部落提出減輕賦稅和徭役的建議，在這一提議遭到所羅門之子羅波安簡單粗暴的拒絕後，北部以色列宣佈脫離耶路撒冷。隨後耶羅波安在北以色列被先知膏立為王，羅波安只能守住耶路撒冷及以南的版圖，以色列分裂為北國以色列和南國猶大兩國。[106]

南北獨立之後，區域戰爭頻發。特別是耶羅波安企圖樹立新的北以色列國教，與耶路撒冷相抗衡。這帶有明顯的偶像崇拜色彩，由此引發了激烈的內部紛爭。北國以色列在半個多世紀內，暴力不斷，王權頻繁更替，有的王權甚至沒有哪怕名義上的膏立儀典，既無神的認可，亦無民眾贊同，政治朽壞至極。同樣，猶大王國之王娶了外邦王戚，外邦多神及偶像崇拜隨之侵入以色列社會。典型的是在公元前 876~前 843 年的暗利家族王朝統治時期，北以色列的實力有所恢復，國王娶了亞哈王朝的耶洗別公主為妻。耶洗別公然在以色列建拜巴力神的神廟，推廣巴力神崇拜並迫害耶和華神的先知以利亞。以利亞和以利沙等先知們，對耶和華神召的舞蹈式吟唱，喚醒了以色列人對違背上帝之約的懺悔之情，直接導致了暗利家族王朝在公元前 843 年的覆滅。[107] 猶大國在此期間也發生了王室外戚對巴力神敬拜的事件，典型的是約沙法王朝國王的妻子雅她利亞篡權後，公然為巴力神築壇敬拜，以色列人對耶和華神的敬拜反受限制與迫害，最終導致以色列人大規模的宗教反叛，雅她利亞被殺，約沙法王朝終結。

公元前 811 年～前 743 年，北國以色列和南國猶大都出現了經濟復興和政治版圖上的中興，其繁榮程度很接近希伯來人群體記憶中的大衛及所羅門時代。特別是北國以色列耶羅波安二世（公元前 786 年～前 746 年）和南猶大烏西雅（公元前 783 年～前 742 年）時代，兩國在征戰中頻繁勝出，北國以色列疆域重又推進到大馬士革以北及東北外約旦的亞蘭人地區，與所羅門時代相當。南國猶大戰勝以東亞捫及南部沿海非利士人，其疆域也推廣到所羅門時代靠近埃及河的邊疆，並保護了北非與外約旦阿拉伯之間的海陸貿易暢通。貿易的繁榮與稅收的增加給南北以色列帶來了社會的分工、經濟的發展和城市的繁榮，以色列似乎又回到神所應許的"人的能夠"之巔。

但與此同時，南北以色列的社會兩極分化拉大，富人生活奢靡、慾望無度。而上層社會對自己"不應當"的行為全不自覺，繼續窮奢極欲，橫徵暴斂。這致使人口不過百萬之眾的以色列人稅負日重，下層社會苦不堪言。在這種社會的表像式繁榮中，人的行為大大偏離了"人的應當"，驕傲自大，行為放蕩，崇拜偶像和異邦諸神，乃至崇拜生殖之神，公開違背與上帝之盟約。這種種社會亂像，引發了以阿摩司及何西阿為代表的以色列先知們對上帝呼召的回應，憤而用預言形式，揭示那個時代繁華外表下掩藏着的衰朽之像，揭露以色列人違背上帝之約的種種背信棄義、道德敗壞的言行，重新闡釋耶和華上帝唯一神信仰中的"揀選、聖約、守約與應許"[108] 的以色列人"人的應當"之邏輯，預言上帝必將對今日以色列人的自大、背約、無視公義、道德敗壞等種種"不應當"之罪行進行審判，嚴厲懲罰以色列人。以色列人必有大災難臨到。

先知們的預言在以色列的政治和社會腐敗中逐步兌現。北國以色列在耶羅波安二世駕崩後完全沒有政治道德底線，暴力政變頻發，十年之內換了五個國王，其中有三個是暴力篡位，既無先知膏立，又無民眾擁戴，沒有任何政治合法性，國家陷於政治動亂與內戰之中。這時候恰逢亞述王國的霸主提格拉·帕拉薩三世（公元前 745 年 ~ 前 727 年在位）登上亞細亞的政治歷史舞台，他的政治野心是要控制埃及以北的亞細亞諸國並東征巴比倫。亞述憑着底格里斯河的澆灌，而供養數倍於亞細亞西部狹長乾旱地帶的人口，尼尼微作為當時世界上最大的城市文明以及發達的冶鐵工業中心，對實現其政治野心具有壓倒性的經濟與地緣政治優勢。然而以色列對即將到來的潛在危機全無意識，盲目陶醉於似乎耶和華上帝會無條件地眷顧以色列人的應許之中。上流社會依然尋歡作樂、竊國淫娛、異教氾濫、崇拜偶像及自相殘殺。先知何西阿回應上帝呼召而奔走呼號、泣血哀鳴，宣佈上帝的憤怒及上帝必借亞述之手清除以色列的異教狂歡，以色列的末日必將來臨。只等經審判後上帝淨煉下的、忠於耶和華信仰的以色列"剩餘子民"再次積聚，上帝才會再顯慈悲、重施恩澤，將以色列從災難的曠野與灰燼中領出，醫治其不忠之疾，再度恢復神人之間的盟約關係。[109]

公元前 737 年 ~ 前 721 年，在經歷了北國以色列王比加、何細亞強迫南國猶大一起聯合埃及王，反亞述、投降亞述、反叛亞述等一系列荒唐的掙扎之後，以色列丟城、亡民，以色列人被擄為奴。最後的以色列王何細亞於公元前 724 年成為階下囚，僅剩撒瑪利亞城堅守兩年多，於公元前 722 年覆滅，僅最後一次戰鬥就有近 3 萬以色列官民被擄往亞述為奴，北國以色列消亡。

第四節　命運的漫長"試煉"

南國猶大之王亞哈斯，因拒絕加入比加的反亞述同盟而得以暫時保住王權。但亞哈斯沒有聽從先知以賽亞的勸告，直接請求提格拉·帕拉薩三世幫助其對付北國以色列的亞蘭盟軍，因而引狼入室，使提格拉·帕拉薩三世從南到北橫掃以色列如捲席，猶大也未倖免於難，成為亞述的附屬國。而亞哈斯在淪為亞述帝國之附庸後依然不思悔改，對耶和華信仰並無激情。他一方面在聖城耶路撒冷設壇拜亞述之神，公開違背與上帝之盟約，羞辱上帝；另一方面繼續腐化墮落，為滿足自身奢靡的需求以及向亞述納貢，而對以色列民橫徵暴斂、欺壓百姓至極。

先知以賽亞和彌迦回應上帝呼召、橫空出世，對猶大國的異教崇拜與腐敗墮落大加撻伐，斷言以色列的覆亡乃耶和華上帝借亞述之手，對以色列國王叛教所行之懲處。此舉促成了亞哈斯繼任者希西家（公元前 715 年 ~ 前 686 年在位）的宗教改革 [110]。希西家徹底清除各種異教偶像，廢除異教祭壇，甚至從神殿移走據說是摩西親手所造的銅蛇像，純化中央神殿和約櫃，回歸純一的耶和華上帝信仰。希西家改革促進了猶大的穩定與復興，耶路撒冷人口在其治下增長了三倍。但也因為不聽以賽亞勸阻，希西家兩次在不恰當時機發起對亞述王國的反叛，使耶路撒冷徒增屠城之禍。

希西家去世之後，其子瑪拿西（公元前 687 年 ~ 前 642 年）執政，完全成為亞述帝國溫順的封臣，全面拋棄耶和華信仰，重建亞述神壇，搞偶像崇拜，致使占卜及巫術橫行氾濫，以色列信仰墮入全面危機。這催生了著名先知西番雅、耶利米與瑪拿西為代表的背教者進行護教之戰。先知的預言與呼號喚醒了猶太人的內心信仰，從而進一步催生了瑪拿西之後的猶大王約西雅（公元前 640 年 ~ 前 609 年）的宗教改革。

與希西家一樣，約西亞推行宗教改革，旨在恢復以色列人對上帝耶和華唯一神的純正信仰 [111]。約西雅王修繕聖殿時，在牆壁中發現了律法書，於是讓先知領頭誦讀律法書，並宣誓對上帝盟約的忠誠——

清除異教及偶像崇拜，謹守割禮與安息日，堅持舉行逾越節等。約西亞時代正逢亞述帝國在巴比倫和埃及夾擊下敗亡，猶大國獲得了20年的獨立、自由與復興，但悲劇接踵而至。公元前609年，埃及尼哥二世企圖穿過猶大國境與巴比倫作戰，約西亞王試圖阻止他過境，卻不幸悲慘地戰死疆場。猶大再次淪為埃及的附屬國。

公元前605年，強人尼布甲尼撒登基，巴比倫崛起。當時猶大的約雅敬王宣誓效忠尼布甲尼撒，猶大再次成為美索不達米亞巴比倫帝國的臣屬國。公元前601年，約雅敬起事反叛，招致公元前598年巴比倫大軍壓境，耶路撒冷投降，國王、太后、大臣及大批平民被擄，成為第一次"巴比倫之囚"。[112] 尼布甲尼撒任命原國王的叔叔西底家為王，猶大領土縮減，人口大幅下降。公元前594年，被囚禁在巴比倫的猶大以色列人反叛，後被鎮壓。公元前589年，西底家國王在猶大國反叛。反叛堅守了兩年。公元前587年，經過頑強抵抗的耶路撒冷城彈盡糧絕而終致陷落，尼布甲尼撒下令屠城，焚毀耶路撒冷，西底家雙眼被剜，並被套上銅鎖帶往巴比倫。在只有25萬人口的猶大以色列人中，神職人員、軍官、文官、重要市民總計上萬人被擄往巴比倫，再次成為"巴比倫之囚"。[113] 這兩次被擄的以色列人，在巴比倫度過了半個多世紀的亡國生涯，直至公元前539年，波斯人徹底戰勝巴比倫並形成強大的波斯帝國之後，這些亡國的猶大以色列人才獲準允，帶着人世暴力的無邊苦難之記憶，回到那充滿瓦礫廢墟的故國聖城——耶路撒冷。

波斯帝國的國王居魯士（即使從今天的意義上來看，他也是一位世界史上少有的開明君主），摒棄了亞述帝王和巴比倫帝國那種對亞細亞小國實行血腥暴力統治的理念，採取了極大寬容與懷柔的政策——各封臣國或行省實行總督制，只需要盡可能地選用本族群共同體中有影響力的人物擔任總督之職，承認波斯帝國的王權並交納遠低於亞述和巴比倫時代的貢賦。居魯士允許甚至鼓勵他們堅持自己的民族文化和信仰。因此，以色列人被準允回歸猶大地，居魯士還頒佈詔令重建猶太聖殿，波斯王室還對耶路撒冷聖殿的重建給予了經濟資助。這種政策導向也為居魯士之後的大流士歷代國王所遵循。此種政治環境，為以色列信仰的絕地重生與復興提供了一個難得的歷史契機。

　　隨着亡國他鄉的希伯來人（猶太人）的逐漸回歸，他們發現而今住在故鄉猶大地的猶太人，與他們半個多世紀流亡異國他鄉、淚眼望穿而不及的故鄉文化信仰持守者形象已相去甚遠。因為與外邦人通婚導致的外邦多神教侵蝕，那純然的耶和華一神教信仰如同廢墟瓦礫充斥的聖城，已然不在耶路撒冷故鄉人的心中。回歸的流亡猶太人心如刀絞、肝腸寸斷。但這些流亡回歸的猶太人很快意識到重修聖殿的重要性，這是重建猶太以色列信仰的前提。於是，由回歸聖城的數萬人在上帝呼召下領頭重建聖殿的征程，在公元前 538 年開啟了。但聖殿重建的工作並不順利，這裡不僅受到了波斯王朝政治波動的影響，更重要的是，回歸的流亡以色列人與當地以色列人在宗教觀念及世俗利益上存在衝突。因此，直至公元前 515 年，耶路撒冷歷史上著名的"第二聖殿"才告竣工。以色列經過上帝揀選並淨化的"剩餘之民"終於有了一個聚集崇拜之所，有了一個百劫餘生後的新共同體身份象徵。[114] 在這一時期，兩個著名的先知哈該和撒迦利亞，回應上帝的呼召，在重新激起猶太社會信仰激情，並使人們急切而認真地專注於"第二聖殿"的重建工作等方面，發揮了至為重要的作用。

　　但是，第二聖殿並未立即起到它所被期盼的信仰重建作用。原因是猶太人和周遭的異族宗教之間的邊界模糊，通婚使此種模糊更盛，從而削弱了猶太人對耶和華信仰的激情與士氣。低落的群體士氣貶損了祭司工作的激情與神聖感，從而反過來導致社群共同體的幻滅感，使人們對不重視安息日、不繳納什一奉獻、不受律法約束、恃強凌弱等行為聽之任之，放任自流。上述種種心態自然滑向公共道德和個人道德的普遍淪喪。因此，以色列上帝信仰的恢復面臨更深層的試煉，即猶太民族群體的重組。

公元前 445 年，上帝對其揀選並淨煉的猶太"剩餘子民"重組的呼召，在流亡猶太人尼希米和以斯拉的身上應驗了。尼希米是波斯國王的酒政，因其請求得到國王恩準而被指派為猶大總督，回到耶路撒冷，重修聖城的城牆。尼希米信仰堅定，嚴以律己，用積蓄生活，不收總督俸祿，不置產業，用征丁方式重修聖城城牆。尼希米關注社會下層，召集那些貪婪的商人開會，用信仰呼喚他們的良知，讓他們放棄利用窮人的危機放高利貸、奪走窮人資產的犯罪行為，甚至下令逮捕一些行為極端惡劣者。尼希米為恢復祭司尊嚴，親自督收什一奉獻，並委派誠實的財務人員管賬，為守安息日戒律，關閉城門不讓商人做生意等。

但猶太人與外族的雜婚是一個最大的問題，這個問題甚至侵入了祭司家庭。這是尼希米在他的第一任期（公元前 445~ 前 433 年）內無法解決的最大問題。於是在尼希米的第二任期內，一個名叫以斯拉的流亡猶太人，帶着波斯國王的詔書和一份猶太宗教律法書出現在耶路撒冷，波斯國王全權授權以斯拉在猶太人中執行該律法書。以斯拉是怎麼來的已無從考證，但以斯拉在聖城廣場搭建木台，召集那些雜婚的以色列上層特別是一些祭司參加活動。他站在台上宣讀律法書，從早至午，人們深受觸動，放聲痛哭。以斯拉情緒激動，在耶和華面前痛哭流涕，懺悔信眾的罪過。最後，人們深受良心譴責，承認違背上帝盟約，主動提議解除與外邦妻子的婚姻，並發誓支持以斯拉的任何提議。就這樣經過三個多月，所有與外邦人的婚姻關係都被解除。安息日被遵守，什一奉獻得以維持，猶太人的信仰通過這種改革與重組得以重萌生機。[115]

　　但是上帝揀選後的淨煉並未因此而結束。在之後一個多世紀基於大流士波斯王朝宗教寬容政策所促進的信仰恢復過程中，這種維護道統和異教侵入的拉鋸戰仍然時斷時續。但希臘的崛起和文化影響，開始潛移默化地滲透進猶太人的日常生活中。重大事件是公元前 4 世紀發生了北以色列地發起修建撒瑪利亞城聖殿與耶路撒冷聖殿相對抗事件，修建工作明顯得到了雅典的支持。公元前 336 年，偉大的希臘哲人亞里士多德的學生、人類歷史上最早的軍事天才統帥──亞歷山大在馬其頓王國登基，這個年僅 20 歲的元帥以與他年齡極不相稱的政治智慧與獨特的人格魅力，在兩年時間內迅速統一了希臘城邦諸國，形成了強大且富含古希臘諸神與哲學文明的帝國，然後於公元前 334 年開始他的亞細亞東征之旅。亞歷山大之戰馬所經之地和利劍指向之處，千軍橫掃如捲席，強大的波斯大軍被亞歷山大前所未有的希臘長槍方陣撕成碎片，大流士國王戰死，大馬士革及南部的猶太人地巴勒斯坦不堪一擊。亞歷山大大軍長驅南下直抵埃及城下。埃及聞風喪膽，加之對波斯統治的疲憊之心，守軍開城迎接亞歷山大，其都城從此永久改為亞歷山大里亞城。其間，撒瑪利亞人因極不明智地反叛希臘，被亞歷山大反手鎮壓，又遭屠城，剩餘子民逃往荒野之城示劍安家。猶大以色列人則順服命運，臣服於希臘帝國。[116]

　　歷史偶然的高潮，因亞歷山大 33 歲在巴比倫的英年病逝而落潮了。他用鐵蹄所征服的歐洲、中亞、北非和南亞印度，雖已併入希臘帝國的版圖，但由於沒有子嗣繼承，帝國立刻分崩離析，落入三個部下之手，猶大以色列人成為其中之一托勒密王朝的附屬國。希臘帝國的這種崩塌，一方面為羅馬帝國的發育成長提供了極富營養的肥料；另一方面則使希臘文化借助亞歷山大征服的慣性，在亞、非、歐交界之地以殖民方式繁盛開花。於是，希伯來以耶和華信仰為特質的文化，與希臘以諸神信仰及哲學理性為特徵的文化，互相遭遇並發生了劇烈的碰撞。

　　公元前 323 年（亞歷山大大帝駕崩）~ 前 176 年，儘管猶大以色列經歷了托勒密希臘王朝和安提阿哥大帝之塞琉古希臘王朝長達一個半世紀的統治，且以色列猶太人在巴勒斯坦、埃及亞歷山大城及其他亞細亞城市，都有很大的人口增長，也在此過程中經歷了希臘多神教和偶像崇拜的衝擊與挑戰，但以色列猶太人依然在先知們的不斷敦促和律法書的影響下，回歸到他們的耶和華一神教信仰中。

　　隨着安提阿哥四世伊皮法紐（公元前 175 年 ~ 前 163 年）的登基，一次更大的信仰挑戰和上帝試煉再次臨到以色列猶大地。這位塞琉古王朝的末代君王，一方面盯上了耶路撒冷聖殿裡的財富，另一方面推動自身造神的個人崇拜神話。其手法是控制猶大以色列大祭司的任免權，從而利用大祭司之職，引發那些猶太人中的敗類為得此職位爭相賄賂自己，然後讓大祭司把希臘宙斯神的偶像搬進耶路撒冷聖殿，為宙斯神建立聖壇，在聖壇上獻祭豬肉，並趁機竊取聖殿中的聖物去變賣。為了進一步教化猶太以色列人，安提阿哥四世在全社會推行希臘化宗教政策，諸如廢除割禮與安息日，在耶路撒冷建希臘式體育館並強迫猶太人參加裸體的體育運動會，強迫猶太人參加朝拜希臘酒神狄奧尼索斯的節日盛宴，焚毀猶太律法書，最終企圖將自己打造成人間的宙斯神。安提阿哥四世伊皮法紐讓猶大以色列人經受了煉獄般的痛苦煎熬，這種煎熬終於因超過了極限而獲得上帝的呼召。

　　公元前 167 年，馬他提亞和他的 5 個兒子拒絕領頭向異教神獻祭，當場殺死迫教的希臘朝廷官員，發動了猶大馬加比淨化聖殿起義 [117]。馬他提亞死後，其子之一馬加比繼續領導起義。這場起義變成了一場長達三年的戰爭，猶大馬加比所領導的以色列人，創造了許多以少勝多、以弱勝強的戰例奇跡，最終將希臘人逐出了猶大地，徹底從第二聖殿移出了奧林匹司諸神，肅清了希臘多神教和偶像崇拜對猶大以色列的侵蝕與褻瀆。公元前 164 年，猶太人懷着悲愴的喜悅舉行盛會，慶祝聖殿的重新貢奉和耶和華上帝信仰的回歸，慶祝上帝淨煉的猶太"剩餘子民"與上帝盟約的重續。這也是猶太信仰中的"光明節"的由來。

第五節　上帝信仰在血火中鍛成

上述對希伯來猶太文明歷史的多篇幅呈現，旨在幫助讀者理解人類人格神一神教產生的歷史過程和驅動力量；理解人類信仰這種激情如何與哲學理性協調一致或不一致，以形成獨特的文化積澱；理解耶和華一神教信仰，如何獨特地為第一軸心時代人類哲學反思的"人的應當"這一重大歷史命題；提供了完全獨特的神聖答案。

在閱讀人類的文明史時，很多人都把目光投向人類在征服自然之關係中所取得的那些"人的能夠"的物理性輝煌，**而我在本書中則把目光投向人類在相互競爭並征服自然之關係中，那些違反"人的應當"的暴力記憶**。為了對抗人類暴力對生命的踐踏、對和平秩序之美的毀壞，人類從未停止對"人的應當"這樣飽含公共精神的個體理性之呼喚。復仇，當然是在被停止或定格的時間中恢復和平秩序的一種手段；但在流動的時間中，復仇這種手段因它的"私刑"性質而意義頓失，因為它會引發復仇在時間流變中的連續與擴大。"審判與懲罰"對恢復和平秩序當然是更好的手段，因為它不僅是公開的"公刑"，而且具有深層次的"公共理性"根脈，這個公共理性根脈，便是人作為個體之間的"平等性"與審判處罰的"公正性"。**人的應當，是更富理想的預防暴力和維護和平秩序更美好的手段**，因為它着眼於將這種和平秩序之美的"公共理性"，移植到人作為個體有序美的"行為應當"

之中，等於從"事後處理"移植為"事先預防"。可這種移植是一種
"勸說""強制"，還是"期盼"？形成了人類在處理這種公共秩序
之美移植方法上的文明差異。**勸說，是一種基於公共倫理的移植，屬
於"人的應該"；強制，是一種基於公共立法並審判的移植，屬於"人
的必須"；期盼，是一種基於公共信仰的神聖移植，屬於"人的應當"。
但如果這種信仰不是基於唯一人格神，其"人的應當"的神聖性和權
威性便會大打折扣，重新跌落進人與人相互征服的"人的能夠"叢林
法則之塵埃。**

　　在公元前 1700 年 ~ 前 100 年，在這段跨度長達 1 600 年的有文
字記載的歷史中，暴力對人類社會生存秩序的破壞基本是常態化的。
但是，無任何一個民族共同體像希伯來猶太民族那樣，曾遭受如此
頻繁、如此超越一個人類共同體承受極限的外部暴力，而被人類歷史
記載下來。其他民族或許比希伯來猶太民族幸運，或多或少地避免了
這些災難性的暴力；或許在暴力撞擊中被更大的民族共同體所吞噬，
失去了原本的民族文化認同。希伯來猶太民族是一個佔地小、人數
少，且數度被滅國為奴、流亡四方的弱小民族，但這個民族經過人類
一千六百多年暴力洗劫的大浪淘沙，居然能夠將猶太民族的文化認同
體系保留下來，在《聖經·舊約》中，記錄了以上帝與人關係為核心
內容的"人的應當"文明史，堅守住了人類歷史上最早的耶和華唯一
人格神信仰。與古埃及第十八王朝法老王阿肯那頓（公元前 1351 年
~ 前 1334 年）推崇的、興盛了 17 年就徹底湮滅的另一人類最早唯
一神案例阿頓唯一神相比，《聖經·舊約》的完全上帝視角、人物佐證、
思想深刻、邏輯自洽，且富於神聖靈啟，無能出其右者。因此可以說，
希伯來猶太文明，不能不說是人類第一軸心時代最偉大的奇跡。為什
麼希伯來猶太人能創造這一奇跡？ [118] 其對於人類第一次大反思的意
義何在？值得深思與辨析。

　　猶太信仰，是第一次大反思中人類思想想像力能夠達到的巔峰，因為它確立了人與自然的關係和人與他者的關係都同出一源，即確立了自然哲學與人文哲學的同源性，這一同源便是造物主上帝唯一人格神。對於這一點，古希臘哲學不同程度地涉及，印度哲學中奎師那隱隱約約地涉及，中華老莊哲學和墨子哲學則以自然為人文哲學之源泉；但這些哲學，都無法解決自然萬物關係和人人的關係是否同源、從哪裡同源以及為何同源等問題。一個多神的認識論，是無法建立"人人關係與自然萬物關係同源"之深刻邏輯的；但猶太信仰，則堅定不移地信奉自然哲學與人文哲學不僅同源，而且同源於耶和華上帝唯一神。這個耶和華上帝是外在於人類和自然（宇宙之外）的創造之神，他既創造了自然，也創造了人類，因此自然運行在上帝創造它的規定性或邏輯之中。人類具有人神同形的特殊性，因此上帝賦予了人特有的自由意志去探索自然的邏輯規定性，也賦予人特有的自由意志去處理人與他者的關係。如果人按照上帝所期盼的"人的應當"去行事，那麼人必得"自由與平等"，世界必充滿上帝所期盼的秩序與和諧之美。

　　可是人一經"被造"並取得自由意志之後，他們就可能因個體的欲望驅使而被惡所利用，認識不到上帝作為創造之源的神聖意義，認識不到人因為被造的人格尊嚴而在人與人之間具有平等的性質，認識不到人作為個體或共同體的有限性，必然盲目自大為利傷害他人，甚至暴力殺戮，為利崇拜多神、崇拜偶像甚至自我造神並奴役他人。上帝創造世界所期盼的秩序和諧之美，為人的種種惡行所破壞，世界必然充斥着相互訴諸暴力的血腥與混亂。因此，上帝對所創造的人類極度失望而且憤怒。

　　此外，為了拯救上帝所創造的人類，上帝"揀選"了希伯來人作為"子民"，並降卑與之"立約"，企圖將其從人間的暴力奴役中拯救出來，並給予其"應許之地"迦南地，條件是希伯來人必須遵守只敬拜耶和華唯一神，拒絕多神與偶像崇拜，拒絕占卜和巫術，不施殺人之暴力，不偷盜、搶劫、欺騙，不作假見證等"摩西十誡"。於是，人與上帝之"盟約"成為希伯來人的律法書，重建人間基於個人自由意志，並使其社群共同體能夠實現至善之秩序美的上帝對"人的應當"的期盼，也轉變成了現實世界運行中的希伯來人個體與共同體之行動計劃。可是人們很容易會問：為何上帝如此偏愛希伯來人，而要從人類無數的共同體中"揀選"希伯來人作為"子民"？這是一個"天意從來高難問"的本源問題，但我們依然可以運用邏輯的想像力去設答——或許是因為希伯來人承受過度的暴力奴役而打動了上帝至善的悲憫心，或許是上帝要找一個遏制暴力奴役的案例來啟示他創造這個自然與人同源之世界的初心，更或許是上帝要"揀選"希伯來人做一個人間的試驗，即人是否可能按上帝所期盼的"人的應當"來生活，從而達到人既保有上帝造人所賦予的自由意志，又能平等地約束自己、善待他人，進而實現人類整體的有序和諧之美。如果這個試驗是成功的，那麼它也許能給其他人類個體和共同體提供一個飽含上帝期盼的啟示與示範。說到底，這就是上帝"揀選"與"拯救"的全部意義。

　　但是，上帝實施這個"拯救計劃"的道路並不平坦。進入迦南地安家的猶太以色列人，從公元前 13 世紀 ~ 前 11 世紀度過了一個相對安寧的耶和華上帝敬拜期，這聽起來似乎像田園牧歌式人類和諧秩序的應許演練。然而，隨着公元前 11 世紀末南部沿海非利士的進攻，人類的外部暴力臨到了以色列猶太人共同體。為了應對這種外部暴力以重建和諧的公共秩序之美，以色列人在公元前 11 世紀 ~ 前 10 世紀，通過緊迫的內部整合與國家組織再造，來應對這種外部暴力引發的公共危機，這就催生了掃羅王朝、大衛王朝和所羅門王朝的君主家族制公共秩序，對原希伯來部落聯盟"自然國家"之公共秩序的替代。

　　此種替代猶如一個嶄新的錢幣——它的正面，是物理世界中疆域的擴大和以色列人公共安全邊際的增加，貿易繁榮與經濟的發展，所羅門聖殿建造的輝煌與榮光；它的背面，是在耶和華唯一神和以色列個人信仰之間嵌入了一個君主家族制中介。這個中介，不僅在一定程度上代表着耶和華上帝，作為維護公共秩序而有權向以色列人徵稅的居間政府而存在，也使以色列人稅負超載變成了可能；同時，政府君王作為物理世界之以色列王，有取代耶和華上帝，成為人間神的巨大潛在風險。因此，隨着所羅門聖殿的建成和上帝約櫃被搬進聖殿，新的教義被先知們發展出來：在摩西西奈山盟約的基礎之上，上帝進一步揀選耶路撒冷所在之地錫安山作為約櫃永居之所，並選擇大衛王及其繼承人作為上帝的代表，讓以色列人在被大衛王及其繼承人管教的痛苦中尋求到上帝賜予的“自由平等”之公義，因此大衛王及其繼承人，必須不斷忍受回應上帝呼召問世的先知們的持續問責與批判，以使大衛王及其繼承人的行為不偏離上帝公義代表的居間角色要求。這是繼西奈山盟約之後的大衛錫安盟約，應該說這一盟約信仰的發展是邏輯一貫且極富力量的。

　　於是我們看到了公元前 9 世紀 ~ 前 1 世紀的長達 800 多年的猶太以色列人的南北分裂、背教、復興、衰敗、叛教、衰敗；北國以色列為亞述帝國所滅，大量猶太人流亡亞述，南國猶大淪為亞述之臣屬國；異教入侵及多神偶像崇拜氾濫；南國猶大被巴比倫帝國奴役、聯合埃及反巴比倫被鎮壓，從而被掠往巴比倫為奴；異教侵蝕和王朝家族背教；南國猶大再次反叛被鎮壓、聖城遭屠及所羅門聖殿被毀、南國猶大滅亡及長達半個多世紀的第二次巴比倫之囚流亡；巴比倫為波斯帝國所滅及波斯的宗教寬容；流亡巴比倫的猶大以色列人回歸與第二聖殿重建；尼希米宗教改革和以斯拉的猶大以色列社會重組；耶和華信仰回歸；異教與偶像崇拜數度入侵；獨立及再次臣服埃及；希臘帝國亞歷山大大帝對猶大以色列的征服；以色列反叛及亞歷山大鎮壓、屠城及第二聖殿被毀；以色列臣服希臘托勒密王朝與塞琉古王朝；希臘諸神的入侵及塞琉古王朝安提阿哥四世強行推廣希臘多神教；猶大馬加比淨化聖殿起義及其對希臘殖民者的驅逐，猶太信仰之《舊約·聖經》的成形。

在這漫長的歷史過程中，在以色列猶太人的統一、分裂、流亡、回歸的不同時代，被上帝呼召的先知們，都扮演着維護耶和華上帝唯一人格神信仰之道統的角色。著名先知有撒母耳、以利亞、以利沙、阿摩司、何西阿、西番雅、耶利米、以賽亞、彌迦、以西結、哈該、撒迦利亞、但以理等。先知們主要通過舞蹈式吟唱、哀歌、預言書等形式，在民間社會和祭司之間奔走呼號，揭露國王、上流社會乃至普通民眾的背叛耶和華唯一人格神信仰的叛教行為。這些行為，輕者為不守安息日、逾越節和割禮等基本戒律；重者為迷信占卜與巫術、崇拜偶像和異教諸神，甚至人間造神並恃強凌弱等十惡不赦之大罪。

先知們從來不會簡單地站在猶太民族立場上，宣揚民族主義和煽動民族仇恨，而是將亞述、巴比倫、波斯帝國和希臘王國等強權暴力的入侵，歸因於猶太以色列人背棄與上帝盟約，拋棄耶和華唯一人格神信仰的行為所致。強權暴力的入侵，是上帝以他們作為工具來對猶太以色列國王和人民的背盟行為進行懲罰。先知們也不盲目地煽動猶太以色列人，對統治以色列猶太民族的宗主國發動起義和反叛。相反，在絕大多數時候，先知們都站在國王的對立面，反對那種盲目的反叛和起義，而是主張順服於塵世的王權，在靈恩上追隨上帝的旨意而行。先知們只有少數幾次站在主張反叛者一邊，而且都成功了。當然，先知們也預言過亞述、巴比倫、埃及、波斯、希臘等入侵宗主國的滅亡，但都不是它們暴力入侵和統治以色列和猶大地之罪，而都是因它們在猶太民族中，強行推廣非耶和華上帝的諸神崇拜、偶像崇拜、占卜與巫術而導致的道德淪喪與社會衰朽的罪惡，因此上帝必懲罰他們，並讓他們滅亡。

　　回望這段人類苦難史，我們會驚奇地發現：先知們歷經苦難泣血呼號，卻總是站在耶和華上帝一邊，他們的預言幾乎沒有錯過。他們從不簡單播種民族仇恨，這不能不說是人類文明史上獨一邏輯與奇跡，更不用說那些預言應驗的神跡了。我們人類作為有限之物，怎麼能夠證明他們的所作所為，不是回應無限永恆萬能之上帝的呼召呢？

　　可是，上帝既然揀選希伯來猶太民族作為他的“子民”，為何要讓希伯來人承受如此遠遠超越其他民族的苦難呢？上帝為何容忍人間暴力擊打毀壞猶太民族百千次？上帝為何要讓猶太民族流亡他鄉、流離失所百千萬？難道上帝不愛他親自揀選的“子民”嗎？他們為什麼還要認定耶和華上帝為唯一人格神？上帝會給他的“子民”以未來之應許嗎？我想這些問題，一定千百萬次地叩問過猶太人的心靈，使他們惶惑、困頓與悲愴。我相信這也是許多猶太民族背教者，走向多神崇拜與偶像崇拜的緣由之一。然而，猶太民族的先知們堅定地站在上帝一邊，恪守着上帝回答這些問題的一貫邏輯：耶和華上帝應許希伯來人不是無條件的，條件就是盟約，包括摩西十誡的“西奈山盟約”和大衛王“錫安山盟約”。盟約的核心條款，就是拒絕耶和華唯一人格神之外的任何諸神，拒絕偶像崇拜、占卜與巫術，守持割禮、安息日與逾越節，不偷盜和不對他人施行暴力等“行為應當”。盟約是嚴肅的而不是隨意的，可是自從所羅門王朝之後，在以色列和猶大國的猶太人中，從國君到王公，從富賈到平民，都因無數次地違背與上帝的盟約而陷入“罪”中。這個“罪”，就必須接受上帝公義的審判。既然你們違約犯“罪”，上帝必須借亞述之手、巴比倫之手、埃及之手、波斯帝國之手、希臘帝國之手進行懲罰，以對所揀選的“子民”進行“重新揀選”與“淨煉”，直至那些淨煉後餘下的能夠堅守盟約的“剩餘子民”形成，上帝才會再派他的“子”——“彌賽亞”臨到以色列，重建人間的"上帝之國"。

在耶和華上帝這一信仰的邏輯驅動之下，猶太人果然不負上帝之望，在千百次幾近毀滅的"淨煉"與"揀選"中，先知們應上帝呼召而問世，也有君主層面的希西家王、約書亞王、尼希米總督、以斯拉律法總督及猶大馬加比等應召出世，與先知們的泣血呼號相呼應，在異教入侵和背教橫溢的混亂中，實施耶和華信仰復興的宗教改革、聖殿重建、社會重組以及淨化聖殿起義等。而流落他鄉、亡命天涯的猶太人，則總能帶着這個民族的沉重苦難記憶，在他國相對較好的物理環境中，適應並順服不同國家的文化和政治，活出塵世的成就與榮光。但他們永遠在靈魂上牽絆着聖城的約櫃，頑強地堅守着耶和華上帝唯一神信仰。

總之，希伯來是一個十分弱小的民族，竟然自公元前 15 世紀以後，在長達 1 500 多年的漫長歷史中經歷血與火的洗禮，在千百次堅守還是違反上帝盟約而引發的毀滅式"試煉"與"揀選"中，奇跡般地將耶和華上帝唯一人格神信仰堅守下來，形成了《舊約·聖經》。從這個意義上講，希伯來猶太人確實當得起"上帝揀選並淨煉的子民"這個神聖且榮光的稱號。

於是我們看到，人與他者之公共關係的"人的應當"，牢牢地建立在人神關係之"盟約律法"的根基之上。這種"人的應當"，既飽含了上帝造人所賦予人的"自由意志"之激情，又富於人依上帝期盼而"平等"地守約生活的律法理性。如果人能按這種上帝所期盼的"人的應當"去生活，那麼這樣的社會，必充滿激情生機、理性和諧的秩序之美。從自然與人類都同源於上帝所造的"自然法"角度講，自然世界是否也應遵循"自然之應當"呢？由於上帝沒有賦予自然以"自由意志"，但他必賦予自然以"運行之定理"，因此自然必按上帝賦予的"內在定律"而運行，從而顯示出自然運行的秩序之美，因為處理混沌、創造秩序正是上帝創世的初衷。從這個意義上來講，人利用自然服務於自由意志的“人的能夠”行為，既需要建立在對上帝賦予自然的運行定理之認知上，也必須建立在上帝對人所期盼的“人的應當”之深刻理解上。

因此，人與自然萬物關係、人與人關係之所有真理，都發源於處於我們宇宙之外的這位創造者上帝之中。我們身體的一元，通過上帝的“自然法定理”，在生與死的時間中，與上帝絕對真理之終極相連接；我們靈魂的另一元，則通過上帝信仰遵循“人的應當”的邏輯理性生活，在靈魂的神聖朝向中，與上帝絕對真理之終極相連接。顯然，希伯來“耶和華上帝唯一神”信仰，是一個全新的思考角度。它認為：人與他者之公共關係及人與萬物之相互關係，同源於上帝之自然法。對於人類如何從人與自然的認知關係中提升“人的能夠”，以及如何在社群生活中處理人與他者公共關係之“人的應當”，提供了源於上帝自然法的神聖答案。這種認知，對於人類第一次大反思，意義重大且深遠。它超越人的認知，人類只有借着信仰上帝之人神關係恩典，方能正確理解這一神聖邏輯。

第六章

呼喚：刀劍立國的羅馬

第一節　"羅馬共和"的浸潤發芽

在由亞歷山大大帝的外部暴力征戰所造就的地中海沿岸三個希臘君主制殖民帝國，逐步走向衰亡的歷史進程中，希臘以其諸神悲劇和哲學理性思考的碰撞，抵達了離唯一神信仰最近的彼岸世界，使希臘哲思的成果，以雅典和羅馬為核心基地向歐洲蔓延，同時埃及的亞歷山大里亞則成為希臘哲學孕育的文明成果，向北非、亞細亞和歐洲滲透的另一重要基地。當然，通過這種哲學文化的滲透是緩慢且漸進的，但古羅馬共和政治恰逢其時地登上世界歷史舞台，則極大地加速了這一歷史進程。古羅馬人從其老師古希臘哲學家那裡，吸取了希臘城邦式民主政治範型的絕大部分政治哲學養料，逐漸形成了古羅馬獨具一格的政治治理模式與範型——即基於羅馬公民權"自由平等"所形成的羅馬法公共意志，可以對個體人進行"人的必須"約制的制度性安排。這種基於羅馬公民權的共同體公共意志治理，以及人類社群規模的外部擴張模式，將羅馬帝國的"人的能夠"，推展到了前無古人、後無來者的新高峰。[119]

羅馬帝國經歷了"共和政治"，並最終過渡到"帝國政治"。羅馬共和政治，是繼承和學習希臘哲學和希臘城邦民主政治的結果，它是人類歷史上最早的貴族式"三權分立"政治治理的嘗試。羅馬共和國元老院、300 個民團組織組成的貴族與平民混合議會、具有軍事與行政權力的大執政官與代表平民監督大執政官的護民官，構成三種力量相互制衡的共和政治制度[120]。這代表着羅馬人未從神的期盼與哲學理性中，去尋覓"人的應當"之個人行為命題中深藏着的社會公共秩序答案，而是直接務實地轉變到政治權力的相互制衡中去尋求政治公共有序的解決方案，企圖將人的行為應當，直接安放到法律規定所要求的、符合公共秩序訴求的"人的必須"之強制約束中。這種類似而又區別於古希臘城邦直接性公民民主政治的間接公民民主政治制度立法，與埃及君主制下的《漢謨拉比法典》和中國春秋戰國時代的"鑄刑於鼎"及"商君書"等律令制立法，有着本質的不同。最大的不同，在於立法程序。羅馬法和希臘城邦法的立法，都經過具有公民權的個體人或個體人代表，即公民大會或議會及元老院辯論後做出最終投票決策，因此，立法代表着法律權威源於具有公民資格的公民權，而公民權的權力，則來源於古希臘哲學中的諸神理性賦予公民自由與平等的人格尊嚴。而古埃及和中華帝國"法、律、令"的立法，則來源於法老人間神或君權天授之帝王權威，其他人則只有受君王頒行律令所制約的義務而無參與立法的權利。[121] 這種體現羅馬公民權及其附屬國行省中人類個體之公共秩序規範的法條，被頒佈並刻在銅表上，成為後人稱頌的著名的"羅馬十二銅表法"。

　　"羅馬共和"，這種在"希臘城邦直接民主制"基礎上發展起來的間接民主的公共政治制度設計，使元老院成員作為國家貴族精英，可以在 300 平民社團之民主監督下，為羅馬公民公共服務進行論辯和立法投票表決，以彰顯自己作為元老院成員的貴族精英品格和才能；大執政官則主要是被選拔出來的軍事領袖，他們是羅馬民間尚武精神的代表，他們只為羅馬社群對外擴張之勝利而戰，以彰顯自己的軍事領導才華和每戰必勝的榮耀；300 平民社團則是由擁有羅馬公民權的市民和擁有土地的農民們組成，沿用希臘城邦民主的形式通過投票方式介入政治生活。這些羅馬人擁有那個時代最重要的財富——土地，同時擁有那個時代極為特殊的有資格參加 300 平民社團、從而參加大執政官選舉的"羅馬公民權"；元老院則主要從羅馬貴族中產生。因此，無論為了保護已有的土地，還是通過戰爭的勝利獲取新的土地，無論為了保住已有的還是為了新取得這個至關重要的"羅馬公民權"，他們的政治目標都很務實，即他們所參與的政治，都關乎羅馬的勝利與羅馬人的實際利益。為此，他們可以全民皆兵地為這種政治制度設計所徵召，為羅馬社群而戰。於是這種政治制度在羅馬城邦與意大利北部陸地緊密相連，並在與地中海諸國水路相通的特殊地理環境中，在希臘政治文明衰落而羅馬政治文明崛起的特殊時代裡，開始浸潤發芽並快速生長。

第二節　全產業鏈下的羅馬品牌

　　羅馬原是一個城邦小國，連同周圍農村人口共計 40 多萬人，與希臘都會雅典的城市人口相當。但羅馬這種政治機器一旦開始運轉，就會於刀劍上立國，並迅速絞殺其週邊人口。羅馬人沒有希臘人那樣的經商頭腦和藝術愛好，沒有希臘人那種對希臘諸神的激情想像及對諸神悲劇的內在心靈回應，更沒有希臘人那樣的哲學沉思與理性拷問；但羅馬人對土地和刀劍有遠超希臘人的熱愛；因此他們具有長期的民間尚武傳統與精神。為了獲得新的土地，羅馬人全民皆兵，可隨時應徵組成軍團去為征服而戰。為了獲取"羅馬公民權"，羅馬之外的人很容易被徵召加入羅馬軍團。[122] 在那個時代，有百萬民眾的國家一般可徵兵源為 1 萬～10 萬，但養軍隊需要龐大的費用，因此徵兵受限。然而，由於"戰敗國的士兵被戰勝國奴隸化"成為一種公認的國際準則——自然法精神，羅馬人常將戰爭對手國算作源源不斷補充奴隸勞動力的潛在庫存，因此，羅馬可徵兵源就在其國民心理中被擴充了，其結果反過來證明羅馬人演算法的正確性。於是，羅馬可徵兵源佔羅馬公民的比重常可高達 15% 乃至 20%，相當於別的社群共同體兵源佔比的兩倍。這是羅馬社群擴張的最關鍵閥門。[123] 但羅馬人從不招過多的兵源和豢養超過取勝需要的軍隊，他們總是應需而臨時組建軍隊，總是以軍隊的戰鬥力和每戰必勝為第一位考量因素。

　　可是，軍隊的戰鬥力來自何處呢？其一，士兵只為土地和羅馬公民權而戰，前者代表利益，後者除利益外還代表榮耀。每次從戰敗國取得的土地，都由元老院論功行賞進行分配，其中一半分給下層貧困民眾和士兵，另外一半出售，所得用於羅馬的公共支出，並對軍隊將領論功行賞。軍功的累積，可以讓非羅馬的自由民獲得羅馬公民資格，後來還發展為奴隸可以首先累積軍功成為自由民，然後再累積軍功獲得羅馬公民資格，由此產生了為羅馬公民的實際利益與榮耀而戰的源源軍心。其二，大執政官是專業的軍事領袖，他們的利益和榮耀全在於軍事征服的勝利，因此他們是學習和研究各國軍事戰法的專家。為了凱旋羅馬城、獲得萬民歡呼擁迎的榮耀和地位，他們對軍隊嚴格訓練，熟悉並熱愛士兵，通過誓言來約束軍隊，如果士兵犯錯（如臨陣逃脫），他們就通過抽籤懲罰其中 1/10 的人，決不濫殺無辜。因此他們的軍隊紀律嚴明、清廉而富有超級戰鬥能力。其三，元老院這種公職最開始並不腐敗，而是社會民主嘗試對人的品格與才華強烈訴求的結果。因此，元老院的管理理性且有效，對於軍隊的戰功，專門的隨軍官員會進行嚴格記錄與考評，以使論功行賞總顯公平，並通過此種公平獎賞，將將士們為羅馬而勝的光榮和尚武精神傳遞到民間，從而極大地激發並強化了羅馬民間社會的尚武精神與習武傳統，反過來為羅馬軍團的徵召預備了廣泛且堅實的兵源，他們無論在力量、技巧還是必勝信心等軍事素養上，都遠超那個時代的兵源。因此，如果說亞歷山大是一個希臘偶然出現的天才軍事領袖的話，那麼羅馬城邦的政治制度設計，則是專門培育亞歷山大這種軍事領袖的沃土和搖籃。[124]

　　這樣一個在刀劍上立國的羅馬共和國，在那個時代將 "自然法精神" 和 "人的必須" 法律化做到了極致。以 "十二銅表法" 為典型特徵的羅馬法典，不僅對羅馬公民的主體權利與人權保障，做到了那個時代的最大可能，也將羅馬公民對土地和財產等客體權利的保護，做到了那個時代的極致，甚至關注到程序公正以力圖減少和消除對犯罪的羅馬公民的刑訊逼供，還將立法和執法的程序正義提到了人類前所未有的新高度。元老院的構成與工作機制的系統化，大執政官之下設置裁判官、市政官和稅務官等制度設計，以及政府行政的高度系統化，平民大會對立法的程序化監督，護民官對大執政官的監督制度，以及政治危機發生後，平民大會對獨裁官的補選、任命等補救措施設計等，都顯示出現代民主政治制度的基本雛形。總之，羅馬共和國沿着“戰爭自然法”和“人的必須”所做的政治治理與社群公共有序的大膽嘗試，使羅馬成為農業文明時代最富個人生機且與公共秩序相協調的強大共和制帝國。[125]

　　但是羅馬共和國的文明，是完全建立在羅馬社群邊界向外擴張、從而對外暴力征服之邏輯基礎上的，或曰社群內的公共有序建立在社群外的暴力征服之上。這樣的共和國模式，是圍繞“選擇征服目標—暴力征服—分配與治理”這一全產業鏈的對外擴張模式來運行的。[126]在選擇征服目標上，元老院成員的品格和公開的辯論決策方式，使元老院變成一個理性而富智慧的思考與決策機構。這使羅馬從不盲目使用暴力，而是視周邊城邦和部落小國之間的矛盾情況而定，甚至視小國內部王權繼承的矛盾情況決定支援哪一方，這種介入頗似利用羅馬的品牌效應進行外交斡旋。羅馬一旦界入，某種羅馬擴張征服的正當性似乎就已形成，接下來就是被斡旋方的內部發生爭鬥和戰爭，羅馬不付任何成本就將勝利收入囊中。如果羅馬支持的一方戰敗，羅馬軍團就會以主持正義之名立即出擊，每戰必勝，羅馬共和國的品牌立增榮光。如果羅馬必須打硬仗，那麼元老院將審慎地與大執政官討論辨析，最後做出決策。比如，與希臘帝國的馬其頓之戰，與迦太基的兩次布匿戰爭。決策一經做出，羅馬軍團的軍事專家們，就會立即認真研究亞歷山大大帝留下的馬其頓方陣以及希臘帝國和迦太基的海戰戰法，並模擬各種破解之法，依靠羅馬的學習創新精神、勇猛士氣和頑強精神打敗強敵，使羅馬軍團刀劍力量的品牌效應震懾天下。

但羅馬每一次征戰勝利，都決不像流氓似的劫掠與屠城。相反，羅馬決不濫殺無辜，也不單方面下達命令，而是像紳士一樣坐下來與戰敗方談判並簽署合約。戰爭賠款多寡、歸順羅馬共和國後的治理方式、多少戰俘成為羅馬奴隸等，都是通過簽署合約條款而往下推進，並增加到羅馬法中成為戰勝後的羅馬法律。一切看起來都具有平等簽約並守約治理的文明形式。戰勝之後的羅馬軍團內部總是論功行賞，分配土地與財富。每次戰爭都有立功者獲得勳章和相應的財富，都有立功者從奴隸變為自由民，或由自由民變為羅馬公民而享有羅馬公民的權利。因此，暴力征服使羅馬城的公民規模日漸擴大，對戰敗國的契約式法律治理，使羅馬共和國的品牌和榮耀日漸增華。

於是我們看到，通過這種全產業鏈的"暴力"擴張的經營模式，羅馬城邦從公元前 509 年的一個 1 000 平方公里的城邦文明小國，逐步擴張為超級大國。到公元前 44 年愷撒大執政官時期，羅馬在地中海沿岸戰勝並簽約統轄的土地，已超過 500 萬平方公里，羅馬城裡的羅馬自由公民超過 75 萬人，還有與此數量相當的擁有羅馬公民權的農民被授予土地，並管轄着數量寵大的從戰爭勝利中劫掠回來在田野裡勞動的奴隸。納入羅馬共和國管理的土地超過 500 萬平方公里，納入羅馬共和國管理和納稅的非羅馬公民超過 6 000 萬人。羅馬共和制，的確創造了那個時代人類社群規模充分擴張、並有序有效治理的範型與奇跡，對人類文明的影響至深至遠。[127]

第三節　羅馬共和國最後的日子

　　自然法驅動的共和政治對羅馬文明崛起意義重大，但也慢慢顯露出它的困境，並推動其共和政體向帝國政體的轉型。具體來說，這種各政治力量之間共和理想的制衡設計，受到那個時代信息技術能力與組織化能力的嚴重制約。當共和國的規模無度擴大時，市民大會的組織制衡能力顯得日漸嚴重不足，表現為護民官失了原初設計的對大執政官的監督意義，而變為大執政官的附庸。而大執政官也很難按年選舉出來，其更替逐漸變得危機四伏。元老院也逐漸官僚化了，規模越來越大，共和政治後期從 300 名成員發展到 600 名甚至 900 名成員，幾於失控。這導致元老院成員的含金量降低，官員榮譽感下降，利益計算乘機侵入元老院機體，變成一種謀取貴族地位和利益的手段，因此元老院逐漸演變成了一個貴族上流社會組成的利益圈子，已然不再是代表羅馬國家利益的精英決策集團，腐敗和低效成了其符合邏輯的必然結果。

　　然而，人口規模越來越大的羅馬城市運轉，則愈加依賴於羅馬共和國對外的暴力征服，致使大執政官擔負的責任越來越重；但他們越來越得不到元老院的有效支持，因此導致各行政省，其實是附屬國與羅馬指揮中心的脫節日益嚴重。而另一方面，元老院派往各附屬國的總督人選，則將元老院利益鏈條造就的腐敗不斷延伸出去，使大執政官和各省總督之間成為競爭關係，從而日漸弱化了大執政官的行政效能，反過來加劇了人們對只有權力，但不負責任的元老院成員的渴求。此種循環，成為整個羅馬共和制之下日漸嚴重的沉痾，並通過官僚化和低效導致社會下層的苦難日漸加重，各地騷亂和反叛增加，對外征服和鎮守的大執政官和將軍們苦不堪言。同時，羅馬城養着越來越多的游手好閒之人。在公元前 50 年，羅馬完全靠救濟生活的人口超過 30 萬，這是因為羅馬公民不再是原來意義上渴望土地並依靠奴隸耕種的地主，越來越多的羅馬公民，失去了原初對土地的渴望而變成住在城市裡的"自由羅馬市民"，他們的生存福利和榮耀，都來源於外部行省的貢賦與暴力征戰所得的分配。

　　基於上述原因，與羅馬上層充滿的對附屬國利益算計的政治爭鬥不同，對相當多的普通羅馬公民而言，他們的生活，轉變為充滿暴力征服榮耀光環下的無就業城市生活，除了救濟之外，至多能享受到奢華的城市公共建築設施和充滿暴力的競技場格鬥性服務，還有充滿色情誘惑的沐浴場及其他娛樂服務而已，成為沒有產業就業支撐的羅馬自由公民。許多羅馬公民，由於組織化程度與信息技術的限制，無法在有效的信息共用下，參與公民大會的理性化投票表決。因此，羅馬公民大會的政治民主變得越來越沒有方向感，並失去了原初的政治動力與內在的自洽邏輯。

　　在失去有效的公民大會制約後，羅馬政治博弈，就變成元老院和大執政官之間的雙邊權利遊戲。元老院眼中的"共和"，其實就是自身的利益鏈是否能夠得到保證，元老院貴族害怕大執政官因其獨裁，而削減了自己在特定時空聯盟中安排的利益算計，因此隨時準備否決大執政官的提案，而不問其對共和國整體是否有利的本源意義。但當在特定時空中出現附屬國軍事危機時，他們又不得不靠大執政官去平叛以維護其利益算計。可是，當大執政官出生入死在平叛和征服中勝利並戰功顯赫時，元老院又害怕大執政官變得獨裁，而反過來威脅元老院各種聯盟的利益算計。因此，他們千方百計去扶持新的軍事力量來平衡和制約大執政官。這樣一來，內戰危機的悖論種子，就可能因元老院這種政治矛盾傾向，與大執政官們的政治軍事矛盾意圖而埋下。因為長期做一個大執政官的光榮誘惑，與防止自己被元老院扶持的其他對手幹掉的雙重矛盾心理，都迫使大執政官必須積極參與這種雙邊政治遊戲。而這種雙邊政治遊戲模型，走到公元前最後一個世紀時，已經變成了羅馬共和政治無法突破的囚徒困境。愷撒大執政官時代的政治博弈，最好地詮釋了羅馬共和政治模型必須終結的這種內在邏輯。[128]

　　公元前 73 年，由斯巴達克斯領導的奴隸起義，充分代表了這種政治體制走到鼎盛時期的衝突和反叛狀況。奴隸起義在最盛規模時，達 12 萬人。他們攻城掠地，縱橫捭闔，與羅馬軍團在各附屬國城市的駐防部隊短兵相接，將 500 多年來所向披靡的羅馬軍團打得潰不成軍，其戰鬥力和聲勢令羅馬元老院和貴族們心驚肉跳、寢食難安。元老院最後決定，派傑出的大執政官蘇拉留下的最出色將領龐培和克拉蘇出征。兩位將領率其精銳軍團去聯合圍剿斯巴達克斯，終於在公元前 71 年剿滅敵軍，並用極刑處決 6 000 個俘虜，將其懸掛於林數月，以懲效尤。按羅馬法律規定，得勝回朝的龐培和克拉蘇，需在羅馬城外解散軍隊、隻身入城，即使這樣，他們仍面臨被元老院中的反對者尋找理由予以起訴的風險，而元老院的另一些人則希望他們二虎相鬥形成制約。元老院這種荒唐的成員結構和完全不以共和國利益為重的行為舉止，迫使龐培和克拉蘇基於共同面對的風險實現聯合，拒絕在城外解散軍隊，並謀求元老院同意他們在未進城前成為大執政官候選人，免於被元老院起訴的災禍。基於對元老院的賄賂和對羅馬公民的收買，龐培和克拉蘇成功當選為公元前 70 年的聯合大執政官，從而開創了羅馬共和制以來雙執政官的寡頭政治歷史。其方式，為之後登上羅馬政治舞台中心的愷撒所效仿。

　　龐培大執政官為羅馬掃清海盜，使地中海貿易暢通無阻，征服亞細亞土地，平定內亂，組建了 39 座城市，為羅馬帶來堆積如山的財富和榮耀，但很快就被元老院所冷落，其提案根本得不到元老院的回應。於是龐培進一步聯合極具政治魄力的新星愷撒入盟，支持愷撒在公元前 59 年成功當選大執政官，形成所謂的"前三頭"寡頭政治同盟。

愷撒與元老院相爭並通過政治手腕，將元老院不能批準的提案轉到平民議會，且獲得批準，從而暫時啟動了擱置已久的羅馬公民大會參政職能。基於此，凱撒恢復了三權制約，推動經濟改革，特別是通過了格拉古兄弟理想中的"土地法"，將土地分配給包括士兵在內的貧困人口以及有 3 個以上孩子的家庭，還通過了鼓勵農業和商業的財政法案等，深得羅馬公民擁戴。[129] 在政治策略上，愷撒也是為數極少的能夠駕馭元老院和平民議會的大執政官，他的政策措施不僅有利於遏制貴族利益對下層社會利益的過度侵蝕，而且充分考慮到羅馬共和國與附屬國之間的利益平衡，有利於羅馬的長治久安。但愷撒的名聲、能力與胸懷，讓元老院貴族勢力羨慕、嫉妒並感到深度不安。

公元前 58 年～前 49 年，愷撒對元老院的排擠完全不以為意，欣然接受元老院對其最棘手的高盧兩區總督之職的委派，並將精力全部投入平定高盧叛亂以及徹底征服高盧和日爾曼部落的戰鬥中。為了避開元老院無謂的政治周旋，他未經元老院同意，根據實際情況私組了 4 個軍團。經過 10 年的戰鬥，以及戰後創建了獨特地平衡羅馬與高盧行省利益的管理體制，讓愷撒從根本上實現了羅馬後院高盧的長治久安，並征服了不列顛和日爾曼，為羅馬擴張並鞏固了兩倍於意大利的歐洲土地，為羅馬共和國帶來了安定與榮耀，愷撒也成為羅馬人心目中公認的大英雄。

可是這一時期，羅馬的民主腐敗也發展到了空前的程度。克拉蘇和龐培再度聯合執政，但他們既無遠見也無公正之心，為連任大肆揮霍金錢，甚至動用暗殺手段，加之元老院的腐敗，整個社會完全為金錢和暗殺所腐蝕。這一如西塞羅所描述的"台伯河浮屍累累，公共水溝裡塞滿屍體"。而在克拉蘇被帕提亞人誘殺之後，龐培已經開始做他的獨裁夢了。元老院、龐培和愷撒都心知肚明，羅馬共和的雙邊政治遊戲造成的無序和紊亂，已經達到了令人厭惡的地步，社會在呼喚一種新的秩序與和平，羅馬共和政治已經走到盡頭，寡頭政治可能並非出路，君主政體或許是一個繞不開的重要選項。

　　當愷撒於公元前 49 年帶着為共和國戰鬥數十年的戰功和疲憊不堪的身軀，從高盧總督位置上退位回到羅馬時，他發現自己進入了一種無法回到正常羅馬公民安全生活的困境 [130]——秋季才能參加大執政官選舉而軍隊必須立即解散。在這個軍隊解散的空檔期中，元老院加圖等人企圖控告愷撒私組軍團等罪名，龐培準備幹掉愷撒；但如果不解散軍隊，愷撒就面臨違法。愷撒想盡辦法與元老院協商解決他所面臨的囚徒困境，但元老院逐一駁回他的留有執政名義、作為參加秋季選舉大執政官候選人等保護自身安全的提議，只簡單地催促他解散軍隊。最後，愷撒提出同時解散他和龐培的軍隊，元老院決議通過了這個提案，但龐培拒不執行。元老院對龐培的拒絕聽之任之，似乎只針對為共和國立功最多、貢獻最大的愷撒。這種荒唐的政治邏輯，最終將愷撒逼上了與龐培爭戰的道路。

　　於是，羅馬共和國歷史上最大的內戰爆發。愷撒只帶着第十三軍團應戰龐培大軍，其他 10 個軍團遠在高盧，但仁義和正義似乎簇擁着愷撒大軍，其所到之處，人們無不開城迎接，龐培的腐化已使軍隊失去軍心和戰鬥力，龐培的軍隊一路向南撤離，一些元老院成員也跟着龐培的軍隊撤出羅馬。愷撒將軍隊安置在羅馬近郊，隻身入城進入元老院，宣佈大赦令以穩定政局。然後，他率軍首先打敗龐培的西班牙部隊以保證羅馬的糧食供應，然後逐步平叛龐培的軍事力量，一直打到埃及的亞歷山大里亞，並最後率部征戰非洲，龐培在亞歷山大里亞被其部下殺害。加圖則在非洲繼續抗爭到公元前 46 年，最後在勸說他兒子投降愷撒後，於深夜在烏提卡城剖腹自殺。愷撒寬恕了布魯圖和卡修斯等反對他的人並委以重任，重新安排了羅馬各附屬國的人事。內戰結束。

　　元老院不得不順應民意，任命愷撒為連續執政 10 年的大執政官，並宣佈如果愷撒到公元前 44 年仍然能獲得羅馬公民的支持，那麼其任期將延長，成為終身職務。愷撒則通過終身護民官和擁有審查元老院成員資格的普查官的身份，來使權力相對集中，以防止出現原來的雙邊博弈與政治動盪。同時愷撒增加了 16 個副執政和 39 個財政官來分別負責不同政務，以提升行政效率。為了平衡下層社會和附屬國積累的怨恨和不滿，愷撒一方面拿出一部分土地分配給退伍軍人、有 3 個以上孩子的家庭和貧困家庭，並規定這些土地在 20 年內不得出售，以防止土地再度集中。在緩解貧困的同時，凱撒將羅馬原來申請救濟的人數從 32 萬人降到 15 萬人。另外一方面，愷撒將元老院的人數從 600 人擴充到 900 人。增加的人，主要是工商精英、高盧等主要附屬國的精英、軍功卓着的退伍者，甚至包括奴隸代表。同時，愷撒在附屬國賜予許多有軍功者、自由民醫生及教師們羅馬公民權，以增強下層社會和各附屬國對羅馬共和國的認同感。

　　在政治方面，愷撒並不想稱帝，三度拒絕皇冠。他只想建設一個更好的羅馬共和國，因此他以令人難以置信的氣度，赦免了所有參與龐培和加圖陰謀之戰的元老院貴族，布魯圖和卡修斯等死硬分子也被委以重任，但這種仁慈最終導致他喪命。愷撒將自己在高盧、不列顛和日爾曼的戰勝所得之絕大部分財產，用於增強國庫的實力，從而使自己的私產縮減到與歷屆大執政官們相比的最小限度。他生活簡樸、勵精圖治，讓羅馬從龐培及元老院製造的腐敗與混亂中走出來，重新恢復秩序、生機與繁榮。[131] 儘管如此，他讓中下層社會的精英和附屬國精英進入元老院的舉措，以及賜予羅馬及附屬國自由民予羅馬公民權利等舉措，完全刺傷了元老院貴族們的尊嚴與傲慢，這種矛盾和衝突無法通過他的寬恕和品行來化解。因此布魯圖和卡修斯等人策劃了一場謀殺行動，以阻止愷撒在公元前 44 年依法成為“獨裁皇帝”。

可是，愷撒不顧家人和朋友的勸阻，在布魯圖的勸誘下去參加"元老院會議"。當他帶着寬恕、仁慈和對羅馬共和國未來的美好期盼，大踏步進入元老院大殿時，已準備好的布魯圖等人亂劍齊出，將這位人類歷史上最完美的政治領袖謀刺在血泊中。[132]

愷撒死後，舉國哀悼，許多猶太平民自發為愷撒守靈 3 夜，他們高唱的古代葬禮聖歌響徹夜空；平民對愷撒的懷念演變成暴動，為愷撒報仇、懲處兇手之聲鼎沸於市，社會出現嚴重騷亂。元老院一籌莫展，愷撒副手安東尼出動軍隊維持秩序，並要求任命他為南高盧總督。元老院將愷撒年僅 18 歲的遺囑繼承人屋大維召回羅馬，屋大維很快就統率他的軍團為愷撒復仇，並與安東尼和李必達斯聯合形成"後三雄"政治同盟 [133]，統治羅馬 5 年。復仇的怒火使羅馬內戰再起。三雄聯合執政處死了參與謀殺愷撒的 300 個元老院議員。三雄聯軍誅殺了著名的元老院鐵嘴演說家、法學家西塞羅，於公元前 42 年打敗了希臘馬其頓總督布魯圖和卡修斯，迫使這兩個直接主謀及兇手自殺身亡。戰勝者瓜分帝國，李必達斯佔領非洲，安東尼佔領帝國東部與埃及，屋大維佔領羅馬和帝國西部。公元前 31 年，安東尼深陷與埃及豔后克婁巴特拉的愛情，要把帝國東部和埃及傳給他倆共生的埃及子女，這為屋大維護國的正當性提供了充足的依據，屋大維向克婁巴特拉宣戰。公元前 30 年，屋大維在恢宏的亞克興岬海戰一役戰勝安東尼，安東尼與埃及豔后雙雙自殺。[134]

在愷撒遺願和正義之靈的護佑下，屋大維重新統一了羅馬共和國，創立了"元首"政治，成為元老院終身之首席議員，並以私產補貼國家之用度。他簡樸至極的生活作風，謙恭的態度與風範，穩健寬容的行政風格，贏得了元老院、軍隊和平民大眾乃至奴隸階層的尊敬。因此，當他於公元前 27 年提出要辭去一切政府職務時，平民聲援要授予他獨裁者，元老院不僅未通過他的辭職請求，還授予他"奧古斯都大帝"的光榮稱號。屋大維一直執政到公元 14 年，幾近半個世紀。他所創立的"元首"政治和義子繼承制度，給羅馬帝國帶來了新的君主制秩序，以及相繼兩百年的新一輪帝國式擴張繁榮。[135]

第四節　時間流變中的"群體無意義"

在新的帝國政治制度下，羅馬繼續依靠暴力擴張來滿足其日益增長的羅馬公民需求，特別是貴族奢侈生活需求的邏輯並沒有改變。在那個城市人口普遍在 1 萬~5 萬的時代，10 萬~30 萬人口的大都市在世界上寥寥無幾。在那個交通和運輸均靠人力和畜力推動的時代，羅馬城供養 120 萬~150 萬以上的市民人口，所需的投入和產出是難以想像的。可是羅馬帝國做到了，通過對外征戰、攻城掠地和劫掠財物。依靠對地中海運輸和貿易的控制，羅馬帝國實現了對北非、東非、西班牙、亞細亞、小亞細亞乃至美索不達米亞地區的輻射性控制，歐洲大陸則通過高盧的控制而輻射到日爾曼及不列顛。到帝國鼎盛時期，羅馬所控制的土地面積超過 1 000 萬平方公里，超過今日之美國版圖，其治理下的人口數量峰值達 1 200 萬，相當於今天的 50 多個民族國家聯盟，融合了差別巨大的地理多樣性和文化多樣性。就農耕文明時代的技術手段而言，羅馬帝國的確臻達登峰造極之境，創造了空前絕後的奇跡。[136]

可是，一個有趣的邏輯誕生了。戰爭結束後，奴隸們被掠回羅馬作為城鄉勞動力，而被佔領的國家又需要人來管理，因而許多羅馬公民被派往佔領國以保證佔領國對羅馬的忠誠；新的戰爭需要更多兵源，這又產生了釋放奴隸的需要，在新的對外戰爭中立了戰功被獎賞或授予"羅馬公民"資格的奴隸，又產生掠回更多奴隸的新需求。因此，羅馬帝國製造了它獨特的人口遷移邏輯和身份轉變路線，通過 500 年

~600 年的漫長積累，誰是真正意義上的羅馬人已經分辨不清。而羅馬對各附屬國（行省）的管理，始終以尊重當地的宗教與文化為前提，羅馬建設了輝煌的萬神殿，以供各附屬國供奉的神祇進入，因此羅馬不僅經濟繁榮，而且變成了世界上神祇最多的地方，住在羅馬城的人完全可以自由選擇要崇拜的神祇，人類歷史上的信仰，從來沒有在一個狹小的特定時空裡如羅馬帝國那樣空前絕後地自由過。然而，極端化自由不過是紊亂無序的同義語罷了。[137]

　　過多湧入羅馬萬神殿的神祇，很快就因信眾的分化縮減而失去了它們的神聖性，這與多神信仰的內在邏輯是完全自洽一致的：其一，多神信仰必然產生神祇的分工，分工則產生了神的弱點，神的弱點使神變得像人一樣有限，從而喪失了神本應有的無限性，進而喪失了神聖性；其二，人對神在不同時空裡的有選擇性的敬拜，使人在實質上具備了支派神的功能，並因此削弱了神本應具有的全能性。這種選擇性崇拜還產生了為乞求神的保佑性回報而進行的人神交易，從而削弱了神的全善與慈悲；其三，喪失了全能與全善的神必降到人間英雄豪傑的水準，因此人間造神就會成為必然的邏輯結果——要麼人為了增強歸屬感和克服脆弱感而將他人造成神，要麼因自己握有權力或話語權時內生的自我膨脹，而強制或欺騙他人將自己造成神。總之，多神論語境中生存的人，很像無神論語境中生存的人，總是易於行走在人間造神的道路上。因此，羅馬的人間造神稀鬆平常，任何一個大執政官、將軍、元老院貴族，當然更不用說帝國時代的元首了，都可以為自己、自己的親人或他人建廟造神。比起希臘奧林匹斯的諸神，羅馬的萬神貶值太多，其神聖性縮水到了無以復加之境況。[138] 當神如此貶值的時候，以人對神的敬畏和信心維繫的道德張力迅速崩塌了，人只看到當下物質生活的享樂，完全沒有對人與他人相處之公共不道德行為的負罪感、悔恨感和恐遭神譴的畏懼感。

　　一方面，人們尋求物慾刺激，人慾橫流。貴族和富人揮金如土，極盡奢靡與腐化，通姦孌童成風，普通羅馬公民則到處尋求刺激。當時，配套餐飲、音樂乃至色情服務的公共浴場有 800 多個，最大的兩個浴場各有 4 000 個沐浴座位，大型露天音樂會有 2 000 個歌手吟唱和 3 000 個舞師伴舞。到處都是可以容納 7 000~50 000 人的露天圓形競技場，它們在一年中的 77 天裡舉行各種競技表演，鬥劍、鬥獸、模擬戰爭無奇不有，血腥場面空前絕後。[139] 比如，卡利古拉（公元 37 年 ~41 年在位）一天之內就讓 5 000 頭獅子、老虎、大象等動物死在圓形競技場中，尼祿（公元 54 年 ~68 年在位）讓 400 頭熊與 300 頭獅子搏鬥致死。更慘烈的是奴隸為獲自由，與獅子、老虎進行的人獸之鬥，或者被野獸撕成碎片，或者殺死野獸獲得自由。最暴力血腥的是戰爭模擬，比如克勞狄烏斯（公元 41 年 ~54 年在位）動用上萬人重演伯羅奔尼薩斯之戰，選擇戰俘或已定罪之人參與敵對雙方的血腥殘殺，勝利者可以得到自由。另一方面，為了這種紙醉金迷、人慾橫流的生活，上層社會連年發動對外戰爭，帝國後期則不乏內戰，屍橫遍野，血流成河。婚姻完全是一種擺設，婚外通姦氾濫成災，比如愷撒幾乎與最高層貴族的妻子們都有性醜聞。以致布魯圖領頭刺殺愷撒的一個重要理由就是，雪洗盛傳愷撒與他母親有染、他可能是愷撒私生子的恥辱。羅馬元老院貴族、將軍乃至帝國時期的皇帝，常有弒兄、殺弟、殺子及與同胞姊妹亂倫之行為。尼祿派人殺死自己的母親，當他看到赤裸的母親屍體時驚呼：“我不知道我還有一位這麼美麗的母親”。羅馬的每一根毛細血管裡，都流着污穢之血。[140]

　　而正是這樣一種為後人所讚美的羅馬法，將千千萬萬的人類個體組織起來，通過羅馬獨特的暴力來脅迫這些個體去達成組織目標的制度下，羅馬將“羅馬共和國”與“羅馬帝國”這兩個奇特的共同體組織，開發到了極致的程度，從而使“羅馬”這個標籤所代表的“人的能夠”，達到了前所未有的輝煌極限。但這種組織化的"人的能夠"目標的達成，是建立在羅馬共同體組織，對千百萬人之個體的強制及奴役上的，是對人類個體自由意志的大否定，是對人類個體之生命尊嚴的瘋狂踐踏，是對人類個體之間平等、公平和正義的暴力蹂躪。對生活在那個時代的任何生命來說，無論羅馬公民還是奴隸，都沒有任何好消息。一個悲劇接着一個悲劇，一個死亡接力另一個死亡，不知何時羅馬軍團突然降臨，便是生命成群結隊的流血死亡。有權有勢的羅馬人的生命也沒有意義：大英雄克拉蘇被帕提亞人誘殺，殺死了受數萬奴隸擁戴的斯巴達克斯的大執政官龐培，被他的部下殺害，仁慈偉大的愷撒被元老院的加圖、布魯圖、卡修斯等人謀殺，而加圖最後將自己的腸子盡數掏出並自殺，其他參與謀害愷撒的300名元老院議員被屋大維、安東尼和李必達斯"新三雄"聯軍處決，著名的元老院議員及法學家哲學家西塞羅為安東尼所殺，布魯圖和卡修斯在戰敗後自殺，新三雄之首安東尼和他最鍾愛的情人埃及豔后克婁巴特拉也被迫雙雙自殺。

今天的瘋狂，就是明天死亡的前奏；今天的盛宴狂歡，就是明天的死亡祭奠；今天醉心去追求的權力、財富、縱慾與榮耀，就是開啟明天通向死亡之門的鎖鑰。[141]**從時間流變的透鏡中去看，你就能看到那個時代的生命，在上帝所定義時間中的群體無意義。**

因此，面對羅馬帝國這個組織化的"共同體"怪獸的暴力脅迫，人神哀號，呼喚着"人的應當"的反思。在羅馬帝國的敘利亞行省猶大地的加利利及耶路撒冷，耶穌携着"人的應當"的新答案，回應他的天父——上帝之神聖呼召，道成肉身。而羅馬帝國則披荊斬棘，為耶穌基督在人間興建上帝天父對"人的應當"所飽含期盼的屬靈之國，準備了廣袤的大地與血肉。

第七章

重生：愛與寬恕的福音

第一節　猶太末日預言與彌賽亞期盼

在經歷了馬加比起義後，馬加比猶太王朝維護了將近一個世紀的獨立。但尚未來得及重修第二聖殿，羅馬帝國軍團席捲歐、非、亞的臣屬王國複製模式，便臨到了小亞細亞。公元前 64 年，龐培的羅馬軍團，終結了盤踞在敘利亞大馬士革的小亞細亞、長達 300 多年的希臘塞琉古王朝。由於以色列猶地亞馬加比家族王朝盲目反抗羅馬，龐培帶領羅馬軍團南下聖城耶路撒冷，與之對陣，耶路撒冷被圍城 3 月之久。最終，龐培利用安息日從北城攻入，割了守城大祭司的喉管，殺害了 12 000 多人，廢除了馬加比國王。[142] 在將自己的大臣安提派特任命為新的國王、西卡努斯任命為大祭司之後，龐培懷着好奇心大搖大擺地走進猶太聖殿中的，連大祭司也只能一年進入一次的至聖之所。他對猶太信仰中神聖的約櫃和黃金燭台不屑地一睹為快後，未動聖殿中的寶物便回了羅馬。

但這種嚴重瀆神的行為，在猶太民族的心中種下了刻骨銘心的仇恨種子。公元前 55 年，龐培的政治三雄同盟之一克拉蘇，在打敗斯巴達克斯並將 6 000 多名俘虜釘死在十字架懸林示眾後，帶着雙手血污來到聖城耶路撒冷。為了籌劃對東北部強悍的帕提亞人的戰爭經費，克拉蘇盜走了包括至聖之所中的純金橫樑在內的許多聖殿寶物，這相當於在猶太民族的被龐培撕裂的傷口上再次撒鹽，繼續累積着猶太民族對羅馬暴力、貪婪與瀆神行為的憎恨。但不到一年時間，驕傲的克拉蘇很快被帕提亞人設計誘殺，應驗了其瀆神行為的報應。另一方面，猶地亞王安提派特因率 3 000 名士兵奔赴埃及為愷撒解圍，而得到了愷撒的信任和支持，因此安提派特在猶地亞的權利得到進一步鞏固，其小兒子希律在 15 歲就登上政治舞台。但其殘忍地屠殺猶太人的行為激起公憤，馬加比王子安提柯利趁機領導了猶太人的起義，在帕提亞人的支持下重返耶路撒冷。希律之兄被殺，希律逃出耶路撒冷。

希律知道如何運用羅馬帝國的暴力來為自己護駕，因此重新招兵趕到正與帕提亞作戰的安東尼的戰場援助，碰巧解救了安東尼正遭遇的一場帕提亞人伏擊。公元前 38 年，安東尼為報答希律的援助，派出 36 000 名步兵和騎兵南下，幫助希律從反叛成功的馬加比王子手中奪回耶路撒冷。相持兩周後，羅馬人破城闖進聖殿，瘋狂地洗劫了聖城，殺人如麻。馬加比王子被安東尼斬首，希律再次被任命為希律國王。猶太公會 71 名成員中的 45 名被希律王清洗。一個新的猶地亞恐怖統治時代——希律王時代到來了。[143]

希律王就血統而言是腓尼基人，文化而言是希臘人，宗教而言是猶太人，身份而言是羅馬公民。因此他既具有國際化的視野，又具有羅馬統治者的暴力與血腥，還擅長希臘人的能言善辯，故在他的摯友安東尼被屋大維打敗後，他不僅沒有受到牽連，還迅速得到屋大維（奧古斯都）的青睞和支持，他把他與馬加比公主米利暗所生的兩個兒子送到羅馬接受教育，由奧古斯都大帝親自指教。奧古斯都大帝還幫助希律王擴展了大片領土，包括以色列、約旦、敘利亞和黎巴嫩，因此，以色列從疆土上似乎回到了大衛王時代。希律王最輝煌的成就，是重建第二聖殿，[144] 將老的聖殿拆除，按猶太所羅門聖殿融入希臘和羅馬建築藝術元素的風格，對第二聖殿進行了重新設計及建設。由西蒙設計的聖殿，矗立在 50 級台階開始的一重門並轉折到更高台階的二重門、三重門之後的高台上，四面八方都有立柱支撐的柱廊，並以俯瞰聖城和聖殿山及橄欖山的巨石長方形柱廊大廳的"皇家柱廊"作結，映襯比羅馬廣場還大兩倍的高台廣場，在日出日落中，與聖殿山的安東尼亞要塞城堡和橄欖山交相輝映，將建築空間構造，與耶和華上帝崇拜的想像發揮到了極致，在當時稱得上是一個世界奇跡的建築群，吸引了那個時代世界各地湧來的每年百萬量級的朝聖者。而平時有 7 萬多居民在以聖殿為中心的希律之都居住。

　　但因為希律王娶了前朝馬加比公主米利暗為妻，而米利暗則念念不忘她心中的馬加比王朝情結和宮廷政治謀反，致使希律王跟米利暗的愛恨情仇與政治相交織演變，最後迫使希律判決米利暗死刑後，又把她的屍體泡在蜂蜜中繼續與之幽會。他跟米利暗所生的兩個王子，在羅馬受教育並深受奧古斯都大帝親自提點多年後回到羅馬，公然將父親希律王視為殺母仇人而欲誅之，希律王被迫先廢王子後予誅殺。而其他由希律王與至少 10 個妻子所生的 12 個孩子均加入宮廷政治角逐，以謀權、暗殺為特徵的宮廷政治之血雨腥風，使家庭血脈親情蕩然無存，希律王數次立太子和更改遺囑。直至公元後 4 年，即他統治 37 年最終全身潰爛而死的那天，還在廢太子和重立遺囑。每一次廢立都是希律家族宮廷政治鬥爭的結果，而每一次廢立都引起成百上千乃至上萬的人受株連被殺。這些受株連的人包括軍人、祭司乃至平民，暴力血污浸染猶地亞王國；加上建設第二聖殿、希律王宮殿、馬撒達要塞宮殿所需的稅負和羅馬稅負；底層百姓如牛負軛、苦不堪言。[145]

　　另一方面，希律家族本是外邦之人，其猶太信仰的不貞及貪婪、腐化、以及他殘暴的個性，本來就為猶太人的盟約律法信仰與道德生活所不齒。而當時控制猶太公會的法利賽祭司貴族也跟羅馬人一樣，住在郊區豪華的希臘式別墅中，為羅馬的文化所侵蝕，崇拜金錢、奢靡腐敗，崇拜諸神，背棄猶太耶和華上帝信仰，與猶太堅守 1 600 多年的盟約律法信仰嚴重背離。因此，當時無論在堅守《聖經·舊約》律法條文的撒都該派中，還是在比較靈活地解說並運用《聖經·舊約》及先知書以達塵世目標的法利賽派別中，抑或是在只堅守《聖經·舊約》並嚴格要求自身苦修以過嚴格律法生活的艾賽尼派中，都普遍流行着一種世界末日的悲觀情緒。這種悲觀情緒孕育出猶太人的彌賽亞期盼[146]。這種世界末日論和彌賽亞期盼最早由大先知以賽亞在公元前 700 年所預言，即在 700 年之後，上帝將派他的獨子彌賽亞臨到人間，施行上帝的新拯救計劃。艾賽尼派則認為以賽亞的預言正在實施。他們普遍認為，世界末日即將到來，上帝耶和華已派彌賽亞臨到人間，拯救以色列，給猶太人新的祝福。這種彌賽亞期盼，是猶太人在這前所未有的血腥、暴力、腐朽墮落社會中活下去的心靈力量，是猶太人戰勝這前所未有的塵世苦難之精神力量的神聖源泉。

末世論及彌賽亞期盼，既給猶太人帶來塵世苦難與精神創傷的醫治，同時又給羅馬統治者和猶地亞王國的祭司們帶來恐慌與不安。在公元元年左右，耶路撒冷聖城盛傳上帝派來的彌賽亞，已經降生到猶地亞王國，因此希律王在彌留之際，仍然不忘派出軍隊去民間巡查以殺死所有新生嬰兒。希律王死後，奧古斯都大帝對希律家族殘酷的宮廷鬥爭以及希律王接二連三送到羅馬的廢立報告厭倦之極，因此取消了“猶地亞國王”的稱號，重設敘利亞行省。猶地亞讓希律的幾個孩子繼承封地——耶路撒冷，級別降低後分給阿基勞斯·希律，北部加利利區域分給希律·安提帕斯。猶地亞以色列地變得層級更多，管理更加複雜，社會矛盾更加激化，末世論及彌賽亞期盼更加流行。冒充彌賽亞（偽先知）領頭造反的人越來越多，羅馬統治者和封地希律家族，不斷鎮壓偽先知領頭的造反，成千上萬的人被釘死在十字架上。無論統治者還是被統治者，都生活在晝夜不安的恐懼之中。

第二節　以暴制暴的終結

　　正是在這種大歷史背景下，耶穌應驗"聖靈感孕"的舊約先知預言，在伯利恒的一個木匠家庭中誕生了。耶穌出生後就不斷有彌賽亞降臨的傳言，其父母約瑟夫和瑪麗小心翼翼地呵護和撫養耶穌長大成人，包括帶着耶穌流浪他鄉埃及，以避希律家族因害怕彌賽亞而推行的殺嬰之禍。但他們依然多次冒險帶領耶穌去朝拜耶路撒冷聖殿。耶穌從自己在加利利拿撒裡的木匠生活中，有了對羅馬帝國和猶地亞加利利小王朝統治下的社會底層生活苦難刻骨銘心的理解；耶穌從自己的精神生活中，也有了對耶路撒冷聖殿所代表的上帝至聖輝煌、榮耀與拯救的深刻的屬靈感悟。因此，他從小就醉心於閱讀《聖經·舊約》與《托拉》，從中吸取生命的精神力量。進入青年之後的耶穌，更加醉心於先知們的信仰與佈道生活，對塵世的物質生活及結婚生子之類的生命安排，全然不感興趣，常與著名的施洗約翰一起講經論道，善行佈施。[147]

　　耶穌在接近 30 歲時，突然放棄了一切世俗生活，要求約翰為他在約旦河中行施洗禮，耶穌從此走上了專心善行與佈道之路。耶穌主要行走在猶地亞北部的加利利湖周圍地區和約旦河兩岸地區，為窮人治病，把悲憫的目光投向底層社會與弱勢人群，呼籲人們感恩天父、悔改人罪，過上帝天父所喜悅的屬天的在地生活。耶穌的佈道，既與施洗約翰先知的施洗悔罪佈道相呼應，又與《聖經·舊約》中大先知以賽亞 700 年前的彌賽亞預言相呼應。施洗約翰主要通過在約旦河中施洗以喚醒人們悔罪，顯示出他在為上帝正在來臨的彌賽亞拯救鳴鑼開道，在曠野中闢道路，在沙漠中開江河。施洗約翰的佈道，直擊世人種種違背與上帝盟約的不道德罪行，從而助人在彌賽亞降臨即天國臨近時悔過自新。作為上帝所呼召的先知，施洗約翰直接抨擊加利利小希律王朝安提帕斯家族的種種違背盟約律法之罪，特別抨擊小希律王之妻希羅底的種種亂倫背約之惡行，而且在佈道中不斷暗示"耶穌便是以賽亞大先知預言的那位正在降臨的彌賽亞"，他自己的工作，只不過是為彌賽亞的拯救使命鋪道鳴鑼。施洗約翰先知最終求仁得仁，被安提帕斯小希律逮捕關押，並被亂倫的希羅底設計殺害。這便是西方文學與戲劇不斷反復上演、也演不敗的歷史劇幕主題——"莎羅美"。

　　耶穌從加利利海邊上的漁夫農夫稅吏等等普通人中，揀選了 12 個門徒，在施洗約翰被害之後，親自帶領門徒在地上創建天父上帝要他創建的屬天之國，終日帶着門徒們在鄉間行走，醫治病患，幫助弱勢，提升婦女地位，當然重點則是屬靈佈道與屬天教誨。耶穌始終將佈道的重點，放到末世論與彌賽亞期盼的核心命題之上，他指出了末世來臨及上帝審判的緊迫性，並且毫不避諱地宣稱自己就是以賽亞先知所預言的彌賽亞"人子"——"上帝之子"。耶穌的作為，立刻回應了那個時代最緊迫的屬靈呼喚，也與猶太宗教中佔居領導地位的法利賽派祭司與文士們的傳統認知，形成了尖銳衝突。此等膽識與風範，非人之所能及。

　　但耶穌並不像其他偽先知那樣盲目號召猶太民族起來造反，反抗羅馬帝國和敘利亞行省，以及猶地亞、加利利小王朝層層疊加的種種暴政，也不僅僅停留在像施洗約翰和猶太先知們那樣，歷數猶太民族對上帝的背約棄盟之罪，論證當下苦難屬上帝淨煉揀選上帝子民的邏輯合理性，從而呼召猶太人從這種背約棄盟之罪中醒來，贖罪蒙救，得上帝之精選。他強調人子即彌賽亞來臨，不是為了廢棄律法，乃是為了成全律法，但成全律法的核心不是法利賽人的教條與偽善，而是要重建人與上帝之間更為親密的人神關係，這個關係便是天父之"愛"，但這個源於天父的神聖"愛"約，既是超越家族血緣的，也是超越猶太人種族地緣的，是要傳遍天下萬邦的普世性"神聖愛約"。此等對歷代猶太先知們即《聖經·舊約》神學邏輯之斷然放棄的洞見與膽識，亦非人之所能及。

　　耶穌將重心突然轉到了"愛"與"寬恕"之上，他坦然面對上帝所造之人的血肉之軀所帶來的脆弱性與罪性，認為人雖脆弱且有罪，但藉着上帝天父給我們的神聖愛約，在上帝天父新的拯救計劃與屬靈天國中，讓我們能夠通過信靠天父而從人的脆弱性與罪性的廢墟上站立起來，用"愛"與"寬恕"作為武器，來迎戰人的脆弱性與罪性，面對人類社群組織化帶來的暴力摧殘，使我們任何人都可以變得堅強而喜樂，靈命充盈且豐滿，變成上帝"愛"與"寬恕"的傳遞者和行動者，變成上帝所喜悅的人，從而在這腥風血雨的暴力世界之中，建立一個充滿上帝"愛"與"寬恕"的非暴力屬天的靈性之國。此等胸懷與遠見，此等前所未有的靈性邏輯，以全然迥異的上帝視角，將人的思維顛倒過來，把人所能及的想像力與心靈承載力，拉升過了人的理解力極限，更非人之所能及。

　　而耶穌真正非人之所能及之處，在於他對血肉之軀面臨死亡逼迫之時所做出的，因順服上帝天父的旨意而處理生命死亡的決然態度，以及在死亡臨到的過程中，他所演繹的上帝之"愛"與"寬恕"的旨意，對人生命死亡的戰勝。真正吊詭的是，在他教導門徒的 3 年過程中，他不斷地暗示他將要遵天父意志而死在十字架上，並於死後 3 日復活。雖然當時門徒們並未聽懂他的話，但此後發生的歷史，卻完全應驗了從大先知以賽亞到耶穌預言的相互印證性與邏輯一貫性。[148]

　　大約在耶穌 33 歲或 34 歲那年逾越節前的春天，耶穌帶着他的 12 門徒，為了回應大先知以賽亞 700 年前的預言，共同回應上帝的神聖呼召——穿越傳統猶太人所不齒的撒瑪利亞人居住區，南下聖城耶路撒冷。耶穌依預言騎驢從南門進入耶路撒冷。一路上從者若雲，擁塞街巷，很多追隨者為耶穌前行的道路，鋪上猶太民族待若至尊的棕櫚葉，甚至衣服。很多追隨者則高呼耶穌為"彌賽亞"，還有一些人則對耶穌高聲發問。耶穌安適從容地騎在驢背上，帶着他那一貫略顯悲憫憂傷的眼神與愛之激情的微笑，以他那一貫飽含上帝對人生命"愛"與"寬恕"之期盼的啟示性語言，回應着追隨者的歡擁和發問者的質詢，從而進一步創造了熱烈且神聖的現場感。當耶穌導引着這個頗具規模的人流進入第二聖殿時，耶穌的門徒們，因第一次看到這輝煌壯麗的聖殿而深感震撼。耶穌則為巨石拱門高聳的皇家柱廊中，充斥的商品交易之瀆神場面所震驚，他一改往日那種儒雅從容、慈悲寬容的舉止風度，大踏步沖入聖殿柱廊並掀翻那些商品交易桌台，以上帝之子的神韻風範，屬聲質問和斥責羅馬帝國猶地亞社會如此種種背棄上帝之盟約的瀆神行為與金錢拜物教風氣。其斥責扣人心弦，洞穿靈魂，使現場人心的迴響與共鳴達到了高潮。

耶穌回應大先知彌賽亞預言和上帝呼召的聖城之旅，導致街談巷議迅速流傳，也引發了羅馬駐軍敘利亞行省猶地亞總督彼拉多和猶太教法利賽派大祭司長亞法斯的高度關注與惶恐不安。因為世界各地成千上萬的猶太人在逾越節期間到聖城朝聖已成為習慣，治安秩序總是成為逾越節期間的重大問題。加上那個時代關於"上帝派來的彌賽亞早已降臨以色列猶地亞"的傳聞，以及那些連續出現的偽先知總是選擇在逾越節期間領頭起義、反叛羅馬帝國的事實，給耶穌的聖城之旅增加了許多反叛前兆的想像空間，使在逾越節期間親自駐守耶路撒冷的彼拉多惶恐不安。而彼拉多將這種不安傳遞給大祭司長亞法斯，他讓亞法斯把一切反叛的種子扼殺在搖籃之中，這一指令更增添了亞法斯的惶恐。因此，本來就意欲除去耶穌，以消除耶穌對法利賽人在猶太社群中的權威地位構成威脅的猶太公會領導人，可算是找到了天賜良機。大祭司長亞法斯苦思良久，設法讓其部下買通了耶穌的門徒之一猶大，企圖逮捕並控制耶穌。於是，死亡或逃亡的命運抉擇，臨到了"人子"耶穌。

當耶穌突然臨到死亡或逃亡的命運抉擇時，按照人之常情常理而言，逃亡是他比較容易做出的抉擇。因為逃亡即刻可以消解彼拉多和亞法斯所面臨的逾越節反叛危機，也可保全耶穌的性命。這是一般人在人世間面臨死亡威脅時，做出處置自己生命決定的最通用方式，也是耶穌的門徒們在知曉這一消息之驚恐萬狀後做出的第一反應。引領追隨者造反也是另外一種可能的選擇方式，因為其他偽先知也是選擇這麼做的。可是，非人之所能及的耶穌，放棄了逃亡和造反的選項，選擇了繼續回應大先知以賽亞預言中的“彌賽亞即將做出順服上帝意志以奔赴死亡的決定”，並以平靜中略帶激情與悲傷的方式，告知門徒們他作為“人子”的赴死決定；[149] 並堅持給門徒們做了最後的服侍洗腳，與門徒們共進了最後的晚餐。耶穌慈悲地告誡他的門徒，“我怎樣地服侍你們，你們也要怎樣地服侍別人”，這便是天父“愛鄰如己”的旨意。耶穌憂傷而慈悲地謝過天父，掰開餅遞給他的門徒，把杯中的紅酒倒給他的門徒，並告誡他們：“這餅是我的身體，拿去吃吧”，“這酒是我的血，拿去喝吧，這是為萬人立約所支付的”。你們吃下喝下，便與我為一體。這餅這杯，是為記住我，我也住在你裡面。門徒們在惶恐中含淚分食了象徵着耶穌之肉的餅和象徵着耶穌之血的酒，耶穌帶領門徒如猶大所知依約前往橄欖山，在山腳下的喀西馬尼園向上帝祈禱。耶穌向天父上帝祈禱：父啊，在你一切都是可能，如可能請挪開那杯，但要按你的旨意成全。在橄欖樹下徹夜進行的三次祈禱中，耶穌克服了血肉之軀的脆弱性，堅定了靈裡面臨死亡所做抉擇的信心與力量，大祭司帶領的士兵在猶大親吻辨認下逮捕了耶穌。

大祭司長亞法斯、總督彼拉多和加利利小王朝的安提帕斯，在耶穌被關押期間對耶穌進行了提審，他們都害怕獨自做出處死耶穌的決定，都害怕擔負耶穌引發逾越節反叛的責任，又都好奇耶穌如何處置有關他是彌賽亞的流言。出人意料的是，耶穌直言不諱地坦承："我是上帝之子""我是彌賽亞"。當被問及要建什麼樣的猶太王國時，耶穌的回答令人浮想聯翩："我的國不在你的地上""我的殿不用人手所建""否則就要起刀兵"。當被問及是否要反羅馬帝國（愷撒）或煽動民眾拒絕向愷撒交稅時，耶穌的回答如同天啟："讓愷撒的歸愷撒，讓上帝的歸上帝"。依羅馬的法律，耶穌不僅沒有暴力反叛羅馬，甚至也沒有煽動暴力反抗，法律很難定他罪行。最後大祭司長亞法斯組織的猶太公會，以耶穌口出狂言褻瀆上帝（稱自己是"上帝之子"）為由，判其死罪，並選擇釘死在十字架這一羞辱性死法。其實彼拉多並不想無辜定耶穌的罪，但猶太眾人在猶太公會的煽動下群情激憤，高喊要釘死耶穌，舊約聖經的預言一切都應驗了。耶穌沒有辯駁，更沒有反抗，完全順服了上帝對"人子"命運的安排，去演繹"基督之死"的千年歷史大劇。正是他對自己生命處置方式的這種決定和行動，徹底顛覆了人類歷史中哲學與信仰思考的"人的應當"，終結了"以暴制暴"這種被認為理所當然的人與他者關係的"復仇模式"。

彼拉多與亞法斯的手下為了極盡所能地踐踏"人子"的生命尊嚴，用荊棘為他編制了皇冠，以羞辱耶穌。他們還讓耶穌扛着那即將釘死他的十字架，在光天化日和眾目睽睽之下，開始走他的"苦路"14站，穿街過巷，直至聖城北部的岩石骷髏高地。官兵一路上用皮鞭抽打耶穌的荊冠和皮肉，以致鮮血從頭到腳汩汩滲出，並對其極盡嘲笑侮辱之能事。

人間的暴力照見了人的罪性，還是幾天前歡擁耶穌作為彌賽亞進入聖城耶路撒冷的人群，現在目睹耶穌所受人間暴力的血腥摧殘與侮辱，有跟着喝彩的，有跟着施行侮辱的，有害怕暴力場面掩面避開的，當然也有同情悲傷的，有試圖給耶穌餵水和幫他扛十字架的。他的門徒除了約翰之外，還有母親瑪利亞和抹大拉的瑪利亞跟隨"人子"，彼得因 3 次不敢向羅馬官兵承認他與耶穌的關係而羞愧地離開，其他門徒作鳥獸散，不知所蹤。

人間的暴力同時也照見耶穌的超凡神聖——人之所不能及。耶穌以他滿含慈悲的眼神，注視着這場人間血腥暴力大劇的每一個細節，用人的血肉之軀所能承受的極限，來承受這場暴力之罪惡施加給"人子"之身的痛苦；用人的精神所能承受的極限，來承受這場暴力之罪惡施加給"人子"之心的折磨。

可更為超凡入聖的是，在應對這一血腥的人間暴力進程中，耶穌始終是和平且充滿慈悲的，他沒有任何仇恨與反抗的舉動，沒有憤怒的情緒，甚至都沒有向那些施暴施辱者投去任何一瞥怨恨的眼神，反而為他們向他的天父祈禱："天父啊！請寬恕他們吧！因為他們不知道他們所為的意義"！他因肉體承受不了十字架的重壓、荊冠的刺痛和受辱的心痛而三次跌倒時，在被釘上十字架飽嘗撕心裂肺的痛徹時，眼中依然滿含慈悲與期盼，只向他的天父祈禱以獲取力量："天父啊！我跟隨你的旨意！雖然我不理解，但我相信你"。他對餵他喝水的婦女和幫他扛十字架的西蒙投以感恩的目光，他將滿含感恩和慈悲的眼神投向肝腸寸斷的母親瑪利亞和約翰："母親啊！這就是你的兒子！""這就是你的母親！"耶穌最後在十字架上完成裂人心肺而又震懾人心的祈禱："天父啊！這就成了"！耶穌順服地完成了他的天父給他的光榮使命，成全了人間權柄掌控者施暴施辱的當下心願——將他的物理性血肉生命，釘死在見證人類血腥暴力的十字架上。天地悲歌，山川震顫，良知碎裂。

但在那個時點上，也許除了耶穌和他的天父之外，尚無人能夠理解"耶穌之死"的真正含義。耶穌的死亡，創造了人類應對和解決因群居而產生的組織性暴力脅迫問題的一種新模式，即"愛—犧牲—寬恕"而非"復仇"的新模式。[150]

耶穌之死的意義，是由那些在他面臨死亡的血腥暴力脅迫時，四散奔逃的"門徒"們，在他死後轉變為"使徒"的行為來詮釋的。而這些"門徒"向"使徒"的轉變，是基於耶穌"復活"這一重大的"神跡"所啟示的。還有耶穌復活之後，所感化的羅馬軍官掃羅變為新的"使徒保羅"的傳道，及其對"基督之死"的釋疑文獻來詮釋的。這些使徒的傳道與犧牲使基督信仰，成為猶太宗教信仰中完全不同於撒都該派、法利賽派和艾賽尼派的全新教派，並由於彌賽亞"基督之死"得以成全，因着天父上帝對"人的應當"的新神聖期盼，而與猶太教信仰徹底決裂，將猶太民族在 3 600 年前所創立並堅守近 1 600 年的耶和華上帝唯一人格神信仰，提升到了一個前所未有的新高度。這些信仰形成的故事，都已被完整地記錄在《聖經‧新約》之中，無須贅述。

許多歷史學家和文化人類學家乃至哲學家，都花費很多功夫來考證耶穌"復活"的真實性，此類著作可謂汗牛充棟。我以為這是沒有意義的，因此不想把時間花在這種既無法證實也無法證偽的討論上。信仰本身，是一個人處理人的屬靈世界的人心如何安放的問題，是人作為一個有限物與無限的另一彼岸之主連接和歸屬的想像力與信心，是人作為一個暫時性的生命與永恆的另一彼岸之主連接和歸屬的想像力與信心，是人作為一個有缺陷和罪性的生命與全善、全美、全真的另一彼岸之主連接和歸屬的想像力與信心。這種仰望或崇拜的信心，能讓人獲得在這個瘋狂的世界上處置自己生命從而導引自己行為的屬靈力量。這樣的信仰，是無法用現代科學的實證研究方法來得出判斷的。更何況，這些研究者奉為圭臬的現代科學的對像本身，也是無法證實的。否則牛頓發現了萬有引力定律和重力常數，那麼誰創造了萬有引力定律？愛因斯坦發現了光速常數及光速時空中的能量定律，那麼誰創造了光速時空中的能量定律？普朗克發現量子常數，從而薛定諤等科學家發現了量子力學，那麼誰創造了量子世界及其定律？如此等等不一而足。

　　回到我們的論題上來，我要論證的問題是：雖然《聖經·新約》記載耶穌的十二門徒是他生前揀選的，保羅是他死而復活後揀選的，馬提亞是叛主猶大自殺後，由其他門徒抽籤揀選的，但這些門徒在耶穌生前都是中層甚至下層社會的普通人，他們是漁夫、農夫、木匠和稅吏，只有保羅是羅馬公民。他們樸素真實，具有人的一切有限性、弱點、罪性，甚至有加略大的猶大那樣賣主的滔天罪惡。他們只是喜歡耶穌的佈道，熱愛耶穌渾身散發出的愛與寬恕的慈悲之光，並且願意蒙召跟隨耶穌而已，因此他們只不過是耶穌的“門徒”而已。當耶穌與塵世的權柄發生衝突，從而面臨死亡威脅的時候，這些“門徒”作為人的有限性、弱點和罪性暴露無遺。加略大的猶大為了30個金幣出賣了主耶穌，其他門徒除約翰跟隨耶穌到死地之外，全都驚恐萬狀地逃跑得不知所蹤。

　　可是在耶穌死後，這些逃亡的“門徒”重新聚集起來，變成了耶穌大使命的“使徒”，奔赴世界不同之地，去完成耶穌的大使命，去傳彌賽亞的福音。他們變得越來越像耶穌，具有充滿“愛”與“寬恕”的慈悲之光，越來越有超凡入聖的堅強意志。他們最後都如耶穌一般，[151] 在羅馬帝國那個人慾橫流、視他人生命為草芥的暴力時代，珍視自己的生命因上帝給予，從容地處置自己的生命為了傳揚上帝的真理與榮光。

　　雅各在猶地亞傳福音，於公元 44 年被希律·安提帕判處死刑，雅各在審判席上沉靜無畏、從容不迫地佈道傳福音，感召了那個逮捕他的人，此人當場宣佈自己已是基督徒並請求雅各寬恕，雅各寬恕並親吻了他，二人同時被斬首。多馬到波斯傳道，收了很多門徒，後到印度傳道，被當地婆羅門的祭司令人用箭射死。西門是繼雅各之後的耶路撒冷主教，因傳道至埃及，被釘死在十字架上。奮銳黨的西門在非洲的鄉村和英國傳道，最後也在英國被釘死在十字架上。巴多羅買向印度傳道，並將《馬太福音》翻譯成當地語言，最後被當地的偶像崇拜者多次逼迫，被毒打、剝皮，最後被斬首。彼得的兄弟安德列一直在土耳其傳道，最後在伊第沙被釘死在 X 型十字架上。安德列在被釘死前親吻十字架並高聲祈禱："哦，十字架！我歡迎你！我渴想你！我心甘情願，滿懷喜樂，滿心渴慕來就近你！因為我是他的學生，他曾掛在你上面；因為我一直愛你，我渴望來擁抱你！"

　　曾為稅吏的馬太用希伯來文寫下《馬太福音》，他在衣索比亞和埃及傳福音，信者越來越多，最後被赫凱納斯王令人用矛刺死。腓力在北亞細亞傳道，最後在希拉波利城殉道，先被釘十字架，後被石頭砸死。達太在亞美尼亞和波斯傳道，影響甚大，最後被釘死在十字架上。馬提亞在耶路撒冷殉道，先被石擊，未死，又被斬首。雅各是耶穌去世後眾使徒推舉的領頭人，他是耶穌在人間公義生活的化身，最後被法利賽人從耶路撒冷城牆扔下，未死，雅各反跪地上替這些惡人祈禱："哦，主啊！我的神，我的父，我懇求你赦免他們，因為他們不知道他們所為的意義"。雅各最後被亂石擊死。彼得在羅馬傳道，尼祿宗教迫害要把他釘十字架，但彼得認為自己不配與主耶穌有同樣的死法，要求被倒釘在十字架上。保羅在羅馬、希臘與耶路撒冷之間巡迴傳道，作為羅馬公民多次住進羅馬監獄，出來後繼續傳道，寫給教會的那些解說基督信仰的最早的信件成為《聖經·新約》中最重要的神學支持論著，影響巨大。保羅在尼祿皇帝嫁禍基督徒縱火的大迫害中死去，由於他是羅馬公民，因此他免於被釘十字架，而是被斬首。在行刑前，保羅還為替他斬首的士兵祈禱，預言他們很快就要皈依基督，並在保羅的墓旁受洗。結果應驗。

　　我們回到我的問題上來：是什麼力量促使這些膽小怕事、被耶穌之死嚇得逃之夭夭的普通百姓重新聚集起來，從此獲得無窮的力量、堅定的信心、超凡脫俗的智慧、駕馭語言以傳播福音的能力？是什麼力量促使他們從跟隨的"門徒"轉變成肩負大使命、走向充滿暴力的世界、獨自開疆闢土開始傳播福音的"使徒"？是什麼力量使他們獲得持久的信心和毅力，不為那個人慾橫流、紙醉金迷的世界所誘惑，而心甘情願地一生堅守傳道的苦行生活？是什麼力量使他們始終堅持用耶穌"愛"與"寬恕"的福音，來應對那個時代無邊無際的暴力？是什麼力量使他們獲得應對死亡的優雅、從容不迫的態度？沒有任何一個基於所謂現代科學之實證主義方法的歷史學家、文化人類學家、哲學家，能提供一個穿越歷史且更邏輯自洽的答案，或用一個自治群族面對暴力脅迫仍喜樂擁抱死亡的方法，來爲這答案做有力的實證性註腳。而實證主義的方法，是我們將要談到的 1 200 年之後，建基於托馬斯·阿奎那關於上帝基督信仰的自然神學邏輯基礎之上，並經歷了 500 年的歷史滄桑，到培根和笛卡兒那個時代，才生發出來的科學實證研究枝條。**而《聖經 · 新約》關於"復活"的記載，生發在兩千多年之前，它有一套自洽的邏輯，因為它給出了這些"門徒"轉變為"使徒"的力量源泉和深藏在其中的邏輯力量，只有基於人的屬靈信仰的激情與邏輯理性才能獲取該力量，這種力量根植於自然理性和人類社會理性，同源於另一極，即上帝獨一絕對真理的彼岸世界中。**

第三節　讓愷撒的歸愷撒

　　在這場震撼數千年的耶穌死亡獻祭與"復活"之後，耶穌獲得了《聖經·舊約》近千年預言所鋪墊的"基督"位格，門徒們因復活的基督呼召而重新聚集，獲得恩膏，變身"使徒"，揹上他們自己各人的十字架，跟隨基督，打破了猶太教法利賽律法主義的血緣與地緣桎梏，將基督信仰的福音傳向天下萬邦，使耶穌用他的血液獻祭澆灌的基督信仰之花萬邦開放，直向地極。隨着基督信仰的迅猛發展，而羅馬帝國的統治者，則發起了 10 次對基督徒的大迫害，變成了血腥屠殺手無寸鐵且從不進行暴力反抗之基督徒的劊子手，歷時近 300 年之久，令人毛骨悚然。於是我們不禁要問，羅馬帝國作為一個擁有"萬神殿"博大胸襟的帝國，為什麼就不能接納耶穌基督"愛與寬恕"這樣和平的信仰呢？為什麼一改往日對其附屬國的宗教寬容，而對基督信仰者發起一次又一次的瘋狂迫害呢？

　　究其原因。首先，耶穌基督之死喚醒了人類深藏內心的，來自天父上帝對他者生命無須理由的"愛"與"寬恕"，由於耶穌將這種"愛與寬恕"模式建立在自我"犧牲"的寶貴生命獻祭上，因此"使徒"們被上帝的神聖呼召所激發，從而將這種應對"人類暴力"的福音——非復仇模式推廣到世界各地，去喚醒人心中對上帝所期盼的"人的應當"的回應。因此，基督信仰從一開始就意味着，必須與猶太信仰的民族主義邊界決裂，同時也必須與羅馬帝國的萬神論（其實是無神論）宣戰。

　　其次，羅馬帝國是人間暴力的代表。羅馬人崇尚暴力解決方案，暴力必然帶來"復仇"模式，而復仇必然導致"以暴抗暴"，以暴抗暴必然引起羅馬帝國"以暴制暴"，最終給"暴力"戴上暫時性勝利者的王冠，因此羅馬的萬神，從根本上都是運用暴力的暫時性勝利者。他們小到諸如彼拉多、亞法斯、安提帕斯，大到諸如克拉蘇、布魯圖、龐培、西塞羅、安東尼、愷撒，甚至羅馬皇帝提比略、卡利古拉、克勞狄烏斯、尼祿等，儘管上述這些人間"諸神"最後的結局無一例外都是死於後人的暴力之手，可以說，羅馬所崇尚的"暴力"及"萬神"就是人間"諸惡"的代表。而基督信仰則不同，他們的勝利之王，是死於人間暴力之刃、掛在十字架上代表"愛與寬恕"的耶穌，他是上帝全能、全善、全真、全美在人間的唯一代表。耶穌基督及其追隨者，不認可那些人間的權柄者和施暴者所虛構之神的身份，他們不允許那些人間施暴施辱的罪惡之首，借着自己手中握有將他人組織化奴役的權柄而把自己造成"神"，這些罪惡之首是假神、惡神與邪神，是人類美好秩序毀壞的罪惡淵藪。因此，基督與羅馬的衝突是本質的且不可調和的，這一衝突本質上是"上帝與愷撒"的衝突，除非有朝一日這塵世如耶穌生前所說的那樣："讓愷撒的歸愷撒，讓上帝的歸上帝。"

對基督徒大規模的迫害始自公元 54 年 ~68 年。當時執政的羅馬皇帝是尼祿。[152] 尼祿本來就是人間邪惡的代表，他和他的母親阿格麗品娜一起毒死了他的繼父克勞狄烏斯皇帝，從而登上皇位。他酷愛競技並親自上競技場馳驅，行為放蕩且毫無道德底線。他受情人唆使，派人殺死了幫他殺父登上皇位的親生母親阿格麗品娜。當尼祿看到被他殺死的全身赤裸的母親時驚嘆："我原來有一位這麼漂亮的母親"！他還親手殺死了兩個妻子，其中之一是懷着身孕被他踢死的。

當時，基督徒與猶太人在羅馬並無區分，因為絕大多數的早期基督徒，特別是有影響力的基督徒先驅和領導者都是猶太人，是尼祿下令將基督徒與猶太人區分開來，並迫害基督徒。公元 64 年，羅馬發生大火。大火燒了 7 天之後，羅馬城中 2/3 的建築被大火燒毀，數以千計的羅馬人被大火燒死。據說此火是尼祿為取樂所縱，他在花園塔樓一邊觀火一邊伴着七弦琴演唱《特洛伊的劫掠》，事後因元老院追查縱火真兇，尼祿感到事態嚴重而將羅馬大火災禍嫁禍於基督徒，由此發動了大迫害。無數的人死於這場迫害，僅埃及的殉難者就超過3 500 人，羅馬被迫害致死者超過萬人，耶路撒冷、雅典等地都有無數的人被迫害致死，迫害手段殘酷得令人觸目驚心，斬首、釘十字架、扔進籠子餵猛獸等不一而足。

尼祿被迫自殺後，兩年之內就有 3 個短命皇帝在軍人暴力逼迫下被立、被廢、被殺。葦斯巴薌和其長子提圖斯 [153] 於公元 70 年被推上皇位，在國家理財治理上很有建樹。由於公元 65~70 年巴爾·科赫巴自稱 "彌賽亞"，領導了反抗羅馬殘暴、貪婪統治的起義，葦斯巴薌和提圖斯在猶地亞及耶路撒冷鎮壓猶太人的行動中殺人如麻，上萬猶太人拒絕投降，跳城牆而死，數以萬計的猶太人被殺害，輝煌的第二聖殿應驗了耶穌基督生前的預言，徹底被摧毀，拔地 450 米高而險峻的馬薩地要塞宮殿被攻破，困守要塞的 1 000 名官兵及其家屬並兒童全部就義自殺。百萬猶太難民開始了世界性大逃亡。由於那時的猶太信仰和基督信仰尚未明確分離，很多基督徒在此次鎮壓中被無辜迫害致死，數萬個包括基督徒在內的猶太人被掠往各行省首府城市為奴，2 000 多人被帶回羅馬，經歷了釘十字架和餵野獸的酷刑。

公元 98 年 ~117 年在位的圖拉真 [154]，是一個作風簡樸、磊落、同情羅馬窮人並扶貧濟困的好皇帝，其內政和對外作戰之政績都可圈可點，但對基督徒的迫害則是相當殘酷的。其迫害的範圍遍及歐洲甚至超越歐洲，著名的安提阿的伊格納修大主教，就是他在位期間殉道的，以致當時著名的古羅馬學者普林尼第二不忍睹之，寫信給皇帝圖拉真，向他證實說：每天都有幾千個基督徒被殺死，而他們並沒有違反任何羅馬法律，不應遭到這樣的迫害；他們在天亮前聚會，只是向他們的神祈禱然後散去，從不鬧事，從來不偷、不搶、不犯姦淫、不說謊、不欺人。

公元 138 年 ~161 年在位的安東尼烏斯·庇護 [155]，繼續迫害基督徒，成千上萬的基督徒被迫害致死，著名的士每拿大主教波利卡普，就是在公元 155 年的迫害中被大火燒死的。

公元 161 年 ~180 年在位的哲學家皇帝馬可·奧勒留 [156]，在羅馬帝國史上享有能文能武的好皇帝名聲，特別是他留下了那篇斯多葛學派的哲學名著《沉思錄》，的確令後來的政治家和知識精英們所迷醉。但奧勒留皇帝也是一個基督徒迫害狂。在他統治期間，數以萬計的基督徒被釘上十字架、斬首、火焚或餵野獸。法國里昂和維埃納的迫害尤為令人震驚。著名的神學哲學家查士丁和 90 歲的法國大主教坡提努斯，就是在奧勒留的迫害中殉道的。

在公元 249 年 ~260 年相繼執政的德西烏斯和瓦萊裡安皇帝 [157]，又發起了對基督徒的瘋狂迫害，他們頒佈法令，禁止基督徒聚會、強制基督主教祭司和執事向異教神靈獻祭，違者處死。耶路撒冷、安條克、圖盧茲的大主教都被處死，羅馬大主教西克圖斯二世及 4 個輔祭，因拒絕執行此法令而被處死，迦太基大主教西蒲賽安被砍頭，塔拉戈那的大主教被燒死。基督教徒的財產被沒收，被迫害致死者不計其數。

公元 284 年 ~310 年，戴克里先皇帝和馬克西米安 [158] 皇帝發起的基督徒迫害更加恐怖，他們下令焚毀帝國境內的教堂和《聖經》，關押基督徒領袖，命令所有士兵和神職人員向羅馬異教神獻祭，違者開除、關押、拷打直至處死。不計其數的基督教徒被釘十字架、餵野獸、用箭穿心、挖眼球等酷刑處死，帝國境內堪稱地獄。但由於此次大迫害涉及士兵，也引起了士兵的暴力反抗。士兵們殺死逼迫者，兩次縱火焚毀戴克里先皇帝的宮殿。

從尼祿皇帝到戴克里先皇帝的 10 次基督信仰大迫害，體現了人類組織化暴力的殘酷與邏輯混亂。從前的暴力至少運行在暴力征服引發的“復仇”模式中，復仇模式的邏輯使人類組織化的暴力能夠持續下去，因此，凡發動暴力戰爭至少要去尋找施行此種暴力的正當性，從而使其所施暴力得到本共同體成員的認可與本共同體神靈的護佑。如今，耶穌基督及其追隨者用“愛與寬恕”的行為應當，完全徹底顛覆了傳統的"暴力復仇"模式，但羅馬帝國依然不斷將其組織化暴力，施向一群完全放棄暴力復仇反抗的甚至為殺戮者祈禱的基督徒，這是人類道德邏輯的歷史性超級混亂與荒謬。[159] 在這種邏輯混亂與荒謬的背後，潛藏着那些人間所造之神的權力傲慢與心理張狂。像奧古斯都這樣接近人之至善的羅馬皇帝，邪惡如尼祿這樣弒母弒父殺妻不眨眼的羅馬皇帝，荒唐如卡利古拉那樣、每天都讓全羅馬為自己塑身造神的皇帝，甚至很多羅馬將軍、總督及各層級握有施暴權力的人，都可以或進萬神殿或自己建廟塑身造神，一切溢美之詞、虛假讚歌與荒唐頌辭，都撒向這些人所製造的現世之神，虛假、浮華與偽善充滿了這些"人間造神"的言行舉止之中。而握有這些權力的人間神們內心張狂、目空四海，以為用自己握有的權柄施暴，就可消滅一切令他們不順心的人和事物，特別是消滅如基督徒這般照見他們虛假、偽善面孔的信仰，誤以為用暴力，就可以長久維護他們空虛的靈魂、虛假的繁華和肉慾橫流的腐化生活。

可是，基督和基督的使徒們嚴肅的生活態度，對社會中"他者"的"愛與寬恕"的胸懷，以及面對死亡的優雅與從容不迫，的確震顫人的內心與靈魂。在近 300 年的 10 次宗教大迫害中，數十萬計的基督徒在大迫害中殉道。這些基督徒，在生命中只篤信唯一神上帝的堅定信念，他們在生活中效仿基督對生命的平等之愛，他們一如基督，全身心幫助老人、婦女、孩子等弱勢生命，以及各種殘障，乃至傳染病患。他們優雅而高尚的道德生活，與羅馬人任意造神的隨意荒誕，奴隸制下等級森嚴極不平等的人格落差，隨意棄置婦女、老人、病人，乃至殺人娛樂的殘暴狠毒，形成了強烈的反差與鮮明的對照，從而循序漸進地感染着聲色犬馬物慾橫流的羅馬人。特別是他們面臨羅馬血腥暴力脅迫時所展示出來的平靜氣度——他們脆弱的肉體被羅馬暴力所施、造成極度痛苦時，顯示出來的對罪惡的寬恕胸懷；他們在死亡來臨時，用非暴力方式處置生命的優雅從容與激情光芒；令尚武尚暴的羅馬人震驚不已，千百萬次地撞擊着羅馬人的心靈，從而使他們不得不重新思考生命的意義與鵠的。[160]

　　比如在圖拉真皇帝大迫害中殉道的安提阿的大主教伊格納修，他在赴死途中不斷發表演說和祈禱，以傳上帝的語言，堅固信眾對基督的信心，並寫信給羅馬教會，希望其不要想任何辦法來使自己免於殉道。"就讓烈火和十字架來吧，讓成群的野獸來吧，我唯獨要贏得基督耶穌。……我是基督的麥子，我願在野獸的利齒間磨得粉碎，好使我能被製成純淨的糧"。在馬可·奧勒留第四次大迫害中殉道的80多歲的示每拿大主教波利卡普，在被燒死前高聲祈禱："父啊！我讚美你，你看我配得列在你的殉道者行列中，分享他們的福分，分享您的榮耀"。然後，他優雅從容地登上刑柱，被火燒成一道靚麗的弓形火焰。著名的神學家和亞歷山大里亞的大主教奧利金在童年時，其父親就被羅馬帝國判釘十字架，奧利金聽聞後就要趕過去跟父親一起殉道，由於路途遙遠趕不上行刑，奧利金就用燃燒的激情寫信給他父親，要父親堅固殉道的信心。公元258年，被迫害致死的聖徒羅馬納（羅馬帝國的軍官）在安提阿遭受各種酷刑折磨，但他仍優雅從容地宣講基督的福音，大臣阿克列比得無計可施，就在他英俊的臉上割肉來傷害和羞辱他，但羅馬納依然溫柔平和地言說："哦，我感謝你，大臣！你開了我臉上眾多的口，好讓我用它們來傳講我的救主基督。看哪！我有多少傷口，就有多少張口來稱謝和讚美我的上帝"。在戴克里先和馬克西米安發起的第十次大迫害中，有一支叫底本的羅馬軍團，被馬克西米安派到加拉去清查並剿滅那裡的基督徒。底本軍團表示我們都是基督徒，無法遵命。馬克西米安王大怒，命其按羅馬軍團貫例按十抽一斬殺660人，其餘人依然無法遵命，王繼續按例抽出斬殺，無一人遵命，無一人苟活，全軍殉道，震驚朝野，震撼歷史。他們寫給馬克西米安王的奏摺，今天讀來仍然震懾人心：“假如王令與主令互不抵觸，我們樂意順服，且也常順服。但若有抵觸，我們必須順服全能的主。我們願意為王效勞，但我們的手，不能染基督徒的血。人若不能向上帝赤忠，如何向王盡忠？您吩咐我們搜查毀滅基督徒，這無須執行，因為我們就是基督徒，且以此名為榮。我們眼見同伴被殺，他們毫不抵抗，也無怨嘆。他們為基督的緣故殉難是喜悅的，故無由激發我們舉手反抗君王。我們寧死在人的惡待下，也不願活在罪的重壓中。我們準備接受任何王命而受苦。我們公開承認自己是基督徒，因此不能迫害同道，也不能向偶像獻祭”。但凡是人心，讀這個故事與這封奏書的心情將無比複雜，但對耶穌基督支付贖罪祭所帶給人類的福音，必大有領受。

基督徒因信仰而熱愛生命，因信仰而不懼暴力，因信仰而擁迎死亡的態度，給羅馬人的靈魂帶來了持續不斷的衝擊與改變。在公元 3 世紀中葉，羅馬的暴力不僅帶給世界無邊的死亡與苦難，而且也帶給那些握有權柄的施暴者朝夕不保的災難，僅皇帝就更換了 24 個，幾乎沒有一個皇帝不是死於血腥的暴力謀殺。羅馬人目睹了這些人間所造之“神”的污濁與不堪，在其與基督徒高尚與優雅從容的鮮明反差和對比中，逐漸地接受了上帝唯一神信仰，接受了基督“愛與寬恕”的屬靈澆灌。[161]

因此，基督的福音借着羅馬的刀劍開闢道路，在整個帝國廣泛傳播，人數迅速增加。暴力迫害越嚴重，基督的信眾就越多。到帝國最興盛，所統轄人口在 6 000~12 000 萬時，基督之信眾已佔到總人口的 15%~20%，絕對數量上超過千萬量級。農民、手工業者、商人、士兵、軍官，乃至高階貴族，都陸續加入基督信仰的隊伍。[162] 正如德爾圖良所說，羅馬帝國的暴力猶如耕種之犁，“殉道者的鮮血，好似一粒粒種子”，成長了基督的“屬靈之國”。也正如耶穌當年對彼拉多的作答："我的國不在你的地上。我的國若在你的地上，就要起刀兵……"。正是這十次暴力大迫害和無數基督徒的殉道，用基督及其成千上萬追隨者生命獻祭的鮮血，淨煉出的"愛與寬恕"這一非暴力抗暴模式，作為上帝啟示人類公共生活並飽含上帝神聖期盼之"人的應當"，為君士坦丁大帝的登場準備了最輝煌壯麗的歷史鋪陳。

其實很多皇帝都不同程度地受到了基督信仰的影響，比如克勞狄烏斯、哈德良、康茂德、亞歷山大·塞維魯、伽勒里烏斯和君士坦丁。沒有太多的著作研究他們受基督信仰影響的程度，但顯然這些羅馬皇帝都沒有發動大規模的基督徒迫害，而且他們還不同程度地表示了對基督徒的寬容，願意閱讀一些基督教神學家的報告和護教辭。

在公元 3 世紀末、4 世紀初時，基督信仰已經成了帝國隨處可見的現狀，連大量的軍隊士兵和軍官，乃至皇帝身邊的人，都成了虔敬的基督徒。君士坦丁的母親和妻子都是基督徒，其母親海倫娜尤其虔敬且有影響力。在這種情形下，皇帝不受影響是不可能的。那時候的羅馬皇帝一般選兩個共治，一個轄西羅馬帝國，一個轄東羅馬帝國。戴克里先（公元 284 年~305 年在位）其實就是這種情形下的代表人物，只不過他採取更大規模、更殘酷的迫害策略，來解決他和帝國所面臨的基督信仰問題而已。在戴克里先之後，東部帝國皇帝李錫尼也採取與戴克里先相同的策略。可是，基督之靈一經進入軍隊與皇宮，戴克里先和李錫尼所迫害的就不是外在的"基督徒"而是內在的"基督徒"了，因此根本不具備贏的可能性。故而無論受母親海倫娜和身邊的人影響而親近基督，還是從人心和政治局勢的考量而接近基督，君士坦丁都選擇了站在基督一邊，那不是簡單的頭腦發熱，更不是一個偶然的事件，那是上帝之手在撥動他所創造的自然法琴弦。

　　伽勒里烏斯曾協助戴克里先皇帝迫害基督徒，待戴克里先被迫退位後，伽勒里烏斯在公元 310 年患上一種下身潰爛、長蛆、惡臭的怪病，民間盛傳這是迫害基督徒的報應，因此他在公元 311 年向基督懺悔，並與新的西羅馬皇帝君士坦丁共同簽署了《寬容敕令》，寬容基督徒的信仰自由，並允許他們新建基督教堂。君士坦丁還與伽勒里烏斯死後替代他的東羅馬皇帝李錫尼簽署了《米蘭敕令》，同意在所轄帝國境內，給予基督徒或其他人同樣的宗教信仰自由。可是愚蠢而頑固的李錫尼，居然在東羅馬帝國境內再次掀起基督徒迫害，很多軍官和士兵都被迫害致死。這無疑使君士坦丁必須作為基督的代表宣佈與李錫尼作戰，結果必然是李錫尼戰敗，東、西羅馬統一，西羅馬君士坦丁皇帝變成整個羅馬帝國的君士坦丁大帝。[163] 基督在屬靈之國中戰勝"愷撒"，終於使"愷撒的歸了愷撒，上帝的歸了上帝"。

第四節　哲學與信仰的完美融合

　　基督徒遭受大迫害，從而基督信仰在羅馬帝國全境內發育的近三百年進程中，基督神學與猶太神學的爭論一直在進行着。埃及的亞歷山大里亞是當時人口規模僅次於羅馬的世界性第二大城市，但由於其位置毗鄰地中海的商貿口岸，又不在羅馬帝國的政治中心，亞歷山大里亞自然成為世界性商業中心，其影響力類似今天的紐約。同時它也是當時的科學研究中心，諸如著名的數學家和天文學家托勒密，著名的數學家歐幾裡得，數學、光學兼技術發明家阿基米德，以及著名的內科大醫學家蓋倫等等都生活在亞歷山大里亞。由於亞歷山大征服並命名以來希臘帝國數百年殖民歷史的影響，以及亞歷山大里亞在羅馬帝國時代的重要性，很多希臘思想家，如晚期"實踐哲學"之伊壁鳩魯、斯多葛學派、新學園派及犬儒學派的重要哲學家們，也都住在這個城市中。

另一方面，從公元前 6 世紀、第一聖殿被毀的巴比侖之囚時代開始，亞歷山大里亞就已成為猶太上層人士的重要流亡地之一。此後歷代猶太民族受難時，都有上流社會人士流亡到埃及特別是亞歷山大里亞。公元 70 年第二聖殿被毀時，又有大批猶太人流亡此地，因此亞歷山大里亞，自然成為羅馬帝國迫害基督徒時期猶太民族的一個重要聚集地。據估計猶太人在亞歷山大里亞鼎盛期的 50 萬人口中佔到 20% 以上。

這種歷史積澱，加上歷史進程中那些傑出人才在雅典、以弗所、羅馬、迦太基和亞歷山大里亞之間的頻繁流動，使亞歷山大里亞自然成為一個中心，推動着希臘哲學思想與猶太舊約宗教哲學思想，特別是與基督新約宗教思想，進行最激烈的碰撞、最徹底的爭辯和最有價值的融合，從而推動着希臘文化的精髓和耶穌基督信仰的激情，在整個羅馬帝國境內實現最有效的融合。除了基督的十二使徒為傳道的生命獻祭之外，保羅、克萊門、奧利金、愛任紐、德爾圖良、伊格那修、居普良、阿羅波修、哲羅姆、奧古斯丁等等，等等，都是我們無法不提及的名字。正是這些揹上自己的生命十字架跟隨基督的偉大靈魂，用思考、言說以及生命獻祭與堅守的行動，最終使基督教哲學和神學在這一時期的護教爭論中，完成了基督信仰和猶太信仰的基本傳承與有效切割，逐步確立了基督信仰在猶太信仰傳統學說上的繼承與發展，使基督教信仰，基本達到了系統性、邏輯性、整全性和經驗性的統一。這為基督信仰迅速枝葉繁盛地在全羅馬帝國即後來的全部歐洲、北非和亞細亞地區空前發展，而又不致葳蕤分岔、難以自洽地分崩離析，**奠定了基督信仰關於 "人的應當" 這一源於上帝的神聖呼召，既富激**情而又充滿哲學理性的歷史性深厚根基。這不能不說是基督信仰崛起早期、一個令人迷醉的歷史奇跡。[164]

　　當時神學哲學爭論的最核心要點，是耶穌本質上是人還是神的問題。如果耶穌是人，他就只不過是猶太民族在關鍵歷史時點上，回應上帝呼召的眾多先知中的一個先知而已。而眾多歷史上的先知，都是響應上帝呼召、從而以預言警世和勸誡猶太民族守盟約律法為基本特徵的。他們通常以預言書並民間吟唱為基本方式，數十年如一日地奔走在猶太社會中，為維護耶和華上帝唯一人格神信仰而奔走呼號，並留下他們的先知書以累積猶太信仰的歷史。從這個意義上講，猶太信仰基本是與猶太民族的苦難史並行不悖的先知史，《聖經·舊約》就是這些先知們啟示歷史的預言書的總和。若耶穌僅是猶太先知的觀點成立，耶穌就沒有了特殊性，耶穌之死就失去了特別的啟示意義，進而追隨耶穌的使徒及成千上萬的基督徒們，用"愛與寬恕"的非暴力模式所作的生命"獻祭"就失去了意義。這個邏輯，解釋不了耶穌及其追隨者基督徒們這種處置生命之方式的激情與理性源泉，也不可能讓耶穌的追隨者們所共同認可並持續獲得信心。因此，耶穌就一定而且必須為"神"，耶穌是大先知以賽亞七百年前就預言的彌賽亞，是耶和華上帝神的"道成肉身"。因此作為神的耶穌，是基督徒信仰之信心的不絕泉源。[165] 而如果耶穌是神，新的待爭論的核心問題立即浮現。[166] 第一，上帝是神，耶穌也是神，基督教很容易滑出猶太唯一神信仰的軌道而走向多神教，即聖母瑪利亞是神，十二使徒是神，而且不斷產生的傑出信徒也是神。人間造神的道路一經開通，必熙熙攘攘、人頭攢動，眾神之勢將不可阻擋。多神的結局是"萬神即無神"，最終，必然滑回到人類和動物及萬物沒有差別的歷史虛無與及時行樂的伊壁鳩魯深淵。這是猶太信仰和基督信仰都無法接受的。第二，如果只有上帝和耶穌是神，斬斷其他人通向神的道路，那麼上帝和耶穌的關係是什麼？怎麼處理上帝與耶穌的相同與區別？二神怎麼分工？如何防止人因對耶穌和上帝的不同態度，而滑向不是神揀選人而變為人揀選神？

　　這些問題歷史性地陳放到了所有基督追隨者的面前，如果沒有理性爭辯與作答，基督之死的精神，很容易因被誤讀而產生不同的流派，從而最終被湮沒在人的自由意志驅使中。但是，羅馬那種除了遵守羅馬法所限定的“人的必須”之外（無人的自由意志的尚武文化），全然無力參與這場爭辯，而且羅馬因對基督教的全然否定，立場也無法參與這場爭辯。另一方面，猶太文明則用預言、文學吟唱，以及數千年鍥而不捨地與上帝臨在人間的偶像崇拜做鬥爭的歷史，創立了人類唯一人格神信仰。它依靠回應上帝呼召的先知們，在上帝所定義的時間中預言歷史的正確性，依靠文學吟唱的隱喻力量和激情感召力量，使這一信仰奇跡得以發生並可持續，可是它並不擅長辨析和爭辯。因此，希臘哲學的理性思辨邏輯應運登場，與基督生命“獻祭”所創造的“愛與寬恕抗暴模式”取代“復仇抗暴模式”的激情相結合，在這個羅馬帝國對基督徒數百年大迫害所創造的基督教護教之歷史舞台上，演繹了基督教最基本教義爭辯與定局的歷史大劇。

　　有的參與護教運動的思想家，從父輩那裡就繼承了基督徒的血脈。比如，亞歷山大里亞的克萊門和奧利金，卡帕多奇亞的教父們，巴西爾和格里高利；但更多的護教者，則是在這場歷史性爭辯進程中選擇並堅定地皈依了基督，從而成為偉大的護教使徒和基督教神學家。比如，著名的基督使徒保羅，著名的殉道者查士丁，雅典極具辯才的阿薩納戈拉斯，北非迦太基的德爾圖良，安提阿的伊格納修。特別是著名的集大成者希波的大主教奧古斯丁，他曾經做過長達十數年的摩尼教徒。[167]

　　這些著名的護教運動思想家，都有深厚的希臘語言學、修辭學和邏輯學修養，對希臘哲學的思想積澱十分熟稔，但希臘哲學的前進方向在那個時代已然丟失，那些實踐哲學家既不願活在蘇格拉底、柏拉圖和亞里士多德等巔峰哲學家的思想陰影中，又找不到新的向前路徑而墮入懷疑論的迷霧之中。沒有信仰的希臘哲學只是一種廟堂之上的論爭，無法轉變為人們的，特別是普通大眾的宗教生活實踐，因而無法真正融入和指導人類社群生活中的“人的應當”。同樣，沒有理性來源的信仰，很容易使信眾失去理性辨析之宗教哲學的指引與持守，易於使信眾墮入神秘主義迷信的迷霧之中，無法鞏固信仰者對上帝及基督信仰的堅定信心。對護教運動中這些核心問題的爭辯，使這些思想家在基督激情與理性的碰撞中，為希臘哲學開闢了新的道路，找到了以柏拉圖為代表的希臘哲學中，關於神先於具像萬物之生和後於具像萬物之消失而存在的、人與自然同源性的絕對真理，以及人因被造而先天具有尋找種種事物表面現象背後之“秩序”與“美”的神聖化朝向，並由此找到了古希臘哲學中“人的應當”的自由平等理性，與基督點燃的“人的應當”依靠上帝期盼的激情信仰之間，深刻的邏輯一致性與自洽性，從而為基督教神學、哲學大廈的構建，夯實了堅固的“三位一體”神學理論基礎。[168]

正是基於護教運動思想家們堅實的工作，特別是早期使徒們殉道鮮血的屬靈澆灌，基督教在君士坦丁大帝於公元 313 年簽署《米蘭敕令》後迅速發展壯大起來，但關於基督教核心教義的爭論也日趨激烈。於是，為了協調紛爭和統一思想，東、西羅馬帝國各教區的大主教通過君士坦丁大帝邀請，於公元 325 年在尼西亞召開了基督教歷史上第一次主教大會——“尼西亞大公會議”。尼西亞大公會議有 318 位大主教參加，君士坦丁大帝列席並觀看了整個會議。會議通過激烈辯論，並通過表決達成了“上帝即聖父、聖子和聖靈三位一體”的神學共識，被稱之為“尼西亞信經”，[169] 確定了聖子耶穌“與父同質、子父同永”的神性。君士坦丁大帝於公元 337 年最終受洗皈依基督，之後去世。又經過近半個世紀的發展，狄奧多西一世皇帝於公元 381 年頒佈法律，宣佈基督教為國教，並邀請各大主教參加了基督教第二次大公會議——第一次君士坦丁堡大公會議，來自東、西羅馬主要教區的 187 位大主教參加了這次大公會議。會議進一步討論了"三位一體"神學理論，經過激烈爭論並表決，進一步確立了"聖靈"的神性，並修改完善了"尼西亞信經"，"聖靈既來之於父，也來之於子"，因為基督因着十字架上的順服與獻祭，他贏得了父的榮耀與權柄，基督成為基督徒通向天父上帝的"生命、真理和道路"。不藉着他，沒人可以到天父上帝那裡去。就這樣，基督教信仰中"三位一體"的最根本神學基石信條，得以確立。基督信仰也在猶太信仰基礎上完成了邏輯性的完美續接，並進行了恰到分寸的切割，《聖經·新約》[170] 至此完全定型。不可更改。

第一，護教思想家與殉道教徒們必須堅守基督信仰中的上帝，就是猶太信仰中的耶和華上帝唯一人格神，這就需要跟當時流行的馬西昂極端主義做鬥爭。因為黑海地區的馬西昂主教認為，《聖經·新約》中的上帝不是《聖經·舊約》中的上帝，《聖經·舊約》中的上帝是一個憤怒的上帝，而《聖經·新約》中的上帝則是一個慈愛的上帝，因此其主張拋棄《聖經·舊約》。

第二，護教思想家與殉道教徒們必須堅守基督是上帝之子，是大先知以賽亞先知於 700 年前預言中的臨在救主彌賽亞。耶穌基督因此是神，是上帝的化身，彌賽亞臨在與獻祭犧牲的鵠的，是上帝拯救以色列人和人類整體的另一次計劃。因此，基督復活及其應許在五旬節澆灌下來聖靈，是上帝對人類新拯救方式的體現，即用"愛與寬恕"的屬靈信仰模式來對人類施行拯救，讓人在靈裡認罪、感恩與悔改。這是上帝用傳統盟約律法方式拯救的延續和新嘗試。為此，其必須與那種將《聖經·新約》中的耶穌基督、與《聖經·舊約》中的上帝相割裂的傾向做鬥爭。

第三，護教思想家與殉道教徒，必須堅守由耶穌之死與復活所啟示的上帝對人類的新拯救方式，即通過上帝之子的獻祭與犧牲，來喚醒與啟示人屬靈的行為應當，從而體會上帝對人之愛，激發人的認罪、感恩與悔改之靈。因此，耶穌基督便是那為拯救而成肉身之"道"，他起初便"與上帝同在"。而當時流行的以摩尼教為典型代表的諾斯替主義，便是離開這種啟示的"道"，去尋找基於個人經驗之對上帝的所謂"靈知"。而孟他努主義則公然宣稱聖父、聖子、特別是聖靈，在對如孟他努的某些主教做工，從而使他們獲得某種特殊神秘的"屬靈應許之道"。這便將上帝充滿慈愛以對人類特殊啟示的"基督之道"，直接引向盲目地從內心尋找"道"的神秘主義迷信之中，或墮入自封低級神祇的人間造神深淵。如果不阻止這種傾向，那麼，上帝基督信仰最終會滑向缺乏理性源泉的神秘主義個人修行密宗，並為人間造神開闢道路。

第四，基督為神，但與上帝天父的同質與差別，成了進一步爭論的問題焦點。如果強調子與父同質，是否就意味着有兩個上帝？如果強調子與父的差別，是否就意味着聖子基督跟人一樣"被造"？這是一個很難解決的問題。以安提阿大主教阿里烏斯為代表的學派，強調聖子基督與聖父的差別，並提出基督"受造性"的神學主張而成為阿里烏教派。尼西亞大公會議，採用了該撒利亞主教優西比烏提出的"聖子與聖父同質"的措辭，達成"尼西亞信經"，宣佈阿里烏斯教派的措辭為異端。俄利根大主教奧利金及希波的奧古斯丁進一步論證，上帝聖父與基督聖子的關係為"本體同質"與"子父同永"，從而使基督教護教神學理論，臻達系統化、權威化之邏輯境界。[171]

第五，聖靈既產生於聖父也產生於聖子，聖靈充滿於信心所到之處。上帝借着子耶穌基督，用順服天父意志的生命獻祭所開闢的"道"，讓聖子道成肉身後，獻祭生命為人支付贖價並復活，因而顯明神的真理住於信徒內心，以堅固信徒對上帝不可撼動的信心。聖靈則在一切信心所到之處做工，以實現上帝通過聖子基督所得施行的、對人類的新救贖計劃。因此，聖靈既源於父，也源於子，聖父、聖子和聖靈三位一體，不可分離。[172]

這場基於《聖經·新約》的護教爭論，在東、西羅馬帝國境內是全方位且國際化的，最後在北非希波的大主教奧古斯丁那裡畫上了句號。奧古斯丁不僅通過他富於邏輯的辯論，堅固了教會和基督徒對"聖父、聖子和聖靈三位一體"之大公神學的信心，而且通過與各種異端基督教思想，特別是伯拉糾主義的鬥爭，更加深入系統地論證了《聖經·舊約》中創世並啟示盟約律法之上帝，和《聖經·新約》中施行愛與寬恕拯救之上帝的同一性，深刻批判了當時流行的將聖經新、舊約分離的二元論。創世、盟約律法和愛與寬恕的恩典拯救，是同一上帝的在不同時間階段的作為，都是上帝神恩的體現。奧古斯丁進一步論證了上帝的絕對性和人的有限性，特別論證了人的原罪之遺傳性，論證了離開上帝談論人的"自由"之不可能，因此人靈魂的拯救，只能來自上帝通過基督和聖靈做工的純粹"恩典"。

在奧古斯丁看來，末世論和人類的敗壞，與原罪有着深刻的歷史淵藪。上帝造人的確賦予人類始祖亞當以自由意志，但亞當對自由意志的不當行使讓人墮入"罪"中。亞當之"罪"的核心，就是要在上帝創造的時空中使自己絕對自由，從而因"違約"而疏離了與上帝的關係從而遠離了上帝的"愛"。亞當這種"違約"的"絕對化自由"，源於他意欲成為上帝那樣全能的僭越之心。亞當"違約之罪"依約得着了上帝對人"流亡"與"死亡"的懲罰。借着流亡，亞當及其子孫離開不朽的上帝，而進入"生"與"死"的有限生命與絕對自由的發揮，相互殺戮，從而遠離了上帝的至善；而藉着"死亡"，亞當只能通過"生"來傳遞人類的物理性有限生命，從而將罪性通過愛自己的欲望及性慾，傳遞給了我們，並使我們進一步遠離上帝的至善。因此，整個人類都處在一種悲劇性復仇的輪回之中，暴力相向，相互謀害傾軋，而全然不知上帝創造人類生命時所賦予的價值和意義。在這樣一個重大的歷史時機中，上帝再次派出"太初有道"的聖子基督，使基督道成肉身為耶穌，並用耶穌生命獻祭的大愛，來給予人類末世的啟示與拯救，這既是上帝對人的無奈，又是上帝對人施行的新拯救計劃。與父同質的基督深刻理解天父上帝的旨意，不僅順服上帝的意志，而且通過向天父的祈禱克服了血肉生命的脆弱，用自己作為耶穌在十字架上的血肉之死，向世人充分展示了上帝對人之"罪與敗壞"的愛與寬恕。如此罪孽深重的人類，當然無法依靠其自由意志的展現而實現自救，唯有依靠上帝拯救計劃的恩典，依靠基督"愛與寬恕"的啟示，依靠靈恩的做工，人才能夠堅固其對天父的信心而獲得拯救恩典。如果僅僅依靠人常常將其"絕對化"的自由意志，人就只能在那罪性的泥淖中掙扎並越陷越深。這就是奧古斯丁的"神恩獨作"說，這是對盟約律法時代、猶太信仰之傳統意義上"神人合作"說的根本性超越。[173]

　　奧古斯丁不僅通過古希臘哲學的邏輯力量，特別是通過柏拉圖哲學深刻洞見的雄辯，來為他的論點辯護，而且他那從罪中走向基督、朝向上帝的《懺悔錄》，幾乎毫無保留地向基督和世人，展現了他生命中罪的過程和朝向上帝而感恩並悔改的心路歷程，使人讀後既驚嘆於他對上帝信仰的誠實與真誠，也使人們對人性所充滿的悲觀與悽惶，有了刻骨銘心的感受，從而使得奧古斯丁的神學、哲學與文學，成為那個時代猶太信仰、基督信仰和古希臘哲學相融合的集大成者，影響了以羅馬教皇為中心的西方教會和東方教會此後千年的內在激情與外在理性敘事。無論後來發生的阿里烏主義和大公教會正統之間如何分歧與拉鋸，無論東、西教會在更具體的教義上如何爭論，甚至無論奧古斯丁關於人的自由意志極端無助於拯救之爭論所引發的東、西方宗教大分裂如何不可彌合，奧古斯丁所論證的，都是基督對人性的悲觀傾向，從而激發人只能節制自我，乃至犧牲自我，朝向基督神聖而被神恩揀選與拯救。他的這一深刻系統論證始終作為基督信仰"人的應當"之堅固磐石，沉靜在現實世界教會發展的激流中，為基督信仰的千年發展固基定向，直至公元 13 世紀托馬斯·阿奎那的橫空出世。

　　當然奧古斯丁的貢獻遠不止於此，當我們抬頭仰望現代經驗主義哲學之父笛卡兒的**"我思故我在"**的哲學命題時，其實奧古斯丁早在 1 200 多年前就深刻論證了**"我疑我活着"**的笛卡兒哲學思想源頭——**任何邏輯思考都源於造物主上帝這一深邃信仰。**據此，奧古斯丁還深刻論證了俗世政治權力的來源，是先於物質世界存在的上帝精神源頭。這不僅為神權國家的政治權力來源奠定了神學基礎，而且也為現代社會中個人"自由平等"之政治權力的最終來源，以及這種來源的權威性和絕對性真理，奠定了堅不可摧的人與自然同源於上帝的自然法哲學基礎。[174]

第八章

孕育：信仰下的人類公益精神

第一節　浪潮磨蝕中的斑駁帝國

　　正是這樣一種希臘哲學理性，與基督之死充分演繹出的"愛與寬恕"激情的合流，創造了上帝再度向人類啟示的基督信仰，借着羅馬帝國之刀劍開闢的國際化疆域，迷醉和吸引了成千上萬的追隨者、使徒和殉道者，逐步形成了以主教和牧師為導師、教會為信仰團契生活社群的組織，並迅速在教會組織間發展出共同的教義守則，最終形成基督神學哲學理論，為共同靈恩基礎的基督徒宗教組織網絡。人作為一個個獨立的個體，除了在傳統的家庭組織和國家組織中，為生存必須進行的共同體物理生活之外，擁有了一個依靠宗教組織網絡、以朝向並連接神聖基督與上帝的共同體屬靈生活，從而找到了生命的整全性和意義。

　　這是一次人類歷史上前所未有的信仰國際化浪潮，使得基督教信仰快速且穩定地在羅馬帝國轄區內展開。**基督信仰打破了猶太信仰以猶太民族為邊界的物理性藩籬**，並進一步洞穿希臘諸神、羅馬萬神的精神藩籬，借着基督住於人心之靈，而幫助羅馬臣民迅速找到人與他者之關係處置的"人的應當"。**這個"人的應當"就是人對他者基於上帝信仰的"愛與寬恕"，與歷史上任何哲學思辨和信仰所發現的"人的應當"徹底切割。**它絕不是一個簡單的人類理性概念，或某個共同體約定俗成的習慣法則，因為那種共同體法則只不過是對個體規約的"人的應該"而已，它冰冷而缺乏激情，它普通而不夠權威。基督信仰之"愛與寬恕"所啟示的"人的應當"，與上帝對他所創造的人類之"愛"保持着牢固的連接。基督因決定自我獻祭的犧牲、被釘死十字架卻依然對人慈悲憐憫，而充滿了愛與寬恕的激情。上帝因對基督的試煉並由此推動其對人類的再次拯救，飽含着上帝對人互愛行為的期盼。上帝因創造性、絕對性、無限性和永恆性而具有充分權威，因而值得人的屬靈生命去皈依、順服與信仰。

公元 381 年，狄奧多西一世皇帝頒佈法律，明確基督信仰為羅馬國教，並邀請 187 位大主教到君士坦丁堡召開第二次大公會議，進一步修訂完善了"尼西亞信經"，進一步夯實了基督教信仰的"三位一體"基礎。經過君士坦提烏斯支持的"阿里烏運動"對基督教異端化的嘗試失敗，特別是經過叛教者皇帝尤里安大力支持異教，恢復多神信仰與偶像崇拜運動的嘗試失敗（儘管這些皇帝本人生活儉樸、道德垂範甚至親民勤政，但結局都是悲劇性的），羅馬帝國政治家們從這半個多世紀的動盪中發現：猶太教特別是從猶太母教分蘖出來的"三位一體"基督教，已經在帝國的經濟、社會與政治的毛細血管中，形成了無論信眾數量還是理論體系，都無可匹敵的精神力量。羅馬帝國政治的持續與穩定，必須充分利用這一強大的精神力量鑄就的社會基礎，否則將事與願違，播下龍種而收穫跳蚤。羅馬帝國，從貴族社會人皆可神的萬神信仰向"三位一體之上帝唯一神"基督信仰的轉變，不僅成為一種自下而上的社會變革，而且成為一種皇帝親自推動其回應的社會變革，羅馬帝國的基督教化浩浩湯湯，勢不可當。新的考古不斷發現，不僅在羅馬帝國版圖內的所有附屬國，都能找到當時基督教的教堂、各種宗教遺址遺跡和《聖經》版本，而且沒有讀寫能力的蠻族，比如日爾曼部落、安息王國帕提亞部落，乃至高加索地區和中非的蠻族部落，也有《聖經》的譯本和傳教使徒活動的遺跡，這表明了當時基督教對羅馬帝國及周邊區域深刻而廣泛的靈性影響力。

帝國上層沒有意識到由此引發的潛在邏輯變化是：基督教在帝國領域的推廣，與帝國藉以成立的基礎是不一致的。這種不一致和衝突表現在幾個方面。

第一，基督信仰中的上帝，代表着唯一無限和永恆的絕對真理，他是全知、全能、全善的代表。他就像一面神聖的鏡子，照見了人的

有限性，這其中當然也包括皇帝的有限性。雖然教會也盡可能地去使
基督教義和儀式，與現實世界中的皇權權威相協調和妥協，但這種上
帝神聖性取代羅馬皇帝神聖性的意識，因基督徒信仰的儀典生活而不
斷得到強化。同時，它也是在文化意識中，對歷史上羅馬皇權人間造
神方式的一種否定，這實質上消解了人們以前對皇帝的盲目迷信與權
力崇拜，從而對皇帝個人修養及道德水準提出了新要求。

　　第二，基督教從根本上重新詮釋了《聖經·舊約》，強調人因着
上帝被造，而擁有了人人平等的人格與生命尊嚴。因此婦女的生命與人
格尊嚴被提升到前所未有的認識高度，即使是奴隸的生命和人格尊嚴也
不能被忽視。這種價值觀的變化，是與羅馬社會貴族與平民等級制度
的觀念不一致的，特別是與羅馬社會通行的由戰爭自然法則造成的奴隸
制度嚴重衝突的。這種衝突和不一致，隨着時間的流逝不斷衝擊與磨蝕
着羅馬社會的傳統觀念，並逐步解構着羅馬社會的深層結構。儘管羅馬
帝國的上層社會因種種複雜的原因而擁有奴隸，但釋放奴隸或為奴隸贖
身，似乎因成為上帝信仰的神聖召喚而變為信徒們的行為應當。

　　第三，基督信仰的核心，是用“愛與寬恕”的人際關係模式來取
代冤冤相報的“報恩復仇”模式，因此其推廣必然帶來人們普遍對暴
力正當性的懷疑，甚至對報恩式交易方式的懷疑，從而帶來對暴力復
仇模式的厭倦。這在很大程度上，是與羅馬刀劍立國的尚武精神和歷
史輝煌本質上衝突的。這種衝突隨時間的流逝會逐步削減羅馬軍隊的
戰鬥力。從歷史事實來看，羅馬圓形鬥獸場是極具象徵意義的羅馬暴
力文化的培養基和孵化器，在羅馬帝國興盛時期幾乎遍佈羅馬全境。
在鬥獸場不斷上演的人獸撕殺、人人廝殺、戰爭模擬和投入獸群撕咬
犯人的極刑，以及各種大規模暴力競技表演，總是不斷使年輕人熱血
沸騰，使他們崇尚暴力，輕視生命，從而為羅馬暴力機器對世界的征
服帶來了獨特的價值觀。可是，隨着基督信仰的普及，這種鬥獸場已

逐漸改變用途，變成舞蹈和歌唱表演的大型舞台，君士坦丁大帝之後殘酷的鬥獸表演就被官方禁止了。可以看到的另一種歷史表徵是，羅馬軍隊中的士兵構成逐漸地蠻族化。歷史學家們常解釋為這些蠻族士兵對羅馬帝國的忠誠度不夠，導致西羅馬帝國戰鬥力的下降和衰亡；其實更深層的原因，是那種尚武尚暴精神在基督文明推進中的消融與解構，表現為核心地帶羅馬兵源的不足導致兵源的邊緣化。民間習武風氣的下降以及從兵至官暴力征服戾氣的衰退，都在滴水穿石般磨蝕着羅馬軍隊的戰鬥力。

　　第四，基督信仰之“愛與寬恕”的非暴力抗暴模式，是建立在耶穌基督“人的應當”之生命獻祭與犧牲基礎之上的。這種耶穌生命獻祭與犧牲所喚醒的“人的應當”，既從宏觀上感染他人以播撒基督之愛的種子並歸化社會，又使基督徒個人生命之意義，全然區別於那個社會的紙醉金迷、狂妄自大與視他人生命為草芥的人性罪惡，從而基督徒自願獻祭與犧牲自己的生命，與“三位一體”的聖父、聖子與聖靈的神聖連接，變得順理成章，並因着這種神聖連接，而提升了生命的意義與升華了基督徒的靈魂。

　　這種神聖認知及對生命的處置方式，強烈地震撼着羅馬帝國物慾橫流、聲色犬馬、相互謀害殺戮的人心，從根本上滴水穿石般地消解着羅馬帝國的暴力統治模式，使其逐步向帝國政治內部法治化、帝國與附屬國外部政治契約化的方向轉變。我們可以從君士坦丁大帝之後到查士丁尼皇帝統治期間的歷史進程中，找到此種趨勢的端倪。這兩個世紀中很少出現奧古斯都大帝之後那麼多荒誕不經的皇帝。相反，這一時期的皇帝，無論君士坦提烏斯、背教者尤里安、狄奧西多一世，還是查士丁和查士丁尼，他們都或多或少受基督教信仰的影響，對個人的修養和行為都有相當程度的自律，甚至對哲學和基督教神學都有相當程度的追求和見解；他們都很重視羅馬法律的整理和修訂，著名的《狄奧多西法典》和《查士丁尼法典》（《民法大全》）的修訂出版、推行便是最有力的證據。其內在動力，就是運用同源於上帝的自然法精神來修訂羅馬法傳統，以規範帝國內部個人行為之"人的必須"，以應對基督信仰擴張所帶來的，人們從上到下對暴力無序的厭恨與批評。他們都很重視外部用兵，以維護羅馬的榮耀與疆域。

但事實上在那個技術落差並不那麼懸殊的冷兵器時代，軍隊的組織管理水準和內在的尚武尚暴精神，常常成為影響一國軍隊戰鬥力和軍事勝利的兩大決定因素，而羅馬帝國尚武尚暴精神在基督信仰的前進中此消彼長的消磨，決定着帝國軍事戰鬥力的日趨衰落和戰事失利的增加。而那些戰事的失利常常通過與附屬國外交的斡旋、簽訂契約來維護短暫的和平，包裝這種政治外交契約以維護帝國尊嚴的政治演說家應運而生。比如，著名的皇帝御用演說家德密修斯和利巴尼奧斯就是典型代表，他們通過在元老院做精彩的演講，將波斯和多瑙河日爾曼蠻族部落區域的戰事失利，用外交契約和解包裝成帝國的勝利與榮耀，贏得了元老院 6 000 多人的歡呼和整個帝國社會的擁戴。而這種政治技巧的鴉片和基督信仰推動的非暴力文明，猶如兩個相輔相成的催化劑，既麻痺了帝國從上到下對統治危機的神經，又為東北部日爾曼蠻族部落的聯合成長提供了足夠長的歷史機遇與空間。[175]

第二節　昔日輝煌在深層信仰衝擊中落幕

從歷史上看，西羅馬帝國的皇帝從狄奧西多一世開始利用哥特人作為付費僱傭軍打仗，從而開啟了蠻族瞭解羅馬內情且生問鼎羅馬之心的戰略失誤。始自狄奧西多二世霍諾留之後的皇帝，比如瓦倫提尼安一世至三世、馬約里安等，全都懦弱對外，喜歡宮廷內鬥，殘酷殺害忠臣幹將，政治腐敗而民生潦倒，貴族生活極度腐化墮落。

　　到公元 5 世紀末，位於羅馬帝國廣袤北部和東北部的哥特人、汪達爾人、法蘭克人和匈奴人，特別是日爾曼部落聯盟，借着他們一如羅馬前期的尚武尚暴精神，以及他們從羅馬文明中所學到的管理能力與法治能力，基於當時羅馬的農業技術和冶鐵技術已充分在這些地區推廣，受到哥特人領袖阿拉里克問鼎羅馬並在公元 410 年攻佔羅馬城的血腥鼓舞，在之後的 70 年中接二連三地擊敗西羅馬帝國的軍隊，攻陷了不列顛、高盧、西班牙和北非迦太基，並五次攻陷和劫掠了曾為世界文明中心的輝煌之都羅馬，同時也嘲弄了羅馬帝國政治家們長期忽視北部日爾曼蠻族部落，並總想通過外交斡旋獲取暫時安寧的戰略失誤。即使半個多世紀後，東羅馬帝國皇帝查士丁尼兩次用兵收復羅馬，也無法挽回西羅馬帝國行將滅亡的命運。根據歷史學家們的計算，這些蠻族在百年之內進攻西羅馬所用的兵力總計不會超過 12 萬人，與羅馬帝國至少 30 萬人的常規兵備相比，此種勝利實在令人匪夷所思。這只能說明軍事的失敗僅僅是表面現象而已 [176]。

　　就這樣，這個在人類歷史上最早進行大規模貴族民主、平民民主、君主一統，以及龐大行省自治之政治制度試驗的最輝煌的羅馬帝國，拉上了他以羅馬為中心的西羅馬帝國之帷幕，被再度恢復成從前以民族為邊界特徵的眾多歐洲民族國家，只剩下以君士坦丁堡為中心的東羅馬帝國，在吸取西羅馬衰亡之經驗教訓後，經過革新，面對伊斯蘭暴力崛起的衝擊，在相當於今天歐亞相接的 15~18 個國家的版圖上，風雨飄搖了近 1 000 年。

　　軍事失利和西羅馬帝國版圖被日爾曼部落蠻族分割，並最終消解的政治表像的深層暗流之下，潛藏着基督信仰在帝國版圖內推廣所造成的人們價值觀的轉變。這個價值觀，就是人對自己生命正當性的思考與價值取向，並通過這種價值取向來處理自己的欲望與人生遭遇。顯然，基督的故事以及那些因追隨基督而殉道的使徒們的故事，被每一個時代的主教和牧師在遍佈羅馬帝國的教堂中反復宣講，特別是這些宣講者清心寡慾的生活方式所體現出來的，人對欲望和人生際遇處理的範型，成為這種普世之上帝基督價值觀的現世呈現，推動着整體社會價值觀的轉型，形成羅馬帝國衰亡的深層力量。

　　但值得高度關注的是，在西羅馬帝國宗教深層信仰衝擊與帝國政治崩塌的表像之間，有一個經濟與帝國系統維護成本的夾層頗值得關注。它可以更好地詮釋西羅馬帝國崩塌的經濟原因，那就是帝國政治系統成本分攤引發人群相互博弈，所導致的經濟結構轉型。任何一個帝國在經歷長期運轉後，都會產生龐大的官僚與軍事機器維護的高額成本，解決這一成本分攤從而使這架機器運轉下去，始終是帝國統治者們面臨的巨大考題。羅馬帝國版圖的峰值面積達 600 萬 ~1 000 萬平方公里，涵蓋今天歐、亞及北非 50 多個國家的領土範圍，其語言文化跨度前所未有，轄下峰值人口接近或超過了 1.2 億，幾乎佔當時世界人口總數的 40%。以當時的信息與交通技術而言，帝國政治管理系統的難度是難以想像的，其系統維護成本之高也是難以想像的。

　　在領土不斷擴大的暴力進程中，大規模暴力掠奪產生的動態性“橫財”加上適度基於土地的農業稅收，基本上可以滿足帝國系統的維護成本。再加上帝國控制了地中海貿易，並通過版圖擴張打通了海上與陸地貿易通道帶來的城市經濟與商業繁榮，從城市工商業稅收和貿易關稅中獲取了更多的收入來增加帝國系統維護的資源。因此，羅馬帝國成為那個時代的財富集中之地，似乎具有取之不竭的財源。於是，帝國各層級都爭相創作那個時代可以想像的物理性建築輝煌與奢華的生活方式。可是到公元 117 年，圖拉真皇帝將版圖擴張到帝國暴力所能抵達並控制的物理極限之後，作為暴力征戰劫掠的動態 "橫財" 突然停止增長了。[177] 但帝國皇帝們業已養成的建設與鋪張欲望繼續高漲，帝國系統的維護成本和收入之間必然會出現缺口。

這種情況經過幾代皇帝的積累，到康茂德皇帝（公元 177 年~192 年）時期急轉直下，捱到卡拉卡拉皇帝（公元 198 年~217 年）時期已臨到一個新的轉戾點。圍繞着彌補這種帝國收支缺口的博弈，羅馬帝國的政治家們演繹出了後期獨特的羅馬經濟模式。卡拉卡拉皇帝想出兩招並予以立法來解決這個缺口問題：其一，是將羅馬公民權擴大到羅馬版圖內的所有男性非奴隸人口，但他們的義務是必須服兵役；如果他們不想服兵役，就必須通過繳納補償稅來替代；此外，他們還必須交納繼承稅。其二是將印有皇帝頭像鑄幣的含銀量降低 25%，來支付羅馬軍團的軍費。第一項措施不僅沒增加收入，還因為羅馬公民不交所得稅的法條，而大大降低了帝國全境的收入，第二項措施則引發了嚴重的通貨膨脹。於是，卡拉卡拉 29 歲就在出征安息王國帕提亞時被軍隊所謀殺。

卡拉卡拉這種臭招數，哪個皇帝都能想到，於是到公元 3 世紀末，羅馬皇帝所頒發銀幣的含銀量已降到 10% 以下了，羅馬境內許多地方因此而出現不斷攀升的通貨膨脹。羅馬貴族和自由民應對通貨膨脹的有力措施，通常都是購買土地保值，並使用奴隸勞動以降低生產成本來增值，但主要來源於戰敗國俘虜的奴隸供給，卻因領土擴張的停止而大幅縮減。加上基督文明對人生命的平權尊重，使奴隸的保有成本大大上升，從而使得農業提供的稅收不足以維持帝國的需求，因此稅攤就更大規模地轉嫁到城市工商業稅和貿易關稅等間接稅上，從而打擊了羅馬帝國藉以輝煌的工商業文明。這種情況促使城市工商業者、自由民和貴族，都加入到土地兼併的浪潮中。於是，領主莊園經濟應運而生。[178]

　　領主擁有的土地越多，使用的人數越多，越能形成抵抗通貨膨脹的內部分工、協作與物物交換，這就越鼓勵領主經濟減少使用不斷貶值的羅馬貨幣，從而使領主在政治上的話語權反而增加。而羅馬自由公民逐漸失去了原有的榮耀與特權利益，成為徵兵和徵稅的對像，因此逃到領主莊園中去避難，是除了基督徒修道院之外的另一種可靠選擇。上述兩種需求結合在一起，促進了羅馬帝國及後來歐洲大領主經濟制度即歐洲封建制度的發育。

　　領主經濟最初級形式的"維拉型"莊園，是一種比較適合自由民進行農業商品經濟的規模農業。它平均由幾十名奴隸進行農業生產，但無法獲得稅收的好處，也無法擁有保護其他自由民的政治權力。而規模更大的"拉蒂芬型"莊園就不同了，它平均擁有幾千名奴隸。規模最大的"薩爾圖斯型"莊園則完全不同，它常常擁有數萬名奴隸或自由民，內部分工分業複雜，還需要培養訓練有素的保安力量。這種可以世襲的"領地"，成了國中之國的領主經濟，可以因實行包稅而逃交很多稅賦，而且在政治上，對奴隸和從城市逃逸而來的自由民有很強的保護能力。當時的羅馬法規定，政府官吏不得進入領主私人領地逮捕人犯，而只能由領主的管家實施逮捕，這就是大領主具有政治庇護能力最有力的明證。於是，在西羅馬歐洲的高盧、意大利、西班牙，乃至不列顛，這種"薩爾圖斯型"領主莊園模式迅速繁衍。

　　通過這種領主經濟模式，羅馬帝國土地的 80% 被集中到 5% 的人手中。[179] 另一方面，領主經濟的政治勢力越強，帝國維護必需的稅賦收入越現窘迫，故被迫將此種成本通過間接稅和服役稅，轉嫁到從事城市工商業和貿易的自由民身上，從而進一步導致自由民向領主莊園的逃亡，形成無解的惡性循環。結果是原來的偏遠鄉村因大領主經濟逐漸繁榮，原來繁盛的商業之區則日漸凋敝，原來輝煌的城市荒蕪，羅馬交通大道兩旁盜賊蜂起。曾經為世界最輝煌之都的羅馬，人口從頂峰的 150 萬下降到 公元 5 世紀下半葉的 30 萬，其地位完全被"新羅馬"君士坦丁堡所取代。

西羅馬帝國政治系統的坍塌，代之以新一輪歐洲與北非民族國家的興起。但這些新興的民族國家，是經過數百年乃至近千年羅馬統治後整合或重組的民族國家，這種整合與重組是令人迷醉的歷史故事。儘管這些民族國家都盡最大努力去恢復它們的民族自覺，但在兩個方面，它們永遠都無法抗拒羅馬帝國留給它們的歷史財富與影響。

第一個方面，是羅馬的政治制度與法治影響。羅馬經歷了從貴族民主到羅馬公民民主再到君主政治的全過程試驗，其政治制度完全不像大多數農耕文明基礎上的政治制度那樣，具有根深蒂固的家族專制性政治特徵。雖然它最後不得不迫於那個時代的政治自然律，而採取"帝制"這一通行的政治治理模式，但仔細辨析羅馬的"帝制"，它與世界上所有農耕文明時代所採用的家族專制型"帝制政治"模式有着本質的差別。首先，羅馬政治繼承了希臘尊重個體人權和物權的人本主義理想，儘管這些個體的界定只限於具有羅馬公民權的個體，但也是最早在人類共同體政治中，關注共同體構成單元的個體性權利基礎的嘗試。其次，羅馬政治繼承並發揚了古希臘關於人類共同體的哲學理性主義，追求公共秩序的規範與實踐。這主要體現在著名的羅馬《十二銅表法》《狄奧多西法典》和《查士丁尼法典》等法律條文系統中，體現在著名法學家西塞羅撰寫的《論共和國》《論官吏》和《論法律》，以及公元 2 世紀著名法學家蓋尤斯撰寫的《法學階梯》等經典典籍的法治思想中。正是這些法治實踐的條文與思想，反映出羅馬政治文明中所包含的、古希臘關於維護人類共同體公共秩序的哲學理性。[180] 當然，對這種理性的反思與再認識，是西羅馬帝國衰亡 600 多年之後的事情了。最後，羅馬政治文明的另一個重要方面，就是他們對政治授權與運行的程序性尊重試驗。元老院成員的選擇和運行，大執政官或護民官的選舉，平民議會的產生與運作，元首制的過渡性創造，皇帝擁立和廢除的程序，皇帝對後期元老院形式上的報告制度等，無一不體現了羅馬帝國在人類政治文明中尋求並尊重"程序正義"的大膽嘗試。[181]

　　因此，當從歷史事實的角度去考察羅馬的皇權更替時，我們發現對其他帝制來說，家族性血統的繼承或血腥的戰爭式奪權，是其權力的兩種更替方式。而在羅馬帝國的政治更替中，這兩種權力更替方式根本不是主線脈絡。羅馬政治權力更迭的主線脈，反而是共和制轉向帝制早期"義子"方式的選賢繼承，以及中後期軍隊對皇帝的擁立。而元老院則始終在這一過程中，扮演着使其程序性合法的角色。有些學者簡單把羅馬帝國後期的政治更替，類比為蠻族政治中的軍事政變，這未免失於簡單。羅馬帝國政治，這些飽含人類個體權利尊重基礎、共同體秩序民主、程序性合法與家族傳承相結合的試驗性成果，即使放到今天，依然對人類許多民族國家政治文明系統的構建，具有不可忽視的啟迪意義。因此，它無法不對從這個母體分離出來的歐洲各民族國家的政治治理，產生廣泛而持久的深刻影響。

　　第二個方面，是基督教信仰對人作為個體思考與行為之"人的應當"的影響。儘管基督信仰成為羅馬國教後，很多新加入的基督徒，不像早期在迫害中堅守的基督徒那樣虔敬與純潔，但因為基督教基於對人性中"原罪"的悲觀和上帝救贖的"感恩"，對人世的"暴力"與"罪惡"，採取"愛與寬恕"的非暴力、非復仇模式，從而對信徒朝向神聖之"人的應當"，必然以自我犧牲與獻祭來達成。這種用自我苛求、以照見人間罪惡並予以原宥的價值觀，在那個時代對人的生命價值升華，是極富感染力的。它一經成千上萬的使徒與信徒，在羅馬帝國這樣一個佔當時世界人口幾近 40%、民族國家幾近 30% 的區域中推廣，便形成以成千上萬的神學哲學權威（大主教及教堂）為中心的精神組織。這些教會組織又通過討論教義和皇權關係處理等產生交集，形成以羅馬為中心的基督教組織之世界性傘型網絡，其社會影響力幾乎是無敵的。因此，不僅當時羅馬帝國統治的相當於今天的50 多個民族國家，在脫離羅馬帝國後都保持了基督信仰，而且很多高加索、黑海周圍及多瑙河北部地方，諸如日爾曼等蠻族部落，在侵入高盧、不列顛、西班牙、意大利北部這些羅馬帝國的核心區域後，也很快皈依了基督教信仰。[182]

第三節　朝聖的香客，渴望着自己的國度

前述兩大因素的影響，決定了歐洲文明的千年走向。一方面，其物理性國家治理，走向了以民族國家為特徵、以領主經濟為主導的君主政體，並形成了源自羅馬法而又各具特色的 “人的必須” 的法律規範；另一方面，人的屬靈性治理，則走向了以教會為組織網絡、以《聖經·舊約》和護教神學家解經理論為權威的信仰體系，並形成了一整套統一的 “人的應當” 的宗教生活儀典。人的物理性現實生活治理，終於跟人的屬靈性生活治理分開。[183] 無論王權在人類共同體物理性生活中多麼華麗與輝煌，但跟上帝權威與基督之教會代表的屬靈生活相比，遠遠不如屬靈生活中上帝所期盼之 “人的應當” 那樣神聖莊嚴且令人激情永動。

在公元 800 年的耶誕節，法蘭西前身法蘭克王國的國王查里曼，在他父親丕平皇帝向羅馬教會敬獻意大利羅馬周圍拉文納土地，即丕平

獻土之後的 44 年，應邀率軍翻越阿爾卑斯山並南下意大利進入羅馬城。
羅馬教皇利奧三世親自給查里曼戴上神聖羅馬帝國皇帝的冠冕，讓其率
軍驅趕北非伊斯蘭在意大利和羅馬沿海城市的侵略者和組織化海盜，以
保護基督教和歐洲。從這一歷史節點開始，歐洲政教分離後王權的人間
權柄和王冠，都需要得到上帝權威之人間代表羅馬教皇的授予和加冕，
以增加其君權神授的正當性與權威性，從而形成了人類歷史上歐洲獨有
的教權與王權各自獨立、並相互制衡的新政治治理機制。[184]

　　這種教權或神權對王權的制約，是教會長期跟王權抗爭及對神
聖責任擔當的結果。譬如，為了打消皇帝蘭廷尼安三世的母親查士
蒂娜，將一所米蘭基督教堂送給異教徒的企圖，米蘭主教安布羅西
的會眾長期為此教堂守夜，先靜坐示威，後徹夜吟唱聖詩和聖歌，
直至皇后放棄念頭。波利努斯聖徒給皇帝寫信要求取消殘酷的角鬥
士表演，其帶領聖徒長期吟唱聖詩聖歌，直至皇帝最後取消了角鬥
士表演。著名的聖索菲亞教堂的金嘴祭司約翰·克里索斯托姆，因在
每次佈道時，直言批判富人對窮人的冷漠和欺壓、批判皇家貴族的
奢侈淫蕩的生活而被皇后責令開除，後因信眾強烈和平呼籲，皇帝
被迫將克里索斯召回。托姆歸位後繼續以基督名義批判現實，又被
皇后責令驅逐，如此等等。而且教會在與俗世皇權的鬥爭中持續獻
祭與犧牲，雖然這種犧牲不再像君士坦丁大帝之前那樣被政權公開
迫害，但犧牲依然行進。從公元 8 世紀 ~10 世紀，圍繞着呼籲整合
各種政治力量，以應對伊斯蘭海盜在地中海的橫行和對西西里島的
佔領，數十萬計的基督徒，被掠往北非伊斯蘭重鎮阿爾及爾和突尼
斯為奴，其中包括很多主教。連教皇也在這種混亂的秩序中被謀殺，
僅公元 10 世紀上半葉的 32 年間，被謀殺的羅馬教皇就有 13 位。
羅馬教皇和教會因在這種長期的苦難中經受試煉，最終戴上了基督
屬靈王國的皇冠 [185]。

西羅馬帝國滅亡之後，按理說君士坦丁堡本應成為東羅馬帝國的中心，並在西羅馬帝國滅亡後仍然擎着羅馬帝國的旗幟 900 年。但為什麼是羅馬基督教會，而不是君士坦丁堡基督教會成為基督教世界的中心或權威？除了歷史學家們列出的各種各樣的具體史實原因外，我認為最實質性的原因，是羅馬教會所承受的塵世苦難，以及在應對種種苦難際遇中堅守基督精神的屬靈影響力。

第一，當然是早期基督徒，比如聖·彼得、聖·保羅和伊格納修等使徒或殉道者，在羅馬帝國對基督信仰大迫害中的獻祭與犧牲，正是這些獻祭者的鮮血，持續澆灌和助燃了基督精神在人心中的信仰激情。

第二，羅馬教會代表了已經覆滅的西羅馬帝國版圖內的信眾，對基督信仰"三位一體"教義的頑強堅守，堅持與任何擴大上帝與基督之差別的神學傾向做鬥爭，以維護上帝一神教及其與基督拯救計劃之同一性，從而杜絕了基督信仰，向任何多神信仰與神秘主義信仰滑落的可能性，正是羅馬教會的這種長期頑強堅守維護了基督信仰之道統與理性。

第三，羅馬教會在羅馬遭遇的歷次大瘟疫中，譬如公元 164 年 ~169 年的安東尼瘟疫、公元 250 年 ~270 年的大瘟疫、公元 320 年的馬克西敏大瘟疫等，所體現出來的那種基督之愛的精神。當羅馬每天的死亡人數達 2 000~5 000 時，很多人都逃離他們染上傳染病的親人，只有基督教會組織的基督徒仍堅持跟病患在一起，實施照顧與可能的醫治，很多基督徒因此染病犧牲。特別是在西羅馬帝國滅亡後的公元 590 年，格里高列被任命為羅馬教皇。當時本已凋敝不堪的羅馬又逢大瘟疫，滿城瓦礫，十室九空。格里高列作為君士坦丁堡教會的祭司，在聽到他需要接替死於瘟疫的佩拉吉二世教皇的工作消息後，被嚇得逃跑了。可是在逃亡的路上，他聽到基督的呼召而返轉去羅馬接任，留下他那千古名言："除了不想當主教的人以外，沒人配當主教"。他在位 14 年，組織動員信徒恢復祈禱，救助病患，清除垃圾，救濟窮人，祈求東羅馬皇帝及其他有武裝力量的領主和城邦，抵抗倫巴第人的進犯，並協調倫巴第人休戰和放棄進攻。格里高列的目光還關注到高盧和歐洲各國的地盤，通過成千上萬的教皇信函，協調解決各教區、各國國王乃至大公之間的矛盾與問題。他在對苦難的應對中，練就了飽含基督神聖期盼且極具說服力的語言，使已經分崩離析的西羅馬帝國通過他，而感知到基督的愛與寬恕之聲。他用生命品性和文字，對羅馬教皇的首位權進行了詮釋與規範，特別是教皇由比較有影響力的歐洲教區大主教們，通過秘密推選而公開的教皇產生機制，在相當長的時間裡，奠定了羅馬教皇制的程序正義與權威基礎。他給後人留下了長達 50 萬字的解經之作《約伯記》和《談話錄》，用最平實的語言和沁人心脾的隱喻，夯實了基督世界傳遞福音的重心——即福音的傳遞並不在於你去享受基督冠蓋下的榮華，而是用基督之心在悲慘的生命際遇中，去正確理解上帝無邊的愛與神聖，用來自上帝與基督的聖靈，去處置生命中的欲望與際遇，從中找到基督住心的喜樂。[186]

第四，羅馬教皇和主教們在基督信仰成為國教後，持續做出的生命獻祭與犧牲。東羅馬帝國的南部和北非，被公元 7 世紀興起的穆斯林佔領並全面伊斯蘭化之後，北非諸城的酋長型政府，從海盜收入中抽成 20% 的政策機制，讓地中海變成北非穆斯林組織化海盜的溫床。意大利沿海城市飽受劫掠，西西里島和薩丁島被北非穆斯林血洗與劫掠。但意大利已分崩離析為無數城邦商貿小國和內陸領主部落。羅馬教皇沒有武裝力量，既無法抵禦北非穆斯林，也得不到東羅馬帝國的支持，甚至都無法從"愛與寬恕"的教條化群體心理陰影中走出，因此，無法阻止穆斯林海盜對從西班牙到意大利第勒尼安海、愛奧尼亞海和亞得里亞海沿岸城市的劫掠，無數的修道院乃至羅馬聖彼得大教堂都數次遭到搶劫。

於是，格里高列四世教皇在公元 827 年被迫為軍隊招募基督徒，博尼法喬率領基督徒跟伊斯蘭聖戰組織對抗，並贏得首次勝利。格里高列四世教皇也於公元 830 年身先士卒地率軍守衛羅馬，擊退伊斯蘭的進犯。公元 831 年，伊斯蘭攻佔西西里巴勒莫城，6 萬人為守城戰死，基督大主教被掠為奴。在教皇的組織下，基督徒在公元 847 年開始從 "愛與寬恕" 的基督信仰教條化理解中走出，在一個沒有統一世俗政權護衛的境遇下聚集，組建自己的武裝力量，終於形成抗擊伊斯蘭入侵以應對外部暴力的公共意識。公元 848 年，利奧四世教皇組織意大利城邦國開展保衛基督世界的聖戰，並在著名的 "奧斯提亞海戰" 中取勝。此後，羅馬教皇奔走呼籲意大利沿海本土阿馬爾菲、比薩、熱那亞和威尼斯諸城邦國行動起來，組織武裝力量，與北非伊斯蘭聖戰軍和海盜軍相抗衡。

公元 877 年，西西里敘拉古在堅持了 9 個月後被攻破，伊斯蘭聖戰軍喊着 "真主之外無信仰，穆罕默德之外無先知" 和 "基督之狗去死" 等口號屠城，包括大主教在內的 70 位最傑出的基督徒慷慨赴死，西西里島徹底淪陷於北非穆斯林手中。然而，東羅馬帝國和基督教歐洲置若罔聞、見死不救。地中海被恐怖籠罩，意大亞平寧半島門戶洞開。至公元 918 年，羅馬教皇約翰十世倡議組建十字軍，並親率義務徵召的基督徒十字軍南下征戰，首戰收復凱斯格里斯要塞，進而收復伊斯蘭海盜長期登陸的橋頭堡港口城市韋登利維爾，舉起了基督十字軍護衛基督世界的旗幟，給分崩離析的歐洲護衛基督教中心羅馬，增添了巨大的信心，但他自己也在公元 928 年被謀殺。

公元 1087 年，意大利本土城邦小國阿馬爾菲、比薩、熱那亞和威尼斯這 4 個城邦國，響應維多三世教皇的號召，組建了 300 艘戰船的十字軍。十字軍首次出征北非政治中心萬魯比，拯救被北非伊斯蘭劫掠為奴的基督徒。此戰歷時月餘，大獲全勝並迫使對方投降簽約，從此拉開了此後 200 多年歐洲諸國加入十字軍東征的序幕。

　　由此可見，羅馬基督教中心的位置和羅馬教皇的權威，絕不是塵世權柄冊封的結果，也不是羅馬教皇的陰謀設計，而是在那個年代特殊的外部暴力血泊中，羅馬教會和教皇數百年堅守基督精神並獻祭犧牲的結果，是人世罪惡苦難之水澆灌出的基督之花，是基督戴到羅馬教皇頭上的荊冠，¹⁸⁷ 是對基督徒在羅馬帝國世俗霸權崩潰之後王權秩序整合的屬靈試煉。由此，人類歷盡千辛萬苦，在歐洲發育出以羅馬教皇為代表的基督教會和以歐洲各國國王為首的神權政治體制。這兩種共同體組織相互獨立又互相制約，實屬屬世公共秩序與屬靈公共秩序相互制約的獨創，歷經 900 多年之滄桑而初步成型。它既符合希伯來"上帝唯一神"信仰的出發點，又符合古希臘哲學家們"神高於並先於萬物而存"之秩序美的哲學理性；既傳承了羅馬帝國的"法治"秩序，又構建了基督"犧牲獻祭"所體現出"愛與寬恕"旨意的上帝之城；真正實踐了基督在耶路撒冷決定生命獻祭前的應許："讓上帝的歸上帝，讓愷撒的歸愷撒。"

　　可是，在朝向上帝的精神信仰方面，當基督信仰變成一個不受人間迫害的宗教並可以莊嚴街市之後，世俗的仰慕與欲望，也必然會裹挾着罪惡侵入教會組織和人心，從而使一些教會變成可以聚斂錢財、享樂的地方。而世俗的帝王權力也會深度插手干預神權事務，從而將教會組織變成王權組織之附庸，產生教會始於教職任命的腐化墮落。在這種情勢中，那些基督獻祭與犧牲的追逐者，對這種宗教生活失去了內在的神聖感和方向感。以聖·哲羅姆（公元 340年 ~420 年）為代表的虔敬主義基督徒，掀起了一場新的歷史背景下效法基督的修道運動。這場運動的實踐者為安東尼（公元 251 年

~356年），他婉拒君士坦丁大帝對他的政治邀請，堅持用隱修的方式節制自己的欲望，將生命的物質需求降低到最小限度，在紅海附近沙漠中的科爾哲姆峰上清苦而虔敬地度過了他的隱修生活，直至105歲去世。對自己物質欲望的苛刻，使他獲得了基督世界隱修者們的敬仰，並引導了基督教世界此後數百年，對自身肉體需求極度苛刻的隱修競賽。

　　帕科米烏斯（公元287年~347年）則數十年不曾躺下睡覺，他致力於推動團契式而非隱修式苦行修道。他傾心修建了9所修道院和1所女修道院，並最早編寫了"修道院團體生活規章"。聖·哲羅姆則除了在耶路撒冷伯利恒及其他地方建修道院並領導團契式修道之外，在生命最後的34年裡，他都堅持住在山洞裡，杜絕人世間一切物質誘惑，並寫了大量的著作批判現實世界中王公貴族的奢侈腐朽，基督教會的腐化與墮落，對基督徒道德的要求極端嚴苛，甚至對北非著名的大主教神學家奧利金都橫加撻伐。他還用優美的拉丁文寫詩文之信給當時的貴婦人，勸諫她們加入苦修，從而推動了女修道院的興起。奧古斯丁也是非洲最早修道團體"奧古斯丁修道會"的發起人，他為修道會建立了基督信仰的原則、修道生活的儀式和必須遵守的戒律，並在生命的自我約束和痛苦經歷中體驗基督的神聖與莊嚴，以致他在76歲死於希波大主教的位置時，尚在承受西羅馬衰亡之重壓中修道。時值汪達爾人圍城3月，奧古斯丁一方面禱告勸說民眾堅守城內，另一方面勸說汪達爾人停止反叛羅馬回歸基督，他身感時日不多，為自己寫下了那警醒後世的墓誌銘："是什麼使基督徒的心如此沉重？因為他是朝聖的香客，渴望着自己的國度。"[188]

　　除了安東尼、帕科米烏斯和哲羅姆這樣極端挑戰身心的苦修基督徒，以及聖馬丁大主教、奧古斯丁大主教、格里高列教皇這樣對人性

充滿悲觀，且通過身體力行去苦修、朝向基督的極具影響力的大人物
和大思想家之外，還有一種世俗力量加入苦修並產生了巨大的影響。
那就是出身貴族豪門的波利努斯（公元 353 年~431 年）、小梅拉尼
亞（公元 383 年~439 年）和本尼迪克（公元 480 年~548 年）等這
類人的加入。他們或拍賣自己的財產並在悉數捐贈後加入修道運動，
比如波利努斯和小梅拉尼亞夫婦；或在逃離祖產和自己的富貴生活後
加入修道運動，比如本尼狄克為棄絕慾望裸身在荊棘中打滾。他們棄
絕榮華富貴而朝向神聖生活的態度影響了很多人，從而合力推動了虔
敬基督教修道運動的興起。[189]

第四節　公益慈善組織的誕生

　　修道運動深刻影響着基督教信仰的傳播方式，也深刻影響着歐洲
社會深層結構向公益慈善組織的轉型。

　　這主要表現在：修道運動是一種和平環境中基督徒追求殉道的精
神探索。因為成為國教後的基督教會，既能得到建設華麗壯美教堂
的捐贈資金支持，又能在基督神聖名譽或華蓋之下，過着莊嚴而奢
華的生活。基督信仰中，原本包含着的"獻祭與犧牲"及"愛與寬
恕"之靈被逐漸侵蝕，奢靡的罪惡侵蝕着正統的基督教會，正統教
會中奢侈與浮華的生活使那裡的基督徒麻木不仁，對人間苦難無動
於衷。因此，參與修道運動的基督徒要與他們區別開來，棄絕浮華，
通過苦修朝向基督為"愛與寬恕"作自我"獻祭與犧牲"的本質神
聖。修道運動，使得基督信仰以兩種形式向歐洲社會的城鄉推進：
一種是人口聚集區建設的相對正規的教會與教堂，以供基督徒崇拜
和交流的"社區中心"形式；另一種是在偏僻鄉村或山區建設相對

簡約的修道院，以供修道士過清苦"團契生活"的形式，有點兒類似東方的佛教寺廟。到公元 12 世紀末～13 世紀初時，整個歐洲有8 000 多所修道院，僅法蘭克境內就有 600 多所。當然，在時間流變中，其中一些修道院又由於財富的持續捐入而變得富有並腐化，從而又與基督精神相背，公元 13 世紀初，又產生了如方濟各和多明我那樣的托缽清修會和清教徒修行方式，來淨化日漸程序化與腐敗化的修道制度。此是後話。

　　同時還表現在，作為一種基督徒的內生壓力，以及作為基督教會組織的外部壓力，修道運動不斷校正國教化之後的基督教官僚化弊端，推動着慈善公益組織的創造性誕生，從而推動人們基於神聖捐贈和基督之愛的公共關愛行動，與政府公共職能相分離。這是人類文明史上的重大創舉，它深刻地影響着人類此後千年文明的走向，直至今日。

　　首先，基督教這種宗教組織的創新，一開始就跟國家這種政治組織相區別。國家這種政治組織，從一開始就在政治權力方面凌駕於家庭之上。誰取得國家權力，誰就有權對國家共同體內基於家庭的經濟單元徵稅，其回報，是為家庭提供免於外部暴力和內部暴力侵擾的服務，這中間存在一種契約。但由於契約關係是國家對家庭這樣的"一對多"模式，從而使這種契約只能是隱性而非顯性的，因此取得國家權力的"一"方，常常可以對"多"方分別實行強制，於是國家本身就會給共同體內的個體及家庭，帶來日漸增多的強制性暴力。協議雙方的關係，始終是一對多的自上而下科層制強制關係。這樣一個共同體內部國家和家庭之間契約的公平性，始終要靠明君與惡君及盛世與亂世的更替，來進行週期性的調節與演繹，再與共同體規模的外部，擴張或縮小這種與其他共同體之間的暴力衝突相交織，從而構成了那個時代各民族國家大相徑庭的政治文明史。因此，國家這種組織形式，常常是作為人的個體性家庭不得不接受的被動式無奈選擇，而且沒有任何退出機制。

　　基督教這種組織形式，是一種基於共同屬靈信仰的小共同體型的社會自治組織。它基於個人而非家庭，基於共同的信仰而非利益，基於加入和退出的自由機制。其組織收入，是基於自願性神聖捐贈而非權力強制性徵稅；其通常的機制，是每個參與者在每次聚會時往捐款箱中投幣。其組織收入的使用，是通過教會的一個理事機構來決定的。理事會成員，是由這個屬靈教會社區相互熟悉的成員，自下而上地選舉產生。因此，我們看到了人類文明史上，相對於“家庭”和“國家”的組織形式創新。

　　家庭這樣一種集財富創造、情感生活、消費主體和人類再生產等功能於一身的組織形式，一般是以家長（父權）為核心，或以長子（無父的情況下）為核心來運行的。家庭這種組織形式在農耕文明中的很長一段時間內，一直是人作為社會血緣性組織細胞而存在。其核心紐帶是“血緣”，其聯接方式是“血親與血親權威”。部落聯盟式的自然國家或成文法君主制的民族國家，則以表面契約性實則強制性為由，向家庭徵稅，以維護共同體公共秩序，保護家庭免遭共同體內部暴力與外部暴力的侵襲，這是人類創造出的處理人類公共利益關係的組織形式。但這種組織形式，藉以連接的核心紐帶是“地緣”，組織形態是“自上而下”。大規模出現的基督教教會組織、修道組織及其慈善公益組織，是人類創造的第三種組織形式，它通過共同朝向神聖的基督信仰而自願捐款和捐時間，創造了人類個體面對各種痛苦和苦難遭遇時，所堅守的對上帝的信心，從而形成了用“愛與寬恕”而非“暴力復仇”方式，去處理種種生命遭遇的文化氛圍，是人類屬靈性的公共組織形式。這種教會組織形式的收入來源和財產的社會性質，以及這種公益財產，不得用於交易與饋贈等保護性法規，已經在公元 6 世紀的《查士丁尼法典》中得到了充分體現。[190] 修道院組織在組織結構上和使命感上，除了更加突出發起人的個性化，以及更加嚴苛的管理之外，與教會組織的性質及結構並無本質差別，因此它屬於基督教會組織的一個亞種。這種組織形式，藉以連接的核心紐帶是"超血緣超地緣"的"屬靈信仰"。其組織治理，是基於個人"自由結社"的"自下而上"建構的社會自治組織。可是也許讀者會問，所有的宗教組織不都是這樣的嗎？實則不然，雖然大多數宗教組織都有基於他們"屬靈信仰"的共同之處，但卻不一定是基於"自由結社"平行建構的"自下而上"的社會組織。譬如佛教，寺院和各佛教門派的掌門人，都是通行"自上而下"的衣缽傳承與組織建構程序的；儒教，是由中央集權制的官僚系統派生出來的，完全"自上而下"且一定程度上"政教協同"的社會組織建構；道教類似於佛教組織；伊斯蘭教的"烏瑪組織"，本質上是由教主"自上而下"且完全"政教合一"的準軍事化組織建構。若究原因，便是本書的皓的之一。

　　其次，基督教教會成為人類歷史上大規模從事慈善活動的組織，並由此發育出大量的專業化慈善公益性社會自治組織，從而為歐洲政體從一個神權國家向現代民權國家的轉變，鋪設了第一塊也是最重要的一塊培養基。雖然古希臘哲學強調人的公共秩序理性，古羅馬注重自然法哲學基礎上的法律、公民權和戰爭輸贏公認下的公共秩序，古希伯來人強調人與上帝關於摩西十誡的公共盟約律法秩序，但是他們並沒有關注到人的生命尊嚴和人與人的生命平等，以及人與他者之間關係的公義基礎。這種公義便是人基於上帝期盼的"人的應當"對他者的關愛。一個公共有序的社會確實好於混亂無序的社會，但並不是一個存在公義之"善"的公共有序社會。一個"善"的公共有序社會，必基於人與人生命中來自上帝所造的共同尊嚴，必基於由此產生的人對待他人生命關愛的公義，而這一切都來自上帝的"至善"對被造之人的給予，都來自上帝通過基督生命"獻祭與犧牲"為人的罪支付贖價的新拯救計劃。因此，它飽含着上帝及基督對人類所期盼着的"人的應當"。

正是基於基督信仰的這種深層理性與生命激情，基督教從信徒到教會，都反對奴隸制下人對生命的踐踏，反對羅馬競技場中人對奴隸生命的踐踏與暴力血腥，反對殺嬰，反對用活人作為祭壇獻祭與殉葬。他們為此給皇帝和元老院寫信，組織示威遊行，組織聖徒徹夜詠誦經典與聖歌，開創了人類歷史上至今仍在進行着的"公益性公共宣導"先河的和平抗議活動。經過他們不懈地努力，殘酷的殺嬰和血腥的鬥獸場角鬥表演，分別在公元 4 世紀末和 5 世紀初，被瓦倫提尼安皇帝和霍諾留皇帝廢除。

正是基於基督信仰這種深層理性與生命激情，基督徒從信徒到教會組織，都反對羅馬帝國及一切異教文化對女性生命的歧視，反對一夫多妻制，為取消對婦女施以的血腥陰道封閉術、寡婦陪葬、佩戴面紗、纏足等偶像崇拜宗教留下的陳規陋習而鬥爭。他們反對妓女"緩解一夫一妻制之嚴苛"的社會輿論與習俗，他們在教堂用上帝祝福的莊嚴典儀，來為一夫一妻制中婦女的平權與尊嚴禱告，婦女可以自由加入教會。在帕科米烏斯為其妹妹建立了第一所女修道院之後，很多女性加入修道殉教的行列。本尼狄克修道院也發展了很多女修道院，並且成為趨勢。男修道院往往成為具有技術培育、工匠精神培育功能的中心。譬如，農業中的葡萄酒釀製和工業中的製作技藝，乃至煉金術化學研究和天文學研究等。女修道院常常成為關愛孤兒、寡婦、孤老和病殘的慈善照料機構，也成為語言、修辭、邏輯學、音樂、幾何、天文學和數學這"七藝"的教育中心。女修道院院長通常從女信徒中選舉產生，或因為作為發起人而產生，她們不僅管理修道院，還參加上層社會的宗教、政治等社會活動，發揮着獨特的影響力。公元 12 世紀～公元 13 世紀，這種女修道院的發展程度達到頂峰，譬如，僅德意志地區就有 500 多所類似的女修道院。這對人類文明進程中婦女解放與生命平權的影響，意義重大且深遠。[191]

正是基於基督信仰的這種深層理性與生命激情，激發那些具有使徒精神的基督徒，通過自由結社的社會平行建構方式，發起了很多以生命拯救為目的的慈善組織。譬如"拯救修會"和"拯救騎士團"，就是用和平方式，去拯救被囚禁在北非伊斯蘭國度中的基督徒奴隸為宗旨的慈善組織之典型代表。

西羅馬帝國崩潰後，意大利和西班牙分崩離析，誕生了各種領主莊園和城邦小國。基督信仰的非暴力理念深入人心。北非部落政府從海盜業中抽成 20% 的政策成為慣例。這些都導致公元 6 世紀～公元 11 世紀末，北非穆斯林向意大利和西班牙各海岸城市發動"聖戰"與"組織化海盜"劫掠。穆斯林海盜們攻佔了西西里島和薩丁島及其他沿岸城市，掠往北非在所謂"浴場"鐐銬中強制勞動的基督徒，高達百萬之眾。十字軍東征始於解放這些基督徒奴隸，雖然第二次十字軍東征之後，這一成立十字軍的初心早已被歐洲各國政治家們所忘卻。

1197 年，法蘭西修士瑪塔、瓦盧瓦和英格蘭修士約翰，共同自由結社發起成立"拯救修會"，並於 1199 年從蘇丹成功贖買了 186 名法蘭西籍基督徒奴隸，歷盡艱辛把這些衣衫襤褸、瘦骨嶙峋、不成人樣的奴隸運回馬賽。此舉激發了歐洲人的捐贈激情。當拯救修會第二次從突尼斯贖買回 110 名令人不忍目睹的，經受煉獄般折磨的意大利籍基督徒奴隸時，拯救修會聲名鵲起，也因此得到羅馬教皇和各國民眾的捐款支持，逐漸成為拯救基督徒奴隸的國際化非政府組織。除了拯救行動之外，拯救修會還在北非重要奴隸居住點建立醫院，幫助那些暫時得不到贖買的奴隸緩解病痛。瑪塔一直為此奮鬥，直到

1213 年去世，在 13 年中救出奴隸 7 000 多人。根據研究，該組織存續 500 年，共救出奴隸 50 萬人，令人驚嘆。

另一同類著名慈善組織——拯救騎士團，則由西班牙騎士聖彼得·諾拉斯科與其他基督徒，於 1218 年自由結社發起成立，由團員變賣資產籌集啟動資金開始了他們的拯救計劃。他們在資金不足時將自己作為人質抵押在北非穆斯林手中，讓奴隸先行獲釋，待同伴籌到下一撥資金後再回來保釋。拯救騎士團於 1222 年開始第一次拯救，從阿爾及爾贖回了 160 名不成人形的西班牙籍基督徒奴隸，那場面感動了整個巴賽隆納，獲得了民眾的捐贈支持，西班牙民眾希望他們持續開展這一拯救活動。他們在 6 年間共拯救了 6 000 名奴隸。諾拉斯科帶領着拯救騎士團，在無數死亡風險之淬煉中堅守了 38 年，直到 1256 年去世。他用生命追隨基督，創造並繁榮了歐洲無國界"拯救騎士團"。這個偉大的慈善公益組織並未因諾拉斯科的離世而停止，一直堅守到 1779 年。在長達 557 年的漫長歷史歲月中，其有記錄的拯救行動達 334 次，使將近 10 萬名基督徒奴隸獲得了自由。

由基督徒所創立的這兩個完全成熟的慈善公益組織，便是那個時代在上帝公義召喚下公益慈善組織發育的縮影，他們朝向上帝公義的精神與偉大善舉，即使在今天也依然讓我們當代任何慈善組織感到汗顏。[192]

正是基於基督信仰的這種深層理性與生命激情，基督信徒和基督教會，推動了人類歷史上最早也是最大的病患救助悲憫行動。在那個推崇"暴力"與"復仇"模式的年代，健康與英勇為社會所謳歌，病患與老弱為社會所忽視甚至唾棄。連人類公認的哲學泰斗柏拉圖都認為，拋棄那些沒有勞動能力的老弱病殘，乃是讓一個社會更健壯有力的舉動。這種思維方式，就是那個時代恃強凌弱價值觀的最有力明證。

雖然很多文化語境中都談到人的悲憫，比如，中國哲學家孟子就認為凡人都有"惻隱"即同情之心；尼泊爾出生的佛陀則認為，佛教的本質就是對整個有情生命（人與動物）的"慈悲"；但基督用生命踐行的是上帝對人的愛，因此基督期盼基督徒要對他人施予愛的行動，特別要對老弱病殘給予醫治與照料。[193]

人類歷史上第一所孤兒院和育嬰堂，是由基督徒在羅馬建立的。之後在聖巴西爾、德爾圖良、聖奧古斯丁等人的推動下，教會普遍設有孤兒院。有些組織專門發展為孤兒收容與教育的管理機構，比如，為孤兒尋找教父母或者把孤兒送到自願收養的家庭中，去過正常的家庭生活等。著名的聖靈會就是這樣的專業性孤兒慈善機構。聖靈會到公元 13 世紀末時管理着 800 多家孤兒院，養育孤兒數以萬計。德國 1 名基督徒學生喬治·慕勒受其導師影響，於 1836 年創建孤兒院，收育孤兒，共收育 8 000 多名孤兒。基督徒的這種行動，隨着新大陸的開發和傳教士的腳蹤被帶入世界各地，比如，美國公理會牧師佈雷斯於 1853 年創立的"孤兒列車"組織，就是將收容的成千上萬的孤兒通過列車，分送到全美的基督徒志願收養家庭中養育。而今天流行於全球的志願者社團，就起源於最初那些為幫助弱者而志願獻祭與犧牲的組織。

最早收容無生活自理能力老人的養老院，是在查士丁尼時代由基督徒在君士坦丁堡創建的；同樣，人類歷史上第一所精神病患者的收容治療醫院，也是在公元 4 世紀下半葉由基督徒捐建的；人類歷史上第一所麻風病人醫院，是由基督徒聖巴西爾於公元 4 世紀下半葉在愷撒利亞創建的。雖然今天以收費之商業經營為目的的醫院遍佈全球，且以解剖學為基礎的現代醫學發源地，是亞歷山大里亞，但今天世界所通行的醫院組織形式和運行機制的雛形，卻是源於最早的基督教會的慈善救助行動。人類歷史上，最早的兩家俱有現代意義的醫療護理和醫治病人的慈善性醫院，是由愷撒利亞大主教聖巴西爾分別於公元 369 年在卡帕多西亞及公元 375 年在埃德薩創建的。之後，富有的寡婦法比奧拉受聖哲羅姆的影響捐獻了全部財產，分別於公元 390 年和公元 398 年在羅馬城內和羅馬城南偏僻的鄉村建立了兩所醫院，把大街上垂死的病人收容到醫院來護理與治療，給那些無助的靈魂帶來了醫治或臨終關懷的福音。這樣的善舉，得到了希波大主教奧古斯丁和教皇格里高利一世的稱頌，在以他倆為代表的教會領袖們的大量努力和支持下，基督教對醫院和病患護理捐贈的熱情高漲，醫院在歐洲各國迅速發展，並於公元 8 世紀被引入到阿拉伯伊斯蘭世界。

到公元 14 世紀時，僅在英國這樣一個 400 萬人口的國家，這種被稱為"上帝之家"的醫院就超過了 600 所。病人護理照料機構就更加普遍了。

比如到公元 16 世紀中葉，僅本尼狄克會就有 37 000 多家修道院附設了專門護理和照料病患的機構。大量的史料證明，隨着新大陸的開發，美洲從南到北的醫院理念，都是由基督徒帶入的。甚至中國現代意義上的醫院，也都是基督徒在傳道進程中捐建的。比如，美國基督教公理會於 1843 年在廣州創辦的博濟醫院，美國基督教聖公會於 1866 年在上海創辦的同仁醫院，美國基督教衛理公會的基督徒於 1886~1899 年在北京創辦的同仁醫院，美國基督教浸信會於 1890 年在揚州創立的浸會醫院，英國基督徒於 1844 年在上海創辦的仁濟醫院，加拿大基督徒馬林 1892 年在南京創辦的鼓樓醫院，意大利基督徒於 1922 年在天津建立的方濟會聖心醫院，美國基督徒洛克菲勒基金會於 1921 年在北京創辦的協和醫院等等。

1859 年，瑞士基督徒亨利·杜南特和他的 4 個朋友經過長期的慈善探索後，與來自 16 個國家的 24 位代表通過自由結社，共同組建了國際人道主義救援的國際紅十字會，杜南特因奔走於人道主義救援而使自己的銀行破產，流落街頭。在美國南北戰爭期間，"跟着炮火走"的偉大女性基督徒克拉拉·巴頓，創立了美國紅十字會。因此，在醫院向現代商業化醫院轉型之前，基督信仰的深層理性與生命激情在漫長的人類歷史進程中，照亮了人類病患醫治、志願照料及臨終關懷的道路，創造了醫院這種慈善組織的運行機制與管理流程，並構建了政府公共事務之外的人道主義救援之公共空間。而這一切都來自基督為之獻祭與犧牲的上帝之愛，正如希波的聖·奧古斯丁所說："沒有愛，就沒有公義。"

正是基於基督信仰的深層理性與生命激情，早期基督信徒與基督教會創立了人類理性教育與知識普及的慈善公益組織，[194] 為人作為個體的智慧開啟及創造性開發，開闢了先河。教育始於基督教會從公元2世紀進行的教理問答。在羅馬被奧勒留皇帝大迫害所殺害的偉大殉道者查士丁，於公元150年左右在羅馬和以弗所各建了一所教理問答學校，它是西方正規教育的學校雛形。經過克萊門、奧利金、阿塔納修等人的實踐和努力，這種學校普遍為男孩和女孩共同授課，除教理問答課之外逐步增加修辭、邏輯學、數學等課程。公元4世紀~10世紀，教會學校已經十分普遍，所修課程除基督教教義外，還有標準化的七門課程，即語言、修辭和邏輯學"三科"，數學、音樂、幾何和天文學"四學"，統稱"七藝"。當然，語言和修辭在不同地區和年代，有拉丁語和希臘語的不同。這種教會學校如此普遍，以致在公元14世紀初的佛羅倫薩這座文藝復興的標誌性城市中，有8 000~10 000名男童和女童在校接受七藝教育。從這個意義上講，人類文明史上最早的大規模學校教育組織，不是由政府的公共稅收來支援的公共組織，而是由基督教會從信徒所取得的神聖捐贈來支援的慈善公益組織。這是與同時代其他國家通行私塾性商業收費教育組織完全不同的。

在特殊教育方面，虔誠的基督徒埃加勞德和克萊克，於 1775 年在巴黎開發了專為聾啞人交流的手語，並引入美國；於 1817 年在美國康涅狄格州創辦了第一所用手語教學的聾啞人學校，隨後創辦了華盛頓特區著名的加勞德特大學，將基督的福音傳遍聾啞世界。公元 630 年，基督徒在耶路撒冷開辦了第一家盲人收容所。1834 年，法蘭西的盲人基督徒布萊葉歷盡千辛萬苦，創造了 6 個浮凸點的盲文字母，為盲人學校的建立帶來了福音，從此人類歷史上的盲人學校誕生了。

就承擔科學研究和高等教育的現代大學的組織淵源來講，其最早的源頭可以追溯到公元 6 世紀初的聖·本尼迪克。他在本尼迪克修道院中，建立了一種精細的圖書館搜集管理系統。這種隨着本尼迪克修道院在歐洲蓬勃發展的圖書館搜集管理系統，通過數百年時間孕育和培養着追求真理之人的學術偏好與能力，整個學界的探究氛圍，從而很多學術行業得以形成，許多學問根底深厚的專家教授得以誕生。公元 12 世紀初，人類公認的第一所大學——意大利博洛尼亞大學，在教會學校圖書館累積、學術研究、學術討論與教授體制的基礎上形成。1200 年，巴黎大學因教會學校的努力，而在圖書館學術培育、學術研究、學術討論與教授體制創新的基礎上逐步形成。這是人類歷史上最早的兩所大學。博洛尼亞大學成為意大利、西班牙、蘇格蘭、瑞典和波蘭早期教會大學之母，巴黎大學成為英國、葡萄牙、德國等早期教會大學之母，劍橋大學則成為美國哈佛大學之母。美國大多數知名的大學，比如常春藤大學，無不是基督教徒們捐建的。甚至連中國高等教育發端最早的十數所大學，譬如燕京大學、復旦大學、暨南大學、輔仁大學、同濟大學、東吳大學、齊魯大學、之江大學、聖約翰大學、華西協和大學、華中大學、金陵大學、嶺南大學等等，都是基督徒所自由結社發起並捐建的。

　　從這個意義上講，很多特殊教育的組織和高等教育的大學體制，最初，都是由基督徒的神聖捐贈所推動的自由結社創建的自下而上的社會自治組織，而不是由公共稅收所推動的政府自上而下的官僚組織。而從大學的組織方式和校長及教授的推薦體制上看，他們都是教授自治協會、大學生自治協會和各學科科學學會等公益組織，用社會平權自下而上推薦和推舉的，而不是由政府自上而下的官僚化組織方法來構建與治理的。這既充分說明了大學這種教育機構的慈善公益組織起源，也說明了全世界發達國家的學校教育（即使是公立學校），至今仍採取非營利組織之管理機制和領導人社會推舉制度的根本原因。[195]

　　因此我們看到，儘管很多歷史學者將他們的關注點，放在整個漫長的中世紀歷史進程中基督教教會諸多負面的故事上，比如，一些教會或教職人員的腐化墮落、奢華，甚至淫亂、偽善等等，但如果從人類大歷史的視角來看，那麼我們依然不能否認，基督教教會在漫長的歷史進程中，整體上為上帝對人類新的拯救計劃所做的信心鞏固與堅守，以及追隨基督為傳遞上帝“愛與寬恕”之“人的應當”的神聖期盼所做的“獻祭與犧牲”，從而對人類弱勢個體之需求所進行的基督式慈善回應。基督信徒和教會總體上將目光和行動，始終聚焦到人作為個體生命以神聖平權為核心的慈善與關愛上，並借着此種特殊神聖關愛的探索性回應，創造了人類歷史上一種完全嶄新的公共利益關係模式——慈善公益社會自治模式。

　　這種慈善公益社會自治模式，跟傳統國家式的公共利益關係模式之間存在許多方面的差別，而其中最根本的差別在於：國家，以防止內部和外部兩種暴力侵襲共同體個人的公共利益作為回報，與個人向國家支付稅收的責任進行交換，這在本質上是一種公共契約關係。但國家用公權力之“一”對無數個體之“多”進行契約交易，使此種交易契約只可能隐性而不可能是顯性的。而這種隐性的契約，很容易潛藏着談判和交易的不對等，即作為公權力的"國家機器"，很容易被少數個人所掌握而變成第三種"自上而下"地施向共同體內部個體們的專制暴力。文化人類學歷史，無數次證實了自然國家和君主國家此種公共利益模式的內在運行邏輯。而慈善公益社會自治模式，則是一些因個人朝向上帝及基督的神聖信心，而自願幫助他人的、無須回報的"獻祭與犧牲"之公義精神。它將此種"獻祭與犧牲"，委託給那些可以撤銷契約並由委託人"自下而上"嚴格監管的慈善公益自治組織，從而保證這種基於"愛與寬恕"的公共利益，在傳遞到弱勢個體的過程中不變形。在此種公共利益得到傳遞後，捐贈人和受益人均因深受感動而共同朝向神聖的基督。這就是一種全新的公共關係自治模式。這也是人類公共利益關係構建歷史上前所未有的福音。

第九章

殊途：神秘的東方國度

　　為了更全面地理解人類第一次大反思導致的東西方文明的不同走向，讓我們將人類思想歷史的鏡頭，從歐洲拉回到東方南亞次大陸的印度，這個第一軸心時代，為人類第一次大反思創造了輝煌文明的東方神秘國度。

　　高聳入雲的喜馬拉雅山脈橫亙在印度次大陸北部的土地上。在這裡，超過 7 000 米且終年積雪不化的地球高峰有 40 多座。中部則被長達 1 100 公里的文底耶山脈東、西分割並阻擋。南部地區則被從西南向東北延伸長達 1 500 公里的德干高原再次分割阻擋。因此，雖然印度次大陸三面環海，有長達 7 000 公里的海岸線，卻不為那時的大多數印度人所知並充分利用。而由北部喜馬拉雅山脈流出的三大河流，即西部的印度河、東部的恒河和中部的布拉馬普特拉河，則成為孕育古印度文明的神秘源泉。由於海洋文明尚未開發，加之海洋遙遠的東端是印尼諸島，遙遠的西端是非洲的蠻荒文明，因此印度與外部世界的陸路通道，主要是連接地中海與歐亞諸國的西北部波斯走廊。今天的巴基斯坦和阿富汗，本來就是古印度的北部地方。

　　這樣的地理特徵，註定了印度從一開始就是一個部落之國林立、很難統一且具有高度神秘主義色彩的國度。從歷史上看，在英帝國進入印度之前的漫長歷史中，除了以阿育王為代表的孔雀王朝不到 150 年的君主制帝國統治稱得上是今天意義上完整的印度外，印度次大陸，始終處在南、北、東、西各種部落王國與君主制王國多元政治和平共處的政治生態中。但奇妙的是，印度在精神世界方面似乎相對統一，它奇妙地統一在印度教的吠檀多主義哲學思辨、家範經生活儀典與佛陀人文主義慈悲理想相結合的文化氛圍中，構成了東方文明關於人的"生命價值"與"行為應當"的源頭活水，令人迷醉。

第一節 雅利安人的漫長南遷與種姓文化的形成

現有考古數據證實，印度文明源遠流長。雖然從基因學上講，地球上的人類都有共同的始祖——8萬年前的東非智人，但自從動物、植物馴化以來，對於萬年歷史內可考文明的遺跡，比如石器、陶器、銅器、鐵器這種工具性斷代歷史，印度都有完整線索。當然，我們無法繞開生活在美索不達米亞平原以北，高加索山脈以南地區的雅利安人的遷入或入侵，這大約發生在 4 000 年～3 500 年前。雅利安人的遷入，帶來了外來文明與印度北部地方土著文明的強烈撞擊。這種撞擊產生了新的文化，既包含暴力形式，也在多數情況下採取滲透包容的形式。譬如，標誌着真正意義上的人類文明的印度梵文，就產生在這個歷史時期。當然，梵文所記載的很多吠陀歷史故事，早在雅利安人移入旁遮普地區之前，就是本土印度人口口相傳的故事了。

雅利安人帶着游牧部落的畜群和文化，從旁遮普北部進入印度，並隨時間的推移向恒河流域滲透，在此過程中逐步減少和放棄游牧生活而轉向農耕定居，從而逐步在碰撞與融合的過程中，與土著印度人共同創造了新的文明。從《梨俱吠陀》中的描述來看，最早在恒河平原上為建立君主國而發動的"十王之戰"，並不是雅利安人向土著居民發動的戰爭，而是印度土著婆羅多國國王蘇達斯和雅利安人居住地上的十國國王聯盟交戰。蘇達斯因得到這些居住地上雅利安人的支持而最終獲勝。獲勝的蘇達斯成為恒河平原上第一個具有神權意義的君王。《梨俱吠陀》賦予了這一戰勝君王的神權正當性，被擊敗的統治者承認蘇達斯作為大君主的最高權力，並自願向大君主納貢。戰爭的正當性通過《梨俱吠陀》的記載和頌詞予以確認，這就是東方最早關於戰爭的自然法法則。[196]

從"十王之戰"的勝利開始，雅利安人逐步學會了在這塊龐大陸地上的生存之道。由於雅利安人口在印度次大陸並不佔優勢，他們便從文化上尋找制高點——雅利安人負有上主（吠陀人格首神）啟示以給印度社會帶來祝福，並分享、傳播上主之神聖知識的非凡責任。借着這種神聖責任，雅利安人逐步形成了一整套種姓理論。通過《梨俱吠陀》，這個種姓理論，將人分成經過某些神秘儀式即可再生的族群種姓和不可再生的凡人族群種姓。這兩種族群，又基於不同社會責任的分工而進一步劃分為不同的種姓族群。第一個種姓是婆羅門，他們專門負責這個社會的精神生活，與上主進行神聖知識的溝通和教育傳播。這個種姓的人數很少，是最高貴的。第二個種姓是刹帝利，他們是專門保衛國家和社會安全的武士和國家管理者，這個種姓的人數比婆羅門多。第三個種姓是吠舍，他們是從事工商業和農業的工作者和勞動者，為這個社會提供必要的食物和其他物質供給，是印度社會中人數最多的種姓。以上三個種姓在經過某種必需的宗教儀式後，都是可以再生的。第四個種姓是首陀羅，他們是這個社會中的僕人與奴隸，人數不多，是肉體生命的奴僕，沒有再生的權利。

　　印度的種姓制度，因成為印度文化中最負面的弊端而屢遭批評，因為它既有違"人生而平等"的現代平權觀念，又因固化了社會階層間的流動而形成相互閉鎖的社會群組，從而不利於新觀念的傳播與所謂"社會進步"。我們常常想當然地以為，種姓制度是掌握政治權力的統治階級，出於鞏固其統治的需要而製造出來的等級制理論。但如果我們心平氣和地回到 3 000 多年前的古印度歷史語境中，認真研究和體悟那個時代印度次大陸的社會狀況和歷史需求，我們就可能獲得不同於大多數歷史學家的觀察視角。

　　當時，古印度版圖包含今天的巴基斯坦、孟加拉，有時還包含阿富汗的相當部分，其面積超過 400 萬平方公里。由於北部高聳入雲的喜馬拉雅山群峰和南部浩瀚無際的印度洋形成的天然屏障，外部共同體暴力入侵的概率很小。這種獨特的地理結構形成了溫暖、多雨而濕潤的氣候環境，加上三大河流域形成的沖積平原，使得農耕文明時代的食物獲得相對容易，生活方式簡單而閒適，人際關係和平且友好。再加之文底耶山脈和德干高原，從印度次大陸中部和南部縱橫突起形成的天然切割，使印度次大陸肥沃的原野上山丘連綿、森林遍佈，與聳入雲天、白雪皚皚的喜馬拉雅山脈的神秘群峰相映照，從而極大地拓展了印度人的詩意世界和哲學想像空間。

在這樣一片廣袤、肥沃、多樣化、神秘和詩意的土地上，依據大自然賜予的豐厚條件和天然屏障，印度人非常容易形成許多不同的部落聯盟式的自然國家，而且部落聯盟式的國家之間，因為易於生存而很容易和平相處。如果不是雅利安、希臘王國之亞歷山大以及後來穆斯林的入侵，印度或許就像非洲大陸一樣，有可能一直保持部落式自然國家的格局。可是由於雅利安人比第二個入侵者亞歷山大大帝，早1 500~1 700 年到達這片土地，故他們帶來了書寫的文字和不一樣的思考。正是雅利安人中的這一群使用文字的人，結合這塊土地上的歷史傳說，創造了比《荷馬史詩》的文字還多 8 倍的印度史詩《摩訶婆羅多》和《羅摩衍那》，還創造了著名的《梨俱吠陀》《耶柔吠陀》及各種吠陀哲學經典，早在 2 500 多年前就書寫了《薄伽梵歌》那樣的偉大哲學經典。[197]

而這些人類思想的智慧結晶，都不像古希臘或古中國經典那樣有明確的作者，而是一個代表那個社會跟神聖力量進行對話、溝通的階層群體所為。這個階層群體，便是古印度在公元前 3800 年～前 2500 年一直活躍在整個印度次大陸廣袤土地上的思考者和祭司群體，他們並不掌握政權，他們也不是那個社會擁有財富的人，而是那個時代知識非凡、熱愛思考並對自身有很高德行要求的人，這就是那個漫長歷史進程中高貴的婆羅門。這些婆羅門出身於雅利安人中世襲的婆羅門家庭，他們對政治權力和物質享受缺乏興趣，醉心於終生追求問答式思考的人格理想。人生很長時間都在向前輩中的婆羅門老師學習，還需要到森林中去與大自然獨處修行，以達心沉氣靜平和激情的人格境界。擁有這些人格資質，才能氣質高貴，舉止高雅，為社會舉行祭祀和各種典禮，並為人們解答有關生死大事及其他生命與生活疑問。因此，無論普通人還是上層社會的人，乃至國王和富豪，都離不開高貴典雅的婆羅門。

種姓制度，應該是婆羅門思考者們對社會分工與合作的理想結構，也是那個漫長歷史進程中，人們的社會生活實踐的結晶。印度次大陸的自然國家和神權國家，即使在孔雀王朝那樣最大一統的輝煌時代，也不會少於 20 個，其他漫長歷史中常常是幾十個乃至上百個部落聯盟自然國家相並存。但無論印度社會分成多少個部落聯盟式的自然國家，這些部落聯盟的自然國家之間，及其與神權國家之間的摩擦和戰爭，相對於歐洲、中亞和東亞、北非等板塊來說卻少很多，和平共存是古印度社會的主旋律。[198] 有趣的是，由婆羅門所規劃並與一整套祭祀儀典相伴隨，一整套哲學神學理論相闡釋的種姓社會生活儀典，則被印度次大陸各部落自然國家的人們廣泛接受，成為各部落聯盟統一在古印度文明中的精神範型。

第二節　吠檀多奧秘叢林中的生命哲思

《摩奴法典》在印度歷史上具有非常重要的地位，對於人類文明史也十分重要。因為它不僅是印度社會在公元前 1200 年 ~ 前 500 年的法律規範，也是人類第一部成文的自然法法典。在《摩奴法典》中，人的生命四期和四種種姓，是界定人作為個體與他者關係的"達摩"

或曰深層理念。[199]

　　首先，人的生命是有時間界定的歷史軸的。大的歷史，是"梵"寓居其中的"自我"靈魂的歷史，它可以劃分為往生、今世和來生，並通過"業力"形成生命體轉換的"輪迴"；小的歷史，就是寓居於形體中的"自我"與"私我"形體相結合的歷史。人的現世生命，要遵循印度生命之精神"達摩"，必須按今世的生命四期來生活。這生命四期包括"梵行期"，即與導師相處學習"梵"的精神和吠陀經典的時期，當然，不同種姓的時間要求不同；"居家期"，即娶妻生子履行俗世約定之社會責任的時期；"林棲期"，即將孩子養大成人後把家庭責任移交給孩子，自己則返回到森林中，通過苦修、瑜伽等方法提升自己對生命中寓居之"自我"理解的時期，從而能更接近"梵"；"遁世期"，即在老年時出家，托缽游化，尋求生命中煩惱的解脫和棄絕，最後消失於叢林之中。遵循自我現世生命諸階段的"四期"生活，就是印度社會中靈性生命的"達摩"。[200]

　　其次，人天生就處在"四種姓"相互關係的達摩中，概莫能外。當然，當時的種姓制度不完全像今人所想像的那樣，是簡單用膚色進行界定的種族歧視倫理法則，它也包含以種姓定義的人，作為群體性社會分工、責任和義務劃分的法約。所有人天生就在《摩奴法典》所規定的種姓制度的社會秩序中扮演自己的角色。

　　《摩奴法典》確實規定了婆羅門至高無上的社會地位，同時也規定了婆羅門接受教育的必須年限為 9~36 年。9 年是成為一個婆羅門的最短受教育年限。婆羅門的社會職責是與"梵"進行神聖知識的溝通與傳播，主要職業是思考者、祭司和教師；婆羅門追求精神生活，其食物需求和物質需求不來自稅收，而是通過化緣或自助的方式解決；《摩奴法典》對婆羅門的德行提出了很高的要求，他們必須舉止優雅、氣質高貴、知識深邃而廣博，熱愛精神生活而棄絕物質誘惑，與他們受人尊敬的社會地位相匹配。

刹帝利受教育的年限少於婆羅門，但也不得少於 6 年，他們要保持健壯的身體和勇敢的氣度，隨時準備為管理國家和保衛社會安全而戰鬥，甚至犧牲；刹帝利的收入來自吠舍種姓繳納的稅收，但平時的稅收不應該超過吠舍種姓收入的 10%，戰時的稅收不應超過 1/3；刹帝利應忠於職守，保證國家管理的有序和安全。

吠舍種姓是佔人口大多數的工商業者和農業勞動者，他們的職責是提供印度社會所需要的食物和其他物質供給，並有納稅的義務；他們受教育的年限低於刹帝利，但還是需要接受基本的教育；他們應努力工作，勤勉盡責，創造物質財富以滿足社會需求。

首陀羅種姓則是社會的奴僕，也是肉體生命的奴僕，其靈魂不能再生。他們不需要接受什麼教育，也沒有什麼必須履行的社會責任，只聽主人的吩咐做事罷了。他們是這個社會的"小兄弟"，人數不多，愚頑懶散，其靈魂沒有再生的權利。

每個階層的種姓都必須遵守《摩奴法典》，履行其社會責任，避免犯罪。一旦犯罪，首陀羅的處罰就是最輕的。除了婆羅門，其他種姓的人犯同樣的罪，比下一級種姓增加兩倍的處罰。婆羅門最重，同樣的罪行比其下一等的刹帝利種姓增加四倍的處罰。因為婆羅門是對其社會職責和《摩奴法典》最具備認知的人，他們最清楚人行為的功績與罪惡對社會的深遠影響，屬於明知故犯，應加重處罰。國王如果冤枉好人、濫殺無辜，那麼同樣要被判很重的罪，乃至遭受肉體誅殺。國王統治國家不能獨斷專行，而要由 10~21 個德行高尚的婆羅門組成一個委員會來幫助其進行判斷和決策，以增加其治理決策的合理性與神聖性。[201]

為什麼人需要形成這樣的"生命四期"和"四種姓"的分工呢？因為人在現象世界中為"私我"所束縛，看不到人往生、今世和來生的時間流變，更看不到這個時間流變中那個不變的“絕對性”與“無限性”，而那個普遍的“絕對性”與“無限性”就是“梵”。“梵”通過其一體三相，即梵天代表創生相，以創造人間萬物包括人的個體；毗濕奴代表保持相，以保持人間萬物包括人的個體；濕婆則代表毀滅相，以毀滅人間萬物包括人的個體，由此而產生宇宙間萬物包括人作為個體的生死“輪迴”。無論宇宙間萬物包括人的個體之“生死輪迴”如何運轉，“梵”都是寂然不動的，它絕對而永恆，永遠平和、安寧且寂靜，它寓居在時間流變的“私我”之中，是本原的“自我”，也就是不朽的靈魂。

　　靈魂與肉體的結合與分離是個艱難的過程，主要依靠個體行為造成的結果，即業力來實現這種結合與分離的“輪迴”轉換。這種轉換可能帶來幸福，也可能帶來痛苦，每個人的行為業力為這種“自我”靈魂在生命體中輪迴的結果負責任。如果人要接近前述那種絕對而無限平和、安寧與寂靜的“梵”，就必須從生命的“輪迴”中解脫出來。而只有棄絕世間物質誘惑且擁有神聖知識的婆羅門，才能充分體會和理解，才能分享傳授這種神聖知識，才能穿透物質世界的“私我”並接近“梵”這個“大我”，並通過祭祀和教育，特別是自己高貴的德行示範，來傳授神聖知識並指導生命四期的實踐，幫助其他種姓的人從“私我”中找到絕對的“自我”，從而幫助他們在生命的輪迴中再生，或者幫助他們從生命的輪迴中解脫出來，去接近那絕對和平、安寧、寂靜與永恆之“梵”。[202] 四種姓的社會分工與合作的必要性和必然性，就是這樣產生的。

　　這一系列散發着生命內在深刻的哲學邏輯，與激情想像的關於“人的應當”的獨特思考，也是由婆羅門哲思者們在公元前 3000 年～前 2800 年的歷史中創造的。這些思想，分散在大約 200 種哲學《奧義書》中，這些書同樣沒有署名和可考的作者，但它們渾身散發着古印度獨有的深刻、廣袤、寬容且神秘的光輝。[203]

　　2 500 多年前出現的《薄伽梵歌》[204]，用第一軸心時代慣用的對話體寫成。對話的一方，是帶領千軍萬馬正馳向戰場準備迎敵的剎帝利將軍阿周那；另一方是印度諸神中的至高人格首神奎師那，此時化身為阿周那將軍戰車的御手，為阿周那的靈魂解惑。在馳向戰場的進程中，阿周那將軍向奎師那人格首神提出了一連串有關靈性的高難度問題，提問和作答都令人心靈震顫。譬如，阿周那發問："戰鬥就要殺人，殺死那麼多生命，我感到悲傷，我應該去戰鬥嗎？殺死那些人，他們的妻兒就很悲慘，我很悲傷，為什麼要勝利，在爭取勝利的過程中，暴力就無法避免嗎？如果這場戰鬥的暴力不是犯罪，那麼為什麼其他的暴力殺人是犯罪呢？是什麼原因促使人去犯罪而不是行善？比善行更高級的狀態是什麼？梵與自我是什麼？怎麼接近永恆真理？瑜伽是接近永恆真理的方法嗎？"

　　面對這一連串刨根究底的追問，奎師那耐心地給阿周那將軍以靈性智慧的解答。奎師那認為，人的靈魂不同於身體，靈魂是不變的同一，身體死後，靈魂根據死者生前的行為"業力"而在其他生命體中變換，殺死身體並不減損靈魂，更不毀滅靈魂，戰鬥並不毀滅什麼，因此你不必兒女情長。之所以需要必要的戰鬥暴力，是因為要維護奎師那制定的宗教原則，譬如"正義"。如果你不去應戰，對方入侵的戰爭暴力就會殺死你方的妻子、兒女，宗教正義的原則就沒有了。而宗教原則高於政治原則和社會原則。你作為剎帝利，保衛你所屬的社會不受侵犯的宗教原則，是你的神聖職責，因為這個職責也是奎師那所制定的。如果你不履行你的職責，你就有貪生怕死的"私我"動機，這就屬於犯罪；你在履行職責後即便戰死疆場，只要你沒有"私我"的動機，就不是犯罪。這就是兩種暴力的差別。促使人犯罪的是"私我"的物慾動機，只關注履行神聖職責，而不執着於行動結果的動機是善。比善行更高的是能認識到"靈魂"或內在的"自我"，因為那就是奎師那置於所有個體生命中的普遍原則，也就是"梵"。奎師那說："親愛的阿周那，這個世界上的一切都是我奎師那創造的，我先存在於這個世界。因此我是高於梵的人格首神，我就是絕對和永恆真理。接近永恆真理是比行善更高級的狀態。人們通常可以通過兩種方式接近我，一是數論瑜伽，即通過哲思之道超越'私我'動機的半神崇拜而抵達我；另一種是活動瑜伽，即通過對奎師那的奉愛活動超越'私我'動機的半神崇拜而抵達我。親愛的阿周那，快放下你那些執着的幻想吧，投入戰鬥去履行作為一個剎帝利應負的神聖職責吧。"於是，阿周那所有疑慮頓消，獲得奎師那人格首神智慧之光照耀的神聖力量，立即帶領軍隊馳向戰場，履行作為武士剎帝利的光榮職責，贏得了偉大的戰爭勝利。

　　於是我們看到，在《薄伽梵歌》中，《奧義書》達到了至高的神學哲學境界。除了沒有否認印度諸神之外，它深刻謳歌了至高人格首神奎師那，並通過戰爭暴力的衝突，揭示了個體生命背後之靈魂的普遍性與不朽之意義，促進人對生命之生死和履行責任之間兩難處境的理解和行為的"當且應當"，並頌揚了奎師那至尊人格首神的先存性和絕對性，比梵的認識前進了一大步，離唯一人格神的創造只差了一小步。《薄伽梵歌》，的確是人類第一次大反思時代，印度關於生死觀念之"人的應當"的巔峰之作。《奧義書》則種類繁多、諸神出沒、概念叢生而哲理深邃 [205]，總的是要人們去穿透由身體和物質生活所代表的現象世界迷霧，通過修行去洞察真實並不朽的"自我""靈魂"與"梵"，以克服人對身體和現象世界死亡的恐懼，並在現象生命終結時，能夠用認知水準和靈魂解脫程度，來衡量這場生命的價值與意義。當然，印度的吠檀多哲學與宗教信仰太複雜了，往下深入一小步就會墜入枝蔓橫生、相互攀緣纏繞的印度叢林，沒有一個人能深入其中而又能向外人道明其中無比深邃的奧秘。

總體而言，印度這種基於"梵"一體三相和婆羅門種姓制度生活實踐的宗教，對印度廣袤多樣化的種族與政治生態，取得公共精神生活的統一與文化認同，起到了不可估量的作用。它也維護並增加了各部落聯盟之間的理解與寬容，從而極大地減少了部落聯盟共同體之間的暴力，維護了這塊土地在亞歷山大大帝強力入侵之前長期的和平，為這塊土地在和平環境中的人的生命意義的尋找，奠定了非同尋常的信仰基礎，從而為佛陀在這塊神奇土地上的登場，準備了隆重而壯麗的歷史性鋪陳。一如羅馬帝國賓士的鐵蹄與帶血的刀劍，為耶穌的登場，準備了隆重而壯麗的歷史性鋪陳一樣。[206] 不同的是，**耶穌要應對的是人與他者在空間關係上個體無法解決的，特別是羅馬帝國政治機器被人掌控後所產生的，無邊無際的暴力脅迫與血腥屠殺之劫難；佛陀要應對的是，在一個相對和平的環境中，人在自身的時間歷史中個體無法解決的，生老病死帶給生命的痛苦和悲慘輪迴之劫難。**

第三節　在苦海中，悲憫眾生

吠檀多哲學，無法克服從絕對的"梵"所生發的種姓制度的內在矛盾，即建立在生而不平等的血緣式種族等級制，企圖通過對高種姓特殊義務要求和違規處罰的逆向自然法則來校正的設計，這很容易形成設計理想但操作十分困難的兩難衝突。因此，這種對高種姓的神聖義務要求，在現實生活中，沒有像《摩奴法典》及其他吠陀經典中想像得那樣理性和有效。現實生活的具像性與複雜性，嚴重侵蝕了原本理想主義的種姓社會分工，嚴重侵蝕了高種姓婆羅門及剎帝利應承負的更嚴苛的神聖義務約束，使種姓制度，越來越血緣化、封閉化，越來越具有種族歧視的非公平性，從而加劇了低種姓階層的不安與反抗張力。這種張力，終於積累成了推動根植於婆羅門種姓制度之上的印度吠陀宗教革新的原因。佛陀的登場，便是對此種宗教革新需求的時代回應。當然，還有差不多同時代大雄所宣導的耆那教革新，也是這種需求響應的案例之一。

　　公元前 6 世紀，佛陀悉達多‧喬達摩，誕生在印度數十個部落聯盟自然國家之一的淨飯王國的國王家中，位置在現今尼泊爾靠近印度邊境的盧比尼。喬達摩血管中流淌着高貴的婆羅門種姓血液，因此從小就不關心父親為他準備的錦衣玉食、尸位素餐的豪華宮廷生活，對繼承王位沒有絲毫興趣，反倒對棄絕世俗、身居叢林的婆羅門智者們的苦修生活十分嚮往，並對生命價值和意義的哲思與探求，充滿了參與求索的渴望。喬達摩對所有生命充滿悲情，對人類生命的痛苦十分敏感，對死亡這種生命現象極度震驚與恐懼。[207] 儘管父王盡可能將王子喬達摩的生活安排得盡善盡美，讓他跟一個絕世貌美的女子結髮為妻，並育有愛子，不讓他與現實的痛苦接觸。但是，喬達摩還是在為數不多的幾次走出王宮的經歷中，目睹了生、老、病、死的痛苦之狀。這些經歷將人類的生、老、病、死之痛及其哲思憂慮，深深地刻進了喬達摩敏銳的心靈，使他坐立不安，食不甘味，困惑無比。在經歷了長時間的生活應付、對父親的試探和內心的掙扎之後，喬達摩終在 29 歲那年獲得神聖勇氣，割斷血緣親情、俗世浮華以及他所厭倦的生活方式，逃出王宮，奔向印度叢林，開始了他那"親證求道"的成佛之旅。

　　喬達摩遍訪婆羅門名師，接受吠陀經典及《奧義書》《摩奴法典》等印度吠檀多哲學的薰陶，但他找不到所想要的答案。喬達摩進一步轉向當時流行的婆羅門"苦修體證"，即通過對肉體生命的虐待來體悟內在的"自我"，從而找到靈魂並接近"梵"，達到生命對物質世界留戀的解脫。喬達摩為克制欲望而虐待身體，差點兒丟了性命，但還是沒有找到答案。最後他放棄苛刻的苦修，相對公平地對待自己的身體，只在菩提樹下按瑜伽大師教導的方法打坐，做冥想式修行，最終在他出家 7 年後，在菩提樹下頓然悟道成佛，[208] 並踏上了他生命後 45 年的傳道之路。直至他 80 歲時，其現世生命擺脫"永劫"，在毗舍離城外河邊的娑羅樹下涅槃。

我們應當從現在枝蔓橫生的各種佛教教義和戒律中超脫出來，懷着虔敬之心，回到佛陀最原初的"道"或佛陀所創造的信仰之上，讓我們能更容易勾勒出佛陀在印度吠檀多哲學之基礎上，繼承和革新的清晰輪廓與線條，又不致因落入現世佛教領域"道""術"混淆，與派、系紛爭的陷阱而一籌莫展。

佛陀在菩提樹下所證悟的"道"，可以被最簡約地概括為"四聖諦"和"八正道"。所謂"四聖諦"，就是佛陀所揭示的，人的個體生命在"梵"所定義的時間之中能體證但看不見的，先存並永存於個體生命之外的"苦、集、滅、道"。

第一，佛陀是在印度吠檀多哲學與婆羅門信仰的基礎語境中，言說他的"四聖諦"的，也就是說，佛陀本身是高貴的婆羅門，他在"梵"為至高存在從而構成"一體三相"的信仰語境中，開始他的"四聖諦"之道，或曰佛陀也默認他生活在"梵"所定義的"一體三相"的時間歷史中。這個"一體三相"神在人生命中的體現，就是人處在往生、今世、來生相互輪回的無盡循環中。至於這個輪回，是否由代表創造的"梵天"，代表守持的"毗濕奴"和代表毀滅的"濕婆"三個人格神所管轄並運營，佛陀拒不回答，保持了他邏輯一貫的沉默。[209]

第二，佛陀是人類歷史上對生命持最悲觀認知的智慧化身，正如耶穌是人類歷史上對人性持最悲觀認知的智慧化身。在佛陀看來，我們看到的現世生命就是一場充滿痛苦的悲劇。[210] 這場悲劇的所有情節都是苦的。比如，生之苦，十月懷胎，血腥痛苦之生；老之苦，形之枯槁，所欲之而力不逮；病之苦，惡疾纏身，生死糾葛而不能；死之苦，靈魂出竅，肉體腐爛，親友痛不欲生。除此之外，還包括所欲之物或所求之人求而不得，渴求不寧、坐立不安之苦。生命中還包含着大量"無常"之事端，比如，富而遭劫，美而遭搶，才而遭嫉，弄權因權死，玩槍槍上亡，人與人及生命與生命之間，充滿相互殺戮與弱肉強食之惡，因此個體生命總被投入無常之悲苦中。最後的痛苦是生命的短暫性及有限性，歷盡滄桑創富、創業、創名、爭權，苦搏終生未及享受便撒手人寰，等待你摯愛之子女的，依然是無盡頭的悲劇。如此這般觀察生命，猶如一個緊盯着《紅樓夢》中，跛腳道人送給賈瑞的風月寶鑒之骷髏面看到底的人，他讓我們棄絕對生命之現象世界那表面性、虛假性繁榮的沉湎，直面生命痛苦的本質真實，直面死亡的本質真實，直面未來只是這種痛苦與死亡輪回的本質真實，這的確令人刻骨銘心。

　　第三，佛陀將印度吠檀多哲學中的："揭摩律"，即因果律發揮到了極致，是將人的行為與結果之間的邏輯必然性，堅持得最為徹底的人 [211]。在佛陀看來，人的生命的種種悲苦都來源於"集"，即人的行為中"善"與"惡"的累積。這種人的行為之"善"與"惡"的累積，不僅局限於今世，而且在往生、今生、來生的"輪回"中累積並報應不爽。因此，人的現世生命中的悲劇，是生命大輪回中行為之善惡"業力"累積作用的結果。此為必然，你就是你的原因，你就是你的結果，不用向外去尋找。只不過世人十分短視，只注重當下的感官世界，而看不見那"業力"之無邊與久遠的影響罷了。因此，人是迷失的生物。猶如耶穌告訴人們："你們都是迷途的羔羊"。佛陀通過對人的行為與結果之因果律的揭示，喚醒人們對當下任何行為的廣泛與久遠的責任意識，這是一種人類高度理性之"行為應當"的內在自省。在那個婆羅門階層，猶如古希臘流行哲學思辨那樣流行印度《奧義書》、尋找絕對真理的時代；在那個下層社會，開始出現對印度人格首神的"神靈保佑—獻祭報恩"之"人神交易"的偶像崇拜時代；這種"人人都是自身命運之駕馭者"的自省自覺式呼召，猶如茫茫黑夜中雄渾徹遠的鐘聲，響徹梵天，喚醒世人生命邏輯的理性回歸與向善激情。以致從國王到婆羅門苦修者，從富商到普通百姓，包括他的父親、從前的妻子和愛子，都在這鐘聲的呼召之下，匯聚成朝向佛陀之神聖，尋求生命悟道之壯麗且莊嚴的人流，浩浩湯湯，橫無際涯。

　　第四，佛陀不僅看穿了現世生命，而且看穿了往生生命和來生生命、整個生命輪回與循環的真相和原因，並由此提出了解決問題，即永恆避免生命痛苦的根本之"道"，那就是"滅"。"滅"就是從這種"行為業力"和"有情生命循環"的"輪回報應"因果律中解脫出來，讓生命達到"梵"那樣的寂靜涅槃之境界，是謂"極樂"之境。顯然，佛陀有關"輪回"與"解脫"的認知，是對印度吠檀多哲學與信仰的繼承，"涅槃"是佛陀的發展，也是佛陀信仰的創造。[212] 印度吠檀多哲學與信仰的解脫是一種逃避，即人的靈魂離開因果律的強制運轉軌道而出逃。但那出逃的靈魂中的"自我"還在卻又不是"梵"，那麼人的靈魂到哪裡去了？這是吠檀多哲學沒有解決的問題。佛陀所揭示的"涅槃"，顯然不是湮滅了的"不存在"，顯然也不是吠檀多哲學中那樣出逃後的"存在"，吠檀多哲學的"存在"，多少有點兒像西藏密宗中，那種存在於中陰天空間中、離開上一個肉體而又尚未找到下一個肉體的居間靈魂。佛陀的涅槃則是這樣一種"存在"，它不依據任何時間、空間和條件而存在，它是一種不再回到因果律循環的超然極樂，它是一切不依任何存在於現象世界的條件、而存在的超然極樂，它就是對因果律支配下的現象世界之痛苦抱有高度同情，但決計卻永不返回參與其中輪回的大慈大悲和大徹大悟。[213] 這就是佛陀致力於追求並啟示其他生命，通過修行去達成的現世生命之圓滿目標。

　　第五，可是用什麼樣的方法去達到佛陀錨定的生命目標，以解除複雜多變的現世生命，往生生命與來生生命的痛苦呢？如何永恆地終止這種痛苦的輪回與循環之"永劫"呢？如何從這種痛苦循環中解脫出來並且達到"涅槃"的極樂境界呢？佛陀為他的弟子也為人類開出了方法論的藥方。這個藥方便是著名的"八正道"。八正道是佛陀指明的個體現世生命修道的基本原則，但其建立的前提是從"中道"出發。所謂"中道"的前提或出發點，就是摒棄兩種極端態度：其一，是極度苦修（虐待身體），佛陀強調，身體要得到基本公正的對待，這不是因為我們熱愛身體而忽視靈修，而是因為公平對待身體是靈修的基礎；其二，是沉湎於身體的享樂和低級趣味的物慾之中，這樣就從根本上失去了思考的能力，更談不上靈修了。

　　從上述"中道"的基本前提出發，我們就可以走佛陀指導我們靈修的八正道了。

　　其一曰正見。明白佛陀最基本的見解，就是建立在佛陀"四聖諦"基礎上的見解，這能讓我們時時看到現象世界的一切都是"無常"。"無常"是由"緣"（因果律）而起，只要不擺脫因果律，事物之間的關聯就在"緣起""緣落"的無常之中循環無窮盡。當我們摒棄無常、擺脫因果律而看現象世界背後的永恆時，一切現象世界就皆為"空相"。這是修行必須時刻惕厲的最基本見解，是謂"正見"。[214]

　　其二曰正心。正心就是在正見的基礎上，對現象世界輪回中的生命保持慈悲心。慈悲來自看穿現象世界後，對我執生命在因果緣起無常中的同情，因此而起善念並持助人之心。但這種"助人"，以不將自身投入去產生新的因果"業力"為底線。基於正見基礎而時時警惕"我執"之心的出現，這種"我執"之心，便是對物質、現象世界的貪心、嗔心和癡心。去不掉我執，就不可能獲得可以往前靈修的慈悲之心，菩提之心。這個堅守過程，便是"正心"[215]。

　　其三曰正語。正語就是在正見和正心的基礎上，用明心見性的真誠語言與人交流，闡述真理，講究邏輯，開人愚頑，啟人智慧，促進人對現象世界與永恆梵音世界的理解與升華。正語需要平心靜氣，棄絕極端，守持祥和慈悲的中道，避免誤解與誤導。更要避免假語、污言穢語和暴力語言，因為這些語言都是執着於現象世界貪嗔癡而起的諸惡[216]。持這種虛假語言、污穢語言和暴力語言求道，無異於緣木求魚，播下龍種而收獲跳蚤。這一點構成了佛陀信仰止於語言而非行動的特點，從而與基督信仰施愛於他者的行動區別開來，這一差別，直接影響到這兩種信仰在慈善公益組織化和社會行動上的本源差別。

　　其四曰正業。正業就是基於正見、正心和正語，行正確的"業力"之舉。雖然修行的目的，是要使我們的靈魂從人的行為業力之因果律中解脫出來，進入涅槃之境，但那是我們終其一生的遠大目標。在當下每一刻，我們的現世生命仍在因果律中，我們的言語，特別是行為，依然在為現世生命和來生生命種"因"。比如，不播種正確的業力，對修行結果的美好期待皆為虛妄，因此我們需要"正業"。可什麼是正業呢？正業就是超脫個人因果律，即不為自己的來生生命種因，而把着眼點調整到為他人、社會，乃至為整個有情生命着想的行為"業力"上來。這一轉變讓"善業之力"立顯，解脫與涅槃之道立顯。因為人從純粹個人"私我"的立場上消失，當然也從個體生命的因果律中擺脫出來。如果這樣的"正業"能堅持下去，修行自然就在通往解脫與涅槃之正道上了[217]。但正業與正語很難辨識，因為從他人出發的正業是否又將人拖回到因果循環果報的"永劫"之中呢？這個問題，成了後世佛教派系紛爭的焦點之一。

　　其五曰正命。在修行找到正確的行為業力後，就需要進一步尋找正確的生命觀念與行為。因為佛陀四聖諦立論的前提，是人的生命在因果律中的輪回範圍是一切有情生命。這就是說，人的靈魂，根據行為業力之因果報應與現象世界身體結合的輪回，已超越人類並而擴展到整個有情生命。因此，修行之人就應該確立正確的生命觀念與行為約束。最核心的行為約束是不傷害他人的生命，即使我們在受到他人不公平的待遇之下也必須堅守。第二核心的行為約束，是不殺害和食用除人之外的有情生命，即使在我們遭受其威脅的情況下也必須堅守。這樣的正命其實是很難守持的，但如果你不能守持正命，就會立即墜入個體生命“業報”的因果律中，修行就前功盡棄了[218]。可是，正命將人與動物乃至昆蟲的生命相等同，既難邏輯自洽自圓其說又難以持守，也成為後世佛教派系紛爭與分裂的焦點。

其六曰正精進。如果以上都能堅守，我們現世生命的靈魂，就能逐漸掙脫個體生命“業力因果”的驅馳，個體靈魂，就能逐漸向代表整個有情生命的聖潔靈魂轉化，從而形成非“私我”行為業力的累積，這就是修行在整體上具有複合效果的“正精進”。此種正精進既然已聚集為整體複合效果[219]，就不會因無常而隨機波動，忽上忽下、忽冷忽熱和忽進忽退了。

其七曰正念。到了這樣的境界，我們的靈魂主體，就基本進入正見、正心、正行相自如並統一協調的狀態，無論面對現世生命中如何複雜的情況，我們的靈魂皆能自如駕馭。一念所起，一念所滅，心、身、行，無不首尾相連，從心所欲，盡在道中[220]，不受個體生命“業報”因果律的誘惑與“無常”業力的阻撓。

其八曰正定。正定是終生堅持修行的結果。像佛陀臨終前那樣，已然了悟並超越生命之痛苦，已然了悟並超越生命之死亡，已然了悟並超越生命之業力輪回，靈魂寧靜而祥和，已然解脫在最為強勁的生命因果律之外，雖對生命之輪回充滿同情與慈悲，但已決計不再回來參與，它慈悲地、安寧地準備迎接現世生命的結束，但靈魂已然贏得了不必依存於任何時空條件而存在的超然極樂，這就是隨時準備寧靜祥和地進入涅槃之境的正定。

佛陀通過親證體驗和 45 年的傳道之旅，證得了"涅槃"，贏得了不朽。他還創立了佛教僧團，對佛教僧團的團契生活做了許多細緻的規定，從而為佛陀信仰成為一個世界性宗教，奠定了堅實的基礎。佛陀還在阿難等弟子的多次懇求之下，做出了接納女性加入佛教僧團的艱難決定。後來的歷史證明，這一決定成了促進佛教信仰被消解在印度教中的重大助力。

佛陀是一個追求真理的智者，他極度平和並有博大的胸襟，思考縝密而堅守自己的"中道"。這就是他始終不觸碰印度吠檀多哲學基本信仰框架的重要原因。

他總是對印度吠檀多"梵一體三相說"，保持他那著名的佛陀之微笑與沉默。[221] 因為如若肯定一體三相的印度人格神，佛陀擔心人們對人格神的信仰——人們墮入當時開始流行的對人格神"獻祭報恩"的崇拜交易模式中。他反對"神靈保佑—獻祭報恩"的交易模式，並且反對一切用有情生命作獻祭的宗教，他認為這是一種迷信。而如若否定一體三相神的根本"梵"，佛陀又擔心否定了現象世界背後的普遍絕對的永恆靈魂後，人們墮入人死後就一切歸於毀滅的虛無主義信仰。這就是在不觸碰印度吠檀多哲學信仰而面臨兩難困境時，著名的"佛陀的沉默"的深層邏輯。

當他被問及吠檀多哲學信仰中的每個生命靈魂在每個身體中的"自我"是否存在時，佛陀又使用了他那慣用的微笑式沉默。[222] 因為如果他承認個體生命中這個"自我"為變化的依據（普遍性），就等於認同將"自我"當成永恆之靈魂加以崇拜；而如果他否認了吠檀多哲學關於個體生命中的內在"自我"，就等於承認了人死之後便灰飛煙滅的唯物主義信仰，而這兩者都是佛陀要極力避免的。

　　這表明了佛陀在他的沉默中，對靈魂個體性處理的兩難困境：如果永恆的靈魂是個體的，那麼它對因果律所驅馳的行為業力之一一對應的果報來說是個好消息，因為正是佛陀深刻而堅定的因果報應之確定性法則，敲響了人作為生命個體，不必到自己身外去尋求其他神靈庇護的警鐘，從而促使人轉向內在自覺的行為向善。而人的行為向善，恰好又符合吠檀多哲學信仰中絕對永恆之善＂梵＂所期盼的＂人的應當＂；這對涅槃來說卻是個壞消息，因為如果個體靈魂依存於因果律而向善，並一一對應、層層遞進地得到果報，那麼除了上升到高貴的婆羅門之外，個體靈魂還能向何處去呢？佛陀心中一個不基於出身而基於修行達成高貴婆羅門的理想，離從生命悲苦輪回中解脫出來並進入涅槃之境的＂存在＂尚有多遠？而失去一一對應果報之個體的婆羅門靈魂，繼續尋求解脫最終達涅槃之境的動力又來自何處？這些靈魂只有捨身成佛，變成＂無我＂即無個體靈魂訴求的普遍性靈魂這一偉大目標了。可是如果眾生都以這種＂無我＂之捨身成佛作為目標，個體靈魂就消解了。而如果靈魂不是個體的而變成只為整體考慮的普遍性靈魂，那麼在現世生命中的因果律，是否會因喪失對個體靈魂果報的激勵性而失效呢？以善為根本的＂人的應當＂之因果律法則，是否會因此而進退失據呢？佛陀留下的這一兩難困境，變成了佛陀涅槃之後其門徒之間分為＂大乘＂和＂小乘＂流派的根本性分野，永難彌和。[223]

　　從這個哲思角度來觀察，顯然，佛陀曾試圖從印度吠檀多哲學信仰＂一體三相＂之有神論中擺脫出來；並用人類對因果律開悟的絕對理性，來替代印度吠檀多信仰的一體三相神；用悟道、傳道的僧侶式修行生活，來取代吠檀多哲學信仰的＂生命四期＂；用修行達到的婆羅門境界，來矯正不斷被血緣化的婆羅門＂四種姓＂；從而構建他想幫助人人平等地從生命悲劇式輪回中涅槃式解脫的慈悲大願。這很有點兒古希臘哲學中的人類絕對理性與英雄主義味道。可是佛陀又不能拋棄吠檀多哲學信仰中那絕對無限和永恆的“梵”，否則佛陀的涅槃之境也將無處安放。這就是佛陀之道的兩難困境。

如果我們從一個更大的比較視野和形而上視野來看，那麼“佛陀的沉默”，智慧地繞開了當時提問者為佛陀設置的兩難處境，的確體現了佛陀對自身之信仰哲學自洽性和未解難題的清晰與清醒，的確體現了佛陀在面對高層級的辨析問答時，所展現出來的神聖智慧。[224]佛陀之學說，也因此常被後來的一些佛教宗派解釋為一門“科學”，或者一些學者認為佛教是跟科學最具有親緣性的一門宗教。這實在是對佛陀、科學和信仰之天大的誤解，也是一條將佛陀及其絕對真理推入絕境的死路。

因為技術是一門經驗性工具學，研究的是低階現象世界解決“人的能夠”問題的功能性經驗的相對真理，基於經驗積累的技術可以使之重複出現，並對其驗證。科學是一門解釋學，研究的是現象世界之高階經驗支持的相對真理，可以通過數學和邏輯學這一類方法論來論證，其所揭示的相對普遍性規律，則可以通過相關運用性技術的重複試驗來驗證。哲學是不可計量的解釋學，研究的是現象世界之高階經驗支持的歸納、推理與辨析式思考，它研究的是相對普遍性的規律和人類思想，界於絕對真理與相對真理之間，只可以通過邏輯學之類的方法論來論證。信仰則超越上述一切學術研究，因為它研究的是絕對真理與終極真理，它不討論相對真理，而討論無限與永恆的絕對真理，因此不可能被證實也不可能被證偽，它依靠人的“基於信心的激情”與“基於哲學的理性”二者的結合。

偉大的佛陀發現的真理，是有關生命之永恆的絕對真理，它滿足了“信心之激情＋哲學之理性”的所有要素。它解決了人類歷史上人對他者，乃至其他有情生命的慈悲與關愛的神聖朝向；它解決了東方社會人對生命不斷循環之靈魂永恆的神聖朝向，從而克服了人對現世生命的死亡恐懼；它促使東方社會堅定不移地相信自身業力，與行為果報的普遍且長期有效性關聯，企圖棄絕對"印度三相"人格神的崇拜，轉向內在心理與行為內省的"人的應當"，力圖將"人的應當"，納入個體靈魂果報計算的理性主義之"在利己中利他"的智慧設計；它還鼓勵那些果報累積深厚之人完全拋棄個體靈魂，匯入普度眾生之洪流，從而實現涅槃與成佛的夢想。這種種思考至今仍深刻地影響着東方的思維模式，長久地令人迷醉與傾倒。

　　從這個意義上講，佛陀代表着永恆的"絕對"之神。如果把他降低到科學的層次，使之與人類專門研究現象世界中低階事物間、最具像因果關聯的科學技術實證相對照，你們心中的佛陀，甚至會被一個在實驗室裡的高材生所難倒。我心中洞悉永恆之絕對真理的佛陀你看不見，正如超光速時空即使包圍着你，你也看不見。那是一種何等荒唐的神與貓的會談啊！另一方面，在佛陀及其信仰是否屬於絕對而永恆的普遍性和先存性這個問題上，佛陀的沉默，顯示了他內心的謙卑和對眾生擺脫輪回、涅槃成佛的慈悲期盼，此種對天下蒼生的慈悲大願和佛陀內心對一切有情生命的平等心，的確永恆地令知此心者心靈震顫，乃至甘下地獄。

　　但作為一種信仰，我們仍然需要彼岸，即需要絕對真理的代表，我們仍然需要代表着永恆和無限那一端的神聖參照，我們仍然需要一個全真、全善、全能的存在，以幫助我們克服人的脆弱性，需要他幫助我們堅定信心，即在這個瘋狂的世界中備受干擾與裹挾，卻艱難地堅持朝向神聖的信心，從而剔除人性中的諸惡，為我們營造一個神聖的語境，讓我們朝向神聖，堅定心中的真、善、美，以慈悲之心和向善之行處理人與他者，乃至與其他有情生命之間的關係，以悲觀之心看待現世生命之現象，以修身之行，尋求我們從往生生命、現世生命和來生生命之悲情輪迴中的解脫與涅槃，從而讓我們的現世生命，活成佛陀在彼岸期盼的"當且應當"之模樣。遺憾的是，偉大佛陀的大慈大悲的謙卑沉默，使佛陀企圖發現的絕對真理，跌倒在佛陀謙卑的門檻之上。這將為佛陀涅槃之後的人類佛教史所見證。

第四節　佛陀信仰的出走與吠檀多哲學之回潮

　　佛陀涅槃之後，現世生命中被佛陀視為"皮囊"的遺體按吠檀多方式進行了火化，火化後的遺骨，即被門徒們稱為"舍利子"的現象世界之物，被九個部落聯盟自然王國和平協議分藏並建塔供奉。佛陀生前口口相傳的"四聖諦"與"八正道"，以及其他在不同場合的講經和論道之語，被以梵文文字記錄下來，形成"佛經"。其中的很多內容都是親身經歷的弟子憑記憶所述，並加進了講述者和記錄者的龐雜理解。歷史上多次佛教僧眾大會很難認定其底線邊界，形成了日益龐雜的佛經系統。

　　隨着公元前 326 年亞歷山大大帝的大規模暴力入侵，印度次大陸首次遭遇外來文明通過戰爭暴力方式被佔領，並因此催生了印度歷史上最為輝煌的神權帝國文明——孔雀王朝。佛陀在孔雀王朝阿育王時代的影響最大，存放佛陀舍利和各種遺物的佛教寺廟在印度次大陸蓬勃興起。而在孔雀王朝再度湮滅於各部落聯盟自然國家狀態中時，笈多王朝企圖再次建立統一的印度次大陸帝國，但其規模相比孔雀王朝已經相形見絀了。笈多王朝的勢力範圍，幾乎從未抵達文底耶山脈中部及南部德干高原地區。之後阿拉伯王國的崛起和對旁遮普西北地方的佔領，也從未影響廣大的印度次大陸內陸叢林和沿海腹地，孔雀王朝那一統江河的印度帝國一去不復返了。直至公元 18 世紀，大英帝國携帶着現代工商業文明的通商與殖民法則侵入。公元 20 世紀，印度通過聖雄·甘地的非暴力民族主義對抗英國而獨立，重建了今天的印度版圖，當然也包括西北地方穆斯林化的巴基斯坦之獨立和東部孟加拉之獨立。因此在佛陀涅槃之後的大歷史中，印度次大陸在大約 2 000 年的大部分時間裡，依然保持着許多部落聯盟的自然國家和平共處的狀態，其文明基礎，便是吠檀多哲學信仰與佛教信仰相共存。

　　佛陀所創立的佛教信仰，大約在印度次大陸盛行了 1 000 年[225]，在孔雀王朝阿育王時期攀登到了頂峰，之後逐漸衰落。就對外影響而言，公元 1 世紀開始，其大乘教派，從北部翻越神秘的喜馬拉雅群峰，抵達中國西藏和廣大內陸地區，在那片廣袤且整全的大地上落地生根、開花結果，並通過中國向朝鮮和日本傳遞，至今仍深刻影響着東亞地區的人，對待生命的價值觀念和人生態度。其小乘教派，則通過斯里蘭卡，渡過浩淼的印度洋，抵達馬來西亞、印尼、泰國、緬甸、老撾和越南等印度洋東部國家，至今仍深刻而廣泛地影響着那裡人們的生命觀念與行為應當。[226] 就對內影響而言，佛陀信仰逐步為吠檀多哲學信仰所吸收並整合同化，最終成為今天印度教的“革新式吠檀多哲學信仰”的一部分，佛陀則變成了吠檀多哲學信仰“一體三相”神中的毗濕奴守持神的一個化身。因此，公元 9 世紀之後，一個擁有廣大信眾和僧侶寺院的佛陀信仰已不復存在，它湮滅在枝蔓叢生、藤幹糾纏、盤根錯節且博大精深的印度吠檀多哲學信仰之中。[227] 這個歷史之謎，讓許多後來的哲學家、神學家和文化人類學家深感迷惑與震驚，甚至傷感與痛惜。為什麼印度人要把佛教信仰這一偉大的人類靈魂淨化的精神財富，逐離開生發它的國度——那片神奇的印度次大陸土地呢？

　　這一千年曠世之謎的答案，還需從佛陀慈悲微笑而拒絕作答的“佛陀的沉默”的智慧中去尋找。佛陀的沉默，繞開了代表無限與永恆的絕對精神彼岸世界，即吠檀多哲學信仰中的唯一非人格神梵及其化身三相人格神梵天、毗濕奴和濕婆，企圖用人的絕對理性，即佛陀的四聖諦與八正道，來解決人對生命的正確理解和人對他者關係處置的行為應當。佛陀的靈魂當然夠得上絕對精神的量級，但是，如果佛陀棄絕他那隱含在"佛陀的沉默"中的不必要謙卑，宣稱佛陀為"梵"的唯一化身或"梵"救贖世人之唯一"道"；那麼佛陀就有可能從根本上徹底革新印度吠檀多哲學信仰，為其門徒將吠檀多哲學與佛陀信仰結合並系統化，開闢廣闊的可能性空間；從根本上將吠檀多哲學信仰的"生命四期"認識論與"四種姓"之人與他者關係的"行為應當"消化掉，並用新的佛教信仰系統取而代之。

　　如果佛陀棄絕他那隱含在"佛陀的沉默"中的不必要謙卑，不要宣稱"人人可以成佛"，就可斬斷所有追隨者企圖成"佛"的野心，即企圖成為絕對精神代表的"私我"之心，就有可能使後來的追隨者，將精力投入到對佛陀信仰的解經護教上，投入到佛陀神學理論的發展與完善上，以及宗教化儀典化的簡約與底線堅守上，佛陀信仰，就有可能徹底取代吠檀多哲學信仰中的"生命四期"與人與他者關係之"四種姓"教條。

　　可是，"佛陀的沉默"中的謙卑與期盼"人人可以成佛"的慈悲，為人性之罪的骷髏面開闢了巨大的想像空間，也為後來的門徒們留下了無法彌補的漏洞。因此，在印度次大陸，堅守印度吠檀多哲學信仰的強大的婆羅門思想力量，千方百計地將佛陀信仰中的"四聖諦"納入"梵"一體三相神的體系中，通過強化生命之苦、三相輪回之"業力"的"行為果報"，來吸收、消化佛陀的思想，通過在人格神崇拜上將佛陀轉變為人間守護神毗濕奴的化身之一，以侵蝕並吸化佛陀的影響力，將佛陀的"八正道"，轉化為僧侶階層個人修行悟道的方法論之一，從而使人"生命四期"的認識論和人與他者關係之行為應當的"四種姓"理論系統得以保持。由於佛陀的沉默，這個過程未遭遇任何有效的抵抗，故在公元 8~9 世紀，印度吠檀多哲學大師和瑜伽宗教大師商羯羅重新注解《奧義書》和《薄伽梵歌》等一系列吠檀多哲學經典後，基本完成。佛陀創造的信仰系統，因他企圖繞開絕對彼岸真理的沉默而被"梵"所消化吸收。

　　另一方面，佛陀的門徒們面臨着與任何信仰創立者相同的窘境，很難甚或幾乎不可能達到佛陀的境界，他們通常踏上了注經、解經和佈道之路。但佛陀的沉默中隱含的不必要謙卑和"人人可以成佛"的慈悲期盼，使很多門徒由於"有限之自我"動機的驅使，而在解經的道路上走得很遠，以致《佛經》不像《聖經》那樣具有極為明確的永恆不變的底線，而是被不斷地擴展增厚，已翻譯成中文的《佛經》字數達《聖經》的 74 倍之多，最終變成一個十分龐雜的、包羅萬像的佛教哲學、神學、生活哲理、佛教儀典，乃至心靈雞湯系統。**而在這個宗教儀典化的進程中，如果我們不將佛陀和他發現的真理絕對化，就不可能確立佛陀的神聖性與權威性，從而不能說服信眾並普及佛陀創立的信仰系統；如果我們將佛陀和他發現的真理絕對化，就違背了佛陀的教導和佛陀的沉默中隱含着的對人格神論的否定；而且從根本上否定了"人人成佛"的可能性。這是佛陀的沉默中包含着的，無法解決的深刻悖論。**[228]

　　人類佛教歷史，為解決佛陀的沉默中包含的這一深刻悖論開闢了兩條路徑[229]。第一，印度教吠檀多哲學保持了佛陀哲學真理的相對性，讓佛陀成為毗濕奴神的一個化身，從而將佛陀的生命悲情、因果業力和解脫涅槃的學說，消解吸化在"梵"的絕對性及其無限與永恆之中。第二，佛陀涅槃的偉大之靈和他發現的真理，通過南傳佛教和北傳佛教遠走他鄉，抵達東亞、東南亞諸國，並在這個過程中被絕對化。佛陀在遠走他鄉之後，被從吠檀多哲學信仰系統中徹底拋離，變成事實上的新人格首神，變成法力無邊、大慈大悲的神聖精神之"奎師那"

化身，他代表着東方人格朝向神聖的"全能、全善與全真"，變成了他生前最不願意成為的新人格首神。

佛陀無法擺脫在"佛陀的沉默"中，極力去避免"絕對化自我"存在的被誤解命運，佛陀所期盼的、人類憑着自己的理性之力、就可以悟道成佛的人類絕對理性，走向了失敗。一如古希臘哲學家們所期盼的人類絕對理性，成為至高的"絕對真理"之失敗一樣。

人類的這段歷史實踐證明：人作為個體，難以通過人類理性而變身成為絕對真理，人只有借着對無限和永恆之絕對真理的信仰崇拜，才有可能理解絕對真理，使自己的生命朝向絕對真理所期盼的"人的應當"，使自己的生命過程值得去追求，使人的社群性道德生活值得人過，使這樣的社會公共秩序與精神值得人所期盼。只有這樣，為人間名利所激發起來的熙熙攘攘的人間造神之路與偶像崇拜之路，才有可能被徹底斬斷。

第十章

分野：長焦鏡頭下的中華帝國

為了更具邏輯性地廓清佛陀信仰出走後的影響和東、西方信仰演繹的分野，我們把歷史的鏡頭再一次拉回到人類第一次大反思時代的中華帝國。

歷史學家們總是誤以為秦始皇嬴政用秦國強大的軍事力量，打敗了春秋戰國時代的諸侯國六雄——燕、趙、齊、楚、韓、魏，從而吞併了六國的版圖，建立起大一統的秦帝國；事實上，這種將中華帝國的建立歸因於秦始皇軍事征服的看法太過表面化了。真正打敗六國的，是商鞅和秦孝公嬴渠梁於公元前 360 年在秦國推行的長達 22 年的"商鞅變法"，是商鞅變法背後的"法家實踐哲學"思想，以及商鞅和嬴渠梁依據此種法家實踐哲學，對中國農耕文明社會經濟制度與政府組織制度的戰略構思與構建。

第一節　黑色帝國下的哲學空白

商鞅和嬴渠梁戰略構建的核心有如下幾點。[230]

第一，用帝權直接指揮的絕對政治權力，取代分封制形成的、侯權家族政治權力強而帝權弱的政治生態。這種帝權直接指揮的中央集權制度，包括將地方劃成直屬中央帝權的郡縣制行政單位，直接委派行政官員和罷免行政官員，直接支付這些官員薪俸收入，徹底取代其收入來自封地稅收的周王朝模式；各級官員被帝王委任為地方行政總管、軍事總管和監察總管，各司其職並形成相互制約。

第二，所有稅收直接收歸帝權支配，封地變成分封給獲得戰功之人的、僅限於顯示家族榮耀的名譽屬地，所有行政官僚的合法收入只能來自帝權直接支付的薪俸。

第三，強制所有農村成年兄弟分家，以使複式家庭瓦解為單式家庭，從而使單式核心家庭成為堅固的農業生產單元和稅收繳納單元，以最大限度地保證農業生產的效率和實現最高可能的稅收。

第四，在鄉村實行里正保甲制度，以建立家庭間連坐的相互舉報、株連的監督制度體系，使帝權的律令一徑頒發便能迅速深入落實到基層乃至遙遠的鄉村。

第五，一方面解放奴隸，嚴格限制城市貴族使用的僕役人數；另一方面通過土地分配和墾殖來平等獎勵戰功，以使奴隸作為一種社會人力資源回到戰場上或回到農業墾殖與發展上；從而有效降低了帝國上層的奢靡之風對全國人力資源的無謂消耗。

第六，以帝權權威頒佈"律"和"令"，取締民間復仇性家族式集體械鬥，取締私刑，建立新的以帝權為無上權威的新政治秩序，以致從嬴渠梁至始皇帝嬴政的歷代秦國諸侯王，都養成了白天判刑案、晚上批閱奏報的勤政習慣。

第七，建立以帝權為核心的常備軍事力量，任用有才華的軍事將領，強化帝王身邊的軍事保衛力量，將一切威脅帝王安危和帝權秩序的可能性消滅在萌芽之中，特別是在鎮壓構成帝王安危和帝權秩序關鍵性威脅的帝王家族成員勢力時，極其殘酷、極其恐怖，極具威懾力。

顯見，周朝通過神聖的禮樂儀典與天神連接的那一套信仰系統，像一個中國神學信仰的"初生嬰兒"，被秦朝的法家連同周朝分封諸侯、王權混戰、天下大亂的"洗澡水"一同倒掉了。這套新政治系統設計，完全無須周朝那套禮樂儀典信仰，只剩下對人的機械性管制，雖然有序，卻已使人類思考的生機與激情並失，使中國文化過早地墮入了超現實主義活命哲學的霸道、暴力、恐怖的統治深淵。

當然，這套法家體系，也從根本上擺脫了周朝僅醉心於奉天祭祀的儀典威嚴，無度分封諸侯國的放任與縱容，以及由此引發的戰亂與無序。這套新系統可以概括為，帝權直接集中管控"單式家庭"為核心的農耕文明新模式。這一模式的特點是：一切以維護帝權為中心，極大地強化了單式家庭組織與農業墾殖，促進了人口增長與經濟發展，並通過解放奴隸與獎勵戰功，極大地刺激了帝王崇尚暴力、民間崇尚武力的國民精神。這套帝權政治高度集權與單式家庭緊密結合的農耕文明新模式，在三秦大地上經過近一個半世紀的磨煉和持續積累，已經成為中華帝國獨有的、帝權高度集中並絕對化的"中央集權官僚管控制度"。到公元前 3 世紀末期，其他六國的"封建制"或"分封制"，即貴族加平民和奴隸的舊等級模式，無論從管控的有效性、農業經濟實力，抑或是"上崇法暴下崇武"的國民精神等角度觀察，已然不再是秦國的敵手。因此，秦國分別擊敗並統一六國只是一個時間早晚的問題。從這個意義上講，秦始皇嬴政只不過是按商鞅和嬴渠梁變法腳本的劇情發展，在公元前 235 年～前 221 年掀開了統一六國的歷史帷幕罷了。

　　統一六國的強秦之王嬴政，給自己加上了"始皇帝"的政治冠冕。皇帝即煌煌然的上帝，即超越中國古代黃帝、顓頊帝、嚳帝、堯帝、舜帝這五帝的上位之帝，他企圖以此名而獲得其家族政治統治千秋萬代的至高無上性與合法性。但事實上，除了通過血腥暴力的鎮壓和嚴苛細瑣的律令維護統一後的政治秩序之外，秦國沒有為統一後的中國提供任何政治哲學或政治神學上的正當性解釋，因此始皇帝政治秩序的正當性是受到普遍懷疑的。始皇帝身邊的法家人物比如李斯等，除了頒佈始皇帝的律令並用血腥暴力予以維護之外，沒有任何更系統的哲學思考來證明統一六國的正當性。在一個除了暴力管控只剩強權思考的國度中，中國先秦哲學的思考高度與氛圍斷崖式下跌，並迅速走向枯竭。因此，嬴政只能借用齊國實踐哲學家鄒衍極其形而下的陰陽學說來解釋並安慰人心，並間接闡釋秦帝國取代周王朝統一六國的合理性。因被法家學說所不齒，儒家"王道仁政"學說以"焚書坑儒"歷史事件為分野，被迫陡然退出了中國的思想舞台。

　　根據鄒衍的理論，宇宙的根本元素是氣，氣按陰陽五行構成，並形成相生相剋的平衡。其中，陰和陽是任何事物所具有的兩面性的對立統一，離開陰和陽在相互對立中的統一平衡，事物就崩塌了。而在陰陽平衡中的氣元素有五性，即木、火、土、金、水。這氣之五性相生相剋。所謂相生，即水生木、木生火、火生土、土生金、金生水；所謂相克，即金克木、木克土、土克水、水克火、火克金。這套理論不依靠任何經驗觀察基礎上的邏輯推理，但依靠形像式的比喻和類比想像，的確是對中國象形文字特性的超強駕馭與高超運用。你可從對自然界觀察經驗的想像中，去體會其中隱藏着的神秘類比推理之語言力量。鄒衍之後的陰陽學家，繼續把這種對自然觀察的陰陽五行學說推廣至社會領域，借此去推斷人在社會中命運的吉兇禍福，從而反過來去尋找其陰陽五行不平衡的破解之法，由此形成了一套中國獨特的社會服務職業——陰陽家、算命先生和風水大師。後者還將其與周文王占卜的《易經》相結合，繁衍出一整套日益龐雜、枝節橫生的中國式神秘主義關於人的宿命式占卜學說，對人在社會中的命運進行預測與難題破解，長久而廣泛地影響着中國人的宿命觀[231]與價值觀。

　　在秦統一六國之後，鄒衍門徒們試圖把人與自然關係中的一些現象和人與他者社會關係中的任何現象，都配比到陰陽五行的元素中，去解釋一切。比如，他們將東方、春天、青色、數字"八"配到木中，將南方、夏天、紅色、數字"七"配到火中，將西方、秋天、白色、數字"九"配到金中，將北方、冬天、黑色、數字"六"配到水中，將中央、黃色、數字"五"配到土中。然後，他們通過半想像、半類比的方法推理出周王朝屬火，秦王朝屬水，因水克火，故秦王朝勝之。因此，秦始皇嬴政以每年十月（冬）為一年之首，官方衣服、旗幟、宮殿、車輦皆用黑色，皇帝駕車的馬用 6 匹，郡縣的數量用 6 的倍數設 36 個，皇帝所用之物皆用 6 或 6 的倍數等。在他們看來，只要秦

王朝遵守這些規制，就能保證始皇帝創立的 340 萬平方公里的疆土和
1 500 萬 ~2 000 萬人口的中華帝國，永遠由嬴政家族統轄，千秋萬代
永不變色。中國式神秘主義政治哲學思維方式，從此肇始。

　　這種學說缺乏對自然現象背後之真理世界的嚴謹觀察，又未基於
人與他者之間關係的深刻揭示，從而不能抽象出現象世界背後的邏
輯關係，給人的公共行為以形而上邏輯的思考與導引，反而將法家學
說對現象社會有序治理的公共邏輯，置於虛幻想像的神秘主義宿命觀
中，從而助長了秦帝國上層社會借助這種神秘主義威懾，在暴力與 "行
為應當" 方面的為所欲為與毫無節制，最終，使秦帝國的暴力統治在
15 年後就被埋葬在以暴制暴的復仇模式中。

　　此後，宦官趙高伙同李斯，在始皇帝嬴政死後密謀廢掉作為長子
的王子扶蘇，改立二子胡亥為帝，武將蒙恬等人均遭誅殺。當趙高
把那頭著名的 "鹿" 牽到 "至高無上" 的皇帝胡亥寶座前時，他說這
不是一頭鹿而是一匹馬，從皇帝到每個在場的文武百官都被迫一一附
和。這是一頭鹿還是一匹馬？設計這套帝權核心政治秩序的商鞅和其
後裔李斯等從來沒有想到，法家的思想和至高無上的帝權政治實踐，
需要面對這樣極簡的挑戰和荒謬的窘迫——如果你表態說這頭鹿是一
匹馬，你就能活下來並保住榮華富貴的生活；如果你表態說這頭鹿是
一頭鹿，你就會被趙高借帝權之名殺害，而且連累整個家族被誅滅。
秦帝國在這種荒謬的歷史悖論中落下了帷幕，陳勝、吳廣的大澤鄉起
義勢如燎原，兩年多的時間，就使建立在陰陽五行學說之上的、企圖
千秋萬代的秦帝國土崩瓦解。接下來是西楚霸王項羽和沛縣稅吏劉邦
的兩軍之爭。最後劉邦贏了，一統中國，建立了漢朝。然而，法家治
理留下的帝權核心政治之正當性的哲學神學空白，變成了這種統治模
式的一個重大問題，需要被彌補。

第二節 ╳ "儒法聯盟"下的太平

　　漢朝之帝劉邦在贏得天下的歡宴中，立刻感覺到一大群在楚漢之爭中立下赫赫戰功之武將的刀劍擁戴與分權逼迫，於是不得不在周朝諸侯分封制與秦朝帝權集中制之間，進行新的平衡嘗試，對 137 位輔佐劉邦取得漢家天下的有功之臣進行分封。被分封的 137 位有功之臣與劉氏帝權家族代表劉邦，簽署了用鐵鍛造的"丹書鐵券"[232]，約定了各功臣之封地權力與對劉氏家族帝權之忠誠責任的永恆對應，並確認各留一半"丹書鐵券"。其中一半由受分封者自我保留，另一半封存在劉氏帝權家族的祠堂裡，類似於以色列人的"約櫃"。出示雙方所持的"丹書鐵券"並吻合，是這種盟約永恆有效的鐵證，以示此盟約的嚴肅性和神聖性。

　　但春秋戰國數百年間，諸侯王與周天子之間赤裸裸弱肉強食與虛假忠誠的歷史記憶，像魅影一樣籠罩在劉邦的心頭，揮之不去，這使他雖貴為至上權位、至高帝位，但仍寢食難安、度日如年。這種帝權心理魅影引發的帝權與分封王權之鬥爭從未停歇過，劉邦再次祭出暴政之叢林法則旗幟。他訴諸劉姓家族的血緣性忠誠，用陰謀剷除韓信、彭越等外族功臣對帝權的威脅，推行"非劉氏不得王"的政治方針。可見，率先撕毀丹書鐵券盟約的，是帝權代表劉邦而非被封之王。後來他們發現，劉氏血緣性家族骨肉的陰謀內鬥，對帝權的威脅更大，即使是夫妻也靠不住。在高祖劉邦死後，其妻呂雉及外戚家族，幾乎在所有方面完全竊取了劉氏家族的帝權核心地位，這便是明證。呂雉死後，最高軍事首領太尉周勃幫助漢文帝恢復了劉姓家族帝權，使得漢朝劉姓家族的帝權在基本不間斷的進程中維繫了近 400 年。通過不斷探索與完善，漢朝擁有了一套邏輯自洽的、帝權絕對化並通過長子繼承維繫的霸道政治控制系統，以及相對應的政治哲學正當性解釋。

在這近 400 年的歷史中，漢朝在兩個時期進行了不同的帝權政治正當性解釋探索。

其一是史稱"文景之治"（公元前 180 年～前 140 年）的聖道政治哲學時期。[233] 漢文帝與其母竇太后出身寒微，在宮廷生活中備受排擠並被流放至西北代地，因此他們深諳民間疾苦。當他們在無望中突然被選擇被擁戴回到皇宮掌權後，他們對皇權與百姓始終保有強烈的敬畏之心。特別是竇太后堅決主張採用"黃老之學"治國。黃老之學，是指人應當遵循老子自然主義的"聖道"政治哲學，即將外部自然世界的"道"，比如春夏秋冬等自然規律，作為人的"行為應當"所應遵循之道，並借此修養皇帝之"德行"，實現"道德"合一之"聖道"治國：帝權是自然之神授權的、管理民間社會的最高代表，因此皇帝要遵循自然規律，體恤民之疾苦，節儉而不鋪張，這樣收稅就少，民就富裕。皇帝應簡約律令，以身作則宣導淳厚民風，實現順應自然之理而垂範拱治的"聖道"，即"我無為而民自化，我好靜而民自正，我無事而民自富，我無欲而民自樸"。因此在劉邦簡化秦律的基礎上，文帝和景帝進一步簡約皇帝頒發的律令，不擾民而使民自我教化，不加重民之負擔而使民休養生息。文景之治時期，是中國帝權政治真正服務於人民需求的黃金政治時期，其採用的帝權不妄用權力，是"無為而治"的"聖道"哲學，是中國文化中最值得稱道與珍視的政治思想。在將近半個世紀的歷史實踐中，文帝和景帝幾乎沒有建造過一個新皇宮，哪怕區區一個亭子；皇后和妃子的裙子都打了很多補丁；但民間的土地得到了開墾，人口從 1 500 萬增長到 3 000 多萬；民間財富得到了相當充分的積累，國庫充盈，天下太平而繁榮。事實上，文帝和景帝是稱得上老子理想中的所謂"聖君"的典型代表人物。

其二是漢武帝時期。文景之治對中華帝國的內部有序治理十分有效。但對有雄才大略、渴望對外擴張的漢武帝來說，無論國家稅收盡可能少的理論抑或是不擾民的理論，都極大地限制了他對外擴張的輝煌野心。

漢武帝在位半個世紀，大力播種與北匈奴和親的仇恨，數次大規模發動對外戰爭，北擊匈奴，南擊北越，東併朝鮮，西使外交使臣張騫打通西域。這極大地增加了稅收。但這一切仍不足以支持漢武帝對外擴張的野心，他繼續利用桑弘羊取自《管仲》的《鹽鐵論》[234]，興辦最早的國有壟斷企業，借助國營企業收入實行對外擴張，將鹽和鐵這兩種社會剛需資源納入國家壟斷經營，不允許民營。他將鑄幣權收歸中央，對內創立強化帝權、削弱王權的全國 13 刺史監察制度，將所有王權活動，納入直接向皇帝通報的密使監察報告和暴力鎮壓的動態進程中，從而使帝權得到極高強化。這一切，反過來又強化了漢武帝的對外擴張政策與對民間的橫徵暴斂。因此，漢武帝統治期間，衛青、霍去病、李廣等名將輩出，將帝國的疆土擴張到 500 多萬平方公里，在面積上可以和羅馬共和國的強盛時期相提並論。但由於連年對外戰爭，人口下降了 1 000 多萬，幾乎回到文景之治前的狀態，國庫空空，民生凋敝，赤地千里。

漢武帝對外擴張、對內集權的政治主張和霸道統治，為儒家學說的重新得勢提供了嶄新而廣闊的想像空間。在漢高祖劉邦時期，劉邦向儒家學派的代表人物叔孫通問"禮"，結果叔孫通為劉邦設計了一個體現"禮制"的大劇，即通過長樂宮建成、群臣朝賀的場面來演練"禮"。經過長達月餘的演練，軍政大臣們被要求在朝會開始前在長樂宮靜候，劉邦高坐在專為他設置的輦車上緩緩馳入，禮樂齊鳴，莊嚴肅穆，群臣被要求按官階大小出列，向劉邦奏頌事前預備的賀詞，不得抬頭看劉邦，從而給每個人以現場的壓迫感。宴會開始後，現場群臣都要匍匐在劉邦腳下俯首平視，不得抬頭視君。直至宮廷主持人高聲宣佈"宴會禮成"後，群臣才能起立入座參加宴會。這時監察官進入，將行為不規範的大臣以"失儀"之罪一一逐出，並判處鞭笞、革職等不同處罰。中國歷史上君臣促膝長談、相互欣賞、携手治國的畫面，因儒家"禮制"律令化的登場而終結，叔孫通也因此深得劉邦歡心與重用。儒家學說從此離開了孔子與孟子原本的"君王應約束自己，施行'仁政'以建立社會'禮樂'和諧秩序"的"王道"政治理想，嬗變為維護"帝權核心"的人間造神的御用統治工具。

漢武帝強大的政治野心和霸道思想，重新喚醒了在秦始皇時代被暴力鎮壓、在文景之治時代被聖道之治所冷落的儒生們的政治野心。經過曲折的密謀和適應性改頭換面，儒家學說的御用思想家董仲舒出現了。董仲舒吸取了孔子在周遊列國時，因勸說各諸侯王恢復周朝禮制、服從周天子的君臣秩序而遭到冷遇的歷史教訓；也吸取了孟子在周遊列國時，因勸說各諸侯王加強自身修養、用仁政治國而遭到冷遇的歷史教訓；還吸取了荀子的"人性本惡，需要禮制約束"的哲學思想；並相當程度上吸取了墨子所認為的天有意志即天志的哲學觀念；最後吸取了道學陰陽家鄒衍的全部學說；把這些觀念拼湊在一起，烹製了一鍋新儒家學說大雜燴，將儒家學說發展成為一套為"帝權霸道統治"的合理性與正當性說教的御用政治學說。[235]

在此學說中，董仲舒認為，天、地、人屬於三個相互關聯、不可分割的主體，"天生之，地養之，人成之，缺一不可"。一方面，天的意志通過主管的"陰"和"陽"兩種元素的對立統一，貫徹於宇宙的始終。陽代表太陽、光明、男性等特質；陰代表月亮、黑夜、女性等特質；陰與陽結合，便產生了新的事物。事物通常有金、木、水、火、土五種特性，這五種特性相生相剋，使各種事物之間形成相互平衡的動態局面。另一方面，天的意志通過主管大地和人，實現大地的豐產和人類社會的秩序。因此帝王的"王"字，猶如天、地、人三"橫"中縱貫上下的一"豎"，授命於天，對大地的耕種和人的教化負有責任。對於大地的耕種，皇帝應該按照曆法發佈季節時令，督令農民春耕、夏鋤、秋收、冬藏，並及時代民祭天以使風調雨順，從而實現大地豐產；對於人的管理，皇帝要按儒學的"禮樂"之制辦太學，教化萬民，使他們遵守"天—地""君—臣""父—子""夫—妻""兄—弟"的宇宙與人倫秩序。天為地綱，地服從天；君為臣綱，臣服從君；父為子綱，子服從父；夫為妻綱，妻服從夫；兄為弟綱，弟服從兄。如果人們都守住自己的位置，順服自己在這些社會角色中的相對位置安排，不犯上作亂，社會就會有秩序，天下就會有太平。因此皇帝要通過頒發嚴格的"律令"來推行之，比如君臣禮儀、每日朝奉禮儀、家庭孝道和父母喪後守孝三年的禮儀等等，無論大小官員一經違反，必嚴懲之。

董仲舒這種集大成的"帝權核心"神化且絕對化的儒家學說，很快得到了漢武帝的賞識和回應，於是漢武帝頒發了"罷黜百家，獨尊儒術"之律令。儒家理論走出了苦口婆心去勸導和培訓諸侯王，乃至勸勉帝王們去加強自身修養、以變為仁義之君的滿地泥濘和歷史迷霧。一方面，儒家理論把統一國家的帝王塑造成天志的化身（天子），使之擁有了管理大地和民眾的神授君權；另一方面，儒家代言人則附屬在這種被絕對化了的相對性帝權權威之上，去發展一整套的儒家禮儀，來約束各級官員對帝權的絕對效忠，並通過各種具體社會場景中"子對父"的效忠、"妻對夫"的效忠、"弟對兄"的效忠，以及一切處於下位之人對上位之人的效忠，來進行充滿時空的社會大演練，並將其發展成一整套皇帝頒發的"律令"，使之固化下來。

儒師們既從歷史上諸侯王乃至帝王的座上導師和堂上顧問，俯身轉變為匍匐在皇帝腳下的御用奴僕，又通過代帝權起草並頒行至上權威的"律令"，而轉化為高居萬民之上的導師與幫辦，去教導人們應該如何站立、如何走路，如何在不同場合跟比自己地位高的人說話，如何行動、如何思考等。很多學者把這種狀況稱為"內法外儒"。我以為，這其實是漢朝儒家操縱的"儒法聯盟"。儒法聯盟將帝權絕對化、皇帝神聖化之後，春秋戰國時代像孔子、孟子和荀子那樣，像管仲、李悝、商鞅那樣，充滿社會善治理想的儒家學派和法家學派的大師們，已經完全消失在漢朝的地平線上，他們被董仲舒式工於心計、巧舌如簧的"御用儒生"們取代了。

於是，漢朝以董仲舒為代表的儒家，將皇帝描述為代表天志的"天子"和世上萬物的"主宰"，皇帝被塑造成了人間之人格首神，而胸懷"儒術"的儒士們，則成為皇帝這個人格首神的壟斷性幫辦。道家被放逐民間和山林，從上層社會和權貴視線中消失。墨子的非人格神"天志"被借用，天志的核心思想"兼愛"與"非攻"被拋棄，完全淡出中國人的思維視野。皇帝的這種"人間神"權威，一方面依靠國家暴力機器對異議人士的鎮壓來維繫，另一方面通過耗費鉅資建構的奢華宮廷的威風，眾臣匍匐腳下的威嚴，信息絕對密控製造出的神秘感來維繫。

可是，皇帝這位人間神畢竟是人，人的一切有限性、暫時性和相對性他皆有之。而且由於其可以為所欲為，皇帝很容易表現和暴露出人性中罪孽與邪惡的骷髏面，因此其周圍常被殘酷、乃至慘無人道的宮廷鬥爭所纏繞。西漢末年、東漢後期皇帝的行為之荒唐放蕩，完全超乎常人的想像，宮廷鬥爭越來越超乎尋常的殘酷。為了保障皇宮裡的女人不被男人侵犯，只有被割去男性睪丸的男人才能在宮廷中服務，這就形成了龐大的宦官隊伍。宦官們利用接近皇帝這個"人間神"的機會，通過製造信息不對稱來參與殘酷的宮廷鬥爭，使宮廷鬥爭變得更加複雜。

另外，由於皇帝死後的權力繼承和聯姻事關國家權力的擁有和行使，皇帝的死亡、新皇帝的繼位以及皇后與妃子的臨幸選擇，都關乎宮廷中每個人的生死命運。於是與皇帝聯姻或被皇帝臨幸的女人們，以及她們的親屬系統即外戚，也被捲入這種宮廷政治鬥爭中，無論他們是否出於自願。他們利用這些女人與皇帝的感情糾葛、婚姻正當性，以及生育男性的生殖力差異，去掀起爭得皇帝寵愛與寵信的情感之戰，加入這場帝王權力交接與轉移過程中，血與火的宮廷政治博弈。

這三股力量疊加在一起相互聯盟、相互利用與相互格殺，使本應平靜的宮廷充滿了陰謀較量的血雨腥風，從而使儒家所期盼的皇帝人間神的素質與"行為應當"，常常差強人意。[236]

縱觀漢朝 400 年和三國、魏晉南北朝 400 多年超過百位的各式皇帝"人間神"，其所作所為大多數都是荒唐、不堪入目的，夠得上"天志"代表的帝王寥寥無幾。在東漢的 14 位皇帝中，只有劉秀及其兒子在執政時已成年，其餘的皇帝都是未成年人，最小的皇帝只有兩個月，是尚在繈褓中吃奶的嬰兒。如此年幼的皇帝，其幕後真正的權力執掌者無非"外戚""宦官"和"儒生"。而被稱為"黨爭"的角逐和鬥爭，超乎想像的殘酷與恐怖。輸的一方不僅會被捕下獄，而且常被以"皇帝令"的方式誅滅九族。死的方式從自縊、斬首到凌遲不一而足，令人髮指，且對下層社會極具威懾力；贏的一方則成為寵臣，可以皇帝名義封官予爵，雞犬升天，招搖過市，獲得歷史時間中的暫時性與相對性勝利，並為下一輪更慘烈的"爭寵"播撒種子。

讓我們繼續拉長歷史觀察的長焦鏡頭來獲取歷史縱深感，從秦始皇嬴政統一中國到明朝末年，所有皇帝作為"人間神"，統治他們認為的"宇宙"和社會的生命週期平均不超過 10 年。與夏朝、商朝和周朝每位帝王掌權的平均時間遠遠多於 20 年相比，帝權絕對化以來的儒家學說顯然使宮廷鬥爭加劇，從而使皇帝執政的平均年限縮短了一半，這表明由政權更替頻繁引發的社會動盪失序更加嚴重，同時也證明了皇帝的有限性、暫時性和相對性一如常人。而儒家每一次禮教儀典絕對化的帝權造神，山呼萬歲以彰顯江山永固的神聖莊嚴，成了代表人間偽善的最大謊言。

令人可悲的是，這種將人的相對性加以絕對化的人間造神，所導致的殘酷宮廷鬥爭，無法不把整個社會深深地捲入其中。中國大多數王朝的宮廷鬥爭都會上演"指鹿為馬"的歷史劇目，正如這種制度剛開創時，趙高和胡亥聯合創立上演的那樣。而歷經磨難、贏得政權的開國皇帝，比如劉邦和劉秀，或極少數完全能夠控制局面的明智皇帝，比如劉徹與文、景二帝，基本能夠靠自身的苦難經驗來控制局面，防止"宦官系統""外戚系統"和"儒生士大夫系統"的無度干政，從而維持政治穩定與平衡，無須用"指鹿為馬"這樣公然蔑視真相與最基本常識的方法，來顯示自己的政治暴恐權力。而絕大多數皇帝都在宮廷各種力量角逐與策劃下，上演花樣翻新的"指鹿為馬"劇碼，這的確令人大開眼界、瞠目結舌，其核心都是令各部、各級官員通過直接或間接的方式，逐一就那些明顯違反常識的虛假荒唐事情表態，選邊站隊，統一思想。最後，站在謊言這隊的官員們會受到重用，站在真相這隊的官員們會從上到下受到清洗——丟官、失去一切物質條件和作為人的基本尊嚴。最恐怖的是許多官員被判誅滅九族，即往上追溯至父親、祖父、高祖和曾祖，往下追溯至子女輩、孫輩、曾孫輩、玄孫輩，受官員牽連之家族雙方皆被誅滅，婦孺老幼無一倖免。

於是，這個社會在十數年甚或數年間，就需經歷一場這樣的恐怖劫難，皇帝代表了一種提及便令全社會膽寒的人間神聖權威，和人們不可提及皇帝名諱、不可妄自非議其言行與生活方式，否則就會被其他人告發而擔誅滅九族的風險。因此，在這樣一種帝權被神聖化的政治社會中，偶爾出現三十年的和平環境，就足以讓歷史學家驚訝地稱之為"盛世"並大加歌頌了，但下一場"指鹿為馬"的大劇又在醞釀之中。儒家所炮製的這套把帝王造成"現世神"的思想體系、禮儀體系和懲處體系，導致中華帝國產生了兩大問題。

第一，**皇帝作為現世神的臨在表演，滅絕了中國哲學思想突破人的相對性、探求絕對性真理的寬容精神**，因為取得絕對性位置的帝權，實際是人的相對性的暴力武裝，但這種相對性真理的絕對化，徹底閹割了人的想像力和探究之心，讓人的思想變為帝權權力的"御前車夫"，他們所能做的，便是把社會稀有的偉大思想者們的思想統統趕進超現實主義活命哲學的"馬廄"，以皇帝及其寵臣喜怒哀樂的相對性，作為絕對真理參照系來代替常識常理判斷。

第二，皇帝的有限性和荒唐性，為歷史學家、儒家官僚所熟知，但被極力粉飾、掩蓋。因為真相的暴露會讓社會十分尷尬且不堪，使這個系統中的皇帝、儒家官僚以及宦官、外戚系統的所有人，都失去其正當性權威與體面來源，因此掩蓋真相與粉飾偽裝，變成參與遊戲爭鬥各方的共同需要和共同認知。而這樣一來，虛假與偽善，必然成為這種系統維持運行所必備的典型特質。然而，人們一旦習慣於虛假與偽善，人人、處處、事事，就均面臨說一套、做一套的行為習慣和分裂人格，這種行為習慣與分裂人格，會逐漸演變成一種社會風氣，並沉澱到文化中，成為社會的群體性記憶，代代傳承，永不衰竭。[237]

到東漢末年，由董仲舒所拼湊的這套儒法聯盟的儒家思想、儀式和懲罰體系，歷經300多年歷史滄桑，為中華帝國始自人心控制的一統天下政治，立下了卓著的功勳，以致中華帝國統一的疆域一度達到500萬平方公里，轄下人口規模一度超過5 000萬人。按這兩個在農耕文明時代作為帝國最重要的指標來衡量，中華帝國，的確稱得上是可以和同時代統轄600-1 000萬平方公里和1億多人口的西方最具實力的羅馬帝國相提並論的東方強國。但從結構指標或軟性指標上相比，差異依然是明顯的。

第一，羅馬帝國的立國基礎，是"羅馬公民"的個人自由、權利與義務的法律秩序構建。以羅馬法為基礎的西方法系的誕生，為人作為獨立個體的自由、權利、義務、平等、公平、正義等法哲學問題的產生與追問，埋下了飽含生命張力的種子。羅馬帝國之後的西方歷史，無不與這些由羅馬帝國深埋下的種子問題高度相關。而中華帝國的立國基礎，則是"帝權"的絕對性和皇帝的神聖性，人棄絕思考與言說，絕對服從帝權的僕役式演練和程序化禮儀，以及違規者的系統化懲處律令，因此，作為擁有自由、權力與責任的個人主體，從這種律令系統中消失了。其所埋下的中國"帝權"秩序絕對化的種子，則使個體的自由與平等權利追求，消失在這種帝權絕對化維護者之"國家""家庭""宗族"性組織構造的同質性中。所以，此種律令的構造邏輯，自始至終只有從帝權出發的自上而下的秩序，而沒有從"個人權"或"公民權"出發的公平立法思想。這是羅馬法和中國東方法之間的最本質差異。

第二，羅馬帝國之所以擁有 600 萬~1 000 萬平方公里土地和超過 1 億的人口規模，是因為當時在文明程度上旗鼓相當的 50 多個宗教信仰完全不同的獨立國家，在羅馬帝國的旗幟下構建了政治聯邦。除了承認羅馬帝國的統治、向羅馬帝國納稅和用羅馬帝國統一對外的國家品牌之外，這 50 多個國家在信仰、言論、文化方面，都享有相對較高的自由權。中華帝國統治的絕大部分疆域，都充斥着漢族文明與文化，周邊數量較小被納入帝國統治的民族，是匈奴、氐羌、鮮卑等少數民族，它們無法跟漢文明相抗衡。因此，它們統統被納入把皇帝當"人間神"權力崇拜的律令體系之中，民族間關係被納入了要麼"臣服"要麼"征服"的強大軌道中，很難形成在政治治理上統一，卻又擁有精神自主的各民族國家同盟。

第三，羅馬帝國在精神信仰上的萬神殿，接納了 50 多個臣服國的不同神祇，也將自己的皇帝造為"人間神"之一，但唯獨希伯來文明所創造的上帝耶和華唯一神信仰，不接受多神教，更不接受“人間神”以及任何偶像崇拜，這就產生了猶太臣服國信仰，與羅馬帝國的精神信仰衝突。這場衝突因耶穌的死亡而大為升級。奇妙的是，羅馬帝國對耶穌基督代表的上帝唯一神信仰的暴力鎮壓，反而起到了用鮮血澆灌基督之花的作用，基督之花幾乎在羅馬帝國所轄的 50 多個臣服國的沃土上盛裝開放。即使在西羅馬帝國長達千年的統治消亡後，各臣服國雖然從政治治理上恢復到原來的民族國家狀態，但在精神信仰上，卻在羅馬帝國用刀劍和羅馬法開闢的廣袤土地上高度統一在基督信仰之下，形成了超越血緣地緣的上帝屬靈之國，的確令人匪夷所思。上帝作為外在於人類所處的世界，並創造了世界和人類的絕對性、無限性和永恆性人格主體，賦予了成百千萬信眾平等獨立的人格尊嚴、個體想像力與行為約信力。皇帝與國王們則從古羅馬的人間神位格，降格為人間的公共世俗事務代表，他們可以擁有超越眾生的人間權柄並過高貴奢華的物質生活，但必須接受上帝在人間的精神代表即教會的制約與問責，特別要接受基督的光照和上帝所期盼的“行為應當”之信約。即使他們的行為有問題，也可以從人的有限性和罪性中得到解釋，由此保證了人與他者關係處理的相對真實與直接簡單。

　　第四，中華帝國卻正好相反，形成了世俗權力與精神信仰，完全統一到皇帝這一“人間神”權威的思想體系與政治治理體系，這就迫使皇帝必須成為萬民中男人的“行為應當”之典範，皇后成為萬民中女人的“行為應當”之典範。一方面，由於皇帝和皇后作為人所具有的一切有限性和相對性，其至高地位所帶來的被無限誇大和絕對化產生的公共寵愛，加上宮廷權力角逐的殘酷性，其人性的骷髏面就會暴露得更加徹底，從而失去了典範特質，於是只能靠虛假的宣傳來掩蓋，而由此導致的“偽善”影響則至深且遠。另一方面，雖然中國的皇帝亦被稱為“天子”，似乎也同樣具有“君權神授”的樣式，但由於“天”

是一個非人格神，其缺乏更深入的定義與歷史界定，因此很容易跟"自然""宇宙"這樣的概念相混淆。當皇帝的權威，被界定為既掌管社會秩序又掌管宇宙秩序時，這就相當於天委託天子既掌管天地又掌管社會，那麼原初那個委託的"天"和被託管的"天"的差別何在呢？於是我們看到，"天"的絕對性和神聖性，就在這種"天與自然"的循環論證中消失殆盡，只剩下"天子"依靠暴力維繫的權威。**皇帝的暴力權威變成了人們想像能力的極限，也變成了人們言說能力的極限**[238]。這個極限阻止了人們思想的想像力和人們對絕對真理的群體性探求，因為在這樣的社會中，凡事皆有答案，而且不允許人們提出問題。不設限的提問，會擊穿皇帝的有限性和相對性，也會擊穿那些儒生假借皇帝權威所頒發的律與令中的破綻與偽善，更會擊穿隱藏在儒法秩序背後的偽善動機，從而不可能繃得住這套將精神信仰物質化，或將相對真理絕對化的儒法思想體系所生發出的無法自洽的邏輯張力。

第三節　佛陀在中國

　　到東漢末年，儒法聯盟思想體系的說服力走到了天盡頭地盡處。

　　在西漢至東漢 400 年間的 30 位皇帝中，大多數皇帝的"行為應當"，既達不到孔子和孟子所夢想和期盼的"仁君"行為，又達不到董仲舒後的儒法混合家們所神化的"奉天承運"——同時執掌宇宙與社會秩序的"人間神"高度。除了像文帝、景帝這樣極少數的皇帝之外，大多數皇帝都是自我無限膨脹，以私代公、驕奢淫逸、喜怒無常地濫用權威與暴力，從而引發了國家稅負因無度增長而帶來的橫徵暴斂與民不聊生。借助皇帝被塑造成"人間神"的無上權威與精神想像力桎梏，新興的儒法官僚階級、外戚階級和高層宦官階級，通過土地市場大量購入地產，形成了社會中的新的經濟與政治豪強家族。他們既是政府官僚又是"不在地主"，通過貪腐和土地租金積累了巨額財富；他們畜養大量家庭僕役，並使其逐漸變為私人保衛與武裝力量，生活奢靡腐化，崇尚暴力，窺視天下權力歸宿。皇帝至高無上的權力，對這些豪門貴族極具誘惑力，被中國文化稱為"隱藏自我但審時度勢，以伺機'逐鹿中原'的政治野心"。

　　廣大的農民階級卻因天災人禍，被迫失去了他們賴以生存的小塊土地，進而變為佃農，但儒法官僚與各種權貴階級貪慾無度緊追不放，往往進一步利用他們接近至高無上之皇權的便利，通過皇帝看似隨意的律令，將那個時代的實物稅和徭役稅巧加利用[239]。譬如，在農作物的收獲時節，政府不徵實物稅，反徵徭役稅；到農民缺糧但可貢獻徭役的農閒時節，政府反徵實物稅。農民經常在農作物收獲時，因被迫交貨幣稅而爭相賣糧，這導致穀賤傷農。農閒時，不徵徭役稅導致勞動力貶值；農忙時，又徵徭役稅導致很多農民要花錢僱勞力來做工，有時政府乾脆就以錢代工，致使稅收負擔總是被更多地轉嫁到窮人身上。到了東漢王朝中後期，廣大的中下層農民階級一方面被大豪強地主的地租嚴酷盤剝，另一方面又被皇家稅收壓榨，還不時被各級官員打着皇帝攤派徭役的旗幟，徵用唯一賴以生存的勞動力，如牛重負，苦不堪言。這種衝突進一步推動豪強並舉，天下紛爭，社會動盪失序，暴力隨處可見，死亡照見生命之脆弱與無意義。大的災荒之年更是餓殍遍野，於是饑民起義，刀兵四起，血流漂杵。漢朝劉姓家族歷經 400 年的帝國統治，走到了天盡頭、地盡處。

　　隨後是近半個世紀的魏、蜀、吳三國鼎立時代，曹操的後代曹丕徹底取漢而代之的短暫的魏王朝時代，司馬懿後裔司馬昭取魏而代之的晉王朝時代。公元 291~306 年，荒誕不經的晉王朝最後一代司馬家族，因爭奪帝位與相權而內鬥並相互殘殺的"八王之亂"，給社會帶來了無邊的痛苦，並進而引發長達一個多世紀的"五胡亂華"，16國並立，以及近 200 年的南北朝分裂時期。[240] 直至公元 7 世紀上半葉，楊堅統一中國，建立隋朝，其間經歷了 400 多年的暴力紛爭與戰亂。北部地方逐步被匈奴、鮮卑和羌人等胡人分割與掌控，有 60 萬人口的壯麗城市洛陽被胡人燒為瓦礫。漢族統治被擠壓到南部地區，並形成權力快速更替、王朝內鬥更加慘烈的若干小國。顯然，有足夠多的皇帝表演，足夠長的歷史證明：董仲舒為代表的儒法理論家們所製造的"人間神"皇帝偶像，既不能掌控中國的社會秩序，更遑論掌控宇宙秩序。儒法理論的謊言被徹底洞穿，皇帝、皇后"行為應當"之示範莊嚴一敗塗地，嚴酷律令對人的約束無濟於事，只剩下赤裸裸的權力爭奪、物慾橫流和弱肉強食的叢林法則。中國的知識分子和思想者們失望、苦悶至極，要麼加入社會無謂爭鬥，在動盪與不安之中相繼屠戮；要麼逃遁山林以避亂苟活，不得不在嚴酷的失序社會中思考並尋求新的答案 [241]。

　　在這個時期的思想家中，王充、王符和崔寔值得被提起。他們對儒法家們空洞的說教及其煩瑣的行為教條發起了猛烈的攻擊，認為儒法家們宣導的陳規陋習使社會充滿謊言與迷信，對董仲舒之後的儒法家們一方面腐化社會掠奪底層；另一方面不斷大赦天下罪犯的偽善大加撻伐，認為他們的方法只會更加助長墮落與犯罪，只會使這個荒唐的社會變得更加病態。但除了批判之外，他們並未提出更為深刻的發問，因為他們不敢觸碰皇帝帝權被絕對化的核心問題。數百年持續的戰亂，使知識分子階層都厭惡舊秩序，渴望呼喚新的自由。但他們呼喚的自由，缺乏從個體人權出發的、自由與責任相對應的邏輯性論證，更缺乏上帝那樣既肯定個體的自由，又能使他們朝向公共應當的絕對性、神聖性權威來源。因此，道家僅僅通過關注並模仿自然之道，來處理人與他者關係的中國式自然主義想像，但又回到了中國思想舞台的中心，新道家聲名鵲起。[242]

　　著名的"竹林七賢"就發生在這樣的歷史背景下：魏朝帝權旁落，晉朝司馬氏利用手中兵權謀篡帝位，最終以晉王朝取而代之。朝廷必須殘酷迫害一切政治異見人士，製造恐怖氣氛，順之者昌，逆之者亡。因此企圖遠離官場、逃避政治、弘揚新道家哲學的文學家們，用新的表現方式登上了中國的歷史文化舞台。竹林七賢並沒有成形的理論，其實相當於一群飽讀詩書的中土文士，目睹了一場場赤裸裸的與儒法家學說所宣揚的忠孝仁義完全相悖的暴力謀逆奪權過程，並親身經歷了新的一場"司馬昭之心路人皆知"的"指鹿為馬"歷史大劇，哪有什麼君為臣綱的儒法聯盟新秩序？哪有什麼皇帝作為"天子"的神聖權威和懿範？只有依仗暴力的權力濫用，只有權錢交易與權商勾結，只有用虛假恭維以交換平安的文士之風和"指鹿為馬"的政治謊言，誰說出真相、誰堅守道統就必招來殺身之禍。他們的方案，就是對酒當歌、狂飲濫醉、吟詩作文、放浪形骸之外，清談些道家玄學以避禍。即便如此，竹林七賢之首的嵇康，依然因為拒絕進入司馬昭朝廷為官，而最終得罪權傾朝野的司馬昭，同僚鍾會趁機誣告嵇康謀反，因此被司馬昭以莫須有的謀反罪名而處死。嵇康拒不申辯，從容赴死，只在行刑前要求彈奏那曲流傳千古、迴響中華大地的《廣陵散》，為他的死亡作做一個永恆的生命注腳，也為竹林七賢的行為藝術所試圖去表達的"人的應當"期盼，即在超越儒法家那種壓抑人性但並不能自圓其說的社會秩序之外，建立一種人作為個體擁有自由基礎上的新秩序的模糊願望，做了一個令人迷醉的文化注腳。竹林七賢渴望的這種以人的個體自由為基礎的新秩序，成為一種令後世嚮往的新道家之"道"。這種個體自由的期盼之"道"，從此成為中國知識分子心中的理想人格與社會秩序期盼，歷經數千年而不衰。[243]

　　可是，這種真理的形而上探求並沒有進行下去。一方面，國家始終成為壓制言論和思想的一種組織化暴力，阻礙了中國人的不設限提問和自由思考社會氛圍的形成，特別是限制人們的自由言說，這極大地阻礙了人作為個體的自由個性發揮，從而阻礙了對絕對真理的提問與作答。另一方面，中國文字特有的形像描述特色，加上為節省竹刻成本而發展出的文言文表達方式，嚴重限制了思想的結構性表達，從而限制了語言之邏輯、推理、辨析方法的深化，使對問題的討論和辨析，主要在類比推理方面取得顯著進展，給人以豐富強烈的類比想像說服力和文字修辭學美感。而在歸納推理和演繹推理方面，則乏善可陳，甚或始終沒有破題。這兩個方面的原因，使得新時代的真理追求，既必須拋棄儒法家的形而下教條，又不能上升到抽像的形而上思維的絕對精神世界進行探究。道家的自然主義，有利於緩解這 400 年戰禍與天災相糾纏產生的無邊痛苦，但無法用於生命意義的探索和希望的尋找，因為自然十分豐富而具像，而思想探究則需要高度抽像和嚴謹的邏輯推理。因此這種內在痛苦所產生的精神探索需求，恰好與印度次大陸順着中亞商貿通道而傳來的佛陀信仰相遇，由此催生出一種新的關於人個體自由的形而上絕對真理探求，這恰與中國物質社會與精神世界的失序狀態相駁接。[244]

公元 2 世紀，這種精神世界的駁接就已經開始萌芽。

中國精神世界與佛陀信仰駁接碰到的最首要挑戰，是中國人獨特的時空觀。中國思想家們的空間觀念最大莫過於"天和地"，而"天和地"是人往上看和往下看所得到的很具像化的感知。"天"是往上看的，因視野有限而形成的穹隆曲線；"地"是站在高處極目遠視產生的，伸向遠方與穹隆曲線相交的地平線。從前，中國人從未想到過穹隆曲線的原因，是我們居住的大地是一個球體，因此，中國思想家長期認為天"圓"地"方"，我國乃居於中央之國，周圍皆為"蠻夷"之邦。可以說，在佛教傳入中國以前，漢語既無"宇宙"的概念，也沒有"世界"的概念，而只有"天下"的概念。"天下"即代表中國當時的空間觀念，它既是一個人個體視角形像化的最大空間想像力，也是一個皇帝作為"人間神"能統馭和控制的最大權威性空間想像力。與古希臘的宇宙空間觀和希伯來——基督信仰中的上帝，在宇宙之外創生宇宙的空間觀念相比，它的確太過形而下。即使與佛陀信仰立論的印度吠檀多哲學中"梵"的空間觀念相比，它亦是過於形而下，即過於具像化的。

中國思想家們的時間觀念有兩種：其一，是基於生命相續的家族傳承、祖先崇拜的定義；其二，是基於皇帝的政治性紀元時間；而這兩種時間都是十分有限的。以當時每個皇帝平均執政的生命週期 10 年相計，一個普通人的生命，就可能經歷數次政治定義時間和生命定義時間。

中國精神世界與佛陀信仰駁接、碰到的第二位挑戰，是對生命的理解。佛陀信仰及其吠檀多哲學基礎，對生命持完全悲觀的態度，生命因執着於欲望、不能擺脫行為因果的藥力，而陷於無意義的輪回循環之中，這種循環的時間，是在梵所定義的永恆時間中，因此苦是永恆且無限的。佛陀的真理，就是讓人找到一種自我覺醒的方法，從而讓人從這種痛苦之永劫中掙脫出來，進入"涅槃"那樣一種不依存於任何因果條件而存在的絕對真理之中。這一抽象的邏輯對中國思想家來說非常不易理解，但佛陀信仰的傳入，至少在五個方面非常有效地回應了中國人在那個極其混亂而痛苦的漫長歲月中需要解決的精神問題[245]。

第一，我們無力解決這個戰亂連年、饑荒持續、餓殍遍野的時代問題,卻要承受如此無邊無際的苦難,這種承受是否有合理性和價值？佛陀告訴我們：這種苦難是我們行為業力的結果,不要向外尋找。凡事皆有因，種因必有果。我們不能停留在有限時空中去理解。在一個無限的時空中，這些有限的事物都在空間上廣博聯繫，在時間上永續聯繫，不必拘泥於有限時空而無明煩惱。佛陀信仰的理論，在很大程度上解釋了那個世界無邊苦難的合理性與苦難的來源。這種生命必死性以及行為藥力因果報應的新時空觀中，包藏着眾生平等如一的思想。這種思想對中國當時社會精英與下層社會共同面對着的社會苦難的解釋，是極具震撼性的。

　　第二，這個世界上有如此多的荒唐與作惡，那些有權、有錢、有勢的人如此倡狂和囂張，知識精英與下層社會的命運如此悲慘，顯然皇帝人間神也不管，可那還有人管嗎？如果沒人管了，那麼這個世界上還有公正與秩序嗎？過去中國人期盼的"仁君"顯然已如夢幻泡影而不起作用了，現時中很多皇帝都很邪惡，既無人的"行為應當"之懿範，又無匡濟社稷之才華。如此這般往下行進，中國社會如何實現有序的善治？人們的期盼在哪裡？根據佛陀的信仰理論，今日之亂，必屬往生之果。今人之荒唐與作惡，必種未來之因且必有果報。無論多麼有權勢、有地位的人，其行為業力的因果報應，都具有先定性和必然性。這種先定性、必然性超越了人的影響力範圍，是由超驗的佛法決定的。這種理論，相當於在中國思想家們的認識論中，首次引入一種二元世界認識論。這種二元世界認識論，承認一種在可見的有形世界之外，存在着一個二元性先存和超驗的看不見的世界。人間的公平正義，是由這不可見的超驗世界來確定和掌控的。這一理論，平抑了人們心中對當下人生苦難際遇的悲情與憤懣，相信善惡有報，不是不報，只是日子未到。這幫助人們重建了人對生命的信心，以及對未來生命意義的合理性期盼。

　　第三，佛陀信仰的引入拓展了中國人的時間視野和死亡觀念。根據佛陀信仰，中國人最忌諱也最害怕的肉身"死亡"並不是最可悲的，最可悲的是死亡之後的靈魂，必須在有情生命的"六道"中巡迴，痛苦是永恆的劫難，即"永劫"。這是中國的哲學首次嚴肅地面對並討論人可見之肉體的死亡問題。首先，人的靈魂不死，存在一個包含 N 個前生之"往生"和包含 N 個死後生命之"來生"的不可見第二元世界，我們僅憑今生對生命的認知和理解極為有限，因此要對生命充滿尊敬與謙卑，不可妄語與妄為；其次，靈魂的不死性，使靈魂與肉體的反復結合成為一個無方向性輪回中的方向性尋找，那就是從"六道"的"低級"結合向"高級"結合的努力，這種努力是以自我為中心之"自利性"行為的"利他性"公共溢出，從而是人"公共向善"的內在驅動力，因此中國人佛教信仰中的"公共向善"行為，總隱含着某種"自利"的人神交易也就不足為奇了。最重要的是，既然靈魂在肉身死後依然存在另一個超驗的世界，並能返身與其他肉體結合，那麼死亡也就沒有那麼可怕和令人恐懼了。那麼，我們是否可以重新調整我們的心情與態度，來處理生命中碰到的苦難際遇，從而使我們的靈魂從那種極度痛苦和不必要的緊張中解放出來，從亂像叢生的現象世界中尋找另類的寧靜與幸福呢？

第四，在佛陀所定義的以悲苦為基調之靈魂生命的永劫中，我們作為生活在這個荒唐時代、但心存善念的個人，能做什麼事來改變我們自身的現狀和提升自己生命的意義呢？那就是"修行—覺悟—成佛"。所謂修行，就是正心正意使發心調整到佛陀的價值觀與出發點上，並借此調整自己在現象世界中的行為方式，使自己的言行符合佛陀信仰的規範與要求。所謂覺悟，就是通過修行提升自己對佛陀信仰的理解力，從而意識到靈魂的不死性，及其與有情生命所處的現象世界的二元對立，理解到依着行為業力，而使靈魂在與有情生命的結合中輪回的永劫之苦難，從而意識到"涅槃"的必要性與方向性。所謂成佛，就是覺悟達到佛陀那樣的境界，這個境界就是"涅槃"，即跳出因果業力的相互影響網絡，從而脫離輪回的永劫，進入不依存於任何條件而存在的狀態，那是一種與無限和永恆同在的絕對真理之存在，是生命的絕對性彼岸與鵠的。如果人的生命進入這樣的邏輯，現象世界的紛亂與痛苦，就從他的法眼中消失掉了。這套理論對那個時代的中國知識精英來說，猶如醍醐灌頂，使人頓悟到生命完全異樣的價值。

第五，佛陀信仰中所討論到的人的生命，是具有個人獨立靈魂與自由靈魂的個體生命，它不必然地依附在"君臣""父子""夫妻""兄弟"、這樣的血緣關係和社會網絡角色定位中。在儒法家們的理論中，每個人的社會網絡角色的重要性，被強調到極端的程度，以致我們基本上看不到人作為個體的獨立性與自由權。儒法家們只強調服從而不討論服從的價值所在，在他們的哲學框架裡，生命的目的，完全不是自己生命的價值提升，而是扮演好人在既定社會網絡中的既定角色或者盲目服從律令，而這種角色與律令的腳本，都是儒法家們打着皇帝人間神的旗號提前為你預備的，你只要被動接受就好了。這樣的生命程序既無新意又刻板僵化，還要面對違反儒法家腳本中，被律令化後的角色規定帶來的嚴酷懲罰。如果天下太平而有序，那麼人們忍受這套腳本的角色與律令約束的煩惱也就罷了，可是到了東漢末年和魏、晉、南北朝這樣的亂世，一些皇帝胡作非為，一些皇帝成為儒法士大夫、外戚與宦官系統的黨爭傀儡或拉線木偶，天下紛爭，混亂無序，血流漂杵，餓殍遍野。人們從內心，對這套既無邏輯系統又否定人的獨立個性自由的說教與規則厭惡至極，人們對個體獨立與自由的需求呼之欲出，佛家因在認識論上與道家高度契合而出現的"新道家"，及其從"新道家"中逐漸分離出來的大乘佛法各宗派，歷經 400 多年滄桑的歷史性打磨，終於用佛法砸開了儒法家打着皇帝人間神的旗幟，對人作為個體之自由與獨立的重重禁錮。這讓中國知識精英生發出了類似重返春秋時代的、極具魅惑的精神解放性變革呼喊，並產生了廣泛而深刻的社會影響力。

　　佛陀信仰將人作為個體的獨立和自由，特別是追求與絕對真理連接的獨立與自由，置於傳統的家庭責任之上，佛陀追求絕對真理的偉大捨身，便是對這種人的個體獨立與自由超越傳統家庭角色的最好詮釋。印度吠檀多哲學和佛陀信仰，對給出社會治理的答案不感興趣——這種俗世的答案不值得尋找，解決不了每個生命個體生存的意義與價值及生前從何處來、死後向何處去的終極真理問題。而如果人們找不到事關人作為個體生命的終極真理，那麼，又怎麼可能弄清楚人應該在現世生命中如何對待他人這樣的社會公共問題和社會治理問題的答案呢？因此，**不追問生命的終極問題而簡單去討論人的公共關係處理和社會治理，等於從相對性中尋找相對性，這無異於緣木求魚**。這種對個體終極問題的重視和終極真理的探求方式，對中國傳統上不追問問題，只想給出答案的哲學思維方式的震撼與顛覆，是可想而知的。

　　上述五個方面的精神回應，使佛陀信仰借助道家作為載體進行推廣，逐漸從印度次大陸傳入中國本土，並在這塊土地上生根、發芽、開花、結果。從公元 3 世紀初出現的第一部竺法護翻譯的大乘佛法佛經開始，公元 220 年 ~265 年，平均每年翻譯成漢語的佛經為 2.5 部，但公元 265 年 ~317 年，平均每年翻譯成漢語的佛經達 9.4 部。到公元 340 年，中國北方兩個重要的大城市長安和洛陽已經建立佛教寺院 180 座，專職佛教僧侶已超 4 000 人。同時，北方出現了於公元 310 年到達洛陽，時年 79 歲的佛圖澄（公元 232 年 ~348 年）、道安（公元 312 年 ~385 年），以及在公元 401 年，從西域到達長安的鳩摩羅什等偉大的佛經翻譯家與弘法者。龍樹的中觀派佛法思想也被傳入。南方佛教也隨之得到大幅度發展。佛寺林立，佛僧眾廣，慧遠（公元 334 年 ~416 年）、支遁（公元 314 年 ~366 年）、竺道生（公元 365 年 ~434 年）等重要的佛法弘道者誕生了。當然，南方最重要的佛法推動者是著名的梁武帝（公元 502 年 ~549 年在位），他不僅把大量的土地和財富捐贈給佛教寺院以支持佛教發展，而且數次剃度受戒，捨身入寺。大臣們再用重金將他從佛寺中贖回，以示自己內心朝向佛陀信仰的決心和虔敬信心。[246]

公元 581 年，中華帝國南北多國分裂的版圖再次被北周楊堅統一，並建立為隋帝國，但因為其繼任者（兒子楊廣）的腐敗奢華，濫用徭役修鑿京杭大運河，以及對高麗發動三次不必要的戰爭，社會不堪重負，最終引發了公元 617 年~618 年的農民起義，天下再起刀兵。這酷似大混亂後統一天下的大秦帝國與漢帝國的輪回，隋帝國在經歷了 30 多年的炫目式輝煌後被大唐帝國所取代。

大唐帝國建立的疆土比漢帝國更廣大，人口數量更多，經濟繁榮程度也達到中華帝國新的鼎盛時期。佛教信仰和道教信仰，正式成為取代帝國儒法教條的官方信仰，助力隋朝獲得再統天下的權威，更助力鼎盛的大唐王朝 300 多年的帝權一統和道教與佛教信仰的共存共榮。在佛教信仰中，依慧遠所堅持的“沙門不禮王權”的準則，佛教僧侶，比如親自前往西天（印度）取經的玄奘等，無須向皇帝行世俗官僚所行的跪拜之禮，而皇帝入寺則需要向佛陀行合什拜見的禮節。武則天則不僅對佛陀行大禮，而且當她迎接禪宗北宗大師神秀入宮講禪宗佛教時，親自為其扶輦而行。這對漢代儒法家所造的皇帝作為至高無上的“人間神”而言，曾一度是一個很大的校正，相當於不同程度地承認了可見的現象世界之外，另一元世界的絕對性與永恆性存在，而皇帝不過是佛陀在現世可見世界中的一個權能化身而已。[247]

佛教信仰因此在唐朝大為興盛，佛教寺院遍佈全國名山大川，長安、洛陽這樣的城市中心也佛寺遍佈。在最興旺的唐太宗李世民和武則天時代，佛教寺院有數千座，佛教僧侶有近百萬，到處是唸經誦佛之聲，佛教造像與繪畫藝術空前發展，唐朝詩歌所體現出的佛教理念、思維方式與生活方式空前靈性。這是自秦統一中國以來，2 000 多年的漫長歷史中人的個性得到充分張揚的時代。除了皇帝及皇親顯貴對寺院的捐贈之外，商人和地主也對寺院有很多捐贈，這些捐贈包括土地和寺院建築、佛像造像等。平民百姓則在每年元宵節、佛誕日和盂蘭盆節三個重大的佛教節日中參與佛事活動並捐些香火錢，或者通過在寺廟中"許願"，待許願之事應驗後再回到寺廟中"還願"的方式進行捐贈。另外，寺院將擁有的土地轉租給佃戶經營，收取地租，還在寺廟中接待居士等訪客，收取費用。收入除了負擔寺院的必要支出外，也做一些慈善，比如賑救災民、收養孤兒、修橋補路等。

　　當然，在佛教信仰傳入中國並發展壯大的過程中，由於佛經不像基督信仰中的《聖經》那樣，是一個不可擴張不可增減的經典文本，因此佛陀"人人皆可成佛"的宣告，從某種程度上助長了後人覬覦成佛的個人私念，從而助長他們標新立異，企圖成為不同時代、不同地域寺院的"活佛式"人物的野心。這種內生動力使得菩薩、羅漢、金剛等越來越多，被稱為"佛經"的書本也越來越多、越來越厚。

　　這導致天台宗、淨土宗、禪宗和華嚴宗四大宗派的解經差異。10世紀之後的佛教，更進一步分蘗出曹洞宗、黃檗宗、藏傳密宗等各大宗派，這使佛教內部產生了更多的自相矛盾與張力。這些宗派，常常因強調一點而忽視了佛陀信仰的真正核心內容，從而誤導了對佛陀信仰的真正理解和傳播中的非自洽性張力。其差異大多是後人圍繞着的"自渡"（自我達到涅槃境界）和"渡他"（幫助大眾達到涅槃境界）的問題。修行的方法論問題更加枝蔓橫生，達到涅槃境界是"漸悟"的路徑還是"頓悟"的路徑問題，是用"顯"的方法還是用"密"的方法傳授佛教信仰的問題，是用"文字方法"傳道、還是用"不立文字"方法傳道的問題，如此等等。其實這些都完全不是佛陀創立信仰的核心問題。

　　真正能夠在哲學思辨上達到深刻理解，視佛陀信仰為與世俗可見世界相對立的、最高的絕對真理參照系並進行護教思辨的，只有玄奘這樣極少數的佛教大師。而大多數佛教信仰的"大師"們，則進入了細枝末節的修行方法岔道之爭吵，離佛陀的核心思想與理念越來越遠，借助中國頑強的民間眾神信仰力量，為皇帝提供御用性護佑服務，為信眾提供現實主義的降災祛病服務，為人生命的死亡提供臨終關懷與轉世服務，以致各階層的各種捐贈，都含有相當直接地與眾神之間進行服務報償交易的邏輯，從而墮入了中國式信仰的過度世俗化深淵。這也是中國這樣一種只承認可見的物質一元世界的認識論，在引進佛陀信仰這種二元世界信仰之後，產生的消化與吸收之必然後果。

而隨着阿育王之後印度孔雀王朝的衰落，婆羅門貴族和剎帝利上層貴族的利益裹挾着吠檀多哲學捲土重來，婆羅門教再度興起，佛教在印度次大陸迅速被印度婆羅門教消化、吸收、融合，佛陀變成了婆羅門教中毗濕奴神的一個化身。玄奘大師在印度取經期間所看到的那些莊嚴佛寺，在公元 8 世紀之後很快被湮滅在枝蔓葳蕤的吠檀多哲學叢林之中。而中國則儼然成為新崛起的東亞佛教信仰中心。朝鮮半島和日本的佛教信仰都是在公元6~11 世紀從中國漸次傳入的。但事實上，中國式的佛教信仰與佛陀那套原教旨佛陀信仰，已然神形遠離，只不過徒具佛陀信仰的外表罷了。[248] 究其原因，我們可嘗試做如下闡釋。

第一，中國哲學認識論中根深蒂固的、只承認可見現象世界的一元論思維觀，嚴重限制了人們對佛陀信仰中時間永劫的抽象性理解，也限制了人們對其空間觀念中的"空""涅槃"這些概念的抽象性理解，進而限制了人們對代表永恆與無限的"終極真理"的抽象性理解與邏輯思辨。這種限制，促使中國佛教思想家和傳道者，力圖去尋找比較容易被人理解的中文概念來傳達佛陀的信仰。於是，可見的現象世界被翻譯為可視可聽的"面目"；現象世界背後需要通過抽象思維才能理解的"本質"世界，被翻譯成"本來面目"，最終都是可見的

"面目"；從時間永劫角度來看，與生命短期生滅現象相對的無意義或空被解釋為"無"，而"無"在漢語中常是看不見、聽不見（主觀判斷不存在）的同義語；精神世界的完美，被翻譯成極具感官視覺的"圓滿"；精神的靈性覺悟，被翻譯成極具視覺效果的"開悟"或"勘破"；沒有覺悟到佛陀信仰的絕對真理，被解釋為"無明"，相當於"看不見"；佛陀對絕對真理的終極意識（自在狀態的極具抽像意義的涅槃），被翻譯為視覺化的"圓寂"；靈魂在生命中的輪回被解釋為視覺化的"轉世"或"法輪"；業力因果的達摩，被解釋為視覺化的"種善因，結善果"，並且可以通過貨幣化的施捨來實現；人可以通過改變行為的業力來積累善因，這被形像化地類比為"放下屠刀，立地成佛"，如此等等。

　　但在這種植根於語言邏輯差異的佛陀信仰傳播過程中，佛教及其母體吠檀多哲學中的人和神、物質與精神、個人與公共、彼岸與此岸等，相互對立存在的二元論思維方式，被一元化了。這個一元化的過程其實是將佛教信仰移植到中國後，被中國世俗文化土壤頑強地消化吸收並轉化的過程。換句話說，自春秋戰國以來，中國主流性的一元論思維意識形態，改造了佛教信仰。在中國儒法聯盟根深蒂固的一元論思維觀中，知識精英們在理論上只承認物質世界的存在，對在不可視、不可聽、不可感觸的世界之外，存在一個先驗和超驗的彼岸世界持強烈的懷疑論傾向，因此總體上頑強地堅持無神論觀念。可是當生命個體碰到死亡、災難、噩運、永恆的時間流變、無限的空間交錯，及無可解說的機緣、個體衝突中的公共精神以及意志的向善等狀態時，一元論唯物世界觀對人的理性毫無幫助，對激發人的向善激情毫無幫助，對個人、共同體的"行為應當"毫無幫助。於是，基於多神論、萬物有靈論等神秘主義民間信仰便應運而生。

　　董仲舒時代的儒法聯盟學說，則創立了皇帝作為"人間神"崇拜、其他人堅守以血緣關係定位的社會公共教條，即用所謂"儒教"來解決社會的向善與公共精神缺失問題。但如果深入細究，其實董仲舒時代，尚未形成完整的可稱得上"儒教"的系統。因為宗教必須具有"神及神學體系、儀典與宗教戒律體系，以及相應的組織化體系"，按這個標準來衡量，當時只能算得上一套儒法聯盟的政治哲學說教體系。這套說教體系的最大問題是：皇帝作為"人間神"臨在的有限性與荒唐性，毀壞了知識精英心中崇拜對像的彼岸性與神聖性。而儒法家們對個人角色的教條化定位與律令化處罰，卻解決不了普羅大眾生活中對崇拜和信仰之公共向善的神聖需求。於是民間基於多神崇拜的城隍神、土地神、送子神、財神、灶神、門神以及祖先神靈等世俗化民間信仰，便枝蔓葳蕤地發展起來了，以作為僵化呆滯的儒法家說教體系之補充，給個體人從自己的利益出發，去回應神秘主義祈福注入了充滿激情的生命力量。雖然這兩套系統並不自洽，但卻長期在中國知識精英與普羅大眾兩大社會群組之間，並行不悖地運行。

　　儒法聯盟學說在魏、晉、南北朝碰到挑戰之後，道學的興起與佛教信仰的引入，嘗試着去替補儒學消匿後空出的精神領域。經過公元2~10世紀約700年的引進、傳播、消化與吸收，佛教的確成了中國第一個真正意義上的宗教信仰體系，它具備了完整的信仰體系元素：承認並具有不臨在的主宰性人格神，承認相對現世生命的有限性而存在生前死後超驗性與先驗性的彼岸世界；有可供信徒遵從的充足信條、嚴格戒律與神聖儀典體系；具備系統化的佛經信仰體系，以及完備的寺院組織體系與僧侶管理機制，而且總體上存在各教派間可商議、可協調的組織生態。可是，佛教在中國傳播的過程中被消化、吸收進中國一元論的思維觀後，集中體現在佛陀絕對性終極性的消失，他在知識精英喜愛的禪宗之中被逐漸轉變成一位類似孔子和老子的智者導師，他只是教給你一些理解一元世界中生與死、悲與歡、因與果、善與惡等生命問題的常青哲學，以及相應的內在修行方法而已。只要認真修行，人人都可以通達生命智慧而成為佛陀。但在普羅大眾中，一個沒有絕對性，即未兼具無限與永恆特徵的神明，是滿足不了他們內在的靈性需求的，因此佛陀必然地被抬升到神的位格，雖然佛陀依然沒有取得唯一神的絕對性位格，他不過是中國式佛教眾神菩薩中一個地位至高的菩薩而已，他法力無邊但不具有絕對性。很多類似的佛、菩薩、羅漢、城隍、土地等神祇，根據法力大小被排成自上而下的等級制眾神序列，供人交換差遣所用。人則根據現世解決問題的需要，而選擇敬拜、所用並報償之。如果用之不靈，就棄而不用。但在人的選擇性利用中，諸神的絕對性也就漸次喪失了，佛陀也不能例外。這就是佛陀信仰被中國化後的一元化趨勢的悲哀。

　　第二，唐朝時代的皇帝，雖然大多對道教信仰和佛教信仰持支持與寬容的態度，但依然保持着強烈的警惕心，特別是在"沙門不禮王權"這一點上尤其敏感。而在對道教的肯定、佛教的支持和儒教的冷落上，他們不是基於精神信仰，而是基於在政治上如何利用社會思潮的現實主義考量[249]。唐朝的皇帝們對道教之所以重視，是因為魏、晉、南北朝 400 多年來，儒教衰落和道教興起的社會潮流可資其政治利用。唐朝皇帝屬李氏家族，肯定道教的核心理由，是認定道家始祖老子李聃為唐朝皇帝李氏家族的祖先，肯定道教等於為李氏家族受命於"天"、執掌帝位的合法性與正當性找到歷史依據；唐朝的皇帝們之所以支持佛教，是因為自南北朝多個政權主體更替以來，佛教信仰，已經逐漸成為知識精英與普羅大眾兩大社會群體中廣泛流行的宗教信仰，支持佛教的發展，有利於在政治上獲得知識精英與普羅大眾的支持；唐朝的皇帝們之所以冷落儒教，是因為中國的知識精英自魏、晉、南北朝開始，普遍地將東漢以來社會的混亂無序、戰爭災難、社會疾苦，歸咎於儒法學家所宣導的形而下煩冗教條，以及儒法家們對皇帝不切實際的"人間神"行為典範幻想造成的偽善，因此冷落儒教相當於回應社會主流意識，以利於政治安定。但從實用主義的角度來講，儒法家的理論，在將皇帝尊為至高無上的"天子"和讓皇帝獨享與"天"獨一聯繫的祭天儀式這一點上，依然深得唐朝皇帝們的歡心。因此，皇帝們並不因為肯定道教和支持佛教就將其典儀引入國家的重大儀典體系中。相反，唐朝在公元 738 年完成了《國家儀典》的編纂，在"祭天""封禪"等重大的國家儀典上，依然維持董仲舒儒法家們提出的儀典規範，僅僅在皇子女的出生、婚禮、死亡等有關個體生命的儀式方面，引入佛教的儀典，以解決儒家從未涉及處理的生前死後的精神空白問題。

這種實用主義考量下的宗教寬容性選擇，而非心靈歸屬的精神信仰選擇，專屬於中國這種物質主義一元論世界觀的文化語境，確實與同時代歐洲國王們首先在心靈上歸屬另一元世界的上帝和基督神恩，然後才獲得國家治理的神聖政治授權的二元論世界觀，具有本質上的不同。在唐朝中後期，皇帝通過自己掌握的律令權，而頒佈很多限制佛教組織擴大的國家律令，迫使佛、道、儒都回到中國式一元論的語境中，要麼你匍匐在皇帝"人間神"腳下向皇權邀寵，要麼你逃向叢林和民間，消失在皇權的視野之外。唐朝這種超現實主義語境中的佛教，很快招致道家和儒家支持者們為與佛教爭寵而進行的反攻倒算。公元 845 年，唐武宗推動的"滅佛運動"[250]，便拉開了佛教在中國政治史中必然結局的歷史大劇的序幕。

第三，唐中期始自玄宗的度牒制度，將佛教和道教完全納入政府的掌控之中。度牒制度的核心是，只有取得度牒即執照的僧侶才屬合法，沒有度牒的僧侶是非法的，可以被強制還俗甚至可以被判刑。而僧侶即度牒的數量，是由政府限量發放的——佔人口總數的 0.1%~0.8%，從未超過 1%。這種度牒的數量控制產生的供求差異，必然帶來佛教信仰世俗化的問題。事情起因於安史之亂。在長達 10 年的安史之亂之後，唐朝地方藩鎮割據加劇，中央政府財政十分困難，唐肅宗李亨在費盡移山心力、走出安史之亂的困局、恢復中央朝廷後，為了解決財政困難，聽從宦官的建議，用增加度牒數量但議價出售的方式來增加財政收入。自此開始直至唐王朝於公元 10 世紀初滅亡，在長達 150 多年的時間裡，唐朝皇帝們時不時就用此種 "鬻牒" 的手段來增加財政收入。誰也沒有想到，這一政策措施極大地加速了佛教和道教在民間的商業化世俗化和迷信化。

邏輯如此簡單：南北朝後期、隋朝，特別是初唐時期，皇帝們為了支持道教和佛教的發展，若干次頒發律令以免除專業僧侶（和尚、尼姑、道士和道姑）應繳納的稅收和徭役，這本身就使佛教和道教在信仰之外增加了兩重世俗吸引力：其一，是躲避父母所決定的不幸婚姻和丈夫死後必須守寡到死等儒法禮教，對人的超級禁錮；其二，是躲避沉重的稅負與危險的徭役。特別是公元 780 年，唐德宗放棄唐初實行的 "均田制" 和 "租庸調製"，並推行 "兩稅法" 後，度牒制度中的 "鬻牒" 對商人的世俗吸引力變得越來越大，因為取得僧侶頭銜不僅可以免除稅收，而且可以提高其社會地位，有助於在一個商人備受歧視的士農工商文化語境中，增強經商的正當性。另一個更加重要的因素是安史之亂後，唐肅宗為了加強皇帝的軍事權威而實行了全國劃分 34 個 "道" 的準軍事化制度，致使皇帝直管的各道步兵超過 75 萬人，加上各種地方藩鎮割據的力量，唐朝養兵數量絕對超過了一個 5 000 萬農耕社會人口的負擔能力，從而啟動了使大唐王朝由盛轉衰的機關。而僧侶頭銜成了逃避兵役和戰禍最好的手段，反過來從需求端推動了 "鬻牒" 制度的濫用，從而推動了佛、道二教的世俗化進程[251]。

正是上述三個方面力量或原因的結合，即中國有文字歷史以來根深蒂固的一元論世界觀，皇帝對佛道兩教超級實用主義的政治利用，以及“度牒管控與鬻牒籌資”的政策，從根本上播下了毀滅佛教和道教信仰“神聖性”的世俗化“種子”，為佛教信仰的中國式交易和道教迷信化，營造了一個長期低俗的市場化氛圍。這種市場化氛圍的核心，就是被“鬻牒”政策製造出來的越來越多的僧侶跟精神信仰無關，反而跟物質利益尋找相關聯。這導致佛道二教中理論自洽性建設的護教思想家們和高級佈道者們，越來越失去信眾的跟隨，並且失去護教理論家和思想家之間，高質量的信仰辨析與理性互動，反而使教理必須適應過度解決物質層面需求，而非精神層面需求的“劣幣驅逐良幣”的時代潮流，**致使佛教信仰和道教信仰，尚未上升到精神先存和超驗於物質世界的二元世界觀高峰，便迅速跌落到解決現實物質一元世界問題的活命哲學塵埃之中。**

於是我們看到，在中唐之後，一大批民間信仰的佛教和道教的世俗化人士成長起來。他們通過各種天上神仙、地獄神判、神狐鬼怪的故事，把民間多神信仰與佛教和道教信仰的非自洽理論連接在一起，炮製出一套中國下層社會中完全世俗化、實用化的多神信仰宗教實踐大雜燴。這套大雜燴，帶着根深蒂固的一元論世界觀和祖先護佑的泥土芬芳，在中國下層社會深深紮根，成為人們在茶餘飯後口口相傳，並在家族宗祠中進行祭祀的鬼怪崇拜。鬼怪崇拜加上在寺廟燒香供祭，尋求護佑與幫助的多神崇拜，被中外學者概括為“鬼神”崇拜。

在中國這樣龐大的底層社會中，人們從現實世界中，碰到的具體問題和解決具體問題而非精神問題之目的出發，去進行鬼神崇拜的各種社會祭祀活動。至於什麼是道，什麼是佛，佛道信仰的本質差異何在等問題，既是人們不關心的問題，也是人們搞不清楚的問題。人們唯一關心的是在婚、喪、嫁、娶、生兒育女、祛病除災等必需的生命活動中，需要以什麼樣的物質代價討個吉利。為了回應這種種物質主義的需求，一成套佛道混合的求籤、相面、占卜、算命、看風水、袪病、降災、保平安、祈官、祈財、做法事超度亡魂等迷信方案，被巧妙地發明出來，供給普羅大眾，成為中國獨特且龐雜的神秘主義宗教實踐體系。

這套龐雜且神秘的宗教實踐系統，跟上層精英社會的佛教和道教信仰，很難自洽性、邏輯性地聯繫到一起，形成自上而下貫通的、條理清晰且界限分明的宗教信仰體系。於是，上層精英社會的佛教信仰理論與下層社會的民間信仰實踐，逐漸分離且漸行漸遠。在佛教的社會實踐層面，佛陀被描繪成一個與天上的玉皇大帝同在天界，但疏離地存在着的法力無邊的神祇，他有"過去""現世"和"未來"三個化身，他與玉皇大帝互相友好存在，並應"觀音""文殊""普賢""地藏"以及各種各樣的羅漢和眾神之約，幫助處理人間善惡的重大事情。皇帝則是玉皇大帝派往人間的最高主管，死後可以升天做神仙。地府則有負責人的生命善行、惡行記錄的閻王和鬼怪，他們記錄每個人在人間的陽壽，其善行、惡行決定陽壽的增減，到時間後，地府就派夜叉來索命，捆綁走人的魂魄，人就死了。然後地府根據人的生前所為給予懲罰或投生。各種版本在民間喪葬禮節上演，情節煩冗並自相矛盾，最終創造了普通人用一元化的世界觀很容易理解的第二元世界——"天界與地府"。那個被描繪的天界與地府的治理結構，完全類似於人間神皇帝統治下的儒法官僚治理結構，但袪除了皇帝與官僚的邪惡、腐敗與偽善，是一個被高度理想化了的完全善治的治理結構，其優點是勸人向善，為死後及下一代積"陰德"，其缺點是為各種各樣的江湖騙術與迷信詐騙大開了方便之門，從而加劇了下層社會的精神迷信。[252]

道教信仰者則被解釋為幫助人治病，並通過煉丹術和修行術延長人們壽命的技術性神秘大師。他們住在人跡罕至、雲霧縹緲的深山中和峻嶺上，他們飲風吸露、禦風而行、駕雲而飛。傳聞中，其物理性身體壽命長達 800 年、1 000 年，他們甚至能永遠活着。他們通過畫符唸咒驅鬼除魔，幫人起死回生。這些道教神秘大師神通天地，道骨仙風，形體自由，來無影、去無蹤，是中國人長期生活在“帝權至上”和儒法教條律令化的社會中，極度渴望自由的一種精神放逐，是一元世界觀中所能達到的極致而又不合邏輯的想像力。其優點，是鼓勵人追逐作為個體的自由；其缺點，是為各種各樣的江湖騙術與迷信詐騙的流行大開了方便之門。在唐朝 20 多個皇帝中，至少有 5 個皇帝是因迷信這種騙術，而服食了道家神秘大師們所煉的長生不老之丹而中毒死亡的。[253]

至於佛陀創立的那一套幫助人們朝向神聖而探究絕對真理的信仰，老子在《道德經》中勸導人們去尋找隱藏在俗世欲望與觀念背後的，合乎自然之道的立身之德與修身之道，早被束之高閣，消失在茫茫的慾海與迷信騙術之中。這不能不說是晚唐及後來的五代十國 200 多年亂世的悲哀。這種悲哀，為儒法家理論繼董仲舒之後再次重整旗鼓、吸收創新，以新儒學即“理學”和“心學”的面目捲土重來，準備好了必要的土壤、適宜的氣候及充沛的政治動機。

安史之亂，是歷史學家們公認的大唐王朝由盛轉衰的歷史轉捩點。這場發生在中唐時期唐明皇李隆基治下的軍事藩鎮領袖安祿山和史思明的叛亂，表面上是由李隆基因深愛楊貴妃而荒於政事，並重用楊氏家族而引發的，但深層思考後我們發現這只能解釋安史之亂的歷史誘因。唐朝重視皇帝家族特權和軍事將領家族特權的政治制度設計，形成了越來越多的家族式門閥集團，這些家族成為社會的既得利益階層，消耗越來越多的社會資源，使下層社會的賦稅日益加劇，並阻斷了社會新生力量的崛起與流動。皇帝家族每年消耗財富佔賦稅收入的比例，在唐太宗李世民執政時代遠低於 8%，到了武則天和中宗時代上升到近 15%，而到唐明皇李隆基時代則遠超過了 15%。其他門閥家族上行下效，推動了整個上層社會的奢靡與豪華腐敗。

唐初時，收回老年人無力耕種的土地並定期重新分配給年輕人耕種的“租庸調制”，保證了自耕農作為主體的社會結構及政府稅收的來源，也十分有效地推動了人口的增長和易墾殖土地的開墾，從而基本上能保證稅源，以滿足上層社會的奢華生活需要與國家的公共需求。隨着皇帝及食利皇族的膨脹，各種政治與軍事門閥食利貴族的數量也迅速膨脹，當易開墾土地被開發完畢時，唐朝人口從建唐初期的不足 2 000 萬增長到 6 000 萬。大唐帝國的輝煌，不僅通過再度繁盛的人口和廣袤的土地得到顯示，更通過農業剩餘構築的遍佈天下的威嚴廟宇和莊嚴宮殿得到顯示。同時，初唐設計的那一套用“租庸調制”來保證自耕農利益和王朝稅源的邏輯，也走到了盡頭。新增人口已經無法獲得可墾土地。而原有或新增門閥家族，則繼續利用天災人禍落井下石，買入原有自耕農土地並將其租佃給原本的自耕農，以取得租金收入，維持自己的奢靡生活。各地軍閥首領則逐漸學會擁兵自重，並通過瞞報田產戶口等方法向下增加稅負，向上減少對國庫的繳納。

皇帝的權力，在對藩鎮軍閥、皇親國戚、氏族貴胄及宦官勢力等日積月累的妥協中逐漸被侵蝕，從這些豪強家族手中收回土地並向新增農民分配已然沒有了可行性。於是，隨着自耕農比例的大幅降低，佃農比例的大幅增加，原來繳納給皇帝的稅收越來越多地轉變成地主租金，租金流入了皇親國戚和各種門閥家族的口袋中，皇帝統管應得的稅源便日益枯竭了。很多皇帝都搞不明白這其中的經濟邏輯，只知道通過行政手段加大稅源搜刮，但皇帝增加的稅收都會被各級加碼放大，最後轉變為佃農的負擔。碰上中國特殊季風氣候條件下頻發的大旱災和大水災之年時，龐大的佃農群體承負重重盤剝後仍無活命之道，大批棄地或失租的流民，作為一個新的社會流民群體迅速形成，整個社會因失去了安全底線而發生動盪。安史之亂便是在這樣的大歷史背景下發生的。

　　安史之亂後，唐肅宗和唐憲宗等個別皇帝曾幾度試圖恢復帝國的昔日輝煌，但基於安史之亂教訓而在全國設的 34 道軍事強化體制，反因加速了帝國養兵的數量，而進一步加大了帝國對百姓稅賦的需求，反過來又為地方軍閥勢力的軍事割據與武裝叛亂，拓展了更大的可能性空間。在社會面上，安史之亂後，佛教和道教的民間信仰世俗化、迷信化加速發展，從而讓利用這種世俗化、迷信化騙人錢財的江湖術士應運而生。這個亂世產業，讓至少 5 個皇帝因迷信道士的長生不老騙術而過量服食丹藥致死，便是明證。唐王朝進入了中國大歷史循環模式中無法挽回的衰退期，直至滅亡。而後，中國進入五代十國的戰亂期，社會衝突升級，戰亂不休達 200 餘年，生靈塗炭，路有餘殍，人口從盛唐時期的 6 000 多萬再次下降到 2 000 多萬。在五代十國時期進一步下降到 1 500 萬左右，可謂赤地千里、九州鬼唱。[254]

第四節　儒、道、佛盤根錯節下的李約瑟之謎

　　中晚唐之後，堅持儒法理論的儒生們再度緩慢聚結，為儒法理論的復興及重回皇帝人間神政治的壟斷性幫辦而奮鬥。他們挪用佛家和道家思想，將儒法聯盟的董仲舒 “儒術”，再次統合為 “宋明理學”，並使其徹底地 “儒教化” 為新的政教統合的儒教系統，即 “皇帝神 + 文官諸神” 水乳交融並戒律化儀典化組織化的新宗教，與儒教政治倫理及其完全自上而下的社會治理範式。

　　韓愈和柳宗元這兩個在朝廷為官的儒士，率先打出了復興儒學的旗幟，發起古文復興運動。[255] 這場看起來是貶抑當時流行的寫文章要

考慮文字對仗、合轍、押韻的駢體文文學，主張仿效與回歸先秦文學的重意、重說理的古文散文體文學運動，實則是委婉巧妙地反對佛教與道教信仰，旨在重新恢復與弘揚儒學道統的運動。柳宗元在唐順宗時期，參加的推行 180 天即告失敗的王叔文儒生集團改革，說到底，就是一場朝廷儒生試圖重新用儒士治國取代軍人治國制度的嘗試。韓愈則因為在公元 819 年反對憲宗皇帝迎奉佛骨的著名的《諫迎佛骨表》，而從刑部侍郎被貶為潮州刺史，差點兒被處死。

　　這篇文章實質上是自魏、晉、南北朝以來，儒法思想被長期邊緣化後，內在情緒鬱積的一種外在公開表達。儒生士大夫們懷念漢朝董仲舒之後的儒術家，作為皇帝人間神唯一壟斷性幫辦的榮耀歲月。面對唐朝武夫統治、藩鎮割據的另類秩序，以及民間佛、道信仰盛行的局面，儒術家或儒法士們既不能批評，甚至都不能思考皇帝及其軍事治國體制的過錯，因此只能將這種不如意憤恨，歸咎於與儒家爭奪精神領域的佛教信仰。其實韓愈根本不懂佛教信仰，他在諫文中運用中國哲學與文學最擅長的類比推理法，說佛教來自蠻夷之地，不是源於中國。他說："中國古代的五帝和周朝的文帝、武帝的壽命都很長，這並不是因為他們有佛陀信仰。佛教是從漢明帝開始的，但他在位僅 18 年，梁武帝是最信佛的，也才統治了 48 年，最後被侯景逼迫餓死，梁國滅亡。由此可見，信佛只能帶來短命與災難。皇上英明，為什麼要信會給你帶來短命和亡國之運的佛教呢？何況那佛骨不過是死人骨頭而已，乃不祥之物，你將他隆重迎來並安放在皇宮中豈不晦氣，你這種做法實在讓我感到羞恥。正確的做法是把那死人骨頭扔到水裡、火裡，使其毀滅，免得遺患後人。如果有什麼災禍，那就降到我頭上吧。"

　　韓愈的奏表激怒唐憲宗是自然的，因為認真讀韓愈的文章，其用遠古時代傳說中的少數幾個完全沒有證據的帝王壽命，與佛教信仰傳入中國以來隨便挑選的幾個信佛帝王的壽命所進行的類比推理實在牽強附會，由此得出信佛會給中國皇帝帶來厄運的結論，也實在沒有任何內在邏輯，其對佛教及人類精神信仰之哲學理解，也實在是膚淺之至。難道一個皇帝統治 48 年還算短嗎？從歷史比較而言純粹是胡說八道。顯然，他所反對的並不是佛教信仰本身，而是人類任何宗教信仰形式所必備的"神學思想""崇拜儀典"和"朝聖實踐"三部分內容中，朝聖實踐部分的某些形式的迷信成份罷了。如此說來，難道儒教那些祖先鬼神祭拜中的迷信色彩，不比佛教中的迎放佛骨儀式更加迷信與荒誕嗎？那麼韓刺史為何不對此種儒教迷信加以撻伐反而加以推崇呢？其理由只剩下佛教信仰是外來的，儒教則是出於本土這一條了。談到出於本土，那道家和墨家不也出於本土嗎？為什麼唯有儒家的理論和禮教是真理和道統，唯有儒士能夠成為幫助皇帝治國的唯一幫辦呢？顯然，韓愈之立論十分牽強，論證更為蒼白，他所堅守的並不是什麼"真理"，而只不過是堅守一個董仲舒儒法士的政治立場罷了。不過韓愈卻因《諫迎佛骨表》這篇沒什麼邏輯但極具文字魅力和儒法士立場的文章，而成了中國儒法士知識分子的千年立身榜樣，其文章也被吹捧為歷史範型。

中晚唐以韓、柳為旗手的儒學復興，在文學上除引領了唐宋八大家復古先秦散文文體的"古文運動"之外，在宋詞和策論性散文方面，的確取得了許多輝煌的成就。但他們在儒法理論的復興方面，並無實質性建樹，並沒有任何超越董仲舒混合道家與法家理論，所形成的漢儒法學體系之處。[256]

公元 960 年，歷經晚唐和五代十國近 200 年政局動盪與戰亂的中華帝國奄奄一息，五代十國最後一個王朝後周的御林軍統帥趙匡胤，在都城開封之南策劃並上演了著名的歷史大劇——"陳橋兵變"。趙匡胤的下屬"逼迫"他穿上事先預備好的皇袍，趙匡胤三次推辭之後，"很不情願"地接受了"民意"，向天下宣佈自己取代後周恭帝成為新王朝——大宋帝國的皇帝宋太祖。基於晚唐軍人治國體制導致藩鎮割據、皇帝權力被大打折扣的沉痛教訓，基於五代十國軍閥首領造反混戰、天下紛爭的歷史教訓，以及因皇帝之位來自陳橋兵變的軍事奪權而害怕自己的權力終有一日被手下的武將暴力剝奪的擔憂，宋太祖下決心完全放棄唐帝國實行的軍人治國體制，嘗試探索宋朝獨具特色的文官治國制度來取代之。

於是趙匡胤依趙普之計，策劃了一場著名歷史大劇——"杯酒釋兵權"。這幕歷史劇的劇情既簡單又打動人：在宴會上，宋太祖聲淚俱下地表達做了皇帝後寢食難安、夜不能寐的隱憂，擔心宴會上的武將們終有一天殺掉自己，自己將死無葬身之地。無論眾將如何賭誓發咒，聲稱永遠效忠於太祖，但這還是不能讓太祖安心。眾將只能詢問如何安帝之心，宋太祖的答案是除非眾將放棄兵權去做地方官，兵權由文官來掌。於是，幫助太祖取得政權的武將們都同意放棄兵權到地方為官，君臣酒後真言，觸及肺腑，相擁而泣，達成盟約。此後無論朝廷文官還是新的軍事將領，都通過新科舉考試上來的文官擔任。宋太祖趙匡胤怎麼也不會想到，由他和趙普共同編劇並由他自己親自主演的"杯酒釋兵權"這一幕歷史大劇，會給大宋王朝的政治歷史、經濟歷史以及中國儒法學的復興並徹底儒教化，帶來如此重大且深遠的影響。[257]

武將是從生死戰場中打出來的，文官是從錦繡文章中選出來的。這是中國也是人類歷史數千年的人才通道，因此武將重肝膽，文臣多謀略。宋太祖趙匡胤讓第一代有肝膽的武將都去做了地方官之後，無論朝廷裡的文官還是鎮守邊關的武將，都必須從錦繡文章中選拔，於是人才奇缺成了首要問題。為了解決人才問題，大宋王朝就需要擴大初唐時期創立、武則天時代成型的文武科舉考試的規模，並完善其操作規程，以選拔越來越多的人才。於是，唐王朝創立的科舉選拔及其相應的教育制度，在宋朝得到了前所未有的大發展。宋太祖趙匡胤執政 17 年，基本奠定了文官治國的政體；其弟宋太宗趙匡義執政 21 年，進一步夯實了這一文官治國政體；趙匡義之子宋真宗執政 25 年，進一步鞏固了這一政體。宋朝前三帝 60 多年的和平進程，讓這種文官治國體制已然形成一種價值理念與文化習慣，以致無人能撼動更改它，直至其內在邏輯展開，宋朝丟疆失土、偏安江南，最終被蒙古元朝所滅。這套文官體制有五個特點。

第一，唐朝的宰相，通過科舉考試制度取得進士學位的比例不到 10%，而宋朝幾乎是 100%，一個沒有進士資格的人，進入皇帝身邊的文官系統工作是不可想像的，更不用說謀取高位了。

第二，唐朝的武將不論出身、只論戰功，宋朝的武將只論你是否取得進士或舉人，至少是武進士、武舉人這樣的身份，不論戰功。

第三，唐朝整個官僚系統中的數十萬官員，只有不到 15% 來自科舉考試的選拔；而宋朝整個官僚體系中百萬官僚的 40%（後期達 70%），來自科舉考試的選拔。換句話說，你要想在宋朝活得有質量、有尊嚴，參加層層上攀的科舉考試是唯一出路。

第四，整個考試制度的流程迅速規範化。縣試或貢試選拔秀才和貢生，鄉試選拔舉人，會試或省試選拔進士，皇帝親臨的殿試選拔出進士中的前三名，即狀元、榜眼與探花。考試成功意味着高官、厚祿與家族榮華，否則考生將永遠被壓在"儒法士大夫"與"平民"這樣二元化社會結構的底層中。因此，宋朝的科舉考試在民間被喻為"鯉魚跳龍門"，因為"十年寒窗無人問，一舉成名天下知"。

第五，這種通過錦繡文章選拔人才的文官制度，催生了中國獨有的教育制度，大量秀才和貢生進入私學為主、官學為輔的教育體系，為科舉考試培養"人才"。科舉考試科目主要是儒學經典——"四書五經""治國策論""自創詩詞"。概而言之，教育科目就是中國文學修養加儒法倫理哲學之議論文章，[258] 不涉及任何類似西歐自羅馬帝國基督教會以來開創的算術、幾何、天文學、邏輯學等理科的知識與方法論基礎學科。以致 700 年後大英帝國的瑪律節尼百人使團，在來華慶祝乾隆皇帝 80 壽辰生日實則為增開鎮江海關的訪問中，十分震驚地發現：這個寵大人口的禮儀之邦，實際上 95% 的人是文盲，只有 5% 的人識字。可是那 5% 的識字人所學的知識，除了做官之外，與那 95% 的文盲們的生活，沒有任何實質性關聯。

　　宋朝文官體制的形成，不僅局限於大量儒生式文官的選拔，必須通過以儒學"四書五經"為核心的考試制度，還在於在承認皇帝作為人間最高權力與榮耀的前提之下，形成了一整套系統的皇帝與各級文官之間理想主義的奏對（交流互動制度）；建立了規範的皇帝在大殿公開議事決策的政務制度，形成了為防止唐朝節度使授權過大，而集軍權於皇帝並由文官擔任軍官的、宋朝獨有的軍隊治理制度。宋太祖太宗初期，還建立了中書省、尚書省和門下省，在公文流轉上的分權制度，以及文傳記錄與責任追究制度，其在中期逐步發展為中書門下省管行政政務、樞密院管軍事、御史台管對百官糾察的分工制約體系。遑論這些制度的有效性如何，借助比歐洲早 500 年發明的活字印刷術，宋朝的儒家文官政治治理體系確實發展到了一個嶄新的高度，在成文律令、公文流程和檔案管理等細節方面，國家的內部管理水準，確實系統性地達到了人類農耕文明中一個令人驚訝的巔峰。

　　這樣，在東漢末年就已經淡出中國官場、被棄用長達 800 年的儒法學理論，從實踐上在宋朝全面性、系統性地復辟了。可是如果這套理論不能整合這 800 年歷史中，佛教信仰和道教信仰在中國的獨特發展與影響，它就不可能恢復並長久維持漢朝鼎盛時期"罷黜百家，獨尊儒術"的儒學政治地位與儒生夢想。於是，一批儒學理論復興人物應運而生，成為中國思想史上一道特別靚麗的風景線，比如邵雍、周敦頤、張載、程頤、程顥、陸九淵和明朝的王陽明，集大成者當然是宋朝的朱熹。他們復興的新儒學，被中外學者稱之為"宋明理學"[259]。

宋明理學各學者之間存在着許多思想差異，譬如邵雍、周敦頤、張載、程頤、程顥和朱熹可歸為"程朱理學"之理學學派，他們強調"理"和"氣"的對應，表像看似乎包含着自然哲學和人文哲學兩個方面的內容；深入細究陸九淵和王陽明的心學學派，我們就可看出中國宋明理學的實質。心學學派認可"天理"之重要性和神聖性，但不承認理與氣的完全二元對立，他們認為宇宙即吾心，善惡自我心，沒有對心性的修養和實踐，理便不復存在，天理也會變成空談與偽善。顯然宋明理學實質上，依然是在儒學一元可見的世界觀哲學框架內使用二分法。這種二分法又存在強調的重點差異，譬如，程頤、程顥等人更注重"理"與"氣"的相對性討論，他們的"氣"更接物理性的"存在"，他們的"理"更接近"自然之道"，他們的"天理"更接近自然的絕對真理，進而更接近古希臘的前蘇格拉底自然哲學。他們從形而上的"天理"出發，最終在人與他者關係上，仍然以儒家禮教形而下的，人的角色等級式固化來作結。而朱熹的"天理"則純粹是與"人欲"相對應的倫理道德準則，他對"理"與"氣"的相對性討論不感興趣，因此，更接近古希臘哲學中後蘇格拉底時代人文哲學中的實踐哲學[260]。

由於篇幅限制，我們把宋明理學的差異暫時放下，從哲學認識論的角度看他們的共同特點。那就是在董仲舒儒學對法、道、墨進行第一次吸化，並對儒家理論進行了儒法聯盟的"儒術"統合之後，宋明理學在吸收了近 700 年來佛家和道家思想的基礎上，對儒學進行了第二次統合。這次統合，全面系統地將儒法學理論的一元論世界觀，升級為中國式"二元論儒教"世界觀。這個"二元論儒教"世界觀的核心，就是承認世界有可見世界"氣"與無形世界"理"的二元性，並且承認無形世界的"理"，相對於可見世界的"氣"具有超驗性與先存性。

　　宋明理學家認為，人們可以看到觸摸到的有形世界是由萬物構成的，而萬物中的任何物都是由氣構成的。氣"聚"則物成，氣"散"則物滅。在有形世界之外，存在着一個無形的即我們看不見、摸不着的世界，這個無形世界是由"理"來支配的。"理"是無形世界的狀態，特別是具有天的意志的"天理"，是有形世界"氣"的決定因素。它既決定了構成萬物的"氣"、無形世界中的"理"如何運行，又決定了人應該如何行動，因此天地相和，天人合一。萬物和人運行的秩序，都必須服從天理。如果代表天的皇帝之所想、所言、所為違反了"天理"，天人秩序就會出現混亂，大災大難降臨，皇帝和他的子民就必遭天譴。

　　那麼"天理"是什麼？它是陰陽相合、四時有序，是乾坤有序、琴瑟相和，是"天—地""君—臣""父—子""夫—妻""兄—弟"尊卑有序的社會角色認知即"三綱五常"，是人在這種社會等級秩序中的角色認知與不折不扣的角色實踐——遵禮守"法"，不可逾越。我們把儒家理論從孔孟到董仲舒再到朱熹這三次升級中，仍堅守的人在等級秩序中，需要時時刻刻自我提醒的角色認知與實踐，定義為中國儒家對人處理人與他者公共關係中必須遵循的"人的應該"，使之成為中國最重要的非成文法公共約束，以及社會有序與和平的最根本保障。

　　因為儒家這些非成文法規定，並非來自一個創造世界的人格神對所有人的創造、對人的行為應當之普遍性、平等性期盼，而只是社會上層認識並制定出來，以對下層社會人的行為應該所做出的強制性要求。朱熹認為，儒家士大夫中的"聖人"和"人君"易於接近天理，普通人則常常被欲望驅使，生發造成社會之惡的問題。普通人易受社會的影響而使原本善良的心性蒙塵，從而更加劇欲望的無度。而無度的欲望常常驅使人們逾越角色認知，放棄本應遵禮守樂的角色實踐，逾越人的"行為應該"，不竭忠盡孝，貪圖享受，損人利己，甚至犯下各種難以饒恕之罪行，最終導致禮崩樂壞，社會失衡失序，終至天下大亂。因此，朱熹為代表的新儒學家們呼籲：我們應該堅定不移地堅守"存天理，滅人欲"的行為應該，讓每個人都回歸到儒家禮教的角色規範中，培養每個人強烈的角色意識感和角色認知感，並堅定不移地按禮教指南進行日復一日的實踐訓練，形成認知習慣與行為習慣，心悅誠服地認可與接受儒家煩冗細碎的數千條戒律，達到既不逾矩又感到從心所欲的喜悅狀態。如果儒士們能夠系統學習新儒家的理學，堅信儒家禮教信條並躬身於長期實踐，整個社會就能實現在尊卑有序的禮教秩序中順利和平運行的新儒學的終極理想。

顯然，在宋明理學看來，人在天理中就是不平等的。下層社會的人因有更多欲望而不易接近天理、易接近惡，上層社會的人因能控制欲望而易於接近天理、趨向善。[261] 而在基督信仰中，無論國王、貴族還是貧民，人人皆"被造"，所以他們都是罪人、易行諸惡，故需要朝向上帝的神聖信仰而使自己覺醒、認罪、感恩並悔改，以回應神所期盼的行為應當。二者的區別是十分明顯的。

我們也不難看出，以朱熹、程頤、程顥、周敦頤等為代表的宋明理學，再次吸收整合了佛學和道學理論的重要內容。"氣"這一概念，基本是道家在唐宋時期運用最多的概念，是從道家形而上轉到道教形而下的過程中，一種修身養性的實踐觀念。"理"這一概念，講的是在物質內部起作用的那種力量和道理，基本上是從佛教的"孽緣""善因""佛法"這樣的理念中借用出來的，同時也不過是老子深藏在現象世界之後，難以言說之"道"的另一個代名詞罷了。有形與無形世界的分類與推理，明顯挪用的是佛學的認識論。從這個意義上講，在孔子之後，儒法學家經過 1 700 年的努力，通過孟子、董仲舒和朱熹三次大的統合，將法家、道家和佛學的理論和概念統合到宋明理學中，終於可以變身為老子的學生，在自然主義的思維框架之下對話了。很多西方學者對宋明理學，特別是對程頤、程顥"理氣"的所謂二元論評價很高，但其認識論高度，充其量接近古希臘前蘇格拉底自然哲學中的米利都學派，甚至與米利都學派中的阿那克西米亞的觀點完全相似，認為構成可見之有形世界之萬物的元素是氣。氣聚則物生，氣散則物亡，只有氣構成萬物的自然世界後邊的"理"是不變的，它支配和主宰着由氣所構成的有形世界。

可是宋明理學中，沒有人接着程頤、程顥的宇宙觀將類似物質構成的問題討論下去，原因當然是中國儒家和法家思想自春秋戰國發端以來，只關注社會問題，對自然問題完全不關心。因此程頤、程顥對"理"與"氣"二元對立的討論，開創了儒家關注精神與物質二元對立世界觀討論的先河。但隨着朱熹完全一邊倒地回到"天理"與"人欲"相對性討論的強大影響力，以及中國科舉考試和教育完全沒有數學、天文、技術等介入的導引，程頤、程顥發起的宋明理學中"理"與"氣"的哲學討論，便被迅速終結了。中國長期被冷落在主流思想之外的數學家、天文學家和其他技術發明家，在墨子之後失去了最後一次加入中國哲學問題討論的歷史機遇，而北宋所創立的最接近唯一性絕對真理的"天理"，也就很快被相對化了。沒有對物質世界自然法則的觀察與討論，沒有唯一神對自然法則創造的介入與護理，名義上取得唯一絕對真理的"天理"，無奈地跌倒在狹窄的孔孟禮教教條實踐的門檻上。因為在這裡，原本與"氣"和"人欲"對應的"天理"，失去了與萬物和人類社會共同對應的廣闊的自然法想像空間，只剩下普通人的"人欲"這一個人類倫理的對應參照系，"天理"作為驅動萬物運行的"絕對性真理"，被丟棄掉了，它的意義僅在於將皇帝和儒家士大夫歸入天理製造者行列，而普通人則應該只能加入這種天理秩序的遵循者行列。顯然，儒教倫理秩序是人被儒家禮教嚴格規定其角色等級，角色之間的主與從、統治與被統治關係不可顛覆，不容置疑，不可更改，個體的人則是不重要的，平等的個體是不存在的，而萬物之氣也因此種被忽視而變得可有可無了。

　　而從自然哲學的米利都學派，到畢達哥拉斯學派再到埃利亞學派，最終到蘇格拉底、柏拉圖和亞里士多德三大師，古希臘哲學家們既要尋求現象世界背後的公共有序，又要尋求個體思想創新流變背後的永恆神聖；既要尋求這種永恆神聖秩序的公共和諧，又要尋找個體生命的自由張力，並不讓人做社會角色的奴隸。這確實與宋明理學有本質上的不同，因此不能簡單化地將宋明理學中的二元論論辯，與古希臘哲學及其與希伯來——基督神學結合後形成的二元論世界觀混為一談。如果說後者是二元論世界觀，那麼前者只不過是物質性一元論中的二分法罷了。[262]

　　朱熹宋明理學在二元理論中"氣"學的丟失，也反映出宋朝哲學"理"和"氣"在概念定義上的混亂與不清，以致一些學者認為氣就是理，理就是氣，由此引發宋明心學的誕生。宋朝著名的儒教哲學思想家陸九淵和明朝著名的儒教心學家王陽明，便是宋明心學的代表。宋明心學也是新儒學，本質上也是理學，即都崇尚"天理"。他們與程朱理學的主要差別，表現在讓天理流行、人慾克盡的方法論上，[263]或者實現克盡人慾並與天理合一的聖人之道上，一如佛教各派的差別在於成佛的道路不同。朱熹等理學家，認為成聖之道應該是博覽經典而格物窮理，即從經典和事物中探求天理；陸九淵和王陽明，則認為這種道路或方法捨近求遠、行不通，因為宇宙和天理盡在我心，不外乎"良知"二字。只向內心深處尋找立即可得，重要的是順着良知進行實踐，每一個瞬間的行為都要認真遵循良知。用良知辨別善惡，並為善去惡，如此便是通向天理的格物之道，人為何非要到那些所謂"經典"中去緣木求魚呢？

　　因此，王陽明一生堅持他的心學實踐，歷盡官場惡鬥的千辛萬苦，隻身於江西募集義兵，平息寧王朱宸濠叛亂，並數度出征蕩平從廣東嶺南、兩湖至廣西深山中的賊寇，安天下而開太平。但王陽明無法擺脫無處不在的黨爭旋渦，遭大宦官劉瑾迫害被流放貴州，為平息各種叛亂耗盡心力，肺癆成疾，疲憊至極。他自知死之將至，漂蕩在長江江西南安一帶的一葉扁舟之上，等待皇帝準允其告老還鄉，最後死於宋明理學禮儀教條捆綁下的孤舟中，用生命實踐了他的儒家心學。他在死前用四句詩來作答其門徒對心學概括的追問："無善無惡心之體，有善有惡意之動。知善知惡是良知，為善去惡是格物。"可是，當王陽明捲入黨爭被劉瑾迫害，被流放至貴州龍場，知悉寧王朱宸濠反叛便自主決策於江西募集義兵，為大明皇帝明武宗平息宸濠叛亂，以及最後時刻貧病交加、隻身在天涯海角一葉孤舟中，等待那永不到達之聖命時，這到底屬於"知善知惡"還是"為善去惡"呢？恐怕這很難用陽明心學得到邏輯自洽的解釋。當然，陸九淵和王陽明在理學偽善教條的時空中狂妄地高喊"吾心即宇宙""吾心即天理""六經皆我注腳"，一如唐朝佛教禪宗六祖反佛教煩瑣教條而高喊的"不立文字，教外別傳。直指人心，見性成佛"一樣。他們的呼喊，迴蕩在宋明理學新儒學統領中國思想與儀典的沉悶時空中，並深刻影響了此後數百年儒家反偽善反禮教自由派知識分子的觀念與行為應當。

　　但宋明心學的影響十分有限，一如禪宗的影響十分有限，它需要人以很高的心性與行為操守來理解並實踐之。而宋明理學在論述上中規中矩，很有精神與物質相對應的二元論形式。在明朝，到中國傳教的利馬竇及其後來的許多西方學者，都對朱熹有過高的評價，誤以為宋明理學中的"天理"是類似"上帝"那樣的唯一真理，只不過是非人格化罷了。只有李約瑟是清醒的，他通過令人信服的中國文獻分析，斷然否認中國哲學思想中可能存在絕對精神主宰和造物主的二元論世界觀。因此，宋明理學理論的終點，斷然而迅速地回落到完全程序化的儒家禮教實踐上來，從而為儒家重新取得皇帝思想及教育幫辦的永久性政治地位立下了汗馬功勞，也為儒生士大夫群體與皇帝政治權力結盟與制衡提供了充足的理論依據。"天理"高於一切，而儒家士大夫則是能夠說清"天理"的人，因此他們雖然在社會角色地位上低於君且必須忠於君，但忠君的核心不是無原則的順從，而是要勸諫君王施行仁政，服從"天理"。他們捍衛"天理"，哪怕為此遭到貶黜甚至迫害都是值得的。故而，朱熹不僅強調儒家士大夫要像儒家孔聖人那樣"誠心、正意、修身、齊家、治國、平天下"，而且要突出孟子的"仁"，教育培養和勸誡皇帝成為"仁君"。仁 就是"天理"，私欲克盡，天理流行，便是"仁"。在儒家士大夫的幫助下，皇帝要想恢復"天理"，必須克盡"人欲"。如此，儒家士大夫便可因守護天理，而成為"為萬世開太平"的儒家聖人並彪炳史冊，列入孔廟，配享祭祀。

　　這樣，吸收整合佛、道二教核心理念並再次崛起，一直統治中國思想界直至清朝帝制結束的宋明理學，就把人的社會角色公共性絕對化了。而一個有限的、相對的人必定是一個自利的人，然後才是一個公共的人，任何人都是這種自利之人和公共之人的結合體。**如果將人的公共性絕對化，那麼個人自利性勢必被掩蓋和湮滅**。這造成極為明顯的"偽善"，就像董仲舒後的漢儒法學，在試圖將皇帝造為全能和全善的"人間神"時，產生的絕對化"偽善"一樣。

　　朱熹及其宋明理學回應宋朝皇帝全面構建文官制度的時代需求，將儒家學者與官僚幫辦造成了新的"人間眾神"，將皇帝造成了新的"人格首神"，從而通過人間眾神的製造，將儒法聯盟的實踐哲學與政治教條根本上地"儒教化"了。[264] 漢朝時，只有孔子一人被尊崇與敬拜，而在宋朝，除了孔子之外，孟子第一次被理學隆重地包裝，並經理學家推舉後，由宋朝神宗皇帝冊封，列入孔廟，配享祭祀。此例一開，遂成風潮。接下來，王安石被宋徽宗冊封配享孔廟。此後被舉薦追封的儒學家，有韓愈、歐陽修、周敦頤、張載、程頤、程顥、朱熹等。除了配享祭祀之神，孔廟中還有從祀之神，列入從祀的有張衡、祖沖之、王樸等在測定曆法等方面有貢獻的 66 人，文臣張良、管仲、諸葛亮及武將吳起、孫臏、關羽、衛青、李廣在內的 72 人。

一個將儒法學家和文官造為眾神的造神時代，由是開始，他們作為儒家公共精神與"行為應該"之公共倫理懿範，被放入國家儀典規範的孔廟中，接受人們的敬拜與祭祀。孔廟遍佈全國，大的孔廟由國家出錢興建，其餘孔廟則由商人、地主或考取低等級功名的鄉紳捐建；在廣大鄉村，則通過孔廟的組織化變形，延伸到社會的組織細胞"宗族祠堂"。廣大的宗族祠堂由那些退休官僚與鄉紳們聯合主演，從孔廟的地緣精神，毫不費力地駁接到宗族化祖先祭拜的血緣精神，成為中國鄉村地緣性公共祭祀到血緣性私人祭祀的轉換器。這樣，表面上看起來是社會平行組織的"宗祠"，實則被從中央到鄉村基層自上而下的社會垂直整合基因所洞穿。董仲舒代表的儒法聯盟學說，在朱熹為代表的宋明理學家那裡，最終完成了"神學化——教條化——儀典化——組織化"的儒教轉型。

從皇帝參與儒教祭祀儀典的頻率來看，唐朝的每年不到 10 次，到北宋中期的 48 次，在宋神宗時達到 92 次之多，而禮儀規範的修制也進入了前所未有的新高潮。到北宋滅亡時，各種各樣名目繁多、花樣翻新、煩冗細碎的祭禮與守則達 500 多卷，今人讀之尚覺崩潰，更難想像要用這種禮儀去實踐並約束人的行為了。中國婦女被社會倫理強制"纏足"的"人的應該"，便是宋朝儒教化教規的一個明證。繼宋而明朝不斷發展出來的孝經、貞女、列婦等儀規方面的禮儀細節，對人的行為約束與壓抑，很類似今日流行於世的伊斯蘭聖訓禮儀的約束與壓抑。

可以說，儒法聯盟的學說成為一種實踐性宗教，是在宋明理學的護教理論、被強制的煩瑣宗教儀典和儒家群團性造神運動的組織化實踐中完成的。但宗教化的儒教，始終沒有從理論上觸及並解決人的生死問題，從而不能為信仰者的生命未來指明方向。它只有朝向祖先崇拜的心靈回望，以及躋身於祖先聖人靈位的名利渴望，而這種渴望建立在心理上優越於比自己地位低下的人，並共同去遵守那些毫無靈性的枯燥戒律的基礎上，完全沒有為自然和人類制定規則的屬靈之神的界入，因此它完全不同於希伯來——基督唯一神信仰，無法為人提供在神所期盼之方向指引下的自由選擇空間。儒教不能給予追隨者充分的靈性激情與生命張力，反過來用無邊無際的貫穿生命始終的生活戒律，徹底壓抑和閹割了一個信仰者基於回應神對人的期盼而不斷生發出的激情與創造能力。

宋朝在新儒學指導下，建成了成熟的政教統合的人間多神崇拜系統——儒教，並借此構建了中國自秦中央集權的政治制度以來，最為成熟的文官官僚內部治理系統。這套系統，對宋朝乃至對明、清的經濟與社會影響是既深且遠的。[265]

首先，這套儒教造神崇拜和文官政治系統，催生了宋朝獨特的經濟發展模式，它表現為文官武將化導致的北方戰事失利與國土的大面積丟失，以及由此帶來的人口大規模南遷。出人意料的是，這種中國人口大規模的南遷導致了人口密度的增加，反而促進了中國南部地區農業灌溉系統的發展與農業的集約化經營。因為人口集中推動了農業基礎設施的發展，從而增強了對季風氣候下最頻繁出現的水旱兩災的抵禦能力，意外地增強了宋朝農耕社會的經濟與社會穩定性。以此為基礎，中國人的勤勞節儉與超常忍耐力，再次推動農業與手工產業的社會分工和商業流通的發展，以南方種桑養蠶、生產絲綢為代表的紡織業，以煉鐵及瓷器為代表的手工業以及中國醫學等產業的發展，將宋朝的經濟再次推到一個農耕文明新高峰。以印刷術、火藥、指南針為代表的技術發明也達到了巔峰，其成就令很多中西方學者驚愕不已。中國在宋朝時的人口已上升到 1.1 億。其中，近 8 000 萬人在南宋，這顯示出中國經濟重心的大規模南遷。

顯然，對於維護一個"儒家士大夫"與"普羅大眾"二元對立中的血緣家族等級制社會的穩定性，以及動員國家公共和家族公共兩種力量，來構建水旱自然災害的防禦系統從而增強經濟的穩定性，宋明理學及其系統化的文官制度的確意義非凡。而正是這種穩定性，促進了人口的向南遷移、經濟的發展與經驗性技術的創新。西方學者李約瑟在 19 世紀初住在中國，詳盡地研究了中國農耕文明時代，特別是宋明時期的技術發明，並出版了巨著《中國科學技術史》和《文明的滴定》。他的作品，引起了西方學者的巨大震動和對古老中國文明研究風潮的再度興起，並給經濟學家、政治學家和歷史學家留下了所謂的"李約瑟之謎"，即為什麼中國以紙張製造、活字印刷、火藥和指南針為代表的科學技術發明，比歐洲早數百年乃至千年？為什麼宋明時代的經濟，這麼早就出現了工商業的資本主義萌芽，卻不能發育出一套代表現代文明的資本主義制度和現代科學呢？

第二，這套儒教造神崇拜和文官政治系統，極大地削弱了中華文明原本存在的尚武精神與民族血性。[266] 這套系統通過宋朝詩詞、書畫、音樂、駢體文章及孔廟造神與宗祠拜鬼，強烈地定義了那個時代的文化傾向。皇帝和文官無不擅長琴棋書畫、吟詩作賦，地方鄉紳更是被科舉考試與教育訓練得文質彬彬，滿口禮義道德。大量武將因從文官科舉制度中選拔，也加入醉心於舞文弄墨、風流倜儻的陰柔時代潮流之中，就連那個時代的大英雄岳飛、辛棄疾和文天祥，留給我們的遺產都不是他們彪炳史冊的戰績，而是他們失敗時，依然氣貫長虹的詩詞與錦繡文章，於是軍隊的數量越來越多，戰鬥能力卻越來越弱。朝廷的文官在儒教思想和禮儀的薰陶下更無血性。從第三代皇帝宋真宗開始，極為強盛的宋朝就在文官主和、武將附議的政治語境中，由宰相寇準與曹利用主談，最終與遼國簽訂了"澶淵之盟"，以每年向遼國進貢 20 萬匹絹、20 萬兩白銀和 30 萬隻羊來換取和平，這些進貢之物相當於宋朝每年稅收的 20%。更為荒唐的是，因"澶淵之盟"開啟亡國之門的宋真宗還被滿朝文官簇擁着，作為有為之帝而封禪泰山。此例一開，西夏王國和金國秣馬厲兵、躍躍向南，企圖從富庶的宋朝獲得與遼國同等的貢國地位。於是，宋朝開始了向南發展經濟增加稅收，以向北方納貢來換取和平的亡國之路。從北宋到南宋，從開封到臨安，宋朝不斷割地求和，最終退到長江以南地區，領土面積縮減到歷史最低點，不足 200 萬平方公里。宋朝為最終勝出的北方蒙古族所滅。

武將無法獲得榮耀的社會，不僅會極大地削弱軍隊的戰鬥力，而且會從根本上，磨滅民間的尚武精神與通過戰爭來雪恥並伸張正義的自然法傳統。另一方面，儒教理學思想教條，對上層社會的精神壟斷勢必推動細枝末節的學派對立，並通過各種"書院"的興起，形成各種血脈式師徒家學的中國式延伸。這種學派紛爭，通過與皇帝、外戚、宦官等各派政治勢力的結盟而演變為宋明"黨爭"，宋英宗作為仁宗的養子被選為皇帝後，應該稱他父親濮王為"皇伯"還是"皇考"的"濮議之爭"便是明證。"濮議之爭"捲入了歐陽修、司馬光、程頤、程顥等文豪名士，並演變成此後 80 年並無學術意義也無政治經濟價值的"黨爭"，終致北宋滅亡。

如果我們從這個視角來觀察宋朝及之後的中國歷史，"宋明理學"及其成系統的文官制度，就極大地削弱了漢民族的尚武精神與戰鬥能力。宋明理學及其文官制度留下的，只有對內的文治之功、對外的恥辱記錄。雖然這些史實令人痛心疾首，但依然值得我們真誠面對並深思。

第三，這套儒教造神系統必須邏輯性地強化天譴觀[267]。根據這套天譴觀，每年在中華大地發生的各種氣候現象和災害現象，乃至生物現象都可以被分為"吉兆"和"兇兆"。"吉兆"代表"天意"或"天理"對皇帝"仁政"的讚賞。"兇兆"則代表天意對皇帝不仁的譴責，故稱"天譴"。彩虹、祥雲、降雨、大烏龜、巨蟒、鳳凰等被描繪為吉兆；乾旱、地震、颱風、巨蜥、烏鴉、蝗蟲等被描繪為兇兆。吉兆、兇兆的出現，常常成為朝會上皇帝與文官奏對的重要話題，也可將其寫成奏摺向皇帝奏辯，文官們甚至可以同時就吉兆、兇兆的話題寫文章進行辯論，辯論常常成為"黨爭"中擊敗其他文官的最有力武器。譬如宋神宗時，司馬光等大臣上折反對王安石改革，稱久旱不遇就是天意對王安石變法不滿的兇兆，如果宋朝不停止變法，就必遭天譴。宋神宗雖然本心支持王安石變法，但也不得不批奏王安石領頭去祈雨，如果祈雨無果，這就證明天意不支持變法。王安石領頭祈雨後天降大雨，所以變法得以推行。當然，下一個皇帝繼位後，王安石變法依然被反對派廢止。

這種把"天"這種代表精神領域的最高神，拖入物質主義因果實證泥淖的天譴論，既嚴重貶損了天的神聖性，又極大地損害了人思維方式中的實證主義邏輯，對真相與因果真理的追求產生了長期混亂的影響。隨着文官科舉制度極大地推進了宋朝鄉村教育的發展，提升了人口識字率，皇帝與文官們堂而皇之地不斷上演的天譴大戲，伴着理學和禮教而深入地紮根到中國廣袤的鄉村土壤中，並通過二十四孝故事、貞節牌坊故事、神狐鬼怪故事等簡單易懂的方式，流淌於人心之中，極大地加固了中國家族血統式的祖先崇拜，它與原本流行的佛教多神崇拜與道教城隍崇拜結合在一起，形成了儒、道、佛盤根錯節的中國式實用主義宗教。人們可以隨時隨地自由地選擇各種鬼神，為自己當下的現實主義訴求服務，這為中國基層社會的精神神秘主義和習以為常的人神交易，開闢了廣闊的可能性空間；同時也為既承認可見化一元世界的唯物主義哲學，又相信鬼神命運的神秘主義實踐，進一步紮深了根系。

第四，這套儒家造神和成系統的文官制度相聯繫的宋明理學，從根本上強化了人從社會整體而非個體出發、從帝王及文官系統，而非從人格平等之個體人出發、從人與人之間的相對性而非從神到人的絕對性出發的獨特思維視角。在這種思維模式中，人作為個體的精神意義幾乎消解為零，而作為社群整體中的角色規定意義，幾乎等於人的全部，剩下的就是個體人在現實主義物質化競爭中的出人頭地、物質擁有與名義榮耀。誰得皇帝之寵，誰就盡享人間榮耀，一旦失寵便失去所有，中國文學巨著《紅樓夢》揭示的就是這個邏輯。對這套系統的挑戰是大逆不道的，而大逆不道是天地共憤、人皆可誅的。這種思維模式給予人物質性自由追求，卻關上了精神自由追求的門徑，給予人技術性、工藝性自由的想像，卻徹底關上了自由提問與作答的門徑。[268]

我們知道，凡物質性層面的提問都類似於"某物是什麼""某人是誰""有何用""他做什麼""如何做"等等，這樣的提問與作答，都不會破壞宋明理學的邏輯結構與權威解釋。凡技術性、工藝性層面的提問都類似於此，如"地球是怎麼運轉的""水怎樣讓水車轉動""人怎樣才能成佛""如何守護天理""怎樣實現忠孝"等等。這些屬於路徑性的提問，解決的是技術問題和工藝問題，不會從根本上破壞宋明理學的邏輯結構與權威性解釋。

但刨根兒問底兒的探究式邏輯追問則不被允許。例如：為什麼要堅持儒家禮教？為什麼禮教的等級秩序是這樣的而不是那樣的？為什麼人生前與死後靈魂常在？為什麼"天理"是唯一的真理？如果"天理"是唯一真理，那麼它存於何處？由誰掌管？為什麼？"天理"跟人同處於一元世界之中嗎？為什麼？君權是怎麼由神授予的？為什麼？為什麼天神授權的很多皇帝都是嬰兒並受宦官控制？為什麼很多皇帝都短命？我們既然崇拜祖先和血緣系統，為何皇帝家族之間的血親殘殺最為慘烈？既然皇帝之權乃"天""地"之神所授，為什麼皇帝有權封禪泰山並分封各種儒法士為"神"？既然"天理"和"三綱五常"是儒教形而上和形而下的核心之道，為何最能代表"天理"和"三綱五常"的皇帝和宋明大儒們都不能很好堅守之，以致黨爭為禍、兄弟殘殺、君臣相鬥？為什麼大宋不斷向北方之惡納貢割地、節節敗退而最終覆滅？如此等等。

　　這些問題從孔子時就不讓我們問，他告訴我們無須追問為什麼，按"周禮"去做就好了。董仲舒告訴我們無須追問，按禮教與律令去做就好了。宋明理學及朱熹則加入了孟子和堯、舜、禹、黃帝、瑞頊帝和周文王的行列，告訴我們"天理"無形但存在，古代帝王先賢就是"天理"在人間的代表，我們無須追問為什麼，按孔孟之道的禮儀行動就好了。之所以如此，是因為這些問題的刨根問底，能從根本上，揭示儒法家思想與宋明理學儒教化的自相矛盾和兩難處境，推翻儒家思想的邏輯與權威，從而威脅到皇帝與文官共治的政治正當性權威。

　　於是我們發現：宋明理學以來形成的，皇帝與文官在理學思想與孔孟儀典框架內共同治理天下的儒教，獲得了一種獨特的思維模式與行為邏輯。此模式和邏輯有三個特點：其一是在一個封閉式系統中，從時間回望中去尋求答案，從祖先那裡去尋求答案，恰如嬰兒碰到問題立刻回望自己的母親，以為那裡存放着解決未來問題的全部答案；其二是不通過設問與作答來進行人與他者之間的互動與交流，只有發令與服從的差別，因此無法發展出討論問題的概念定義、分類方法、邏輯推理、思考辨析的共同方法體系，學者們不能平和交流並相互吸收，只醉心於為統治者給出解決問題的答案，碰到衝突就分道揚鑣；其三是在一個皇帝和著名文官被不斷封神的精神壟斷系統中，個體人不允許追問"為什麼"，刨根兒問底兒式的提問常帶來殺身與滅族之禍。因此，在宋明理學壟斷千年的穩定性歷史框架中，醉心於提供解決方案而不刨根兒問底兒式設問作答的思維方式，只問"什麼"和"怎麼"，而不能追問"為什麼"的思維與交流模式，[269] 就在歷史中逐漸沉澱下來，形成獨特的中國"儒教"式思考範型與對話範型。

著名的"李約瑟之謎"，其實並沒有什麼特別之謎，李約瑟在他的《文明的滴定》中已嘗試做了回答。通過歷史比較和對科學技術的差別性定義，我們可以嘗試解答李約瑟之謎並為本章作結。

李約瑟在他的巨著《中國科學技術史》中詳細記述的中國科學技術，其實說到底只能是"技術"。因為技術是解決具體問題的方法，解決的是"什麼"和"怎麼辦"的問題。而科學是解釋學，它並不具體解決什麼問題，而是回答"為什麼"的問題。中國宋、明時代的技術發明不少，解決人們日常生活中的具體問題也很多，但並不代表中國當時科學的發達。譬如，中國很早就發明了指南針，但這也只是回答了一個技術問題而不是一個科學問題。它回答了的是：這是一個司南、羅盤或曰指南針，它是一根帶有磁性的針狀物，放到一個 360 度的同心圓中時，其指標總是指向 180 度角的南方。如果你繼續追問，為什麼指南針總是指向南方？那麼回答這個問題的解釋學才能被稱為"科學"。就像牛頓為他自己的設問"為什麼蘋果總向地下墜落而不向天上墜落"所作答的"萬有引力定律"是科學一樣。法拉第和麥克斯韋爾"為什麼指南針會指南"的設問與作答，才讓真正的"磁學"和"電學"這兩門現代科學誕生。

回答"怎麼辦"的技術發明，可通過人類實踐活動的經驗積累形成初步的疑問、作答與功能性設計，並通過群體性經驗積累再逐步改進更新。回答"為什麼"的科學發現，則依賴於傑出個體的想像力與發問能力，沒有超乎尋常的發問能力，特別是沒有"為什麼"的設問與作答，就不可能有科學發現。回答"怎麼辦"的技術發明，解決的都是現象世界的問題。回答"為什麼"的科學發現，解決的都是不可見世界的規律性問題。科學的起源與方法論都是古希臘自然哲學，而自然哲學和人文哲學在希伯來——基督信仰那裡，則同源於上帝唯一人格神屬靈之元的世界，受上帝所創造的同一自然法的支配。人可以通過他對上帝神聖信仰的激情激發與理性邏輯而去開發想像力與信心，從而去發現已被上帝創造的法則與定律。這種萬物關係之法則和人文關係之法律，都同源於上帝唯一人格神創生的自然法精神，極大地激發了人的信心、想像力和探險精神，從而極大地推動了科學探索、發現與解釋學的發展，這就是中國有宋、明時代的許多經驗性技術發明，卻不能如期生發出現代科學的最深層原因。因為科學發現的設問與作答，必須以上帝作為出發點與歸宿點，否則無法做到邏輯自洽。

第五節　混合信仰中的公益慈善精神

自宋明理學之後，新儒學或曰儒教再次取得了官方信仰的政教統合的壟斷地位，佛教信仰和道教信仰則流離失所，長期被迫徘徊和游蕩在官方信仰的殿堂之外，成為中國人的精神魅影與補充。這種被稱為儒釋道相結合的中國式信仰系統，牢固地根植於中國只相信可見性物質世界的一元論世界觀中，因此具有強烈的帝權人格首神，作為神聖想像力極限的特徵。任何佛教信仰和道教信仰都可以有神，但必須匍匐在皇帝和文官造神的腳下。[270] 可是佛教信仰和道教信仰一旦委身於神聖帝權，其神的全能、全真、全善的品格頓失，降格為人間權利的等價物，只能成為神秘主義自娛和個人進行報恩交換的精神交易所。

在這樣的公共信仰系統中，無條件愛陌生人的語境很難形成。因此，無條件幫助老弱病殘的公益慈善精神，很難大規模普遍性地生發出來。當然這並不是說在中國漫長的農耕文明時代，沒有善行和慈善活動。佛教在慈善方面就有很多值得稱道的創新，如寺廟在修橋補路、幫助災民等方面仍有很多值得稱道的慈善活動，"粥棚"就是在災害之年設於寺外或交通要道，以賑濟饑民的最典型慈善方式。從南北朝梁武帝開始，佛教僧侶便要斷酒肉而行素食。為"來生修福"這種人神交易的"敬田""恩田""悲田""苦田"等七種系統化"福田"思想產生，陌生人之間的"義會""社邑"之類的非政府組織也在佛教中形成，助老、救孤、濟困、祛病、義葬、義井、義橋等慈善活動隨之出現，與之前中國儒家等級森嚴之祭祀的"國社""郡社""縣社""鄉社""邑社""宗社"的官辦性質的慈善活動，形成鮮明對照，令人耳目一新。在唐朝，一些佛教寺院收養孤兒和贍養老人。一些游方僧人行走鄉村，為當地村民治病、驅邪與招魂。"無盡藏"教派主張尊崇一切生命中的佛性，因此主張履行世俗世界的慈善職責，稱其為佛教的最高美德。無盡藏力圖發展成遍佈帝國的慈善組織，動員民眾在春節和鬼節向無盡藏捐款，然後用這些捐款去放貸並收取利息，用利息收入維修寺院建築並救濟窮人。無盡藏在公元 7 ～ 8 世紀一度影響頗大，在公元 8 世紀中葉時，因激烈攻擊正統佛教而被唐玄宗取締。在唐朝，佛教僧團還有建立免費醫院和進行義診的記錄，在疫病流行時，佛教僧團人士對陌生病患的照顧令人印象深刻，他們打破了儒家的仁義和行善僅局限於親情血緣宗族的界限，給中國社會帶來了具有某種普世主義價值的公共精神。而在唐末宋初之後，隨着儒教化政教統合制度的形成，佛教寺院所創生的慈善活動及組織化盟芽，很快就被摧毀了。即使是佛教寺院所行的稍具規模的慈善活動，比如著名的"悲田養病坊"亦被政府自上而下地入侵並取代，政府撥付田產並配以"度牒"的僧尼編制，使之變成政府管控的慈善事業，重回儒教自上而下的一元化等級式邏輯軌道。佛教寺院的慈善，被擠壓到"放生""藥藏""賑災""粥棚"這樣一些零星的善行活動中。

道教在一元認識論語境中，崇尚強烈關注個人內在認知與個體生命無限延長的神秘主義精神。他們中的許多人都在煉金術、運氣術及中醫方面有很高造詣，他們獨行江湖，為民間祛病祛災，獨施道家之善行，但總體而言他們的善行是非組織化的，因此是善行而非組織化慈善，是對他人所受苦難的偶發性同情憐憫之舉而非對他人鵠的性之愛的慈善。

儒家強調的不是慈善這樣無條件善待他人的公共慈善精神，而是將重點放在將社會整體管控得公共有序的"禮樂治國"這樣的"統治術"之上。但唐朝之後，佛教慈善精神對儒教產生的影響是不可忽視的，這不僅體現在宋明理學"天理"與"人欲"對應的二元論哲學認知的努力之上，而且體現在范仲淹所提出並為儒士們普遍認可的"先天下之憂而憂，後天下之樂而樂"的人的應該之公共精神上。范仲淹還用自己積累的財富為范氏家族設立了公共的"義產"，以幫助范氏家族中的鰥寡孤獨。通過范仲淹、王安石、蘇軾等高官型新儒士們的典型示範與長期努力，這種以血緣家族為特徵的"宗族祠堂"組織廣泛發育與發展，成為儒教型公共慈善的象徵，作為獨具中國特色的血緣型公共組織遍佈鄉村，在中國廣大鄉村，扮演着修橋、補路、助孤、助貧、鄉民糾紛調解和儒教倫理裁判的公共角色。這種情勢與宋明理學的推廣相互動，推動中國儒教"鄉學"教育運動的興起。王陽明則企圖在鄉村每十戶人家之間形成"鄉約"組織，既保證皇家稅賦的徵收，又形成鄰里的互助。宋明理學這種社會有序治理的"善治"理想雖然收效甚微，且最終湮滅在祖先崇拜之巨大歷史慣性的汪洋大海之中，[271] 但仍然讓很多中國學者以為由此找到了中國與西方公益慈善文明的同質性而歡欣鼓舞，也為許多西方學者提供了發育中國鄉村社會草根公益精神的巨大理想化想像空間。有的西方學者甚至將其稱為中國的"公民社會"萌芽。

我以為，中國自宋以後興起的以"宗族祠堂""鄉學""鄉約"為典型特徵的中國式鄉村公益慈善組織，與西方發源於基督教會之下遍及歐美城鄉的公益慈善組織相比，雖然具有富者捐贈錢物以幫助貧者的"助他"性公共精神同質性，但其差別性依然是十分明顯的。最明顯或最重要的差別有兩點。

第一，在西方，哪怕是公元 4 世紀的公益慈善組織的發起人，幾乎都是基督的最狂熱信徒，他們為榮耀上帝和傳播上帝之愛的使命所驅使，發起成立基於教會的公益慈善組織，並幫助成千上萬苦難者擺脫病患與瘟疫之苦，很多組織履行使命數十年乃至數百年。這些組織依靠行動和信仰說服了成千上萬的捐贈者加入組織，這形成了領導人與捐贈人相分離的核心基因，這種核心基團催生了公民自由結社的發起人制度，形成了公益慈善組織的特別建構路徑，同時也催生了公益慈善組織繼任者由相關行業精英公共推舉的制度。而在宋明理學後的中國鄉村，"宗族祠堂組織"都是由宗族中在官場取得最高職位的儒士們領頭捐款來建立的，因此宗祠領袖當然是官位最高者，常常也是捐款最多的人，其繼任者也只可能是下一代本宗族中的官位最高者，宗族中其他人的捐款常常是被動式"攤捐"的。即使你有錢也不能超過那個官位最高者的數額，因為這不符合你在這個宗族社區中的儒教式社會等級名分。因此，這種"宗祠"公益組織，不過是宋明理學"皇帝與儒法文官聯合治國"的模式，在鄉村社會的延伸而已，其核心職能並非"助他"的慈善，而是固化個體在社會群體中的身份等級與角色定位。因此，其組織領導人的選擇，當然也只能與一元化的官僚政治相駁接和附庸化，從而保證其內在的自上而下的邏輯一致性。

第二，西方的慈善公益組織，發源於可見之現象世界與不可見屬靈世界分離存在的二元論世界觀，從而現象世界的"自然萬物關係"與"人際關係"都同源於不可見之獨一上帝，並受上帝創造的"法則"所支配。這一自然法認識論，決定了人與他者之人際關係處理的核心模式是借着基督獻祭與犧牲，向人類傳遞人與人之間無條件的"愛與寬恕"的上帝精神，因此，其慈善與公益組織從一開始就携着"陌生人之間無條件之愛與寬恕"的基因，衝破人間一切"血緣地緣關係"和"報恩復仇模式"的界限與藩籬。其核心精神是人與人之間的普世大愛。而在中國宋明理學後隨鄉學運動而興起的宗祠組織化浪潮中，宗祠的主要財產，是宗族祠堂和宗族墓地，設立扶孤助貧之"義產"的宗祠比例非常之小，因此其主要職能，仍是家族式祖先祭拜和人際關係的角色化秩序維護，其中含有的慈善功能也嚴格限於家族成員之間。這種"助他"慈善惠及之邊界，是用血緣親情來界定的。因此，儒家這種慈善與佛教所從事的慈善相比，是缺乏普世公共性的。因為這樣的"公共"精神，只不過是被血緣性放大的"私我"精神罷了，更何況其中潛藏着家族中名譽地位排序和對底層人群社會角色統固的自利性算計。它與那種拆除不平等人格階梯的普世大愛之慈善公益精神，的確相差甚遠。

中國有史料可考的不同於傳統宗祠血緣組織的普世性慈善組織，發育於明朝晚期。而 1583 年利瑪竇來華標誌着現代基督教文明傳入中國，中國社會中如徐光啟、李之藻、楊庭筠等相當數量的知識分子和商人，因受基督教影響而皈依了基督。這在多大程度上影響到中國慈善組織的發育，是一個頗為有趣的歷史專題，無法在本書深究。但可考的是，自那之後，在中國的江南地區，名為"同仁會""廣仁會""同

善會＂＂義倉＂＂義學＂＂義塚＂＂義渡＂＂義莊＂＂放生社＂＂善
會＂等等慈善組織便逐步萌發出來，成為與傳統宗祠不同的、超越血
緣家族的普世性關愛慈善公益組織。在明朝晚期到清朝的緩慢發展與
進化中，中國的商人階級逐漸突破傳統的儒教官僚壟斷，開始成為部
分宗祠的領導人。極少數的商人通過自由結社的方式，建立了一些超
越宗祠邊界的普世性關愛慈善公益組織，從千年血緣板結的儒教秩序
倫理統固的硬土地中，[272] 抽出寥落的普世性關愛之現代慈善組織嫩芽。
但真正現代意義上的公益慈善組織，譬如大學和醫院，依然是受基督
教的強烈影響並最早由國外基督徒發起捐建的，因此慈善組織被導入
了既不同於政府組織又不同於商業組織的基因。而佛教和道教在現代
公益慈善組織的催生和孕育方面，則沒有十分明顯且具規模的改善。

第十一章

躍升：人類第二次大反思

　　人的信仰，從本質上講是人行使其自由意志的前提，即人在精神上相信他所選擇的人神關係中人對神的連接與歸屬，並從這種信心與神聖仰望中，獲得飽含神所期盼之“人的應當”的屬靈力量。可是當人在信仰實踐中過屬靈生活的時候，立即產生了過屬靈團契生活的公共需求，因此人的社群生活基因，將人的個人信仰納入了公共化軌道。

　　在信仰的社群公共生活實踐中，信仰不再僅僅是一種人神關係的自洽性邏輯理性，而需要形成一些易於共同理解的教義，以便統一信仰生活中的公共認知，於是信仰被教義化於公共實踐生活之中。同時，信仰社群生活中的場所莊嚴和儀典莊嚴也被認知和發展，建築藝術家、雕塑藝術家及文學家們的介入，使教堂建築的發展沿着教義邏輯去擴張人的想像力，他們在儀典中嵌入莊嚴而富激情的詩意空間，信仰被融化於社群實踐的儀式化過程中。為了進一步感知到信仰認同的凝聚力量，這種教義與儀典莊嚴，被負有使命感和組織力的信徒擔當起來，形成了特色化的信仰組織形式，信徒去佈道、推廣並發展信眾。可是，這些出類拔萃的組織者在教義、儀式和組織方式等方面，都可能因不同的理解力和理解方式而產生分歧，這些分歧一經固化，便成為信仰社群公共生活實踐的不同派別，構成個人信仰的社群分類識別與公共身份認同。

　　於是我們看到，人在精神上所相信的人神關係信仰，在其信仰生活的社群式實踐中，被教條化、儀式化和組織化了。這種個人精神信仰的公共性教條化、儀式化和組織化，就是個人人神關係信仰的宗教化。因此，簡單將宗教等同於信仰並從宗教出發的討論，是極其危險的。因為宗教對信仰的教條化，有可能丟棄信仰中最深刻、系統的理性邏輯，掉落進乾枯而缺乏生機的教條陷阱；宗教對信仰的儀式化，有可能離開信仰中朝向無限永恆之絕對真理的神聖激情，滋生盲目的衝動與迷信，從而被俗世的宗教領袖利用於人間造神；宗教對信仰中信眾的組織化，有可能助長宗教領袖的個人欲望與驕傲，從而造成少數人對多數人的組織化奴役。因此，任何個人的精神信仰，都有可能因為信仰生活的社群性、團契生活的宗教化，產生教條、迷信與組織化奴役，從而墮入物質化現象世界的迷霧之中。**這是人類第一次反思之後，"人的應當"信仰實踐所碰到的兩難陷阱與悖論。**

第一節 "黑暗中世紀"的謊言

在羅馬帝國解體並漸次恢復為各民族國家後，基督教依然成為大多數歐洲民族國家中人神關係信仰的選擇，這主要體現在代表精神元的上帝絕對真理力量，對俗世國王政治權力的約制上。與希伯來信仰時代先知們對以色列俗世國王責難的約制比較起來，這種約制更加具有抗衡力量。

一方面，以羅馬教皇為首的早期基督教會系統，基於強化基督信仰神聖性與普世化的艱苦卓絕的努力，取得了始於查理曼大帝的、教皇對各基督信仰國家國王皇冠的加冕儀典權。由於國王利用政治權力將自己造成人間神的政治制度被有效阻止，基督教權與皇權相互制約的歐洲政治文明模式得以生發。

這種由教皇代表上帝行使的皇冠加冕儀典權，和歐洲貴族的土地分封制與大農場實行的采邑制相結合，在相當程度上推動了羅馬貴族政治民主精神的延續，以及象徵着歐洲國家之間貴族政治民主之選帝侯政治制度的誕生。譬如在 1688 年光榮革命之前，英國 600 多年的政治歷史中，沒有任何一任英國國王從英格蘭本土誕生，國王都是來自歐洲諸國的德意志人、法蘭西人、威爾士人或蘇格蘭人，但他們都是從具有**選帝侯**資格的貴族之中產生的。聯姻常常是這種選帝侯貴族民主政治制度中的王權和平繼承和轉移的通行策略。這種非一個家族獨佔的、別具一格的選帝侯政治文化，使歐洲走上了一條與亞洲王權政治家族化繼承完全分岔的政治寬容道路。

另一方面，基督教會秉承"愛與寬恕"的精神，促進了人對自身行為應當的約制和對他人無條件之愛的表達，特別是在那個技術進步緩慢、瘟疫不斷大規模襲擊、人口劇烈波動的悲慘年代，基督教信仰在相當大程度上促進了人作為個體，由於為上帝所造而享有的自由與尊嚴的公共理解，這為西歐後來發生的文藝復興與宗教改革對人的自由解放，奠定了深厚而堅實的個人主義的神聖起源及無上權威基礎。中世紀"大學"這樣一種基於基督教神學的、人類群體性思考之規範性碰撞的公益自治組織創新，讓大學研究性思考與規範性討論之辨析方法迅速形成，從而為文藝復興和宗教改革之後的科學思維與實證性研究，夯實了深厚的方法論基礎和公共邏輯精神。

基督文明的發展，從家庭這種血緣親情緊密相連的"私人"組織，和政府這種靠強制稅收構築的"公共"組織之中，借着對上帝與基督的信仰，而發育出一種基於陌生人之間"愛與寬恕"的"自願性奉獻"的"公共自治"組織類型——公益組織。這種組織大規模、普遍性地介入人類的公共社群生活。這的確是一場偉大的革命性變革。這場變革，不僅因其公共慈善而鼓舞了人與人之間的非暴力、和平與同情，更重要的，是催化了人與人之間基於自由意志和上帝信仰的合作與探究精神。從本尼迪克 3 萬多家教會圖書館中，逐漸發育出來的博洛尼亞大學、巴黎大學、牛津大學、劍橋大學、科隆大學、那不勒斯大學和圖盧茲大學等數十所歐洲著名大學，以及無數修道院中的神學院、教授協會與學生學會，都是那個時代精英思想家和行動者們，基於上帝賦予的自由意志，自由結社並自願奉獻催生的公益性自治組織。那個時代的思想精英們在大學和研究院中往返穿梭、流連激奮，刨根兒問底兒地研究今天自然科學和人文科學中最早的學科，即神學、哲學、數學、醫學、天文學、邏輯學、修辭學和音樂等。他們通過任教、接受教育、研究、查證數據、演講、辯論等不同方式，進行思想碰撞、觀點交鋒，規範概念定義、討論方法與辨析方法，為人類能夠進行個體性獨立思考而又能夠進行群體規範的公共學術交流的現代文明範式，[273] 奠定並夯實了第一塊基石。

這些公益性自治大學與神學院的互動產生了一種學術傾向，即用邏輯學方法論與哲學思辨，來證明上帝存在的真實性與基督信仰的神學理性，基督信仰不僅僅是信徒信心的一種宣稱，更不是一種盲目崇拜。對佛教、伊斯蘭教或其他成文型宗教而言，解釋經典和信徒的信心宣稱是其主要方法，而通過自由的學術思辨與分析討論，來證明上帝唯一神存在的神學理性，發端於基督教奧古斯丁時代的護教辯論，實則是中世紀經院哲學的全新開創。安瑟倫、阿伯拉爾和托馬斯·阿奎那是這一全新開創歷史中最具代表性的人物。

中世紀經院哲學家們的觀點千差萬別，但在思考和討論問題的方法論上，都有那個時代的"共相"。

第一，他們都信奉人類理智，可以通過嚴格的邏輯推導獲得對不可見知識的認知。而這種超越感官知識的認知，既要求嚴格的分類、定義與邏輯推導，又基於信仰的基礎即遵循上帝創造宇宙萬物時"各從其類"的法則—— 因此，"我相信，以便我能理解"。

第二，邏輯學是神賜予人去理解這種超感官知識的禮物。亞里士多德以歸納推理和演繹推理為核心的邏輯學，便是這份"禮物"的表現。它是我們在研究、討論、寫作與辨析中，必須正確使用並尊重的方法，否則我們就不可能有一致性的檢驗標準。如果沒有經驗哲學大規模、廣泛性地推崇和使用邏輯學，亞里士多德的邏輯學，就可能沉睡在雅典和亞歷山大里亞的故紙堆中而不為世人所熟知。而如果人類離開亞氏邏輯學作為一種公共精神的尊崇和公共方法的普遍性認同及運用，那麼後來的科學實證研究幾乎是不可能發生的。

第三，研究和思辨需要從個別事物中找出"共相"，諸如"人""動物""紅色"等，共相既在個別事物之中，又在個別事物之外，是一種更高級的存在。比如"真""善""美"，就是更高級的共相與存在。尋找共相並準確定義概念，是一切思考、研究和討論問題的前提。沒有經驗哲學在這方面所做的規範紮實的奠基工作，人類文藝復興與宗教改革之後的科學與哲學變革，是不可能生發的。

第四，經院哲學家們，都推崇並使用一種辨析式的教學方法與寫作方法：首先提出問題，然後陳述不同的答案，特別要陳述答案相反者的依據，最後宣稱自己的答案並用邏輯辨析予以支持。這種方法，恰好就是今天流行於高等教育體系和科技研討工作中的實證研究方法。經過經院哲學家們的共同努力，他們宣稱：用這種邏輯學方法論和哲學思辨，能夠為上帝的存在和人類理性與基督信仰的協調一致，找到完美的解釋神學，這被後人稱之為經院哲學方法論上的"自然神學"。公元 1221 年出生的托馬斯·阿奎那作為其集大成者，携着他的《神學大全》橫空出世，為經院哲學和自然神學樹起了一座永久性的認識論豐碑。

托馬斯·阿奎那先後在那不勒斯大學和科隆大學接受教育，後在巴黎大學講授哲學直至去世。他一生為解決亞里士多德哲學與基督信仰的衝突性，並實現二者之間的協調性而奮鬥，從而在奧古斯丁近千年前，完成基督信仰與蘇格拉底、柏拉圖哲學的神學整合之後，再一次將基督信仰與亞里士多德哲學進行神學整合，最終完成了基督信仰與古希臘哲學在神學上的完美結合，為人類關於**"人的應當"**的第一次大反思作結，同時也為人類關於"人的應當"的第二次大反思開篇並奠基制軌。[274]

在托馬斯·阿奎那看來，知識分為兩種：一種是自然界萬物關係的知識，另一種是人神關係從而指導人與他者關係的知識。雖然自然和人都屬於神的"被造"，但神並不像人照顧孩子那樣關照着被造的宇宙萬物，而是通過他所創造的"規律"或"法則"，去賦予受造之萬物予原因和目的，從而萬物按照這種因果相連接的規律驅駛去運行，使人從表面看起來像是"自然"。人是不同於宇宙萬物的特殊"被造"，相對於人所觀察到的"自然"而言，擁有自由意志，實則就是具有上帝式樣的靈性主體。因此，人的知識並非如從前的基督教神學所理解的那樣，必須完全借助上帝的恩典之光才能達成。相反，對於自然界的知識部分，人無須依靠上帝的恩典，只須借助自由意志驅使感官對事物的觀察，對事物之共性的抽像、定義與歸納，來獲得上帝所創造的自然萬物之相互關係的認知。在這個自然領域，人類對自然的認識與行動，可以離開基督信仰而實現"理性自主"，雖然人的這種理性自主，依然在上帝創造人所賦予人自主靈性的"神恩"之中，因此被稱為"自然神學"。但如果人要獲得對神所代表的絕對真理的認知，要正確理解人神關係並用於處理人與他者關係的"人的應當"，就必須基於神的特殊恩典即特殊啟示，因為這超出了人自由意志神聖賦權的界限與可能。

當然，人雖然無法完全認知上帝的存在和性質，但是借助信心和特殊恩典，以及上帝賜予的"邏輯"，人依然能夠用推理來證明上帝的存在：

第一，宇宙間萬物無不具有運動潛能，宇宙間沒有靜止之物，而萬物之間是相關聯的，這種關聯體現為每一個事物的運動都有一個推動者，推動者又被其他推動者所推動，永無止境。最終的推動力必來自第一推動者，這個"第一推動者"，便是上帝神。

第二，宇宙間萬物之間的這種關聯可用因果鏈來描述，每一個物體能觀察到的狀態都有起因或動力因，否則就無法觀察。可是觀察發現，起因往前追溯還有起因，永無止境。而那個引起時間永恆中和空間無限廣博中關聯其他原因的"第一因"，便是上帝神。只有上帝神是最起初的動力因，因為唯有上帝，沒有宇宙間萬物那樣的有限性成份、質料、形式等等，是單純且完美的第一因。

第三，宇宙間萬物皆為有限、有形之物，無不盡在生滅變化的可能性和必然性之中，如果在某一個時間中一物死亡了，那麼此物就不可能又突然存在或生發，除非借着他物又得以再度存在與生發。所以，宇宙間必有一個永恆不變的存在，它使萬物生滅的變化得以相續而不間斷。這個永恆不變的存在，便是上帝神。他使其他萬物的生滅變化獲得了連續性與必然性，從而使宇宙萬物的持續存在成為可能。

第四，宇宙間萬物中所有的存在物，都必依賴其他條件而存在。如果任何一個存在物賴以存在的條件被抽去，那麼這個存在物便會立即消失。但存在物相互依賴，並依觀察到的低階向觀察不到的高階依次排列，但最終必有一個最高的存在人類觀察不到（除非他向人類啟示自身），但他卻是一個不依存任何條件而存在的絕對性終極存在，這個最高階存在是無因之因，是其他宇宙萬物得以存在的最終條件。這個無條件的至善至美的最高存在，便是上帝神。

第五，宇宙間萬事萬物皆有自己的目的，無論其目的是主動的還是被動的，事物的目的之後還有目的，而所有事物的目的往下無限追蹤，必朝向同一的最終目的。這個最終目的，便是上帝神。因此，上帝有一種純然的全善智慧，使萬物獲得自己的暫時目的又匯入那同一的終極目的，這便是使萬物運行變得有序並具有終極方向的最高內在邏輯。

以上便是托馬斯·阿奎那對上帝存在的**五路論證**的最簡明概括。[275]

上帝是如上邏輯推導所證明的這樣一種存在，他的性質必然是純粹的即沒有形式的。上帝因此必然是唯一的、全能的、全善的、全真的、永恆不變的。因此，神不受他所創造的世界的影響，他也不需要去尋找他所造的萬物，因為宇宙間萬物皆在他所創造的法則或規律驅使中被動運行。唯一不同的是人，人因照上帝的“式樣”被造而獲得了神所賦予的自由意志，雖然因人任意行使自由意志而生發的罪性，導致人與神關係的疏離，人依然可依靠神賦予的邏輯力量，去認識自然並利用自然，這依然是神的“應許”。當然，神的特殊恩典只跟“人神關係”相關聯，這便是神對人處理人與他者關係的特殊啟示，讓那些選擇相信神的人，通過自己對基督的信心獲得聖靈的關照而重建人神關係，並導引人在現世生命中的神聖歸屬感，並通過認罪、感恩、悔改及愛與寬恕，去正確處置人與他者的關係，最終朝“與神同在”的生命終極目標邁進。

　　神的啟示並不強迫人，他尊重他所給予人的自由意志，因此人可因被造而在神恩之中，也可因自由意志的選擇，而像自然那樣疏離自己於特殊恩典之外，像動物那樣依賴自然律生活。上帝之子基督的獻祭與犧牲，是上帝對人新拯救計劃的“神恩獨作”。因為只有上帝之子的犧牲，才夠得上上帝對人拯救的獻祭與贖價。人的罪孽深重，不可能自我救贖而重新修復人神關係。上帝絕不會被人偽善的花言巧語迷惑，更不會與人做那廉價的義利交換。唯有基於基督信仰對上帝真正的信心，並對上帝呼召作出感恩回應和行動悔改，將自己無時無刻不處在人與他者關係中的生命際遇，置於順服神旨意的神聖光照之中，方能踏上成聖即與基督“愛與寬恕”精神相諧行的生命道路，[276] 並最終在神特殊恩典光照的新人神合作關係中得救。

　　經院哲學到自然神學，完整系統地承繼了古希臘哲學三巨師，特別是亞里士多德的精神遺產，最終完成了古希臘哲學與基督信仰的融合，將人文哲學和自然哲學的分類、抽象、定義、邏輯推理，與數學表達等方法論，進行了古希臘哲學沉睡千年後的再次大規模演練，企圖將人類理性統一協調到基督信仰的神學理性之中。其所取得的輝煌成就，不僅通過大學這種公益自治組織，激發了那個時代個人想像力和創造力在上帝神恩之內外的激情飛翔，而且通過科學學會與技術學會等公益社團組織的創生，嚴格規範了那個時代，人與他者之間進行精神碰撞交流，並相互激發的公共邏輯規則與公共精神，激發了個人的激情創想和公共邏輯莊嚴，把人類社群生活中的"人的應當"，提升到了前所未有的新高度。

　　在此基礎上，之後數百年所發生的基督教教堂建築的大規模哥特式競賽、發端文藝復興的吟游詩人彼特拉克為代表的典雅愛情十四行詩競賽、開創文藝復興藝術的達·芬奇、米開朗琪羅和拉斐爾為代表的古典宗教人文畫浪潮，乃至哥白尼、伽利略、開普勒、布拉赫、牛頓等偉大靈魂的科學假說及其理性自主觀察，無不充滿着阿奎那自然神學所激發的個體激情想像在上帝神恩之內共同探究迴響的公共莊嚴。

　　當然，歐洲一體化和羅馬教皇一統化之下的宗教組織化長期實踐，皆在充滿罪性的人世中運行。時間久了，都不可避免地在相當程度上使基督信仰的莊嚴精神，被教條化、儀式化和高度組織化進程中出現的人的罪所侵蝕。基於大格里高列教皇對羅馬教權的至高定位，以及格里高列七世對羅馬教皇權力的世俗化擴張，教會權力對世俗政治權力的約制在公元 13～14 世紀達到了它的頂峰。

　　於是，我們容易在這一時期看到基督教會組織化帶來的骷髏面，即基督教成為國教之後，經歷了千年的教條化、儀式化和組織化過程，很多教會因獲得過多的慈善捐助，數量日益增多的逐利者，混進教會而使一些教會腐化，從而使真正為上帝與基督信仰奉獻自己生命與正常生活的苦修者們的形像，離我們漸行漸遠，代之以龐大的教會組織，貪腐的神職人員，加上走過場的宗教儀式及許多與信仰沒多大關係的教條與戒律。一方面，羅馬教皇和階梯複雜且等級森嚴的教會組織系統的官僚化和腐敗化，使社會普遍感受到上帝基督信仰被教會組織化利用，以奴役信眾的邪惡；另一方面，也加劇了世俗王權政治與教權的衝突和對抗，這種衝突和對抗，終於以神聖羅馬帝國和法蘭克帝國的經濟與政治消長而體現出來。

公元 14 世紀初葉，博尼法奇烏斯教皇與法國國王菲力普製造的 10 年衝突，開啟了羅馬教皇被法國俗世政權囚禁於阿維儂 70 年的"羅馬教會巴比倫流亡史"。事實上，法國世俗政治權力凌駕於教權之上，操縱了至少 8 屆只由法國人擔任教皇的腐敗選舉，並使他們屈服於法國世俗王權的統治而留在法國境內的阿維儂。直至 1376 年，教皇才得以重回羅馬。但之後由於法國世俗政治權力繼續干預基督教會，基督教會又墮入兩個教皇（羅馬教皇和阿維儂教皇）分立的 40 年，甚至短暫出現三個教皇的荒唐局面。直到 1414～1418 年，巴黎大學和其他社會公共力量介入，教會連續召開 45 次"康斯坦茨大公會議"，最終達成一致，被法國政客操縱的老教皇全部退位。教會用新制定的程序選出統一的羅馬教皇，於 1420 年最終實現羅馬教權再統一並搬回羅馬。羅馬教皇的權力被置於"康斯坦茨大公會議"決議的制約之下，並明確大公會議成為常規性的教會最高會議議決機制。

但是，羅馬教權系統經歷了 70 年的"巴比倫流亡"和 40 年"大分裂"之重創。一方面，羅馬教皇及其教會系統已在全歐洲信眾中權威掃地、顏面盡失；另一方面，原來教會各級主教的自下而上的遴選機制，被法國為首的世俗政治權力自上而下地長期侵入，加劇了教會的組織化吏治腐敗進程，體現為買賣教廷職位、教職人員貪腐斂財，及教會向信眾兜售"贖罪券"和"聖物"等等事件時有發生，基督信仰浸漫在腐敗化的罪孽之中。而重回羅馬後的教皇們，依然"路徑依賴"式地通過強化羅馬教廷的教規與儀式，強化組織管控與懲處，擴大教堂的建設規模，企圖重振羅馬教權系統以彰顯基督信仰之神聖莊嚴，這更加與基督信仰的本質與社會需求相背離，致使羅馬教會系統，全面地走入了它的囚徒困境與信仰宗教化悖論。羅馬教權，作為基督信仰中上帝之"愛與寬恕"和"上帝僕人之僕"的神聖公義精神的中保代表，已然失去了它應有的公共形像與尊嚴。歐洲基督世界，推動人類公共理性中個體自由意志復蘇的人類第二次大反思，也由此萌動。[277]

第二節　懷舊的激情——從文藝復興到宗教改革

　　歷史的進程往往相互交織纏繞，而不是在一個時間點上能夠被整齊劃一地斷然可分。文藝復興，是一個從公元 13 世紀末～ 17 世紀末漫長的社會屬靈反思歷史進程，我們很難準確定義它的起點和終點。宗教改革，則是因為德國維登堡大學講師及神父馬丁·路德於 1517 年張貼《九十五條論綱》引發了羅馬教廷的懲罰，並誘發出新教成員跟隨其反叛羅馬教廷、相持數十年的基督教信仰與教會組織系統的改革運動。因此文藝復興與宗教改革既完全不同又相互交融。文藝復興和宗教改革生發的內在邏輯是一致的，都是那個時代基督教社群生活，對上帝呼召"人的應當"的反思所誘發的屬靈運動。

　　總體而言，文藝復興，傾向於尋求人與上帝在基督之死所創造的"愛與寬恕"模式中的和解，尋求上帝對他所造之人類的重新關照，以及人對基督上帝的"感恩與懺悔"之新人神關係重建，從而產生對"人的應當"的新期盼，避免經院哲學和自然神學理性中提到的，在上帝創世後，為了他的邏輯威嚴而任憑自由意志的行使，將人疏離在塵世的痛苦與無助中。宗教改革，則是對在塵世以基督之名運營的羅馬基督教會系統的官僚主義、教條主義和人神交易等腐敗行為的反抗與革命，主張拋棄人神關係的中保與中介——教會組織，重新給予人通過《聖經》，直接與上帝和基督建立新"人神關係"的自由，從而使每個人能夠直接獲得神的恩典與拯救，而無須忍受羅馬天主教教會的從中誤導與盤剝。從這個意義上講，文藝復興的人文主義關懷，傾向孕育了宗教改革，從而與宗教改革共同推動了人神關係重構中的對奧古斯丁"神恩獨作"之精神的回望，以及自然神學中"新人神合作"的深刻嚮往。

文藝復興，是一種以文學、詩歌、繪畫、建築設計與音樂等表達人的生命激情的藝術方式呈現出來的新文化運動。但丁以《神曲》為代表的典雅文學史詩，薄伽丘以《小火焰》《十日談》為代表的現實主義情慾故事，彼特拉克以自己和蘿拉 20 多年精神之戀為靈感源泉的十四行詩，以及伊拉斯謨以諷刺教會腐敗迷信、精煉普及基督信仰為主題的《愚人頌》和《基督教騎士手冊》，是史學家們在談到文藝復興時，不得不提到的人物和著作。這些著作再一次揭示了人的困境，即人的社群公共生活需求總是造就對個人奴役的組織化困境，在基督信仰宗教化進程中也不例外。[278] 文藝復興，是一場歷時數百年的個體自由意志彰顯的人文自覺，它不是一種觀點相互針鋒相對的辯駁，不是一種對舊思潮、舊力量的激烈批判，更不是一場砸碎舊世界、創造新世界的革命壯舉。文藝復興是一種對奧古斯丁時代人與基督關係的懷舊，是對那個使徒修道時代教會質樸的上帝"僕人之僕"的精神懷念，是對那個時代教皇和修士們高深的神學哲學修養、忠誠於基督的信仰、苦修態度與服務精神的懷念，是對那個時代的公共慈善精神與典雅愛情的懷念。相比之下，今天的社會，特別是莊嚴宏偉之教堂中的教皇與主教們，卻變得如此虛偽、裝模作樣與滑稽可笑。羅馬教會的組織化、教條化與儀式化，把人們屬靈世界中上帝與基督所創造的公共精神，演繹成世俗化的人神交易與荒唐繁瑣的教牧規定。

因此我們看到，文藝復興最初應該萌芽於那驚世駭俗的方濟各，從他在那冬日脫光俗世的衣服還給父親後，唱着歌走進樹林跟從上帝開始，他就創立了他的托缽修會，**成千上萬的基督徒放棄財產甚至住**

所跟隨他，成為遍佈世界的"上帝的吟游詩人"。他們的生命目的，不是追隨主教與王權相互彰顯的俗世榮華，而是做上帝的吟游詩人讚美上帝。彼特拉克作為一個吟游詩人的代表，在相當程度上是對方濟各的文化傳承。從彼特拉克典雅愛情詩歌和但丁、薄伽丘、伊拉斯謨的諷喻故事開始，進而延伸至希臘語和修辭學，二者在當時的大學比邏輯學更受歡迎便是明證。這也促成了用希臘語重新翻譯的《聖經》，和使徒修道時代奧古斯丁、奧利金、哲羅姆、大格里高利教皇們著作的再版，而這些都為意大利城邦商業文明懷抱中充滿懷舊激情的藝術創新鋪平了道路。意大利城邦在羅馬帝國崩塌後經歷了完全破碎的苦難，經歷了長期被北非伊斯蘭組織化海盜劫掠的數百年痛楚；經歷了各城邦共和國與苦難中的羅馬天主教會携手，發育出基督信仰之身份認同的城邦社群自治的艱辛；經歷了城邦政治民主及公益慈善基因保留與發育的銘心體驗；因此其對整個歐洲教會之等級森嚴和腐敗感觸最深，對使徒修道時代人神關係的公共屬靈生活的懷念更熾。於是，以佛羅倫薩為中心的意大利羅馬建築、雕塑與繪畫藝術的崛起，將歐洲文藝復興運動推向了高潮。[279]

　　基於對奧古斯丁時代人神關係和教會公共形象的懷念，意大利文藝復興的藝術，既從始於公元 13 世紀的人文文學中吸取力量，也從托馬斯·阿奎那的自然神學中吸取力量，並從具體科學方法（如數學和力學）中吸取力量。僅僅把眼光集中到繪畫上的認識未免狹隘，其實意大利城邦文明所推動的文藝復興藝術，深深根植於建築、雕塑與繪畫為一體的藝術形式中。

　　由阿爾貝蒂、米開朗琪羅和貝爾尼尼等設計並落實的羅馬最偉大的建築聖彼得大教堂，是這種意大利文藝復興藝術最完美的體現。它不僅體現了上帝所定義的時空之輝煌想像，而且包含了人通向上帝完美朝向的幾何數學和力學方法之路。米開朗琪羅的《哀悼基督》和《大衛》，是那個時代雕塑的傑出代表之作，它們不僅包含完美的人體結構和幾何透視的和諧美感，而且其主題和立意，深刻地揭示了在上帝所創造的佈局中的人生命的意義和美感。

文藝復興建築學家、雕塑家和畫家如雨後春筍，更如群星燦爛，今天任何一個訪問意大利和歐洲其他國家的教堂及博物館的人，依然無不受到強烈的藝術震撼。喬托的《猶大之吻》和《哀悼基督》，喬爾喬內的《暴風雨》和《沉睡的維納斯》，特別是波提切利的《春》和《維納斯的誕生》，拉斐爾的《雅典學院》與《神聖家族》，米開朗琪羅的《創世記》和《最後的審判》，以及達·芬奇的《最後的晚餐》和《蒙娜麗莎》等繪畫作品所代表的文藝復興精神，達到了那個時代乃至整個人類歷史上藝術表現力的巔峰。這些經典的繪畫作品，不僅精準地在數學上體現了上帝所造人體結構的完美性，從而讚美了人並最終讚頌了上帝，而且在基督信仰的主題畫中強調和突出了人神關係中的和諧面，並從中驅逐了教會組織化、教條化、儀式化所行之惡。很多畫的主題都超越了羅馬教會的教條框架，把大量人與自然、古希臘哲學與神話納入繪畫主題，使人對美的認識可以離開神而投向神所創造的自然。大量的人物畫都是裸體的，代表着文藝復興所追求的真實美以及人神關係中最重要的赤誠，這是對教會系統組織化腐敗所造成的謊言與偽善的反抗與嘲弄。而建立在平面幾何學上精準的光投射原理，是文藝復興繪畫最大的技術內涵，一幅畫中人和物的遠近及相對位置，都要經得起幾何學光投射原理的測量檢驗。顏色被用於光的處理和心理畫面感的營造，自然之光和上帝之光同時在一幅畫中形成不同角度的投射，生發了色彩的奇幻變化，從而極大地增強了文藝復興繪畫的藝術表現力與靈性感染力。

因此，始於意大利佛羅倫薩城邦的文學和藝術復興，經過意大利城邦文明兩個世紀的孕育與歷史浸潤，逐漸向西班牙、德國、法國、荷蘭、英國及其他歐洲國家滲透和蔓延，產生了丟勒、塞萬提斯、拉伯雷、蒙田、塔索、莫爾、康帕內拉、莎士比亞等，燦若群星的文藝復興後期的歐洲傑出人物。[280]

　　從歷史的角度看，文藝復興從意大利發育，顯然與當時威尼斯、米蘭、佛羅倫薩、那不勒斯、熱那亞等港口城市在羅馬帝國崩塌後，歷經千年的商業文明高度相關。這種商業文明造就了意大利城邦工商業的高度發展，從而產生了解構教會所形成的等級觀念和清規戒律之平等與自由動機。商業文明，也讓佛羅倫薩城中數萬名工商業人士和數百個基於自由結社的行業公益組織出現了，這些商業人士和組織，成為教堂建築、城市雕塑與公共空間繪畫的資助來源。佛羅倫薩的商業文明和城邦半民主政治自治，保證了美第奇家族長達一個多世紀的半公益慈善式政治治理的穩定和對藝術的慷慨公益捐助，使文藝復興，得以在這片神奇的土地上孕育並熾熱燃燒至人類文明的峰值。但其內在的最根本動力，依然是基督信仰宗教化進程中，羅馬教會對基督信仰的組織化、教條化與儀式化。基督信仰的宗教化腐敗產生了對人的精神奴役、以兜售“假聖物”和“贖罪券”對人進行的物質奴役。其所累積的內在壓力，使社會上層人物們的言行嚴重偏離基督信仰，從而偏離上帝對人所期盼的“人的應當”。文藝復興是人們借着對奧古斯丁使徒修道時代人神關係的懷念，而對羅馬教會進行的矯正與反抗。

　　從這個意義上講，**宗教改革只不過是文藝復興歷史進程中的一個事件或一個必然結果，文藝復興已經為宗教改革做好了足夠的預熱與充分的歷史鋪陳。**因此，當 1517 年路德神父將針對羅馬教皇贖罪券的《九十五條論綱》貼到德國維登堡大學的牆上時，路德本人、他的上級兼朋友施道比茨神父、神聖羅馬帝國的薩克森選帝侯腓特烈、奧格斯堡樞機主教卡耶坦、西班牙國王查理五世、歐洲大學裡的神學博士和教授們（如艾克和梅蘭希頓等），乃至羅馬教皇利奧十世本人，都沒有意識到這份簡短平常、基本上來自《聖經》並與奧古斯丁和托馬斯·阿奎那神學一致的辯論提綱，會有什麼不同尋常的意義。可是，《九十五條論綱》被翻譯並印刷成各種語言版本在整個歐洲流傳。當路德被開除教籍、亡命天涯後，路德神父的名字迅速家喻戶曉。圍繞着《九十五條論綱》，神學家和教士們到處舉行辯論演講，路德必須接受各種挑戰與質詢。路德不得不為他的《九十五條論綱》進行辯護，每一次辯論都被翻譯印刷成不同語言版本，並逐漸形成了他的"因信稱義"的改革派"十字架神學"。伊拉斯謨、加爾文和梅蘭希頓，自然而然地成了與路德神學邏輯一致的改革派神學家。上帝用他的手指撥弄着《九十五條論綱》的琴弦，使整個歐洲浸潤在文藝復興催生的奧古斯丁使徒修道時代神學復興的巨大旋律之中。[281]

　　因為中世紀羅馬教會系統對基督信仰的組織化、教條化與儀式化，教會的教條和儀式取代了基督信仰的實質，使信仰變成了具體的諸如朝聖、為死者做彌撒贖罪、去聖地、拜聖像、存聖徒遺物、禮拜儀式上的屬靈操練等行為。買賣贖罪券是這種行為的最典型代表。這種基督信仰被組織化、教條化、儀式化的背後，包含着信徒通過上述行為，在自己與上帝之人神關係記錄中建立"功德庫"的心理和理論背書，而這種功德庫可以存入和支取，最終能否因功德庫足夠大而得救的解釋權，在羅馬教會手裡。據此邏輯，掌管功德庫存入和支取鑰匙的授權組織當然是教會，最大權力者當然是教皇，其他教職人員，當然可以根據教職階梯的重要性參與權力分配。教會通過這套教條和相應的儀式化與組織化，實際上構建了一個市場，並在這個市場中公然從事人神之間的功德存取交易，通過此等交易許諾，實現信徒來世"救恩"的目的，教會則公然地充當了人神交易的中保或經紀人。

　　羅馬梵蒂岡教皇被"囚禁於阿維儂"的歷史，是羅馬教會此種人神交易腐敗化的加速器或轉捩點，因為這段歷史，顛倒了持續 500 多年的教皇加冕世俗政治王權的秩序，法國世俗王權轉身對教皇及其神職人員進行人事干預和安排，而這種人事干預，從根本上破壞了始自公元 590 年～ 604 年，任教皇的大格里高列所主持制定的羅馬教皇推舉制度與高階神職人員選拔機制，從而加速了羅馬教會組織的世俗利益入侵與腐敗化進程。70 年"阿維儂之囚"，加上法國世俗王權持續操縱兩個教皇 40 年的歷史進程，相當於超過一個世紀對羅馬教廷機構組織化的加速腐敗，使得羅馬教會組織化、教條化、儀式化的基督信仰變質，羅馬教皇離"上帝僕人之僕"的組織角色定位漸行漸遠，從而成為路德看似歷史偶然之宗教改革生發的內在邏輯。

　　路德神父及其改革神學家必須回應羅馬教會組織化、教條化問題，也必須回應羅馬教皇將羅馬教廷所制規定"次經"化，從而橫亙在人神關係之間推行"人神交易"的腐敗問題。因此，"神恩獨作"和"因信稱義"便被重新提出，目的就是要廢除一切人神交易，人只能因對基督的信心與愛而得救，信徒的行為不能改變救恩。另一個必須回答的問題，就是在信徒得救之道上，唯有基督是榜樣和權威，教皇和教會都不是；在上帝基督的解經學上，唯有《聖經》是權威，沒有任何《次經》，教皇和教會都不是權威。最後的結論是邏輯一貫的：人有罪，也有上帝給予的自由意志，借助《聖經》和對基督的信心，人可以獨自與上帝建立無須教會作中保的新人神關係。教會存在的前提：教會不是人間權柄，而是"上帝僕人之僕"的服務機構。一如托缽休會的創始人聖·方濟各的臨終遺囑："要安於貧苦、荒涼的教會。"這樣，路德的改革神學就回到了奧古斯丁和聖·保羅的神學源頭。**從這個意義上講，宗教改革是文藝復興不可或缺的重要組成部分，也可以說是文藝復興最自然、最符合邏輯的結果。**[282]

　　當然，路德及其改革派神學家和行動者們，並沒能實現他們的"人無須任何教會中介作中保，僅憑《聖經》就能建立人與上帝基督之新人神關係"的夢想，這是由無論物質生活還是精神生活，都離不開社群生活這樣的人類本性決定的。因此，加爾文等改教家創立了新的改革宗神學，並創立了"新教"這種自由競爭的教會組織形式，使之與羅馬天主教會組織相抗衡。新教與德國、法國、英國、葡萄牙、荷蘭、瑞士等國興起的君主制民族國家政治變革浪潮相結合，給羅馬教皇領導下的天主教會帶來了前所未有的衝擊與震盪。痛定思痛，保羅三世教皇於 1544 年 11 月 11 日雄心勃勃地發出通知，計劃在翌年召開著名的基督教特蘭托大公會議，並邀請路德改革派的新教人士參加，共商基督教教會的組織、教條、儀式改革之大計。羅馬天主教數百名大主教、大學神學院院長以及神學家參加了特蘭托大公會議，但新教人士拒絕參加。4 年後，保羅三世教皇不幸在大瘟疫中去世，由於議題太多，特蘭托大公會議的討論持續了近 20 年，直到庇護四世教皇於 1563 年累倒在病榻上時才閉幕。這可以說是人類文明史上開得時間最長的會議。

　　從積極方面講，這次大會是一次企圖通過妥協，去達成基督信仰各宗派之間和諧寬容的嘗試，並力圖去革除教會組織化腐敗之弊端。大會使康斯坦茨大公會議確立的、用大公會議決議，來限制教皇專斷的努力，在相當程度上得到確認，還努力吸收新教改革家們的意見，對羅馬教會內部的官僚化與貪腐進行了整肅，並嘗試設立監察機制，以形成長期可持續的制約。消極方面講，這次大會將羅馬教皇和教會的非《聖經》傳統的所謂《次經》，固定化和權威化了，從而擴大而不是彌合了羅馬天主教和新教在有關"教會組織"教義認識上的鴻溝，二者從此分道揚鑣。[283]

　　歷史翻過 400 多年後，1961～1965 年召開的第 21 次基督教全體大公會議即第二次梵蒂岡大公會議後，雙方的妥協與寬容才真正到來。

　　總之，携帶着文藝復興之溫和變革基因的路德宗教改革，其意義和影響即使到今天依然是十分深遠。核心的意義和影響包括兩個方面。

其一，是促進了基督信仰及其信仰宗教化之差別的理解。基督信仰是人借着對上帝基督和聖靈三位一體之神的皈依和信仰，重建人神關係，並使生命屬靈生活符合神所期盼的公共"行為應當"。基督信仰的宗教化，則是構建一個為信徒過公共信仰之社群生活服務的教會組織，並建立與不可增減的永恆不變的《聖經》相一致的教會生活儀典和規章。因此，人要特別預防教會組織對信仰的曲解與誤導，要特別防止教會組織在組織化、教條化、儀式化的過程中，形成過度的權威，從而形成對信徒個人的再奴役。

其二，是創立了新教，將教會之間和平競爭的方式引入到了基督信仰中為信眾服務。新教教會再度分蘖為"路德宗""加爾文改革宗""重洗派"，和英國麥克蘭與胡克進一步改革設計的英國國教"安立甘宗"。公元 17 ～ 18 世紀，德國進一步掀起路德派敬虔主義運動，英國和美國則發起清教徒運動與愛德華茲復興神學奮興運動等等。很多歷史學者都認為這是新教的四分五裂，**我以為這正是文藝復興推動的教會這種服務組織，為爭取信眾而展開的公平競爭**。從天主教方面來看，由於新教改革帶來的壓力，西班牙天主教徒伊格納修·羅耀拉等 6 人在巴黎大學成立了耶穌會，後得到教宗保祿三世的認可將總部移到羅馬。加入耶穌會的耶穌會士，雖然表面上看起來是擁戴天主教而反對新教改革，但他們宣導的"愈顯主榮"以及向方濟各、多明我的托缽修會看齊的做法，是與新教改革的內涵一致的。他們身體力行地堅持回到初代教會純正的苦修傳統，並堅定地揹上自己的十字架跟隨基督傳揚耶穌福音的大使命，掀起了向東方印度、中國、拉丁美洲等等世界上最艱難困苦的地方傳揚福音的一撥撥國際化高潮。他們還拒絕在羅馬教廷謀取高位，安守清貧，並在新大陸創立了許多耶穌會大學，至今仍然影響着基督教會對傳統的堅守。

顯然，正是這種公平競爭的宗教公益市場，較好地預防了教會組織在組織化、教條化、儀式化的過程中，對信仰的偏離、對信眾的奴役和教會組織的腐敗。**縱觀人類文明史和基督教、佛教、伊斯蘭教三大宗教組織，基督信仰之文藝復興誘發的新教改革，是唯一成功之案例。它既有效地預防了教會過度威權化所引致的基督信仰的偏離與腐敗，又再度強化了《聖經》的權威和基督信仰的本質，從而使人作為個體被上帝所造而賦予的自由意志、平等人格和生命尊嚴，從羅馬教會壟斷的奴役中被啟發和解放出來，從而回歸上帝借着聖子基督獻祭之光照而重建的更加和諧的人神關係。這便是文藝復興及宗教改革，對歐洲發起的"人的應當"第二次人類大反思的歷史貢獻與歷史意義。**[284]

當然，我們也要客觀地審視中世紀羅馬天主教會的成就與問題，防止對中世紀羅馬教會的全盤否定。試想，如果沒有羅馬教會在公元6～13世紀領導四分五裂的地中海北岸地區堅守基督信仰的試煉，並自公元8世紀起與北非穆斯林組織化海盜無數次入侵所進行的艱苦卓絕之鬥爭，如果沒有羅馬教會形成的代表上帝期盼之公共精神力量，通過神權加冕王權對歐洲世俗國王政治權力的有效約制，如果沒有羅馬天主教會在公元5～14世紀對上帝信仰之公共精神的堅守和長期慈善公益組織化的大規模實踐，那麼歐洲很可能形成基督社會政教合一、全面奴役人的家族化世俗政治體制，那就不可能給人類民主政治體制的發育和人的全面解放留下任何可能性空間，也不大可能在農耕文明的經濟大背景下，孕育出大學和現代科學研究這種新公益模式和新公共空間。如果沒有羅馬天主教的寬容，可能也不會有方濟各托缽修會與多明我托缽修會那樣，對上帝的虔敬與對自我殘酷修行的彰顯，甚至於後來的新教，也無從知曉什麼是真正的虔敬與清修。對比第一次基督教東西大分裂後，向東北方向行進的東正教國家的政治、經濟與社會建構的歷史，羅馬天主教會的歷史貢獻依然是可圈可點的。

可是，歷史沒有假設，它就那樣在上帝撥動的旋律中大踏步帶領我們走過，而羅馬教會本應作為上帝的“僕人之僕”，卻扮演了那個在俗世歷史中，既令人崇敬又令人憎惡的角色。**如何客觀地回望這段歷史並不影響歷史本身，只會影響人類的未來。**

第三節　心靈啟迪與新人神關係下科學想像力的躍升

　　文藝復興和宗教改革所孕育的符合新的人神關係邏輯的變化，就是再次堅守《聖經》權威，並按《聖經》的明確指引，將教會降格為古典的“上帝僕人之僕”的位格，借此再度純化上帝信仰，並用托馬斯·阿奎那等人的自然神學，去激勵和推動人類從神學哲學中，進一步分離和細化出來的新學科研究及科學探險。很長時間以來，學術界總是把中世紀羅馬教會組織的問題，歸咎於經院哲學和自然神學的問題，從而將二者混為一談，並借此把科學和神學對立起來。特別是 1939 年德國劇作家貝托爾特·布萊希特，為了影射和鞭笞納粹迫害科學家的政策，在戲劇《伽利略》中描繪了一場哥白尼、開普勒和伽利略為堅持“日心說”而與羅馬教會強權進行的鬥爭。這一誇張的歷史故事，因迎合了那個時代的意識形態需求而廣為流傳，對今人造成極其虛假混亂的影響，以致今天依然很少有人知道真正的歷史真相。各種胡編亂造，造成了科學和信仰長期對立的歷史衝突，由此播下了人類文明史中的一大惡因，以致我們今天和未來都不得不去收穫其無盡的苦果。

　　事實上，正是托馬斯·阿奎那為代表所研究的自然神學，給人類那些傑出個體去冒險探究自然之“規律”的念頭和勇氣，埋下了上帝喜悅的激勵性神學種子和科學邏輯基石。宗教改革進一步解開了羅馬天主教會“次經”戒律對個體自由捆綁的有形繩索，文藝復興則讓人類這些傑出個體感知到了自己的叩問來自神的恩典，因此更加激勵他們個性中的探究精神。它使我們認識到：羅馬天主教會超出《聖經》的"次經"戒律，是令奧古斯丁和阿奎那在天之靈都寢食難安的越位，因此文藝復興加宗教改革，正是上帝賦權的綜合性矯正，人類個體中那些偉大靈魂的科學探究發問，正是從上帝視角觀察提出，並在這一階段發生了疊加與革命性的躍升。哥白尼、伽利略、開普勒和牛頓都是虔敬的基督徒，他們都從托馬斯·阿奎那的自然神學中得到了巨大的心靈啟迪，因而他們從上帝所創定律的視角出發開始了自己的科學探索，他們始終坦承自己發現了上帝的奇妙創造，並因此而心懷謙卑與神聖信仰。科學探索與上帝信仰的衝突則顯然被歷史性虛構無度地誇大了。羅馬天主教會並未對他們施行如布萊希特所虛構的殘酷迫害，至多不過是在發表著作時要求加上"假說"一詞而已。沒錯，**如果從上帝無限永恆的視角去看，無論今天怎麼由科學證明的"顛撲不破"的真理，在上帝定義的永恆時間中都只能是一個"假說"。否則，為什麼科學發現總是不斷被更新替代呢？**

　　那些具有奇思異想的個體**在希伯來——基督信仰中一直受到上帝的重視，處於社會榮耀的視野中心。特別是在文藝復興的進程中，個體從上帝出發，對宇宙的奇思異想和對自然世界的觀察與歸納，被納入托馬斯·阿奎那的自然神學和文藝復興後的上帝視野中。**通過對希臘文化的再度重視，對亞里士多德著作的翻譯和在大學中的廣泛討論，亞氏觀察自然世界的分類、尋找共相、定義、歸納、推論，從而得出判斷的三段式邏輯方法——歸納推理和演繹推理，被廣泛討論和運用，極大地激發了個體觀察、研究、討論自然的興趣及行動。另一方面，當時遍佈歐洲的大學和學會都是公益性的自治組織，其中那些對上帝所造的自然定律抱有探究興趣的奇思異想者，為了觀察、研究以便回答自己提出的問題，都需要通過說服捐贈人而得到捐款支持。而這種捐贈支持，主要來自教會、國王、封建領主貴族和商業貴族家族。這些人為什麼會為這些奇思異想提供捐贈支持呢？最核心的因素是自然神學思想的共同信仰，即探究上帝所造自然的未知領域是上帝悅納的榮耀。這種共同信仰把他們連接在一起，形成了一個獨特的"奇思異想者社群"。仔細研讀歷史，無論天文學領域的哥白尼、布拉赫、開普勒、伽利略還是牛頓，抑或人體醫學上的維薩留斯和哈維，還有化學家波義耳、探險家麥哲倫和哥倫布，特別是數學家和哲學家笛卡兒和培根等，都是那個時代被自然神學和文藝復興激發出來的奇思異想者，都是通過這種公益資助來實現夢想的。

　　"科學"和"技術"這兩個人類成果或認識自然的工具，其性質和來源迥然不同。技術，是基於解答人的感覺與生活經驗提問的功能性設計，具有很強的解決現實問題的目的性，其解答設計具有很強的工藝性；科學，則是解答基於人的抽像思考提出的邏輯叩問，它是一門解釋現象世界間邏輯關聯性的解釋學，沒有很強的目的性，其解答具有很強的邏輯想像力。可以說，科學叩問"為什麼"的問題，技術叩問"怎麼辦"的問題。因此，在人類漫長的文明探索中，人類基於解決問題之目的所推動的經驗性工藝或技術，總是引領着人類實用主義前行的步伐，而科學則是少數人在廟堂之上關心的形而上學話題。可是，為什麼在自然神學啟迪及文藝複後期，現代科學在並無超前技術積累的前提下，突兀地發端於天文學，並快速躍升至科學理性的高空？為什麼科學轉變為推動技術跟進性變化的燈塔與新動力？為什麼人類文明的進程從此發生了革命性的轉折？這是一連串令人迷醉的問題。**我以為，基於自然神學基礎上的文藝復興與宗教改革，極大地刺激了那個時代奇思異想者們從上帝出發提問的想像力。**

　　哥白尼完全是從托勒密的地心說模型出發的，他認為上帝創造的宇宙，應該比托勒密所畫的模型更和諧，更具數學簡潔美。因此，當他和助手們嘗試着把太陽放到宇宙中心去進行數學模擬時，發現今天太陽系各個行星運行的時間和軌道位置更為和諧。圍繞太陽運行的本輪，比圍繞地球運行的本輪從 80 個減少到 30 個，而地球的日曆在日心說模型下比地心說模型的預測更為準確。於是作為虔敬基督徒的哥白尼教士，於 1543 年在他的《天體運行論》中提出了他的日心模型假說。哥白尼教士在歷史中，並沒有像今人所誤以為的受到了任何殘酷的宗教迫害。

丹麥天文學家布拉赫在皇家資助下，通過四分儀，對行星運行時間和位置進行了長期觀測並記錄了詳細的數據，得出了太陽和月亮繞着地球轉，而其他行星繞着太陽轉的新假說模型。布拉赫的助手開普勒相信，只有以太陽為中心的音樂之美的宇宙建構，才能映射上帝所造之物完美的幾何形狀。上帝所造的磁力再使之結合起來，從而形成神聖和諧，而他的老師布拉赫的模型，達不到這種神聖和諧。經過曲折的數學計算，開普勒證明了火星的軌道是一個橢圓，他於 1619 年發表了《宇宙諧和論》，並於 1627 年發表了以其資助者命名的《魯道夫星表》，用數學公式表達了著名的行星運動三定律。開普勒認為，天文學的主旨，就是要讚美上帝造物的傑作，其三定律所揭示的神聖和諧論證，進一步指向了哥白尼的日心假說模型。

由意大利美第奇家族資助的伽利略，用自製的天文望遠鏡觀測太陽系行星的大量數據，從數學上，使哥白尼的日心假說模型的神聖完美性得以自洽；還用自由落體加速度的數據，數學化地表達了物體的運動慣性。伽利略並沒有如今人所誤讀的那樣，受到了嚴厲的宗教制裁。只是因為他違背了其對教皇烏爾班八世的承諾，在出版其著作時取消"假說"二字，並謾罵亞里士多德愚蠢如豬的行為所致，他於 1633 年遭到禁足的處罰，一年後，這個禁令就失效了。伽利略此後又發表了新作《兩種新科學》。那個時代的人並不認為這個處罰多麼嚴重，而在 19 世紀，特別是 20 世紀，伽利略才被今人刻意捧為"科學鬥士"，這是今人政治鬥爭的誇大而非歷史事實。

艾薩克·牛頓在 1687 年發表了《自然哲學的數學原理》，並留下了大量的哲學神學手稿，以供後人窺見自己的心路歷程。牛頓在叩問"蘋果為何總是垂直落向地面"並進行探究的過程中，發現了上帝所創造的萬物藉以關聯的"萬有引力定律"。他用最簡單的數學公式，表達了萬物運行必須遵循上帝創造萬物時所制定的，與質量和距離相關的引力與斥力平衡之重力三定律，以保持萬物運行的秩序與和諧之美。[285] 牛頓是文藝復興後期科學革命性躍升的集大成者，他所發現的萬有引力定律，使人類群體科學累積性思考的太陽升上了天空，照見了人類實用主義技術現狀與萬有引力定律所揭示的想像潛力之間存在的巨大差距，從而進一步激發了那個時代的人們去探究這個巨大的潛在空間的行動，人類科學躍升的時代因此來臨了。

這個時代的科學思考與探究躍升，為人類物質文明新階段的工業文明轉型，準備了科學邏輯和技術路徑上的潛在可能性。但我們看到：這場大規模群體性的現代科學躍升，無論從重大科學發現者的信仰背景還是其所在國的科學語境看，他們無一不從上帝出發來發出叩問、拓展想像與邏輯實證，無一不在基督信仰之自然神學的光照之下，通過哲學理性與科學實證方法取得每一成果，累積式地群體性向前推進。[286]

第四節　自然神學向哲學理性與實證主義轉型

牛頓的科學發現不是一個人思考的結果，而是那個時代基於自然神學的哲學理性，是科學實證之群體想像力的躍升。**離開笛卡兒，牛頓的躍升就無法想像**。牛頓的《自然哲學的數學原理》，很明顯是站在笛卡兒《哲学原理》肩膀上，進行得更為深刻的探究性追問，是叩問作答而構建的更嚴謹更莊嚴的神學哲學思辨及通過數學表達的輝煌建築。

　　笛卡兒的《哲學原理》於 1644 年問世，奠定了他作為現代哲學之父的基礎。他的那句哲學認識論名言"我思故我在"深入人心。但鮮有人知道，笛卡兒依然從托馬斯·阿奎那的上帝觀出發，形成了自己的思想。他認為，**上帝的無限、永恆和完美是唯一的絕對真理，是人所無法抵達的認識；而上帝創造的自然萬物中的相對真理，卻可以被人認識。人怎麼去認識自然萬物中的相對真理呢？那就是要靠上帝啟示人的哲學理性與科學實證方法，**這可以被視為笛卡爾在路徑上，繼承了亞里士多德的工具論方法。

　　笛卡爾認為數學中的幾何學就是上帝啟示的方法，因此他嘗試用數學公式來表達幾何圖形，創立了解析幾何。**在笛卡爾看來，我只有思考才能證明我心靈的存在，因為思考是上帝給予人自由意志的神聖賦權，也是人與萬物的最本質差別，所以，我思，故我在。**然而，自然中所有存在的物質都佔據空間，因此都符合解析幾何的原理，既可用幾何圖形表達，又可以用抽象的數學公式表達。物質既然佔據空間，必有位置，位置的移動便是運動。而運動必由力引發，人可以觀察相對的運動和靜止。上帝是誘發運動的最本質原因，他使宇宙中的運動與守恆在總量上平衡。

　　運動中的物質有一種沿切線方向逃逸的特質，這產生了離心力。離心力使物質在運動中變為球體，從而在流體中持續旋轉。宇宙便因不同物質元素的這種持續旋轉運動，而形成球形結構。第一類元素是特別細小的渦旋微粒，因高速運動的壓力而形成太陽這樣的發光天體；第二類元素是細小的球形微粒，即光在其中傳播的介質，也是其他行星天體能夠在其中保持旋轉的流體物質；第三類元素是在旋轉運動中遠離中心的微粒，它們凝結成了折射和反射發光天體之光，比如，太陽光的行星天體。地球便是一個遠離太陽中心的行星天體。據此推論，笛卡爾斷言宇宙中存在多個類似太陽星系的天體系統，它們都是由不同類型的運動產生的重力、光和熱的模式。雖然這個論斷引起了羅馬天主教會的緊張，但笛卡爾認為這絲毫不貶損上帝的權威，因為上帝創造了這個擁有多個日心系的宇宙，並給了我們認識這個宇宙相對真理的絕對化真理的出發點。在笛卡爾的宇宙論中，自然是按上帝的旨意有序運行的，但世界萬物之間存在無窮無盡的相互關聯性，這種關聯的運動方式和相對平衡是重點。

笛卡爾把事物間相互關聯的運動和平衡，視為一個個被施加了約束條件的物理系統，認知自然界的相對真理，便是認知這一個個被施加了約束條件的物理系統，它們都存在機器那樣的結構與功能，人體、光學、化學等任何被觀察的系統都一樣，因此被後人稱為“機械論”。既然如此，笛卡爾認為探求真理的最重要方法就是建立“假設”，然後根據想像把系統像拆機器一樣拆分開，這叫作“分析”，或把機器部件裝配起來成為有功能的系統，這叫作“綜合”。這種科學研究的“假設”“分析”“綜合”，是我們認知上帝創造的自然定律的最有效方法。[287]

培根同樣從上帝的絕對真理出發來探索相對性的科學真理。但他為了解決現實問題的急迫性而將目光從上帝啟示的絕對真理上移開，把關注重點長久地放在如何改進亞里士多德的方法論上，以提升我們探究自然之相對真理的能力，並且擱置了神的目的，祭起了“人的目的”這面實用主義的大旗。

公元 17 世紀初葉，培根在帕多瓦大學教授扎巴雷拉回溯理論的基礎上深耕細作，徹底在亞里士多德“歸納推理”和“演繹推理”邏輯學的基礎上，完善了溯因推理邏輯學。培根認為，扎巴雷拉的回溯理論仍然在亞里士多德的思維框架內，討論“觀察——分類尋找共相——

推導——發現"的方法論。使亞氏的邏輯學方法論真正有效的方法，是改變思考的邏輯起點，即不為思考而思考，為人類的功能性效果或曰實用生產力而思考。尋找有信息的真相而不僅僅尋求真相，讓功利性目的成了衡量的尺度。確立了這個前提，就能確立諸多因素之間因果關係的假設，然後審查一系列造成結果諸因素的溯因假設或論斷，並逐一排除那些經不起檢驗的溯因假設或論斷，最後留下的一個原因或一組原因，就成為值得用亞氏邏輯來進行重複驗證的必要性論斷。

　　這個被後人稱為"排除歸納法"的溯因推理，在今天看來並不顯眼，可是卻改變了那個時代哲學家們的思考方式和研究路徑，將人與自然關係的實用主義目的，置於上帝為人預設的公共目的之前。培根認為，即使人類始祖亞當墮落了，人依然可以通過努力去利用自然於自身的目的，從自己目的出發去追求自然的相對真理。而這種追求，必須時時處處被置於"目的論"的管控之下，並嚴格規範在實驗方法的驗證上，排除一切無目的的思考和不必要的試驗。培根的看法雖然不夠深刻，但他直截了當的實用主義方法，以及在科學和技術之間緊密地用目的論相連的方法影響巨大，以致歷史無法將他忽視。可以說，如果笛卡爾將阿奎那自然神學的公共理性主義，轉向了自然哲學或科學公共理性主義，那麼培根就完成了自然哲學或科學公共理性主義，向科技實證主義和實用主義的轉變。培根的至理名言"知識就是力量"被嚴重誤讀，其實，他為超級實用主義貼上了科學實證主義的時代轉型標籤。[288]

　　牛頓和那個時代集數學、物理學、光學、天文學和哲學、神學於一體的自然哲學家們，相互影響並相互激發，攀上了那個時代自然哲學的巔峰。他不僅發現了影響此後人類生產生活及其科學想像力數百年的萬有引力定律，而且將人類空間思考的數學表達，推升到時間和空間互動思考的微積分，從而使人類思維的公共理性，可以觸碰通向上帝之無限與永恆的脈衝，為科學此後數百年的發展奠基。最重要的是，他從上帝無限永恆的絕對真理出發，在經歷了輝煌的生命體驗後，又回到上帝懷抱，經歷了人的有限性所能達到的最大思考張力，成為人類文明史上第一完滿之人。他最後留給這個世界的話是："我是罪人，基督是救主。""萬能的上帝創造了萬有引力定律，我只不過是發現了它。"

　　笛卡爾極大地影響了牛頓，培根和牛頓極大地影響了之後的科學家。牛頓之後，人就被培根的功能性目的驅動分解了，科學從自然哲學和神學中分解出來，並進一步分解為天文學、數學、物理學、化學、博物學及動物學、植物學等越來越細的學科分支。自然神學和哲學，則逐步被分解為神學、哲學、政治學、經濟學、社會學、歷史學、地理學、文化人類學等越來越細的分支。每一個學科分支，都在邏輯上與來自上帝的無限永恆和全善全美的出發點相一致，同時又都具有一套持共同標準的思考與求證方法，從而具備群體性參與研究思考的可能性。這些思考與求證問題的共同標準都不是由政府來制定的，而是由歐洲大學這種公益組織中的兼具基督神學信仰和科學研究思維的個人，通過自由結社發育出來的新型學術型公益社團組織來制定的。他們制定共同的行業學術研究公約和標準，完成試驗儀器認證和研究成果認證，並通過自治化的監管方式，來規範現代科學研究參與者的公共遊戲規則。[289] 沒有那個時代大量科學家推動的公益性社團組織卓有成效的公共標準制定與維護工作，科學研究的群體性快速積累，是不可想像的。這一社團公共標準建制的意義是：人作為個體的科學性思考越來越片面化、專業化，而人作為群體的科學性思考，則通過累積而變得複雜而有力量。一個個人經驗主義思考，取代公共理性主義思考的時代終於來臨。在這個大趨勢中，培根的個人功利性經驗主義將大獲全勝，上帝所期盼的人在屬靈生命中的"人的應當"將面臨全新的考驗。

第五節　思想盛宴中的西方主演與東方缺席

在這場人類第二次大反思中，歐洲世界乃至包括哥倫布發現的新大陸美洲在內的整個西方世界都被深深捲入。自然哲學家們和科學家們的思考研究和討論，通過新的印刷術漂洋過海，衝擊着越來越多人的心靈，大學這種公益組織的發展，則培養和輸送更多的人加入這場思想盛宴。培根功利主義目的論被高度社會世俗化回應，使得神學哲學科學殿堂上那些抽像難懂的理論，變為普通人能直觀感受到的技術創新，且這種創新日益加速。

在這個過程中，一種新型的公益組織——科學家社團在歐洲應運而生。例如：由玻意耳等科學家發起成立的自治社團"牛津學會"，由美第奇家族資助、因伽利略的門徒衛維安尼與托里拆利於 1657 年發起自由結社而成立的西芒托學院，數學家神學家沃利斯和威爾金斯等人於 1645 年自由結社推動成立的英國皇家學會，笛卡爾和波斯卡等人自由結社於 1666 年正式成立的法蘭西科學院，數學家萊布尼茨推動自由結社、於 1700 年正式成立的柏林科學院等。培根、沃利斯、威爾金斯等科學家於 1645～1660 年在倫敦醞釀成立了英國"皇家科學學會"，並創辦了《皇家學會哲學學報》。皇家科學學會，後來成為最著名、最有影響力的有關科學研究方法與標準認定的，具有創制意義的公益社團組織之代表，它標誌着現代科學研究性思考潮流的成熟。從前代表遙遠且高不可攀的威嚴上帝之教會，現在已和近鄰的傑出精彩之公益組織，在人類文明的舞台上同台演出，科學實驗與神學哲學思辨並行不悖，相得益彰，其景像令人感動得刻骨銘心。傑出人才被前所未有地激發起來，各個領域的新發現捷報頻傳。每天都有許多新船隻駛向新大陸和新領域，冒險並追求新財富與新認知，所有這些也激發了人關於如何在這個時代新潮流中，使"人的應當"與上帝的公共期盼相協調，如何面對全新的社群公共生活在組織治理上的新挑戰的思考。[290]

　　相對而言，整個東方社會沒有這樣的外在刺激，沒有上帝唯一神信仰與宗教組織化的衝突，沒有從上帝出發的科學想像高度與思想密度，沒有不設限的追問與探究的語境與文化氛圍。因此，對人類個體與上帝公共精神，為什麼面臨着如此巨大的衝突與如何尋求新和諧，對為什麼新的宗教組織化治理帶來如此強烈的時代性人神衝突，以及如何應對此種衝突，對為什麼與上帝信仰相連的宇宙及太陽星系模型假說中的各星球運行軌跡，在數學計算上如此邏輯不自洽，以及如何使之自洽等人類第二次大反思難題來說，以印度和中華文明為軸心的遠東東方，乃至以埃及尼羅河與美索不達米亞平原為軸心的近東東方，基本上都缺席了這場人類第二次大反思的演出。

　　這一缺席，不僅意味着東方社會對人類個體間自由、平等之公共精神及其神聖來源反思的缺課，而且意味着東方社會對宇宙天體運動和萬物關聯之數學反思的缺課。更為重要的是，這種雙重缺課，既阻礙了那個時代東方社會人的想像能力與理性能力的有效開發，也阻礙了他們社會結構向現代文明轉型的內生激勵，最終表現為東方文明，對之後數百年西方工業文明時代的科學想像與技術創新，以及相應的組織與制度創新方面的嚴重滯後與拒斥。

　　這一人類第二次大反思造成的東西方差異，也是此後近三百年間東西方衝突的深層原因所在。其內在邏輯差異的圖像全景，我們從下一章所述，英國和美國在市場化競爭制度設計與實踐的進一步領銜主演中，能夠更為清晰並全景式地看到。

第十二章

相諧：人與無往不在的枷鎖

第一節　從"神"向"人"的啟蒙

　　牛頓所代表的神學哲學引領的科學躍升所達到的思考巔峰，突破了人類思考的極限，以致在之後的數百年中，幾乎沒有人能真正全面地理解牛頓。正如牛頓所告誡的："上帝創造了宇宙和萬有引力定律，我只不過是發現了它"。正如亞歷山大·蒲柏為牛頓寫的墓誌銘："自然和自然法則在黑暗中隐藏，上帝說'要有牛頓！'於是，萬物都被照亮。"任何一個有思考能力的人，都會被牛頓所揭示的自然定律所震撼。任何一個從前依賴經驗累積而從事技術創新的人，都會被牛頓所發現的從上帝出發的自然定律之科學光芒，照耀得自慚形穢，從而產生新的冒險嘗試與創新衝動。但是，沒有人能真正地全面地理解牛頓。

　　為了理解牛頓，人們求助於培根和笛卡爾，於是產生了一大批被後來的人類文明史稱之為"現代啟蒙思想家"的人們，[291] 比如，英國的洛克、休謨、穆勒與斯密，法國的盧梭、伏爾泰、愛爾維修及霍爾巴赫，德國的康德、黑格爾、費爾巴哈、馬克思及尼采，美國的托馬斯·潘恩。啟蒙思想家們存在着很大的思想差異，但他們有一個共同理念，即主張人類理性，應當從更多依賴於上帝信仰的神學理性中解脫出來，嘗試去建立人類自主的新理性，從而對像化自然並通過實驗性方法，研究自然、利用自然和征服自然。這聽起來，很像人類從狩獵文明向農耕文明過渡時對自身與自然關係的新認知，只不過概念更新穎，人類對自己的群體成果更自信更驕傲罷了。後來的哲學界將此種啟蒙思想界定為：將統治自然的"主體"，從"上帝為中心"向"人為中心"的轉移。

　　當然，啟蒙思想家們的"人類自主理性論"也存在非常大的差異，主要差異體現在英、法、德之民族風格方面。總的來說，英國以洛克為代表的啟蒙思想家，更傾向於從"上帝為中心"向"人為中心"轉移過程中的傳統繼承，及人神關係相互平衡的務實主義；法國以伏爾泰、盧梭為代表的啟蒙思想家比較極端，他們更傾向於徹底拋棄舊世界的浪漫型理想主義；德國以康德為代表的啟蒙思想家，傾向於尋求表面上的居中妥協，但因過度強調了人與科學的作用，反而導致之後黑格爾、費爾巴哈、馬克思和尼采等啟蒙思想家們一路向左再向左，終致徹底否定上帝理性與基督教傳統的極端主義啟蒙；美國的啟蒙思想家更類似於繼承英國啟蒙的傳統；從而使學術界將英美稱為"海洋學派"啟蒙，將法德稱為"大陸學派"啟蒙。後來的歷史證明，正是這些啟蒙差異引發的社會與政治建構，[292] 使這些國家走上了工業文明時代極其不同的經濟與政治發展道路。

洛克（1632—1704 年）沿着笛卡爾和培根（更偏向培根）的道路繼續前行，創立了他獨特的更為實用主義的認識論——"經驗主義"哲學。[293] 在洛克看來，人先天的心靈像一塊白板一樣空空如也，以人後天的感知系統為中介進行觀察和獲取經驗，人才能建立起觀念。而從簡單觀念向複雜觀念轉變，所進行分析與綜合反思的經驗，幫助人形成複雜觀念和自主理性。因此，在認知並統馭上帝所創造的自然定律領域，人可以通過科學經驗，獨立地實現人類的理性自主。洛克認為，人的自主理性除了通過科學經驗認知自然並征服自然之外，還可以幫助人理解基督信仰的啟示，甚至幫助人判斷基督信仰啟示的標準，對那些不符合理性的如"原罪"那樣的教條予以拒斥，因此，基督教只需保留對上帝的基本信仰、信條就夠了，很多煩冗的教條，是經不起人類自主理性檢驗的，應該被拋棄。洛克著名的"經驗主義"哲學理性和對上帝信仰的極簡主義理性，極大地回應了那個時代風起雲湧的科學思潮，及其所推動的實用主義技術創新浪潮，但也因被誤解而引起了同時代英國托蘭德和廷德爾對基督教信仰的極端批判與擯棄。

他們認為，在有了科學這種人類完全可以自主的理性出現後，超越理性之上的都屬於神秘主義，因此上帝和基督信仰的理性，就顯得神秘且多餘了。我們只需要在人類理性之內行善，而無須像從前那樣去榮耀上帝。

但是，**洛克反對無神論及對基督信仰的極端批判與拋棄，他堅持上帝依然是我們的出發點與歸宿。沒有上帝作為出發點，人的平等就不可能有正當的 "被造" 起源，人的權力保護和權力讓渡的契約基礎就不可能牢固，因而維護人類平等的契約關係，也就會因失去上帝律法的神聖權威而變得脆弱不堪，人的自由也會因失去責任的約制，而很容易變成傷害他人的自由，人因此不可能獲得追求生命、自由與財富的平等權利。**故而人類理性自主以上帝的存在為出發點，或曰人類理性是上帝所賦予的。在這樣的社會中，每一個人才可能獲得生命、自由與財產追求的平等權利，從而獲得平等而正當的政治權力。一個共同體中的政治統治，需徵得多數被統治公民的同意，並用少數服從多數的原則，來選舉統治者並授予或收回統治者的權力。同樣，上議院和下議院的國會事務決定，也必須遵循少數服從多數的原則。

洛克當然意識到上帝賦予的平等權利動態競賽中，會產生結果的不平均，洛克認為人類理性應該理解這種差別。但值得注意的是，不能讓那些正直、勤勞的人失去正當的生存權利，因此做慈善便是一個很好的方法。洛克認為慈善正是基督教最大的美德，基督要求我們信仰的和我們所做的之間的差距，就是慈善。不行慈善的罪惡，就是對財產權利行使的最完全敗壞。但是慈善不能被強制，只能被基督所期盼。從這個意義上講，慈善便是神所期盼的人的應當。總而言之，如果說人類認識自然和征服自然乃至處理人與他者關係的自主理性，都源於自然法則的話，那麼自然法則的最終源頭必是上帝和基督，離開上帝和基督的純粹人類自主理性是無法想像的。

　　洛克的思想，特別是他的《論政府》，基本上為 1688 年發生在英國的光榮革命，奠定了上帝榮耀光照下人類理性自主的認識論基礎，通過《權力法案》，實現了英國從君主政體向君主立憲政體的務實性和平轉型。師承培根和笛卡爾的洛克，恢宏而嚴謹地重塑了自然神學理性與人類自主理性務實結合的大英學術範型。這一範型，將為人類第二次大反思時代 "人的能夠" 超乎想像的騰飛定標制準。

　　法國的啟蒙運動思想家總體上比英國啟蒙思想家偏激。[294] 伏爾泰（1694—1778 年）是法國啟蒙運動偏激的典型代表，他斷然棄絕西方人堅守了數千年的上帝信仰和堅守了 1 700 年的基督信仰，否認三位一體人格神，聲稱上帝就是自然，天主教是充滿了迷信的作惡，基督教所有神學教義都是滑稽可笑的。而自然宗教，就是對全人類都通行的道德原則，借助科學就可以為人類理性的自主建立永久的信心。伏爾泰認為，既然偉大的牛頓發現了自然界萬物運動的定律，世間就一定存在着某種支配人與他者之社會關係的定律——它等待着人文科學中的 "牛頓" 去發現，等待着人類理性的進一步完全自主。或許伏爾泰心中就自以為他是人文科學中的 "牛頓"。伏爾泰是一個批判型鬥士，他的文章極不嚴謹但很幽默，嬉笑怒罵，皆成文章，因此，深合法國大眾口味而具有那時代的影響力。

　　盧梭（1712—1778 年）充滿激情與狂妄，他拋開上帝，宣稱 "一個具有真正高尚靈魂的人能夠將自己提升到神的高度"。他的《社會契約論》和《論人類不平等的起源和基礎》中對人的自由平等觀念的強調，對政府應該完全服從人民的強調，對政治統治權的合法性完全來自人民的政治契約之 "共同意志" 的極端強調，均對後世影響甚大。但將盧梭的著作與洛克的著作相比較後，你就會發現盧梭對人的 "自由" 和 "平等" 的界定極為模糊和浪漫，他主張的人的 "自由" 的絕對性聽起來很誘人，因為人可以離開上帝的被造而獲得完全自主的 "絕對自由"。可是論到"平等"時，盧梭就轉變得很情緒化，因為他發現財產的不平等毀壞了人的"自然平等"，**因此他宣稱分工和財產製造了主人和奴隸的差別——不平等，此乃惡的根源。於是盧梭情緒化地將"平等"和"平均"概念相混淆，不自覺地掉進了他的沒有上帝僅有以人為中心之人類自主的兩難陷阱。**如果我們堅持盧梭關於人的絕對自由，那麼這種自由包括征服和利用自然的財產自由嗎？如果不包括，那麼盧梭的自由還剩下什麼？那就只剩下像乞丐那樣可以在街上行乞的"自由"？如果包括，那麼這種追求財產自由的行為需要得到保護嗎？人還繼續擁有在時間中積累財富的自由嗎？如果可以，那麼盧梭所認為的結果不平等（不平均）就產生了；那麼盧梭的平等又是什麼呢？盧梭轉而提倡一個沒有階級的"自然狀態"社會，既無分工也無財產。這樣一個永久靜態的無分工、無階級的"平等"社會可能持續存在嗎？假設這種既無分工又無財產的"自然狀態"社會是可以長久存在的，自由怎能同時存在？此外，如果沒有對自由平等的保護需求，那麼國家存在的意義何在？盧梭基於人完全自由的社會契約，在一個既無分工又無財產的社會中又有何用呢？既無分工又無財產的社會，就相當於一個滿街都是乞丐的社會，連他們向誰乞討都成了無法解答的難題。於是，盧梭及其追隨者羅伯斯庇爾只能訴諸於他們的法蘭西共和國。

相比較而言，洛克的經驗主義哲學下的人類自主理性，則平實、審慎、嚴謹而自洽，洛克堅持人類自主理性來源於上帝的賦權，因此其平等是人"被造"於上帝的必然結果。但這種平等是屬靈的主體平等和客體平等。主體平等，是人無權侵犯、攻擊、殺害其他作為人的主體；客體平等，就是對人主體擁有財產權的平等，人不可通過偷盜、搶劫、欺騙、強佔等非契約手段侵犯他人的財產。同時，人享有自由，但人的自由意志亦來自上帝"被造"的賦予，人有行使自己主體權利的自由，亦有按契約手段追求財產即客體的自由，但必須對自己自由的行為選擇與結果負責任。但洛克很快意識到了這樣的人類自主，必因人的主體差別如智力、努力程度、機遇等不同而導致結果不均等，當然洛克不主張政府過多作為去干預這種"不均等"，但他機智地回到上帝及被歷史證明的基督教會與慈善，來解決勤勞正直的人所碰到的貧困與救濟問題。而且他認為慈善是基督和上帝期盼中的人的應當，擁有財富的人應當回應基督的期盼，通過慈善幫助他人，並同時達到善用自己的財富來榮耀上帝的生命目的。

　　德國的啟蒙運動，看起來似乎走的是英國和法國之間的中庸之道，其最核心代表人物康德（1724—1804 年）把它推到人的理性所能到達的巔峰。[295] 康德企圖將上帝的神學理性與經驗主義的人類理性統合起來，讓二者並行不悖。其對人類理性的哲學思辨至深且偉，影響巨大，但他並未取得預期的成功。康德承認上帝作為人類外在世界的存在與靈魂不朽的源頭，承認上帝的絕對、永恆從而至善，因此承認上帝在他所定義的時間中，對人超越此生、依據至善美德所進行的審判是理性且崇高的。可是他否認人的理性能夠理解和抵達超驗的上帝之絕對理性，因此上帝只能作為人類道德的"必要公設"，神學家們可以通過思辨上帝和靈魂的本性而獲得信仰，只過神學理性的生活而不介入社會。而人類理性是一種純粹理智，它通過"經驗＋理性"形成知識，可以勇敢地實現理性自主和心靈自治。所謂理性自主，就是通過經驗主義認識自然規律並運用自然規律，進而為人類服務，牛頓、伽利略、開普勒、波義耳、哈維等所做的偉大發現便是明證。所謂心靈自治，就是要克服人性中順從感官動機而非道德動機之惡，而康德的道德動機無須來源於上帝，它來源於人際關係之間"己所不欲，勿施於人"的黃金法則，這一黃金法則便是人類心靈中倫理道德的源泉。

　　這樣一來，康德就按他的邏輯區分出兩種宗教。一種是依賴康德倫理學而建立的理性宗教，其核心是人的"善生活與行為"，人知道"他必須做什麼"或曰"通過自己的努力"來提升自己的道德水準，如此才配得上上帝的幫助。因此，這樣的理性宗教主要承擔道德訓誡所的歷史責任。另一種是傳統基督教的崇拜宗教，它只通過祈禱和崇拜來期盼上帝的恩典與基督的代贖，這是一種看上去贏得上帝歡心卻被教會操縱的巫術。借着理性宗教的倫理道德，康德期盼建成一個個體聯合的"上帝之國"的社會性聯邦，以實現心靈自治，並將人造就成他所是或將是的那種全新之人。

　　顯然，康德兜了一個大圈子，創造了上帝神學理性與現行社會道德理性的二元、人類理性自主與心靈自治的二元和理性宗教與崇拜宗教的二元等"三個二元性"分析框架，其真實意圖無非是禮貌地把傳統基督信仰與神學理性擱置一旁。他在推崇牛頓科學革命的旗幟下，誤讀了笛卡爾和牛頓關於人類認識自然定律的自然哲學理性，企圖建立一個完全人類理性自主和人類宗教自主的"全新"社會，徹底實現人類理性從神向人的"主體性轉移"。

　　康德思想經過黑格爾邏輯學在人類自主理性之絕對精神與國家意志論方面的邏輯想像與自由發揮，首先將人類理性自主絕對化，將被他絕對化的人類理性自主冠之於"絕對精神"的稱號，然後將"絕對精神"與他心中充分體現人的驕傲罪性的"德意志精神"及"日爾曼民族血統"等同起來，完成了新的人間造神。康德思想連同法國啟蒙思想家對"自由""平等"的極端浪漫主義詮釋造成的深刻悖論，為之後兩百年的左傾極端化社會主義思潮和社會大動盪，埋下了最初的哲學啟蒙種子。

第二節　喧囂中的沉降

在啟蒙運動的新思潮中，青年一代受科學革命與啟蒙運動的影響至深且遠，以致一個激進的、借着反宗教而拋棄上帝信仰的浪潮在歐洲大陸風起雲湧。但表面競爭激烈、枝蔓橫生的基督教新教領袖們並未袖手旁觀，未放棄對人的精神和心靈的屬靈影響，他們發起了一系列宗教革新運動予以回擊，這構成了對矯枉過正的啟蒙運動極端偏向的有效回調。

首先是 16 ～ 17 世紀的英國國教安立甘宗，從當時全盤否定羅馬教會和一切教會中介的新教偏激狂熱浪潮中冷靜下來，大膽陳述和喚醒對基督的信仰理性，在新教組織化進程中保留羅馬天主教教會組織化和教條化中那些與《聖經》相一致的必要傳統，堅固人們對符合《聖經》的傳統之珍視；[296] 在靜默中沉降那種 "去一切中介" 和 "信徒皆祭司" 的簡單化口號，制定了切實可行的制度以保持教會清廉與 "領導即服務" 的教會屬靈性質。克蘭麥的《公禱書》和胡斯的《教會行政法規》，具有很務實的英國洛克式風範，既保留了羅馬教會的優良傳統，又堅定不移地堅持了 "唯獨《聖經》" "因信稱義" 的新教精神，同時還強調 "成聖" 和 "善行"，重視基督信仰中行動的重要性。因此，安立甘宗在堅守傳承中穩步創新，成為新教在此後數百年分蘖與分岔運動中守住基督信仰底線的磐石和砥柱。

其次是 18 世紀初以英國衛斯理（1703—1791 年）為代表的福音派覺醒運動，以美國愛德華茲（1703—1758 年）為代表的清教徒復興神學之奮興運動。[297] 衛斯理在堅守新教 "唯獨《聖經》" "唯獨信心" 與 "恩典" 的核心思想基礎上，根據啟蒙運動的影響而針對性地提出著名的 "四邊形" 神學理論，即《聖經》、理性、傳統和經歷。根據他的理論，教會條例中與《聖經》一致的傳統需要得到保持，上帝的恩典需要信仰者堅定的信心，更需要一個皈依與悔改的行為過程，直至信仰者此生生命終結。信仰者是否"成聖"，代表是否值得上帝的祝福之過程性考驗，但這一過程考驗並非教會或神的強加，而是個人自由意志自主選擇與聖靈臨到。因此，基督信仰與人類用科學認識自然、利用自然的理性自主，並無實質衝突，而且和諧一致。這樣，衛斯理就將啟蒙運動中那些極端思想家們的人類理性自主，化解在上帝和基督無邊的"愛與寬恕"的博大胸襟中。衛斯理因此而創立了循道會教派。

清教徒發端於對英國國教安立甘宗過分寬容羅馬天主教傳統，發端於對安立甘宗教會過分寬容魚龍混雜的安立甘宗基督徒的反叛，其教會的主要發起組織是蘇格蘭和英格蘭的長老會。清教徒長老會是徹底的加爾文主義，他們強調人類存在的主要目的是榮耀神。《聖經》是根本，人類必須以傳播《聖經》和榮耀神為目的而建立純潔的教會。人與上帝的關係是聖約關係，因此清教徒要對信仰者進行揀選，神的應許以對信徒的揀選為前提。顯然，清教徒對信徒的要求很高很苛刻，不肯因人類自主理性的啟蒙主義喧囂而降低盟約神學的門檻。可是，清教徒派反而吸引了英國許多信眾，特別是那些對英倫和歐洲的等級觀念和長子繼承權不滿的新大陸開發期盼者。他們將美洲新大陸視為上帝新的"應許之地"。

1620 年，搭乘"五月花號"航船前往美國新英格蘭馬薩諸塞灣普利茅斯港的 101 個清教徒，在船上開展了激情而富有理性的討論，編制並簽署了著名的《五月花號公約》，它成為美國國家治理的最早憲法雛形。他們認為美洲便是上帝對清教徒的應許之地。為了回應上帝的應許與期盼，清教徒應當在新的應許之地建立新英格蘭，構建一個榮耀上帝和經得起神聖盟約揀選的新的上帝屬靈之國，純化教會和信徒。美國公理會或後來的基督教聯合會由此起源。

　　18 世紀上半葉，在歐洲啟蒙運動的衝擊下，被後世稱為清教徒王子的愛德華茲在美國新大陸復興了新教清教徒神學，發起了奮興運動。[298] 愛德華茲的復興神學並不去協調和討好風起雲湧的人類科學理性自主，他通過 600 多篇認真準備的演講稿在北美各教會巡迴演講。在愛德華茲的復興神學中，上帝莊嚴、萬能、至善而普世，一切人的理性、自主、科學均在神的光照之中。離開上帝的人，根本不可能理性自主。人的自由意志是有限的，人在罪中敗壞，心亂如麻，除了依靠上帝的恩典和基督的犧牲，人不可能依靠其他所謂的"自主理性"拯救自己的靈魂，否則就會陷入更大的罪中。愛德華茲提出人的"情操"是生發人類身份與行為的"人格中心"，情操引導人的情緒和感情，是靈魂的意志，只能在人與上帝神聖盟約的關係中得到特殊恩典的澤潤與涵養。因此，萬物源於上帝、屬於上帝和歸於上帝，是我們生命的源頭和結尾，人的自主就是選擇恩典的新時代神人合作關係，那種離開上帝和基督與人之神聖盟約的人類理性，那種沉醉於人的夾道歡迎中，宣稱人可以完全理性自主的所謂"啟蒙"思想，只能誇大人的有限性而掩蓋人的罪性，從而產生偽善、驕傲與敗壞，給社會帶來暴力、混亂無序與無盡災難。

　　再次是德國的虔敬運動。施本爾（1635—1705 年）和親岑道夫（1700—1760 年）等人發起的虔敬運動，旨在改進由於過度極端否定教會而日漸衰微的路德宗，以回應科學革命引發的以人為中心的啟蒙運動，將對上帝信仰的莊嚴和《聖經》的靈性啟示賦予個人皈依生命體驗的敬虔，並將其轉變為信徒重洗後滿懷對上帝敬虔的團契生活實踐，對他人和社會才能產生積極影響。人類自主仍在上帝關懷的光照中，靈性團契生活很重要，教會的服務與管理依然必要。[299]

　　新教各派所發起的那些抵抗"過分強調個人理性自主可以替代上帝理性自主之極端主義"的運動，維護了人們靈性生活的平衡與協調，有效地防止了科學躍升引發的將科學與神學相對立的極端主義傾向，從而培養和滋潤了人類的理性自主源於基督信仰理性自主的"中道"。這些都為科學與技術在實用主義催化中加速轉化及互動的工業革命時代的來臨準備了必要和充分條件。

歐洲和美洲此後的歷史實踐並非偶然與巧合的路徑表明，處於人類基督信仰與科學理性衝突思想前沿的歐美國家之發展模式，基本都與那個國家當時的主流思想對上帝神學自主理性與人類科學自主理性之間的關係的正確認識緊密相關，都與那個國家主流思潮如何理解這兩種自主理性的平衡，以及如何邏輯自洽地設計他們的政治經濟與社會制度的公共選擇，高度相關。而在東方，中國等東亞國家和印度等南亞國家，則由於陷入物質一元化思維和多神化偶像崇拜內生的想像力缺失，缺席了人類第二次大反思的續篇，即上帝絕對理性源頭與人的理性自主為何相關及如何相關的大反思。

第三節 "主觀為自己，客觀為他人"的新時代和解

從上一節的分析不難看出，英國為工業文明時代的來臨做好了充足的理論與靈性準備。這不僅表現在培根的實用主義理性指引上，以及牛頓萬有引力定律與微積分的科學之光照耀上，而且表現在洛克的上帝神學理性與人類自主理性的相對平衡上。更重要的是，經歷過衛斯理為首的福音派覺醒運動和清教徒神學復興運動後，英國的偉大先驅們在那個風起雲湧的時代，保持了通過自然破解相對真理，和通過維護基督信仰理解絕對真理的巧妙平衡，從而構築了近三百年持續不斷的，個人權益追求與社會公共精神追求相互和解的國民自覺運動。

在洛克之後，英國現代自然哲學、政治學和經濟學的偉大思想家休謨、邊沁、穆勒、斯密等人，沿着和牛頓、洛克一致的英國基督信仰理性與人類自主理性相互平衡的道路繼續前行，並據此進行了政治制度、經濟制度與社會制度構建的英國試驗。這一方面使工業文明時代的組織與制度建設得以全面範型化，另一方面使以上帝為出發點和歸宿的人類理性自主得以自圓其說。英國成為基督文明世界現代化建設的國家範型。

休謨（1711—1776 年）除了提出人所熟知的對神學理性持懷疑主義態度的哲學理論之外，還進一步發展了人與社會的認識論。他認為，就個體而言，其一切行為都是為目的服務的，而目的是由感覺所介入的經驗直覺或經驗歸納來指導的。

邊沁（1748—1832 年）繼休謨之後進一步將人的行為的個人目的論，置於人類理性自主討論的中心。他認為在上帝對人自由意志賦權的前提下，人是完全從“自我為中心”出發的“功利主義”者。這種功利主義目的看起來並不美好，但它構成了一個資源稀缺系統中邏輯上最大的效率主義，從而使人類勞動的價值能夠獲得最大化的效果。效率主義的核心驅動力量，就是人的最大幸福，這種人的最大幸福可以通過物質利益來進行計量。因此個人的幸福可以被量化，而無須被分類，這一如邊沁的名言：“詩集並不比圖釘更美。”邊沁認為不理解這種人從自我出發追求最大幸福的本性，就不可能理解人類社會的動力、社會分工與自由貿易，也不可能理解人類的理性自主。邊沁從個人目的論推導出政治上的普選制，因為源於上帝的被造，我們每一個人的功利主義自由都是平等的，因此其政治權利也必然是平等的。

穆勒（1806 —1873 年）是這種個人主義目的驅動社會進步論的集大成者。[300] 他從邊沁的個人功利主義目的論出發，認為人的自我為

中心的目的，與上帝賦予人的自由意志並不矛盾；相反，正是上帝的
神聖賦權，為人類自由的功利主義目的，建立了社會公共認同的效率
原則。事實證明，個人的效率遠遠高於政府的效率，其根本原因在於，
人的行動與人的功利主義目的緊密相連。因此，在一個資源稀缺的社
會系統之中，倫理學的終極問題是效率主義原則，即無效是不道德的。
效率的確指向人的幸福，而幸福可以被定義為追求快樂、免除痛苦。
在對幸福的衡量上，穆勒與邊沁分道揚鑣。穆勒認為幸福不能簡單用
物質來衡量，而需要分類，知識和道德上的幸福優於物質和肉體上的
幸福。因此，穆勒"寧做物質上不那麼幸福的蘇格拉底，而不做一個
只有物質充分幸福的蠢人"。那些高尚的幸福來源於信仰，從而更有
益於社會，有益於社會共同體幸福的最大值。與邊沁、休謨和洛克一
樣，穆勒由個人功利主義，進一步推導出政府權力應當受到限制的結
論，這不僅因為個人效率受功利驅動而高於政府效率，還在於政府權
力的無度增加，會導致掌握權力的個人因濫用政治權力而危及其他人
的個人自由，從而給社會帶來無盡禍患。

　　亞當·斯密（1723—1790 年）是那個時代將這種英國式基督信仰
理性自主和人類理性自主的平衡相協調，推進到實用性經濟市場制度
建設層面的集大成者。在斯密看來，人作為個體的自由包括人的生命、
思想、言論與財富追求這種主體與客體的雙重自由，但自由的界限是
人與他人關係的平等。這種人的自由與平等的天賦人權，不可能來自
人類理性，必須來自基督信仰的上帝理性。[301] 在此基礎上，我們看到
人類理性中的人人以自我為中心的人性，這種人性必然導致個人自由
與公共有序的共同體利益之間，存在無可避免的矛盾與衝突，但這種
衝突，卻可以通過人類理性自主設計一個公平的"市場制度"來解決。
這個市場制度的設計有三個核心前提：第一，承認人因源於上帝的"被
造"，而既有為自由做主的"自由意志"又有與他人平等的生命權利，

這種自由權與平等權因此神聖而不可侵犯；第二，承認人從自我為中心出發的自利動機，是上帝賦權的或至少是被上帝準允的自由；第三，承認人因此而有追求自己名下財富並在時間中積累財富數量的動態自由，此種自由亦屬上帝賦權，故神聖不可侵犯。

　　這個公平市場制度有一個核心機制，那就是"公平競爭和消除壟斷"。所謂"公平競爭和消除壟斷"，就是不允許任何個人或組織在一個領域中是唯一的、獨佔的或絕對控制的。只要同一個領域有多個個人或組織主體在競爭，市場競爭制度就形成了。只要這個充分競爭的市場制度存在，市場制度就會將個人被自利的主觀動機驅動的行為，轉變成為為社會提供物美價廉商品與服務的，客觀上有利於社會公共的後果。因此，"市場競爭制度"是人類自主理性創設的一隻"看不見的手"，它使個人和他者（公共）之間的衝突，轉化為"主觀為自己、客觀為他人"的新時代和解。而政府的角色，則轉變為維護"市場競爭制度"健康運行的"守夜人"，並通過立法、行政和司法的職能分開運行，來維護充分競爭與消除壟斷。

　　在這樣充分的市場競爭制度下，人會因技術的變革而深化分工，分工會提升勞動效率。以自由貿易為背景，這種社會分工和效率會在市場競爭制度的驅動下日益提高，從而提升勞動的價值，推動全社會的發展與國家的富裕。當然，在經濟活動中，人類這種基於個人自由的自利動機驅動的行為，並非生活的全部。很多公共社群生活屬於非交易行為，在那裡通行的是人對基於基督信仰的美德與情操的追求，它受源於上帝造物主神聖之光的照耀。即使是在人類理性自主的交易行為中，人也必須堅守"同情心""同理心"這種換位思考的法則，從而必須守持公平交易的準則和信用原則，否則人類此種理性自主的交易遊戲，也是不可能長期持續玩下去的。

　　正是這種既深刻變革又相對溫和平衡的中道性主流意識，驅動著

那個時代英國的思想家和行動者們，在政治、經濟和社會制度的辨析
與設計細節上狠下功夫，從而在大不列顛島國上形成了一整套系統完
善的制度框架與制度安排細節。這套嚴密的政治、經濟與社會制度設
計，猶如笛卡爾眼中的宇宙機器，環環相扣地驅動着每個人的個體自
主理性與創造精神的發揮，使英國及其殖民地美國相繼迅速崛起，成
為工業文明時代最偉大的引領者。這套制度系統其實包括了迄今為止
依然有效的三套"市場競爭"制度。

　　第一套市場競爭制度是以追求人的財產自由為目的的"經濟市場
競爭制度"。第二套市場競爭制度是以追求人的政治自由為目的的"政
治市場競爭制度"。第三套市場競爭制度是以追求人的精神自由為目
的的"社會公益市場競爭制度"。這三套市場競爭制度，是從英國人
類理性自主與上帝絕對理性相平衡的神學、哲學語境中發育出來的，
並經歷了歐美正反兩個方面人類歷史經驗的殘酷洗禮和激烈競爭而漸
次發展，迄今為止依然引領着工業文明與後工業文明的人類現代化道
路。

　　第一，"政治市場競爭制度"。英國以洛克為首的思想家和設計
者們，穩妥地處理了英國歷史形成的王權家族政治名譽首位權與實際
政治管理權柄之間的巧妙平衡，即實行君主立憲政治制度，即在保留
英國國王家族的首位政治名譽權的前提下，通過立憲將每個人自由平
等的實際政治權力市場化。立憲的本質，是確立每個公民個人擁有上
帝賦權的自由與平等之政治權力，此個人自由平等之政治權力，受憲
法保護，以排除任何個人或組織，特別是國家機器公權力用非公開程
序性暴力所進行的侵犯。但是，防止他人、組織和國家暴力侵犯個人
自由平等之神聖政治權力的有效方法，就是建立一個"政治市場競爭
制度"。其核心是"立法自下而上"且不得違背全民公投制憲的"憲
法"，解決個人政治權力的長期保護問題，立法代表由公民一人一票

投票選出，並會被定期更換；首相或總統為代表的"行政權自上而下"，但首相或總統必須參與競選，競選結果由公民投票決定，一人一票。黨派作為首相或總統候選人的擔保機構，由選民自由組合。黨派必須清晰地公開其長期的政治主張，並以立法代表的席位作為抵押資產，為黨派推薦的首相或總統的當選和任期內政績，提供質押性擔保。這就形成了黨派之間及個人之間公開透明的政治市場競爭，構建了一個結構功能相匹配的現代職能型政府，解決了個人政治權力的短期行使問題。司法則來自有極高法律專業素養和德行的人群，以教會、大學、科學學會等公益組織中運行了千年的推舉制度為依據，選拔專業人才，依不同職位由首相／總統或議會任命，其職責是依議會所立之法受理、調查和審判整個社會系統中的起訴案件，通過公正判決來剔除違法者，以解決這套制度的公平、競爭，以及系統的動態維護與修復問題。這套政治市場競爭制度的設計，的確具有想像力和邏輯自洽性，是迄今人類理性自主所能達到的極限。[302]

第二，**"經濟市場競爭制度"**。以亞當·斯密為首的英國經濟學家和行動者們，設計了經濟市場的競爭制度。一是從法律上明確每一個公民的生命自由權、勞動自由權和財產自由權均受到法律的保護，神聖不可侵犯。二是通過立法機構的調查和辯論，制定了公平的體現自由競爭的貿易法則、反壟斷法則、公平稅負法則，以確保追求財產的公民自由權是在公平競爭的法律環境下進行的。三是依據無罪推定的憲法準則，制定旨在保護受害人或被訴訟人權利的"訴訟法"，制定舉證和法庭抗辯制度、陪審團制度，以使法律糾紛和衝突可以得到公正的裁決，維護公平、正義並修復經濟市場競爭制度，從而使制度的動力和方向可以長期持續。這套經濟市場競爭制度，的確是人類理性自主的極限想像與精心設計。[303]

第三，**"社會公益市場競爭制度"**。基於教會、慈善組織和科學藝術教育等公益性組織在歐洲超過 1 500 年的歷史積澱，特別是在文藝復興和新教改革推動的，教會改革和科學家結社風起雲湧的浪潮推動下，英國，尤其是後來從英國殖民地中獨立出來的美國，設計、培育了一套完整的社會公益市場競爭制度。[304] 根據這套制度邏輯，人有追求財富的自由，當然也應該有支配自己的財富以幫助他人的自由，同時也應該有追求科學、技術與藝術美的自由，可是此類追求與財富創造有別，它需要耗費資源，因此它需要捐助。那麼這就需要一個公開競爭的社會公益籌款市場與志願籌集市場，只要你想像的項目具有足夠的說服力，你就能得到別人金錢與時間的捐助。因此，那個時代的新教清教徒的冒險之旅，教堂建設，新教不同教派的團契生活，各種慈善活動，天文學、數學、物理學、化學等科學研究的儀器和經費、大型壁畫和音樂，乃至大學和各種科學學會，無不是得到了公益市場的競爭性說服和市場化募捐的支持。任何公益、慈善組織作為發起人，必須基於個人名譽質押來結社，以形成公益慈善組織，其組織內部治理相當嚴謹、規範。仔細研究那個時代科學革命的偉大先驅從事科學研究與實驗的資金來源，無論是個人的研究，比如伽利略、開普勒、布拉赫、牛頓、波意耳、笛卡爾、萊布尼茨、道爾頓、安培、法拉第、麥克斯韋爾、焦耳、克勞修斯等；抑或是機構發起的學術研究，比如英國皇家科學學會、西芒托學院、法蘭西科學院、柏林科學院、曼徹斯特月光會等；無一不是通過各種贊助者的公益支持而得以推動的。可以說，如果沒有社會公益市場，今天我們看到的整個現代文明賴以支撐的科學與文化基礎，是不可能建立並夯實的。

　　正是人類自主理性的制度設計，促成了以英國為核心基地的現代工業文明時代的組織創新。

　　首先，是政治競爭市場中現代職能型政府的組織創新。包括專管立法的議會組織、專管當下行政權的首相或總統組閣之下的政府各部，以及專管司法的大法官、大檢察官和法院等司法組織。

其次，是經濟競爭市場中的組織創新。在哥倫布發現新大陸之後，以英國和荷蘭為首的歐洲國家為開發新大陸，創立了"有限責任公司"這種全新的組織形式，以替代傳統的"家庭式"經營組織和無限合伙組織。有限責任公司由投資者認繳出資，僱用船長組成經營班子去新大陸冒險經營；船長及經營班子不出資，但憑藉冒險經營與管理佔20%的股份，資金由其他股東按比例均攤。所有股東的股份，被用特殊的油漆書寫出來或雕刻在船頭上，這是今後收入分配的依據。股東和經營管理者都只負有限責任。如果經營失敗，那麼公司資產之外的家庭資產不會被追索。這比那種父債子還的無限責任的"合伙式""家庭式"經營組織人道得多，從而更多地吸引人們加入了有限責任公司的風險經營投資。另一方面，有限責任公司實現了與傳統家庭組織或合伙組織的分工與切割，使經濟風險經營脫離開了傳統的血緣與地緣紐帶，從而為人才的流動，特別是為特殊思想和發明創造型的人才流動，開闢了前所未有的可能性空間。更為重要的是，複式簿記原理，被基督教會發明出來並在慈善公益組織中長期實踐。會計簿記專業人士熟練運用此原理，並恰逢其時地為有限責任公司，發明了資產負債表、盈虧損益表、現金流量表和所有者權益表這樣系統而邏輯自洽的公司估值計量工具，從而使有限責任公司的經營狀況和價值實現了標準化評估，並使公司股份在資本市場上的交換成為可能。這種組織創新，使各種生產要素的貨幣化及跨國化交易成為可能，從而為現代市場經濟全球化的瘋狂式擴張埋下了種子，也為會計師、律師、評估師、工程師、設計師、研究人員等人類勞動永無休止的分工細化及令人目不暇接的組織創新，打開了似乎永遠都關不上的閘門。

最後是社會競爭市場中公益組織的創新。在文藝復興和宗教改革之前，歐洲的公益組織主要是教會及其下屬的，基於對弱勢群體關懷的慈善組織。富人和中產階層基於基督信仰的同情與悲憫，通過教會捐贈，他們的財富從而經由教會下屬的慈善組織，而流向了那些令人心悸的社會痛點。文藝復興之後，與弱勢群體及社會痛點無關的大學、科學學會、技術性行業協會、藝術性工作室等新公益組織發育出來，與各種新教改革後的教會組織相得益彰，深刻影響着歐洲的社會道德秩序與人對生命意義尋找的行為應當。[305]

　　正是這套制度設計與種種組織創新，推動着英國社會從君主制社會，向公民平權社會的和平轉型。基於上帝自然神學之科學想像力，與基於人的實用主義經驗技術之間的緊密連接與相互促進，新創造的"有限責任公司"，因連接上人性之惡的功利主義驅動力，而變成了"科學"和"技術"之間的觸媒，催化着科學發現被人類實用主義技術所利用，推動着不斷求救於科學的技術解決方案創新。科學和技術之間，原本始自人類從上帝出發和人類從自己出發觀察世界的思想鴻溝，被有限責任公司在逐利動機和競爭壓力的雙重驅動下，日益填平，形成了一個相互促進的魔咒。使人探究上帝所創用於驅動萬物之定律的莊嚴理想，被炫耀名利於塵世的輕浮心理，以及被物質榮華吸引的內在利益動機所取代，但都表現為人類認識自然利用自然定律並征服自然的偉大成就，而被稱頌與謳歌。科學與技術的這種相互激發，成功創造了現代工業文明，並逐步完全取代傳統的農耕文明，從而促進城市高密度聚群居住的文明，完全取代了傳統鄉村分散居住的農業文明。從前喜怒無常、神秘偉岸的"自然"，常常被人類踩在腳下任意蹂躪。人類通過集群效應集體性勝出自然，"人的能夠"捷報頻傳：火車時代，以煤炭為燃料的蒸汽機動力，取代了傳統的畜力與人力；汽車與飛機時代，以石化油氣為燃料的內燃機和噴氣機動力，取代了蒸汽機動力；到 20 世紀，發端於宇航登月的太空競賽，用以核聚變為燃料的核動力開發，更讓人產生了超越地球引力的想像與實踐性探索。總之，人類的群體能力不斷超越農耕文明時代"人的能夠"之極限。英國作為一個歐洲島國，依靠這三套市場競爭制度的設計與實踐，變為世界第一強國，其通過商業化而實現殖民的國家，遍及亞洲、非洲、澳洲和美洲，其殖民地面積在最高時超過全球面積的 30%，超越了一個民族國家通過非貿易手段管控其他地域民族的可能性極限，成為人類歷史上，一個民族國家依靠工業文明崛起與繁榮，並通過國際貿易引領人類走現代化道路的新範型。

第四節　三大市場競爭制度的全球化征服與勝出

法國從君主制農耕文明向公民平權制工業文明的轉型，則遠比英國起伏跌宕得多，其主要原因便是法國啟蒙思想家們，試圖完全拋棄上帝理性而實現人類理性自主的極端偏激，這導致了整個社會主流意識的極端偏激。[306] 在法國 18 世紀下半葉的關鍵性歷史轉型期臨到時，這種盧梭式極端偏激思想，被公共社群輿論放大成了社會的主流意識，並生發了完全不同於英國的社會轉型之公共選擇。1789 年，法國在政治制度市場化轉型上效仿英國，以實現君主政體向君主立憲政體的制度轉變，召開教士、貴族和平民三級會議，會議討論了國民議會代表選舉的投票權，是分三個等級計票，還是實行一人一票制，最終會議按一人一票選出了 1 201 名代表。這在當時本質上是一個既無法召開會議，也無法達成協議的人數。接下來的國民會議，變成了立場和情緒表達，而不是理性討論問題的舞台，無論是法國貴族還是上層教士乃至平民代表，都缺乏英國人那種對人類理性與上帝自然神學理性，保持順服平衡的寬容態度與務實精神，缺乏對制度細節影響不同人利益，從而需要妥協寬容設計的縝密思考。結果是，雅各賓黨人帶有極端性自由與暴力傾向色彩的演講，充斥國民議會和革命後的制憲會議，渴望完全絕對自由平等之人類自主的第三等級平民，因憤然拒絕任何妥協，而使國民議會的和平討論與程序性協商，演變成一場極端的法國大革命。下層民眾被憤怒與對絕對自由平等的期盼情緒呼召並組織起來，民眾暴力團體在對美國獨立戰爭頗具貢獻的拉法葉領導下，攻佔了巴士底獄彈藥庫。隨後，在“盧梭的學生”羅伯斯庇爾等雅各賓黨人，對人民應擁有絕對化自由的呼喊聲中，國王路易十六於 1792 年被廢黜，且於 1793 年 1 月 21 日被推上斷頭台，此事象徵着法國千年君主制舊制度的暴力性終結，成百上千的基督徒教士被當作舊制度的代表推上斷頭台，無數平民被殺害，鮮血染紅了法蘭西。人們湧上街頭，拋灑斷頭台上的血塊，熱烈歡呼法蘭西第一共和國成立。

　　但革命，並未使法國人民獲得盧梭和伏爾泰等啟蒙主義大師們浪漫想像的絕對化“自由與平等”，反而帶來了暴力接着暴力的社會震盪。最典型的是一年後，因奉行盧梭式絕對自由之美的“盧梭學生”羅伯斯庇爾，因執政期間隨意判決殺人近兩萬，驚恐萬狀的國民議會突然舉手投票宣佈決定，罷免革命領袖羅伯斯庇爾並立即執行槍決。社會暴力混亂持續到 1804 年，法國人民已經完全忘記了他們 11 年前斬首路易十六國王的初心，在瘋狂的歡呼聲中再次擁戴拿破崙稱帝，只因為拿破崙帶領法蘭西，將國內矛盾的情緒，轉向征討整個歐洲的“拿破崙戰爭”之宣洩，顯示了失去上帝理性約制的人類“自由與平等”觀念的蒼白與偽善，結局當然是同樣具有人有限性的法蘭西大英雄拿破崙，於 1815 年徹底戰敗，並被法國人民斷然拋棄，遭到流放。但法國人民依然沒有找到他們心中那種純然人類理性自主的，人的絕對“自由與平等”。在此後半個多世紀中，法蘭西繼續經歷數次暴力奪權和反奪權的血腥混戰，每一次勝利的一方，都草率地單方面主持修改憲法，每次憲法修改都播下了下次暴力革命的種子。

直至 1870 年巴黎公社起義後，法國上層精英們才發現，經過一個世紀折騰後，法蘭西又回到了大革命前的原點。於是，法國上層精英們痛定思痛，放棄了盧梭和伏爾泰啟蒙的人的絕對化"自由與平等"，和平地投票普選出 675 名國民議會議員，召開了長達 5 年的制憲會議。經過無數次對民主共和政體細節的程序性辯論、包容與妥協，於 1875 年其現代憲法才最終形成。憲法具體規定了總統的行政權、上院和下院的立法權、法院與法官的司法權相互分權獨立與制衡的基本框架，以及黨派在各種席位上競爭選舉的"政治市場化競爭機制"，從而基本上完成了農耕文明君主政治制度，向現代市場競爭政治制度的轉型。從這個意義上講，在現代化政治市場競爭制度構建方面，法國的歷史進程要比英國跌宕得多。

在英國，社會精英們，首先借助了具有數百年乃至千年傳統的、有關公益和慈善捐贈及其用途監管的社會市場競爭經驗，在發動安立甘宗新教改革復興的伊莉莎白時代，就頒佈了全球現代歷史上第一部《慈善法》和《濟貧法》，由此使得包含濟貧、教育、宗教、社區在內的慈善公益活動，在基督教慈善組織千年孕育的基礎上，更大規模地法制型組織化，初步形成了公益即社會市場競爭制度的現代雛形。

以此為基礎，英國同時嘗試構建政治市場競爭制度和經濟市場競爭制度。但政治市場競爭制度，先於經濟市場競爭制度完成，這使英國的經濟市場制度構建，顯得順理成章而渾然天成，政治與經濟在比較和平、穩定與寬容的社會狀態下發展。這三大競爭性市場制度的構建，則形成了一個穩定性三角形而相互支撐。政治競爭性市場，確保政權的平穩更替和個人政治訴求的公共性和平表達，並確保了經濟市場的競爭性和政策連續性；經濟競爭性市場，確保人的主體自由不會被政治動盪中的暴力所侵襲，使人能夠在和平安全的語境中生活，同時確保人追求財富的客體性自由不被暴力劫掠與偷竊，從而確保公平性競爭得以持續，最終保證發展與繁榮的可持續性；社會公益競爭性市場，確保人類的公共精神理想與個人社會志願的自由結社意志相結合，從而不僅減輕和撫慰了市場激烈競爭中弱勢人群的疾苦，而且也加強了社會差別鴻溝中的溫情互動，傳遞上帝和基督之愛，激發與幫助困境中的個人，使人滿有感恩之心，從而有效地支持了另外兩個市場競爭制度的協調運行。這就是英國近 500 年來沒有發生過大規模內部性暴力戰爭的重要保障，這不能不說是人類文明史上的一個偉大奇跡。當然，英國借助其制度優勢在全球推行殖民化市場擴張的歷史，始終作為民族國家間不光彩倫理的一頁為世所詬病。

　　英國清教徒對美國進行了開發性遷徙。他們把北美洲看作上帝對他們的應許之地，將英國安立甘宗中分離出來的清教精神，作為他們的教會原教旨使命，並通過愛德華茲復興神學，形成了美洲大陸獨特的新教精神，將個人不懈奮鬥的自由和榮耀上帝的待人平等，與自我苛求的嚴謹生活結合起來，在北美大地紮根——發芽、開花、結果。[307] 這不僅為美國的社會公益市場競爭制度的創建，夯實了上帝信仰的根基，而且為美國政治市場競爭制度的形成，創建了頑強地紮根於社區志願精神的堅實基礎。

　　因此，在政治市場制度的建立上，美國借助 18 世紀末、19 世紀初與法國的緊密聯盟，壯大自身力量並從英國母體中斷臍獨立開來。從表面上看，他們似乎承襲了法國啟蒙思想家們，沒有國王凌駕其上的、平民完全自由平等的政治市場競爭制度，但在實際上，以托馬斯·潘恩為代表的美國啟蒙思想家們，繼承了英國極為嚴謹的堅持上帝理性，與人類理性自主順服平衡的中道精神。美國憲法牢固建立在人因被造

於上帝的信仰，而獲得人的"相對自由與平等"的堅固磐石上。美國
開國總統華盛頓，拒絕報恩於法國對獨立戰爭的支撐，沒捲入法英戰
爭及捲入拿破崙戰爭；美國拒絕捲入 20 世紀兩次世界大戰的孤立主
義，都證明了美國憲法的人類自主理性，深深植根於神聖威嚴的上帝
理性之中，從而順服而堅定地行走在基督信仰價值觀所界定的中道上，
不走極端。

　　考慮到美國獨立後的特色，各州選出的立法代表於 1887 年 5 月
在費城召開了持續 120 多天的制憲會議，基於《"五月花號"公約》
的原始雛形，通過討論、辨析、妥協達成了"憲法草案"。"憲法草
案"並經各州全民投票通過，成為不能任意更改的"美利堅合眾國憲
法"。所有具體法，都作為下位法嚴格與最高憲法原則保持高度一致。
其集大成的系統思考和程序正義，迄今為止依然是現代政治市場競爭
制度建立的範型。據此形成了美國三大市場競爭制度，相互間理性制
衡與相互支持，成為現代三大市場競爭制度體系之國家典範，迄今依
然影響和引領着全球次發達國家知性精英階層，推動其民族國家走向
現代化的未來想像。特別是經過兩次世界大戰之大暴力蹂躪，美國自
1948 年提出馬歇爾計劃，即援助欠發達國家共同發展的國際和平願
景並付諸行動後，美國憑藉三大市場競爭制度，最終取代英國，成為
全球範圍內依各國自主構建的市場競爭制度、參與全球商業和平競爭
的新盟主，備受認可與推崇。

　　德國現代三大市場競爭制度體系的創建過程，是西方國家最為複
雜、最為曲折苦難的典型代表，因為德國不僅要克服神聖羅馬帝國君
主及貴族制度對抗現代平權制度建設的障礙，而且要克服普魯士和德
意志各小民族之間，對形成一個民族平權之統一國家的巨大張力。這
種障礙和張力之不可調和，一如康德哲學中上帝理性與人類自主理性
的二元分立那般頑強。

通過黑格爾（1770—1831 年）別具一格的辯證法之"正題、反題、合題"的方法論演繹，以及人類歷史是"絕對精神"在正題、反題、合題中的外化運動這一理念，人類歷史運動的最終合題，成了以黑格爾為代表的自主理性邏輯和日爾曼民族所代表的絕對精神。這種在擱置上帝後將德意志民族精神絕對化的理論，一方面體現了德意志人，對自己所面臨的現代化道路內在衝突性、複雜性的民族認知；另一方面體現了他們對一個統一強大的德意志國家的熱烈渴望與期盼。這種矛盾衝突的人的理論，極大地激發了德意志民族對加速實現這種渴望的極端化思潮。[308]

因此在黑格爾之後，路德維希·費爾巴哈（1804—1872 年）繼續向左，他否認上帝存在，也否定人的精神存在，堅持唯一的存在就是物質。人就是物質，只有個別性、物質性的人才是存在的，"人就是他所吃的東西"。費爾巴哈將上帝信仰和偶像崇拜之宗教混為一談，認為凡宗教都是虛妄的觀念，主張統統打倒。他認為只有人才值得崇拜，必須將上帝人化，"世俗界可以吞下神聖界"。可是當費爾巴哈的左傾狂妄把一切精神都踩在人腳下的時候，人也就退回了沒有精神的動物時代，沒有精神的人類文明成為廢墟瓦礫，只有費爾巴哈，獨自站在虛構的德意志精神之偶像崇拜的廢墟瓦礫之上。

卡爾·馬克思（1818—1883 年）一半繼承了黑格爾和費爾巴哈，另一半繼承了盧梭思想，他猛烈批判一切包括上帝信仰在內的人類精神和宗教，認為這都是上層社會創造出來麻醉人民的精神鴉片。但與費爾巴哈不同的是，卡爾·馬克思對人性持十分悲觀的態度，他認為人在本性上是自私貪婪的，是靠不住的，只有群體性的壓力能遏制這種人的自私與貪婪。馬克思沉迷於黑格爾"正題—反題—合題"的辯證分析方法，並將其運用於經濟分析，他相信衝突是主導歷史變化的核心要素。他認為私有財產制度是萬惡之源，在經濟市場制度中，資本通過市場制度剝奪了勞動所創造的剩餘價值，這讓資本與勞動之間產生了無法調和的衝突。人類最終必然通過暴力革命推翻私有財產制度，建立財產公有制度，實現人類按需分配的共產主義合題。至於在公有財產制度中，控制公有財產的那些人是否因克服了人的“自私與貪婪”的本性而變好？抑或是因為難以改變其“自私與貪婪”的本性而扭曲馬克思的公有制共產主義理想？馬克思沒有回答。

馬克思之後的尼采（1844—1900 年）進一步將德國壓倒一切的黑格爾左派主流思潮，推到了最極端的天盡頭地盡處。在尼采那裡，衝突存在於歷史的任何地方，沒有例外，只有正題和反題，不存在合題。人的理性和欲望就是衝突的，理性只是欲望的工具而已，因此，人的生活本質上是與理性相衝突的。人只有生活而沒有理性，道德沒有意義，唯有欲望驅使生活。因此人類歷史最大的衝突，就是上帝和人的自由之間的衝突，有上帝就沒有人的自由，人要自由就不需要上帝，因此他宣告“上帝已死”。在尼采那裡，一切秩序都沒意義，沒有道德，沒有對錯，唯有生命的自我肯定，因此要鼓起勇氣，在這個無意義的世界上將無意義的生活進行下去。現實中的尼采最後失去了面對無意義生活的勇氣，精神抑鬱、狂躁並最終錯亂而死，他留給他的祖國和他的世界，特別極端的自由主義和無政府主義的精神遺產，為他的祖國無窮無盡的暴力戰亂、軍國主義以及少數人通過掌握國家機器，而對多數人自由的剝奪、奴役與屠殺，做出了最意味深長的歷史注腳。[309]

20 世紀，德國主流意識中來自康德二元世界觀中的人類理性自主，極端地實現了康德始料未及的、從“上帝中心”到日爾曼“德國人中心”的“主體大轉移”。自稱已經實現了完全理性自主的“日爾曼精英們”，完全拋棄了人類源於神聖信仰的社會道德秩序，完全拋棄了他們的祖先神聖羅馬帝國堅守了近 2 000 年的基督信仰中

飽含着上帝期盼的"人的應當"。他們如尼采般狂熱地相信，欲望
驅使生活與行為的完全正當性；狂熱地相信，用暴力剝奪他人自由
與財產的完全正當性。於是這些"完全理性自主的德意志人"，在
不到三十年的時間裡連續發動了兩次世界大戰，將世界上最主要的
國家都拖入暴力戰亂之中，上億人在戰亂中被屠殺，或被饑餓、疫
病折磨致死，兩次世界大戰導致的人類死亡數量、規模和暴力之令
人恐懼程度，完全超越了以往的人類歷史。另一種用暴力剝奪他人
自由與財產、建立一個結果靜態平等的社會主義理想，則遠播他鄉，
以另外一種狂熱極端的形式，來進行前所未有的社會大試驗。無數
的國家被捲入這場社會大試驗中，數以千萬計的人的財產和自由被
政治暴力機器所剝奪，數以千萬計的人被財產剝奪後產生的貧困與
饑餓奪走了生命。即使是狂妄地自稱代表"絕對精神"的德意志人，
也為此付出了歐洲國家中最長的歷史時間和最高昂的生命代價，於
20 世紀 90 年代才實現了東西德意志的和平統一，其憲法被修改的
次數超過 60 次之多，迄今為止，也不能說已經完全成功地完成了政
治、經濟和社會公益三大市場競爭制度的理性化系統構建，也不能
說已經整全地實現了國家現代化的轉型。

　　從這個意義上講，如果說 17 ～ 19 世紀的世界現代化文明是由英
國定義的，那麼 20 世紀大部分時間的人類歷史，則主要是由德意志
人定義的，英國和美國，則只不過是德意志所導演的歷史連續劇中，
被捲入的重要角色演員而已。**歷史證明，一個沒有德意志人自主理性
的上帝無關緊要，而一個棄絕了上帝神聖理性的德意志，卻是瘋狂且
令世界夢魘的。**[310]

　　不管歷史多麼紛繁複雜和曲折跌宕，以英國啟蒙運動思想家和先
驅行動者為首，並在上帝信仰理性與人類自主理性順服平衡指引下創
建的政治市場、經濟市場和社會市場三大市場競爭制度，依然取得了

前所未有的物質性輝煌成就，取得了這套制度在全世界範圍內壓倒性的大勝利，在上帝定義的時間河流中逐一征服歐洲、美洲、大洋洲，並正在影響亞洲與非洲。但由於德意志黑格爾左派哲學邏輯及其政治實踐在 19～20 世紀的巨大反轉，以及取消人的私有財產自由追逐權的社會大試驗，關於"社會主義"正題、反題的衝突性、鬥爭性冠名指稱，這套制度被簡單化和倫理化地指稱為"資本主義"制度，與"社會主義"制度相對應，並一直沿用至今。這種德意志的"黑格爾式"簡化，產生了無邊無際的概念曲解和討論辨析的邏輯困難。今天，是到了離開黑格爾鬥爭邏輯，恢復正統準確定義的時候了。始自英國洛克的英國啟蒙思想家和先驅行動者們創建的這套制度，根本上就不是什麼"資本主義制度"，而是政治、經濟和社會公益三大市場競爭制度。當今世界的所有國家，都不同程度地建設了市場競爭制度，即使朝鮮也不得不加入經濟上的國際市場競爭制度，沒有任何一個國家完全被排除在市場競爭制度之外。資本主義這個概念，毫無分辨與比較學意義。

世界各國可以依三大市場競爭制度的構建程度進行相互比較，亦可進行借鑒與區分，只有程度的差別，沒有本質的不同。只有這樣，我們才能徹底從 20 世紀正題、反題的黑格爾左派鬥爭哲學的人類噩夢中掙脫出來，也才能徹底從盧梭既要給人絕對自由，又要使人際之間擁有靜態"平均"財產的自相矛盾之烏托邦幻象中擺脫出來。

盧梭在啟蒙思考中，發現了人類理性追逐自由的困難，因此留下了那句千古名言——"人是生而自由的，但無往而不在枷鎖中"。但盧梭卻輕率地認為平等是容易追逐的，他天真地以為沒有勞動分工和財產人類就平等了。黑格爾則自負地認為自己的邏輯和日爾曼人的純粹理性即絕對精神，可以實現人類自由平等的合題。可在他們死後，法國特別是德國 19 世紀的左傾思想極端化運動，引領全世界用前所未有的暴力與奴役實踐，向盧梭和黑格爾證明：**離開上帝理性而僅靠人類理性去追求沒有神聖源頭的"人的平等"之路，與追求沒有神聖源頭的"人的自由"之路，同樣遙不可及。**因為盧梭作為一個有限之人的頭腦提供給我們的"平等"，只是一種白日夢的幻象。他的"沒有財產和勞動分工"的"自由"，從一開始就剝奪了人最基本的客體自由和主體自由，從而給予人的只能是最大的"不自由"。而誰有權力去剝奪他人的客體財產自由和主體勞動分工自由呢？一些掌控了政治機器的人，才有運用組織化暴力，去剝奪普通人對財產追求和專業分工自由的權力。可是允許一些人運用組織化暴力去剝奪他人財產與專業分工自由的社會，只能是一個使大多數人失去主客體自由的社會，這又怎麼可能是一個使多數人獲得"人的平等"權力的社會呢？因此，20 世紀的人類社會大實驗，回答了盧梭和黑格爾的命題：**離開上帝理性之後，在盧梭和黑格爾的純粹理性世界中，人是生而自由的，但無往而不在被剝奪的枷鎖中；人是生而平等的，但無往而不在被組織化強制的奴役中。**

第十三章

遠望：人類第三次大反思

第一節　新的壟斷天敵

　　英國基督教神學哲學思想和科學自主理性相並重相依存的這套"三大市場競爭制度"，經受住了 300 多年的歷史風雲變幻的考驗。從英國母體中分離出來的美利堅合眾國，發展成了三大市場競爭制度的系統性國家範型。其公益市場化競爭制度，保護了社會信仰與慈善公共精神之源頭活水，通過教會、大學、學會等公益組織和扶貧、濟困、救災、環保、公共倡導、公平教育、公正維護等慈善公益組織堅持不懈的努力，成為一個現代國家志願性堅守靈性源頭的群體性組織化力量；其對弱勢群體的保護和公共慈悲與公義的彰顯，成為一個社會中階層衝突與動盪的調節器與穩壓器；保證了社會基礎的高度穩定和未來期盼，從而為社會構築了堅實的公義底線。

　　美國政治市場競爭制度，至少使人的"自由與平等"這兩個來自上帝神聖權威的"人的神聖權力"，有了一個清晰的底線定義：一人一票的公開投票制度，將農耕文明時代個人與政府之間"一對多"的隱性契約轉變為顯性契約，從而將政府或國家機器這個自農耕文明以來被人類創造出來而人類又無法駕馭的組織化怪獸，首次置於一人一票之平權制度（選舉、罷免與更換都通過和平民主決定）的非暴力程序正義管控之下，使國家政治權力的終身制和家族世襲制得以廢除，使國家政治權力的更替得以在和平、平權與非暴力的新遊戲規則中運行，保證了一個國家共同體內部的政治長期有序穩定，也使人的"自由平等"這兩大神聖政治權力擴展到了人類想像力的極限。華盛頓、林肯、邱吉爾、撒切爾夫人、卡特、克林頓、奧巴馬等人，都出身於平凡甚至清貧的家庭，卻在這種政治市場競爭制度中變身為偉大政治領袖。無數案例為人不必通過世襲與血腥暴力奪權，便可和平享有"人的自由與平等"的政治權力，做了最為充分而有力的注腳。

以此為基礎，英國式的經濟市場競爭制度，得以在其他歐洲地區以及美國大放光芒：人的自我為中心的主體性自由和追逐財富及其社會影響力的客體性自由，作為人際間平等性的自然法則，得以進入現代國家憲法，並且通過媒體與公共輿論英名遠播、深入人心；現代有限責任公司和有限合伙人公司、以及公眾型股份上市公司等，作為可以承載現代人追求財富自由的載體被創造出來，使人可以自由地通過公司組織化經營，去追求人皆平等的財富自由之夢想；政府則從傳統的預防和對抗共同體外部暴力和內部暴力的秩序性維護角色中，抽身出來，花越來越多的精力於構建、維護和修改經濟市場的運行法則。這些法則包括：如何保護個人主體性自由與客體性財富追求自由；如何既鼓勵個人自由組建公司組織，又使其受到嚴格監管；如何用新的會計準則衡量公司的投入產出效率與公司價值；如何創建並維護產品市場和勞動市場、知識產權市場、資本市場等要素市場，以使各種人所自由追逐的財產，得到合理估值並在市場上自由平等交換；如何制定各種市場運行程序與監管規則，以使市場有序、有效運轉；如何制定稅收制度，以使國民經濟系統對稀缺性人才資源具有吸引力和保持力；如何分配稅收的使用，以使政府監管有效且市場有序；如何通過導向明確的判決案例，將市場競爭遊戲中的違規者懲罰到位，以維護市場競爭的公平性和正義性。因此，**反壟斷與反不正當競爭，越來越成為政府最重要的公共政策角色。**[311]

根據人類理性在社會學科中，最早、最系統引入自然科學之數學工具構建的經濟學理論，在這樣一種充分平等競爭的經濟市場化制度中，人基於自利動機的主體性自由，與追逐財富及名望的客體性自由，獲得了前所未有的正當性。基於此種正當性和市場競爭制度之假設，經濟自由市場必然迫使人的"主觀為自己"意志，順服於"客觀為他人"的強大競爭壓力之邏輯力量，人只為自己着想的"惡"從此不再可怕。於是，市場滿載着人類理性，將"利己之惡"轉變為"利他之善"的遠大理想出發了，一場前所未有的人類個體自我為中心的逐利競賽，拉開了歷史性大幕。

在這場全球被逐漸捲入長達 300 多年的人類創富自由的歷史大賽中，公司作為這場競賽的組織化載體不斷被創新；家庭組織從財富創造的台前退到了幕後；那些善於運用公司組織化載體以承載創富夢想的人，轉身成了"企業家"。他們用新思想、新理念和新方法重新組合要素，以向市場提供產品和服務，他們與提供同類產品或服務的其他企業家展開競爭。而大多數人則進入公司組織變身為"勞動者"，他們通過分工分業錘煉自己在細分領域的勞動技能與工作技巧，與同類工種的勞動者展開競爭。企業家要在與提供同類產品或服務的企業家競爭中獲勝，必須用盡可能高的薪酬吸收優秀員工，用最先進的技術提升產品和服務質量，用最別居一格的方法管理公司，以提升效率並為消費者提供物美價廉的產品或服務。這一經濟自由市場競爭制度促進物質繁榮的長期邏輯結果，似乎是不言而喻的。大量成功的現代有限責任公司，作為人類前所未有的一種財富創造組織，促進了一國財富的迅猛增加，從而進一步促進現代化就業（以非農產業為主）的結構性轉型，以及城市化率提升的居民結構轉型。勞動者收入的普遍提升和公共稅收的增加，隨之而來的公共設施的改善，國民富裕與文明程度的提升等等，是其繁榮的邏輯結果。在現代化前 200 年的歷史中，歐洲國家及美國、加拿大、澳大利亞、新西蘭的歷史實踐，反復驗證了新古典經濟學的假設與內在邏輯，反復驗證了市場競爭制度對於物質財富創造的高度有效性，反復驗證了市場競爭制度對於人類群體性征服自然的有效性。而在地球的另一邊，取消"財富追逐自由"和"市場競爭"的全球性社會主義大試驗，猶如一次患者超大規模參與的雙盲試驗，以失去社會創富動力、共同貧窮加暴政的結局宣告失敗，數以億計的非正常死亡的生命，成為這一歷史大雙盲試驗的殉葬品。

在這場人類理性自主的前所未有的自利性大競爭中，"企業家"通過在刀尖上跳舞，成為一個被鍛造出來的新群體。每年成立的 100 家創業公司，在 10 年後的存活率低於 1%，成功率只有 1%。但成功後被傳媒熱炒的鑼鼓喧天，仍然吸引人們前仆後繼地在企業家創業的道路上赴湯蹈火，勇往直前。因為成功的企業家不僅代表着財富自由夢想的實現，而且代表生命的成功和其社會影響力的實現。[312] 根據經濟學家熊彼特的研究，那些成功的企業家就是資源組合的"創新家"，不能成為創新家的企業家就被市場競爭無情地淘汰，成為被拋棄道旁的"枯骨"。公司倒閉後失敗的投資者，需要等待公司債務優於股權的順序按有限責任清償，他們或等待時機東山再起，或從此退出江湖，轉身加入分工更細的勞動大軍的競爭。

而勞動分工緊緊圍繞着公司最終是企業家進行，並依其對企業家競爭能力的重要性而排成了優先順序。[313] 排在第一位的是首席技術官及其技術研發應用團隊，他們決定了公司或企業家在市場競爭中"別具一格"的能力；排在第二位的是首席營銷總監及其銷售團隊，他們決定了公司或企業家在市場競爭中的營收能力和市場佔領能力，並反過來影響公司的戰略決策；排在第三位的是首席運營官及其管控團隊，他們決定了公司或企業家在市場競爭力的成本控制能力和市場反應速度，並反過來影響公司的管理決策制定；排在第四位的是首席財務官及其財務簿記、成本管控、效率分析與融資團隊，他們決定了公司或企業家對公司局部到整體信息整合的精準性、會計核算合規性、資金管控的有效性和資金對公司戰略調整支持的有效性；排在第五位的是首席人力資源官及其人力資源團隊，他們決定了公司或企業家是否能從市場上找到最優秀的人才，並匹配與公司戰略相協調的職位，是否能通過優化的業績考核導向促進團隊的業績表現與能力動態提升，是否能形成好的團隊文化以優化合作，是否能形成僱員與僱主之間的有效協調機制與人才優選機制；排在第六位的是首席律師及其團隊，他們決定了公司或企業家在與股東、消費者、社區、債權人、政府、競爭者等利益相關方交往過程中的合規性管控，與潛在法律風險預防能力，以及潛在法律風險化解能力；排在第七位的是產品製造或服務生成的團隊，他們決定了產品或服務提供的質量與穩定性，決定了公司在消費者心中的質量口碑與質量效應。

公司勞動分工的細化促進了教育的分工與細化，各種大學、職業學校、繼續教育學校的競爭，促成了教育機構對公司需求的響應，各種各樣迎合公司需求的人才被培養出來並投入公司之中，極大地提升了公司的競爭力，同時使競爭力凸顯的公司實現贏者通吃的規模擴張。特別是通過日漸增大的廣告投入，公司逐漸將專管信息傳播的社會媒體納入其投資視野中，通過投入廣告影響消費者的決策，進而聯合創造出一個新的廣告產業。廣告產業很快與大學教育和社科研究相結合，生發了一個廣告傳媒產業。因為傳媒學科研究的是如何抓住並吸引人的注意力，廣告學科研究的，則是如何利用人性弱點而將傳媒吸引力轉化為產品或服務購買力，可是當廣告和傳媒結合在一起的時候，一個僅僅為了賺取利潤而抓住人們的注意力，並以製造社會影響力為唯一目標的社會傳媒行業便誕生了。廣告行業從公司的幕後轉到台前，從為公司推銷產品或服務，轉變成為公司製造年輕一代的消費者，並讓這些消費者成癮而變成消費路徑依賴者。廣告傳媒一徑成為製造消費者並持續抓住消費者的工具，反過來要求公司投入越來越多的廣告費，廣告費在會計科目上立刻從費用科目轉變為投資科目，其投資額常常從佔利潤的 5% 到 10%，甚至到 50%。有的公司投入的廣告費，極端到佔利潤的 100%。於是，通過社會傳媒對消費者施加影響的廣告傳媒行業，成了公司考慮問題的出發點而進入戰略規劃室，美其名曰"品牌號召力"。

通過對人的罪性貪婪、佔便宜、不勞而獲、自私、渴望變成名人或戰無不勝的英雄等人性之弱點的分類研究，以及在該基礎上的迎合性、針對性、引導性的廣告傳媒方案設計，免費贈送、組織巨額獎金競賽及各行各業創吉尼斯紀錄等花樣翻新的廣告活動，加上無度的廣告投資與社會傳媒業的緊密勾連，徹底改變了三大市場之間的制衡與互補關係，以致我們今天已經無法知道，到底哪一個市場上的購買決策甚或公共投票決策，是由原本具有自由意志的消費者自己真正在獨立思考的基礎上做出來的。那些覺得自己很自由、很前衛、很特立獨行的人，其決策不過是另外一些人在密室中挖空心思精心設計，並通過電視、紙媒、移動互聯網和各種名人參與製造的"社會影響力"所促成的。人們在無形中變成被俘虜的廣告拉線木偶。人類思想的理性來源碰到了前所未有的新挑戰，人們所持觀念是否源於人類的自由意志思考，碰到了前所未有的新挑戰。一個通過牟利性精心設計，以回應巨量廣告需求而由明星和各種知名專家加入，用娛樂與廣告製造社會影響力的時代，被廣告傳媒人開啟了。[314]

進一步的勞動分工被社會傳媒業製造出來。其一，是供職於公司中的公共關係和品牌傳播部門領導人。在世界一流的公司中，他們每年將數億美元乃至數十億美元，用於廣告費用和政府部門公共關係遊說。他們不僅僱用各種演藝明星和體育明星去做廣告代言人，以影響消費者個人的觀念；而且僱傭科學技術專家去做軟性廣告，以影響消費者個人的觀念；乃至聘請教授及政府退休官員去進行公共性政策游說，以影響有利於公司產業的政治決策。其二，是供職於公司中的企業社會責任部領導人。公司每年撥出相當數量但低於廣告費用的公益慈善費用，供他們使用。世界一流的公司公益費用年度可達數千萬美元乃至數億美元，他們僱用專業的公益慈善人士，制定與公司客戶群信譽維護相一致的捐贈策略，通過選擇公益慈善組織去做定向捐助和公共傳播，以矯正過多廣告投入帶來的負面效應，提升公司的品牌形像。社會傳媒影響力的日漸增長，促進了名人的財富創造效應；財富創造效應，反過來進一步拉升了社會傳媒的廣告效應和社會影響力。社會傳媒系統，最終轉變為整合三大競爭市場資源並製造社會影響力的平台，24 小時用新聞覆蓋的美國 CNN 電視新聞公司的創立，以及中國新浪、騰訊，美國谷歌、臉書、推特等純靠新聞和製造社會影響力的公司大流行便是明證。一邊是"免費"佔便宜而沾沾自喜的消費者，另一邊是"消費者"被消費後獲得廣告收入的洋洋得意的傳媒人。谷歌公司首當其衝推出了人類歷史上不用兌價支付，就可長期獲得免費服務的吊詭商業模式，但此商業模式背後的真實模型，是收集消費者隱私信息賣給廣告商。為了千萬遍地出賣消費者的個人隱私權，谷歌公司發展成一個製造免費服務 APP 的全球化平台，一如阿里巴巴淘寶店商變成網上微店平台一樣。每個 APP 的登陸和每次進入都要登錄或認證個人信息密碼，從而產生廣告收入。APP 們則推出網紅，進一步將製造消費者的廣告傳媒業進行到底。隨着時間的推移，人們在網絡和手機上耗費的每日時間，從 30 分鐘到 60 分鐘再到 90 分鐘，現在已經普遍超過 300 分鐘。每個人都需要一本厚厚的密碼本，人的生命被赤裸在線並撕成了成千上萬的碎片，每天都處在渾頭脹腦的狀態中。而谷歌從品牌形像上講是一個免費搜索引擎與各種 APP 服務平台，但從收入模型上看，是一個徹頭徹尾的廣告傳媒消費者製造商，其年近千億美元的收入中的 80% 來自廣告收入。人類歷史上最掛羊頭賣狗肉的商業模式，成了這個時代最受潮流追捧的新商業模式。譬如在谷歌上運行的最著名 APP 公司之一臉書，其年廣告收入就超過300 億美元。還有無數這樣的公司，不一而足。在中國杭州的一個網紅社區裡，巨大的公寓型摩天大樓裡住着數以萬計的網紅，他（她）們每天在各種 APP 上從事直播帶貨，完全重塑着這個世界的生命存在方式。於是，社會傳媒作為對個人觀念之社會影響力的意義和作用，遠遠超越了人類理性的想像力與控制力。[315]

　　另一方面，公司無論向市場提供產品還是服務都離不開資金的支持。而提供資金支持的銀行，類似一種溝通存款者和貸款者之間需求與供給的服務供應商，本來是一種與產品製造相平行的傳統存款、貸款經營的行業。在農耕文明時代，銀行或錢莊的服務因收高息差而飽受詬病，幾乎成為道德禁忌。在工業文明的經濟市場中，銀行業在取得人牟利行為的合法正當地位後，仍必須受到來自政府的嚴格監管。可自荷蘭人 17 世紀在華爾街的七葉樹下，開始他們自製的公司股票交易以來，將公司的業績和價值標準化成股票和債券，並出售這些股票和債券以從非經營者手裡融資，就成為重估企業家價值並進行交易的非銀行金融工具，長久地令人迷醉。

　　經過美國偉大的國父之一漢密爾頓的理想主義制度建設，華爾街從 19 世紀開始成為世界金融創新中心。華爾街的金融創新類似於設計跨時空的套利魔方。股票市場相當於把一個公司在未來時間中的盈利預期，賣給現在的投資者而使公司獲得資金貼現，以支持當下的資本需求。而股票買賣的投機者，相當於對公司未來的盈利預期進行對賭，並由此形成了公司除控股股東之外，處於變動不居狀態的股東群，這些股東選擇持有或賣出公司股票，與社會傳媒系統提供的金融信息高度相關，因此被經濟學家稱為"用腳投票的股東"。債券市場，相當於債券投資者，對每一筆市場公開發行的債券的未來到期日償債能力與違約預期進行當下對賭。期貨市場，相當於期貨投資者對每一筆市場公開發行的，遠期並跨區域的大宗商品交易合約的交貨預期與價格預期進行當下對賭。外匯市場，相當於外匯投資者對未來特定時間，兩國貨幣用雙方認定的第三方權威貨幣衡量的外匯比值預期進行當下對賭。資產證券化市場,相當於投資者對經過市場權威認定發行的未來資產租、售分期付款的履約性預期進行當下對賭。

如果說股票預期的依據,是基於公司簿記會計制度和公司法框架,從而基於會計師事務所和律師事務所這樣專業分工人群的職業道德背書,因而尚有投資邏輯的話,那麼股票之外的那些各種各樣、名目繁多且日益複雜的期貨、期權、期指、資產證券期權及保險對賭等金融衍生品,就純屬人類的賭博性投機,其存在的合理性和必要性,則只能靠華爾街的博弈論經濟學家們挖空心思構建的數學模型來解說了。可是,華爾街強大的公共政治關係與經濟學家,就是可以通過人的理論,將其變為合法的市場交易對象物。於是,農耕文明時代,被人類的道德厭惡、唾棄的賭博性投機,就被華爾街通過金融創新、數學工具等華麗包裝之後,引回市場競爭之中,並通過經濟學應用數學的大量建模化工作,以及數量經濟學家納什所命名的"博弈論"美名,而獲得了交易的合理性與正當性,從此成為人類經濟必不可少的組成部分。

華爾街這種日新月異的非銀行金融工具,通過不斷製造成功的財富神話故事,極大地鼓舞了企業家們的冒險精神和創新精神,加速了科學技術的互動與實用性步伐,同時也加速了公司間的資本並購與規模擴張。人類通過數萬年探索而形成的物理性國家邊界,都被華爾街的這種金融創新夷為平地。按華爾街亦步亦趨複製的金融創新模式,遍佈全球,其市場波動通過電視、廣播、互聯網的社會媒體及時廣泛傳播,每天牽絆着億萬人的心靈。新金融產業作為人類理性沾沾自喜的成就,使傳統銀行業相形見絀,也為人類埋下了僅僅依靠人類理性永遠無法解決的、最為深刻且致命的金融危機種子。[316]

20 世紀末,社會傳媒無限擴張的影響力和華爾街非銀行金融創

新這兩大經濟市場競爭孕育出來的特別要素，在美國合流，創造出了全球主義加金融壟斷的混合物，[317] 成為市場競爭的新天敵。

這種合流基於兩個重要歷史前提。

其一，是基於兩次世界大戰上億條生命的殘酷死亡教訓而成立的聯合國及各種雙邊、多邊組織的活動，基於美國 40 年代自擔費用、在世界關鍵地區駐軍和美元國際結算、並用黃金作保的 "布雷頓森林體系"，基於美國自 20 世紀 50 年代提出的旨在幫助不發達國家恢復並 "發展" 經濟的 "馬歇爾計劃"。由此催生的世界銀行、國際金融公司和國際貨幣基金組織等，大量的公司社會責任捐贈、私人遺產捐贈、私人基金會捐贈乃至雙邊、多邊政府援助，都指向了國際化的公益項目，從而產生數量驚人的國際 NGO（非政府組織）及就業人員，催生了人類前所未有的全球化發展援助和語境。在任何一種國際會議或任何大學教育的互動場合，不能融入這種語境都是一個人落伍與過時的標誌。

其二，是基於蘇聯為主體的、以取消人追逐私人財產自由為目標的社會主義大試驗的衰落。其核心轉捩點，是參加這一社會主義大試驗的國家中人口最多的中國，脫離蘇聯體系而轉向對舊體制進行改革，向西方開放市場，給人以追逐個人財富的自由；嘗試建立國家資本和民營資本並重的不充分經濟市場競爭制度，加入國際社會分工，並逐步嘗試複製華爾街的非銀行金融市場。此舉導致世界自由貿易市場總規模的空前擴大，形成了蘇聯大陣營中，是否採用經濟市場競爭制度的最鮮明參照系。結局是蘇聯東歐社會主義試驗模式的崩潰瓦解，佐證了一個多世紀以來有關 "市場競爭制度有效，還是計劃經濟制度更為有效" 的無休止爭論。這一結局不僅有利於政治家和專家學者們的主義之爭，更為華爾街的金融家們帶來了全球化資本擴張的最有利時機和語境。如果企業家、公司高管乃至各種圍繞公司服務的專業人士，在任何場合都不談"全球化"和金融投資，這就是一個人落伍與過時的標誌。

當大量的國際公益組織和華爾街金融公司，都在談論全球化的時候，社會傳媒通過社會影響力整合傳播，形成社會互動的大潮，[318] 席捲了那個時代的每個社會精英。華爾街公司和企業家們則通過日益增長的政府公共關係投資，和更多地僱用政府部門的退休精英，通過數十年成功的政治遊說促進國會立法，將羅斯福和威爾遜時代制定的一系列金融業有關"資本充足率""傳統銀行"存貸業務與"非銀行金融機構"投機業務嚴格分離、限制並嚴格監管對實體經濟意義不大的"金融衍生品"業務等立法，悉數廢除。美國金融業自此迎來了一個完全自由飛翔的全球化時代。傳統銀行與非銀行金融機構通過相互兼併而大量混業經營，這使銀行非傳統投機業務的收益佔比日益攀升，到 2008 年前已接近或超過 50%，最高達 72%。這種使用人力很少的投資銀行業務和投機業務的大幅攀升，使銀行和金融公司大量使用"表外資產"和"影子銀行"去提升杠杆率，從而推升其淨資產收益率，致使其資本杠杆率從傳統銀行的 12.5 倍提升到 25 倍、30 倍乃至 46 倍。

這種惡性競爭促成了行業的寡頭壟斷時代的來臨，美國前 6 家大銀行和金融公司佔美國銀行業總資產近 60%。類似高盛金融集團、花旗銀行、美洲銀行、巴克萊銀行、英國皇家銀行、滙豐銀行等萬億美元資產的公司帝國，悄然形成。

大銀行金融公司的僱員們把資產證券化的所謂金融創新濫觴於市，美、英等國所有資產的遠期抵押貸款和租金合約，都被證券化為金融產品，並通過華爾街金融網推銷到世界上每一個角落，推銷給那裡的中產階級和華爾街崇拜者，銀行的風險似乎已然擺脫。可是購買者購買行為的產生需要保險業介入並提供擔保，於是債務合約分級並按數學模型計算的諸如最著名的"次級債"和"違約掉期"等金融避險工具，被創造出來，以說服保險業介入並支持華爾街貪婪的金融擴張。這最終導致銀行厭惡傳統存貸業務而把貸款業務外包給貸款公司，貸款公司因希望將遠期貸款合約立刻賣出套現而不再嚴格審查貸款人資格和首付比例，因此最後一塊多米諾骨牌已然鑄就。隨着雷曼兄弟金融公司的轟然倒塌，華爾街為世界創造的 2008 年全球金融大危機來臨。這次大危機與 20 世紀 30 年代的大危機全然不同，那次是人們和企業家對未來預期太好的週期心理，引發製造業投資過度，從而引起產能過剩型的金融危機。2008 年的大危機，則是政府監管與華爾街金融家博弈失敗的長期累積，導致銀行金融業監管失控後，因銀行和非銀行金融機構混業經營、寡頭壟斷、表外資產推升杠杆率，使資本充足率嚴重不足造成的，說到底就是華爾街打着金融創新的旗號，進行金融欺詐性經營所製造出來的。[319]

可最大的不同是，20 世紀 30 年代的大危機，催生了高度的政治認同，羅斯福新政既開了凱恩斯主義之政府通過財政政策和貨幣政策干預自由市場的先河，又制定了以《格拉斯——斯蒂格爾法案》和布雷頓森林體系外匯管制法案為代表的一系列銀行業和非銀行金融機構管控法案，使金融業回歸正常並與其他產業保持一個基本的平衡。20 世紀 70~80 年代，由華爾街游說加社會傳媒影響力製造所共同推動的"自由主義"甚囂塵上，導致了這些監管法案被漸次悉數廢除，由此帶來了銀行和非銀行金融的自由騰飛。沒有任何產業政策過濾的大多數實體經濟，則在全球主義的凱歌聲中被迫遠走他鄉，失業則留給了中西部的產業工人。

1980~2014 年，金融業的增長速度相當於美國經濟整體增速的 6 倍。華爾街 6 家大銀行金融機構通過相互兼併、混業經營，擁有了全美近 60% 的銀行總資產。但 2008 年，當這些寡頭壟斷型金融機構面臨崩潰時，出身於華爾街高盛集團 CEO 的政府財長保爾森，立即推動了基於中產階級納稅人的財政性金融救助，救助金額達 7 800 億美元。這在美國歷史上還是首創——私人公司倒閉由國家負責，而不是由私人投資人負責。於 2012 年通過的《多德——弗蘭克法案》長達 616 條，但它很像是一條在華爾街政治游說下，由國會縫補的不改變褲型的沉重補丁褲，其複雜程度除了華爾街之外沒人能懂。其結局是美、英的如高盛公司、摩根大通、美國銀行、巴克萊銀行、勞埃德銀行、滙豐銀行等大銀行的資產，比 2008 年大危機前又增長了 25%~250%。混業經營沒有根本性改變，世界規模最大的 5 家銀行發起了資本市場近 60% 的交易業務。以華爾街為主的世界金融衍生品資本在半個多世紀急劇上升，已經高達 700 萬億美元之巨。

這些金融衍生品資本，對實體產業和勞動就業來說到底有什麼用處，始終是沒有答案的經濟學爭論，但它無時無刻不在進行投機並推動財富分配的兩極分化。美國不止於金融業且正在生發的新的行業寡頭壟斷，超越以往的歷史。壟斷對市場競爭的破壞前所未有，而與壟斷博弈的反壟斷政治力量則日漸衰弱。在 20 世紀 70 年代，只有不到 4% 的參、眾兩院議員，選擇在退休後去做大公司的政治說客，而今天這一比例則高達 42%。美國歷史上，那些堅守在上帝理性指引下具有偉大理想與抱負的政治家群像，似乎日漸被侵蝕並退出政治舞台。顯見，這種新時代巨型公司帝國的市場壟斷趨勢，加大了公司精英與政治精英的實用主義合流，這預示着新的、更大的、更驚心動魄的危機，仍在孕育之中。[320]

中國作為新興的國家資本主導的半經濟市場制度，一點兒也不妨礙其向迷人的華爾街學習。2008 年美國金融危機之後，中國政府為了控制房價而限制銀行向房地產公司貸款，其結果反而導致中國影子銀行業務空前興起，銀行和信託投資公司、保險公司、抵押公司等銀行和非銀行金融機構表外資產業務盛行，公司資本槓杆率大幅拉升，一個將近 20 年只漲不跌的特殊房地產市場被培育出來，一個超過 400 萬億人民幣量級的房地產產業鏈已然形成，它承載着所有民眾的投資標的和財富增長夢想與預期，承載着各級政府增加自主經營土地財政收入去辦大事的夢想，更承載着銀行將土地和房屋作為抵押物增值的全部安全預期，從而推動各級政府及國企公開加隱蔽性債務規模總量，在 10 年時間中暴漲數十倍，目前已超越 200 萬億元。無法與政府或國企合作的民營企業家們，被置身於地租上漲、資金供應鏈斷裂，從而利率成本上升、勞工稀缺和政策性交易成本上升等四面楚歌聲中，債轉股或破產被國企收購，都成為民營企業不算太壞的光榮結局，流浪世界和自我放逐成為他們的行為時尚。**這個由國家資本控制而新富起來的龐大經濟帝國，所依靠的投資拉動及其與世界市場之間通過貨幣壁壘來區隔的，長漲不跌奇跡中累積起來的潛在危機如何釋放，是留給中國和整個世界的未來超級難題，破解它必是驚心動魄的。**[321]

　　美國和中國經濟市場中形成的巨型企業帝國的行業寡頭壟斷格局，在成因、形式、技術水準和經營管理能力上差異巨大，但諷刺的是，它們對市場競爭的破壞所誘發的本國經濟問題是完全相同的，即都推動了資本利得、知識產權利得和名人利得收入的加速增長和普通勞動所得成反比地下降，從而加劇了兩極分化。

　　在美國，大公司首席執行官的收入失去了社會約制，其平均年薪收入與中產階級年薪收入中位數之比，在 20 世紀 70 年代末為 30:1，1995 年上升到 125:1，2008 年大危機之後繼續上升到現在的 300:1。按高管薪酬排名，前 500 名企業高管在 20 世紀 90 年代的平均年薪為 890 萬美元，今天則遠大於 3 000 萬美元。他們真的應該拿那麼多錢嗎？就連華爾街最普通的基金組合經理，平均年薪收入都超過了 220 萬美元，而且他們還可以按資本利得（20%）而不是如中產階級那樣的收入所得（高於 40%）來交稅。這樣，美國個人工資和薪酬在整個 GDP 中的比重，從 20 世紀 70 年代末期的 52% 下降到現在的 42%。中產階級扣除物價指數影響後，發現可比購買力收入近 40 年來沒有變化。而美國 1% 的最富人群的稅前收入的同期佔比，卻從 10% 上升到 20%。人們普遍感覺到社會不公平，認為政府參眾議員由大公司利益公關所影響與誤導的民調比例，從 20 世紀 70 年代的 30% 上升到 21 世紀第二個十年的 80%。社會衝突加劇，數十萬人長達數月在全國各地自行發起佔領華爾街的運動，以及美國近年日益劇烈的兩黨衝突、Me Too 性政治污名化乃至仇殺，便是明證。

在中國，經濟學家用於衡量分配相對公平性的基尼系數，於 21 世紀初跨越 0.45 的警戒線，最近幾年達到 0.57。中國新崛起的 1% 的富人佔有的財富比例過早超過 20%，而就業結構非農化長期在 60%~70% 震盪，城市化進程在 50%~60% 徘徊，弱小的中產階級艱難掙扎，一個以中產階級為主體的社會穩態結構遠未形成。更為嚴重的是，政府直接經營國有銀行、金融、能源、航空、鐵路、通信等造成的國家資本壟斷，使個人不得不將存款存入銀行，民企貸款難永遠無解，國有企業則直接通過高杠杆率從國有銀行吸金。國企可以從農民手中強制低價徵地，使其總資產在十數年間翻了數十倍，目前直抵 200 萬億規模。這不僅導致資源配置低效，而且為政府權力的腐敗大開方便之門。政府反貪揭示出的官員貪腐數字驚人，高層官員家族貪腐觸目驚心。人們對官場貪腐的想像力無限，整個社會彌漫在不信任情緒和仇富心理之中。除了政權管控的暴力恐懼之外，人們失去了任何內在約制和自我激勵的行為應當，僅剩公益慈善在凜冽的極端壟斷性市場驅動之物慾主義寒風中，搖曳着微弱的公共精神之光。

中國和美國完全不同的經濟市場模式，雖然都在不同程度上，被

全球的經濟學家們認為是迄今為止大國經濟發展各具特色的成功範型，但都面臨着某種共同的前所未有的深刻危機。在全球化主義旗幟下的不同範型的市場壟斷，以及兩國政治精英與公司壟斷型精英在全球化旗幟下的合流，形成了不同市場壟斷下的形態相異、程度不同的政治庇護，並由此不同程度地破壞了"市場競爭才能有效並公平"的"洛克法則"，因此邏輯必然地導致了兩國雖性質不同，但嚴重程度相當的兩極分化和中產階級衰落，並生發出社會的普遍痛苦與深層不安。而這種"全球化主義"，卻極為諷刺地得到美國著名藤校中某些獲得諾貝爾經濟學獎的教授、數以千萬計的國際組織、NGO 組織和知識分子精英乃至大企業家和華爾街大佬們的無條件追捧。儼然代表着新科技的大企業家、知識分子精英、國際組織領袖，今天十分意外地與專制政府及唯金錢馬首是瞻的華爾街大佬們，同時坐在"國際化主義"的大船上，琴瑟相通，和聲滿滿，因為這代表着人類大同的千萬年夢幻的簡單臆想。

可理論和理想是簡單的，現實之路則嚴酷且複雜。法國經濟學家托馬斯·皮克蒂的《二十一世紀資本論》，運用庫茲涅茨在 20 世紀 40 年代使用的統計方法，通過大數據實證研究，發現資本收入和勞動收入之間日漸擴大的差距，與 20 世紀 30 年代大危機時代的相對數值非常接近，億萬人對社會不公的真實感受並非空穴來風，也很難用唯華爾街所真心期盼的全球主義幻象來遮掩和粉飾。[322]

顯然，我們面臨着人類 300 多年現代化歷史上最為深刻的壟斷天敵危機。在世界第一大經濟體美國：如谷歌、蘋果、亞馬遜、臉書等大科技公司正在製造新的行業壟斷，正在成為經濟競爭市場的最大天敵。他們憑藉沒有競爭壓力的無邊無際的定價權，正在收割普通消費者與中產階級生命時間與金錢：一方面，推動經濟上嚴重的兩極分化；另一方面，大科技公司利用他們平台科技優勢強勢，推廣精英治國與狂熱的極端自由主義思想。這種精英治國與狂熱的自由主義思潮，在國內打着自由民主的旗號，在世界則舉着全球化與慈善同情的大旗招搖過市，深得大學裡年輕一代與社會精英們不加思索的吹棒，從而將美國精英導入自己就是上帝自己就是全球化責任人的誤讀與濫觴。此種極端自由主義思潮，一方面拋棄美國的憲法傳統與基督信仰根基，其精神病毒嚴重侵入政治與社會市場，通過群組性標籤化的社會政治運動，推動政治正確與嚴重的社會偽善風潮；另一方面為了獲取那該死的廣告投資，社會傳媒完全變成金錢的奴隸，成為極端自由主義與政治正確的助推者與言論統治者。美國正在淪為少數社會精英極端化自由主義思潮，通過政治市場與社會市場的壟斷，來壓制多數人言論自由的奇葩國家。

在世界第二大經濟體中國：進入世界前 500 強的公司，除了阿里巴巴等極個別的公司是民營，幾乎全部是國營壟斷企業。**"壟斷" 就是中國式 "特色" 的社會主義市場經濟**，因此，其 "社會主義" 即國家資本壟斷主導的非競爭型市場經濟體系，對資源的配置利用必然是低效的；而且政府官員腐敗及政治家族與民營資本深度勾結的市場腐敗所導致的資源錯誤配置，必然是該體系長期無法醫治的痼疾。**這種國家資本主義非競爭市場**，一方面必然在未來時間中積累潛在的更大危機，另一方面必然反過來強化政治與社會系統的非市場化壟斷，即促進三大市場系統向政府壟斷政治和政府壟斷社會的方向無度演進。中國的問題，充分體現了只有經濟市場是無法支撐一個國家的現代化夢想的。

實踐證明，只有三大市場的競爭性完善與疊立，才可能成為一個國家實現現代化的有力支撐。即使在一個已經實現了現代化的三大競爭性市場系統中，依然存在着經濟市場侵蝕政治市場的可能性，依然會造成政治決策對市場新寡頭壟斷的放縱，從而破壞市場競爭的 "洛克法則”，更不用說那種殘缺不全的三大非競爭性市場系統了。

　　總之，在現代西方極端個人主義和絕對自由主義語境下的這種人類獨一理性自主，可以通過企業家對科學技術的相互驅動，將“人的能夠”推升到人類歷史的巔峰，卻無法避免“人的應當”被越來越複雜立法之“人的必須”所侵蝕，剩下的則用社會傳媒和專家學者炮製的倫理道德之“人的應該”來取代。源於上帝神聖呼召的人自我約制、自我激勵與自我堅守的“人的應當”，則被逐漸拋棄。如此失向的人類理性，很難長期守住“自由”“平等”“公平”這些最根本的國民性基石法則，人類正在品嘗由此生發的長期苦果。

第二節　匍匐於科技的腳下

　　在牛頓及其之前的時代，科學和技術無論在定義上還是在淵源上，都是嚴格區分的。技術發源於人的經驗，是為了解決人在經驗過程中所面臨的“怎麼辦”的問題，因此我們將技術這種技巧型問題的解決，稱為“know how”的“技術發明”。西方科學則從上帝或神出發，是為了解釋人的經驗所無法抵達之深層的“為什麼”的邏輯想像問題，它揭示的是托馬斯·阿奎那所概括的，上帝支配人與自然關係和人與他者之社會關係的“法則”。這些“法則”從起源上講是由上帝所創造的，但人可以通過經驗觀察歸納它並予以運用，因此我們將科學研究成果對這些“規律或法則”的揭示，稱為“know why”的“科學發現”。從歷史上看，所有現代科學都源於天文學及其數學工具，而最初的起源是上帝信仰；所有技術則可追溯到人的經驗。因此可以說，技術與人類的實用主義目的高度相關，屬於實用生活技巧範疇；科學與人類的信仰和想像力高度相關，屬於哲學範疇。二者的區別是明顯的。16 ～ 18 世紀，數百名各自然科學學科、為現代科學奠基的偉大科學家，在身份上幾乎都是從希伯來——基督信仰中走出來的，在思考出發點上，幾乎都是從上帝信仰之絕對真理為出發點發問的，在方法論上很少不是從哲學神學和數學的結合中走出來的。從 1895 年瑞典諾貝爾科學獎設立到 2018 年，這 100 多年獲得物理學獎和化學獎的科學家有 401 位，生理學醫學科學家有 209 位，他們中 85% 以上，都與希伯來——基督教信仰的文化語境高度關聯。[323]

但隨着三大市場機制對社會事務的全覆蓋，特別是經濟市場競爭制度對人的自我為中心之逐利正當性的肯定，以及社會傳媒業和公共教育強有力的促進，這種正當性被強化。以此為基礎，驅動企業家從競爭中勝出的“戰略優先序”形成。企業家的第一競爭利器，就是將資源投入到技術研發領域中，以取得新的技術發明專利權從而控制產品定價權，由此大幅提升利潤率，並提升公司的核心競爭能力；第二競爭利器就是將資源投入廣告業，進而影響消費者的決策或直接製造消費者，提升公司產品或服務的市場佔有率，促進公司走向行業寡頭壟斷；第三競爭利器就是將資源投入政府公共關係游說，以讓有利於自己行業壟斷地位的政治決策形成。

企業家利用技術發明和創新首位化的競爭戰略，誘發資本和人才向技術領域傾斜與集中，從而推動技術創新節奏加快。社會媒體的導向和企業家對大學及研究機構的公益捐贈，反過來推動科學研究的深化。美國每年捐給大學和研究機構的經費接近千億美元，政府每年用於資助科學研究的經費超過千億美元，僅在醫學和藥物研究上的資助就接近 400 億美元。在中國最近幾年的基金會接受的公益捐贈中，大學基金會捐贈收入，佔全社會捐贈總額的 20%，且其捐贈總額的增長速度，仍然呈遠快於其他行業捐贈的趨勢。在這個進程中，科學發現和所揭示的規律越來越多，越來越細，並越來越為公司和個人作為知識產權專利所註冊，以致我們無法分清紛繁複雜的專利是科學屬性、技術屬性，還是適用新型的工藝屬性。

　　明顯的是，美國專利局變成了政府中越來越龐大的部門，僱員人數超過 13 000 人，過去十年的年增長率超過 6%。在這個過程中，一方面，科學研究和技術研發因資源的集中而像一個巨大的漩渦，捲入越來越多的人才與社會關注，促使技術創新加快、社會物質財富大量增加和湧流，以及物質生活方式上的花樣翻新與物質繁榮；另一方面，為了購買這日益複雜多樣的生活，人們對貨幣購買力日益依賴。而為了獲得這種貨幣購買力，人們被勞動力市場驅動，進入日益細化的勞動分工和被組織化程度越來越精細的社會結構之中，終日勞作與計算個人和家庭的財務收支。同時，科學和技術越來越在實用主義的生活中被混為一談。任何一個技術水準很低的公司，都可以設科研部和首席科學家；任何一種生活中的“怎麼辦”的技巧，都被社會媒體當成科學知識來傳播。技術和科學之間的界限，被金錢和傳播日久天長、滴水穿石般地磨蝕，[324] 並委身於經濟市場鐵律的實用性功利主義。

　　科學技術的混合物，日漸變成了我們這個時代的新工具。我們每個人都生活在科學技術新工具所創造的物質繁榮中，我們都習慣於科學技術實證主義的思維方式。實證主義不僅統領自然科學領域的思考，而且鋪天蓋地地侵入社會科學領域的思考。任何領域、任何層次的問題都可以成為研究課題，只要你遵循“問題——立論——假設——建模——收集數據——驗證——結論”的步驟，就可以得出實證主義的研究結論，這些結論都可以戴上“科學”的桂冠，通過社會傳媒影響人們的思維與行動。越來越細的學科分支在產生，越來越多的專家在發表學術論文。專家們被迫離開觀察、研究事物和社會整全性的視角，到一棵樹的一片樹葉乃至一片樹葉的一根葉脈上去開展工作，時間久了，越來越多的人能把一片樹葉或一根葉脈說得頭頭是道，但越來越多的專家說不清楚這片樹葉藉以存在的這棵樹。人類研究得越細，知道得越多，每一個個人就越糊塗，以致離開傳媒的引導，每一個人都找不到自己應該怎麼表達，更別說人的應當了。

　　這種細化的學科，進一步導致科學和技術邊界的模糊，更可怕的是以經濟學為典型的社會科學，將自然科學的方法和數學引入社會領域。無視社會領域的因果關係是無法像自然試驗那樣，可以人為封閉變量環境來進行。因此，在一大堆明示的或隱含的假設條件群基礎上來建立變量模型，數字收集和推導來得出量化的社會試驗結論，再經過社會傳媒的品牌化傳播，引領了政府對市場競爭的干預正當性和華爾街金融投機的正當性，並引領了社會科學研究的自然科學方法論化。於是，社會領域和自然領域的差別性被抹殺，人與動物乃至與其他物質的差別性被抹殺。社會達爾文主義普遍盛行，尼采主義輕易征服年輕一代，大多數人感受到的常識錯誤，卻因被專家們認為是指導人類走向未來的偉大理論，而變為強大的政治力量，人的尊嚴蕩然無存。如道金斯這樣的新神學家，用他們那點兒人的有限知識宣告無限和永恆的上帝已死，[325] 生命的意義在於物慾競爭中的勝利，以及通過傳媒影響力獲得的他者認可——**教授講課必須揣摸學生的觀點，演講者必須討好他的聽眾，任何演講只要避開政治正確雷區，然後敢講、敢裸和敢標新立異，就能在這個世俗化的舞台上贏得雷鳴般的掌聲。人與人之間的關係，成為全然的物質利益關係和社會影響力傳媒化關係。**

　　離開信仰，人依然是一種永不滿足、坐立不安的動物。所以人依然需要內心的信仰，否則就找不到那種自我激勵、自我約制、自我堅定的行為應當。不幸的是，被混淆了定義、邊界和起源的科學與技術，因在當今世界的很多地方取得了"科學"的指稱而成為信仰的對立物。人們開始拋棄信仰，轉而匍匐於"科技"的腳下，用科技解釋一切，用科技指導行動，終日運用科技為金錢目標勞碌奔波，一有閒暇就被捲入社會傳媒製造的娛樂至死的怪圈中；一邊追星從眾，將自己導向條件反射式或標籤化的思考與言說；一邊胡吃海喝將自己養胖，再根據那些科技專家的意見來回改變食譜以追求軀體長壽。人們甚至天真地以為基因科學研究的成果和技術，能夠給人類帶來物理性永生。**科技成了越來越多人的"新工具"崇拜，與人類原初崇拜石頭、古樹與火一樣。這就是我們這個時代的由科技引領的信仰世俗化浪潮，它每天拍打着五大洲的舊海岸，侵蝕和消磨着人的生命，極大地影響着人的應當。**

可是，且不說在具體科技上的導向混亂，專家們今天說每天吃維生素 C 片有利於免疫健康，明天說它會讓肝臟受損；今天說油脂導致心血管疾病，明天說油脂有利於身體健康。即使在莊嚴的宇宙學、物理學層面上，離開上帝理性的科技也無法自圓其說。

迄今為止，人類用於解決"怎麼辦"問題的"科技發明"，都建立在被科學家們發現的各種"定律"之上，但這些"定律"又建構在更為本質和基礎的"科學定律"之上。其中人類迄今發現最為基礎的，宇宙萬物運行皆遵循的，從而能夠藉以解決各種"怎麼辦"問題的磐石性"科學定律"有五個。[326] 其一，是由牛頓發現的"萬有引力定律"，它解釋了宇宙之間萬物相互吸引、相互排斥的依存關係，解釋了物體之間的距離、質量和引力之間的關係。牛頓的萬有引力定律，為現代科學建立了第一塊堅固的基石性定律，從而使現代科學和技術發明，可以在萬有引力定律的邏輯上想像，並解釋其他科學發現與推動技術發明；其二，是由牛頓同時代的萊布尼茨首次發現的，之後由焦耳、莫爾、諾特、愛因斯坦、薛定諤等無數大科學家反復證實的熱力學第一定律——即能量守恆定律。它解釋了物質結構的化學分解與化合的科學邏輯，這一科學發現的基石性定理，開啟了人類對物質化學結構的探索，從而使物質分解與化合的現代材料工程的各種技術發明成為可能，並為我們理解生物體結構與動態變化的分子生物學，開闢了廣闊的可能性空間。其三，是始於卡諾並由克勞修斯完整表述的熱力學第二定律——即熵定律。這個基石性定律，解釋了所有封閉系統在與更大系統連接後，熱力在時間中朝向最大熵（即熱力平衡）的不可逆性，除非你在這個封閉系統中投入新的能量。這個基石性定律，進一步解釋了宇宙間萬物的有限性和暫時性，萬物在自然定律的進程中都在從有序走向無序，因此萬物都處於變化和消亡的過程中，即使是人，也是有限的和必死的。這條基石性定律，促使人類重新思考現代技術發明用於支援人類生活的各種工程系統的投入產出效率，以及這些人造工程系統的熵增終局——"如果沒有新的投入，死亡是必然的結局"。第四，是愛因斯坦在 1905 年發現的狹義相對論，以及他在 1916 年發現的廣義相對論。狹義相對論，重新解釋了宇宙中引力不僅與質量和距離相關，更重要的是與速度高度相關。牛頓的萬有引力定律中的引力常量，更適用於地球，在引入最快的光速度後這個引力常量就失效了。光速改變了人們對外太空的時空定義及其星體之間的能量關係。廣義相對論發現了空間彎曲的定律，這一定律重新解釋了星際間引入光速後的引力，是一種更大質量的星球之間形成的空間彎曲引力場。這種彎曲的空間，對其他星球運轉產生了不同於牛頓發現的引力影響。狹義相對論和廣義相對論，不僅使人類對宇宙的理解真正跨越了地球界限，而且使人類向近地星球的探索，獲得了工程學發明的科學解釋學支持。第五個定律，是始於普朗克常量的量子力學定理，玻爾、普朗克、泡利、海森堡、薛定諤都是不得不提到的量子力學偉大科學家的名字，正是他們發現了微觀世界中的結構與引力場原理，發現了物質微觀結構的複雜性、波粒二相性和測不準理論，以及主體意識在量子層面的介入與量子糾纏狀態的關係等等。量子力學不僅發現了上帝創造的微觀結構的博大精密與奇妙，打破了愛因斯坦相對論解釋的時空觀，而且為人類在電子科學、新材料及人工智能等工程領域的技術發明，開闢了廣闊且高遠的想像空間。

　　離開上述五個最具基石性的科學定律，今天我們對科學發現的所有相對性更高的定律將無處安放，任何一種技術發明，都將因失去科學基石性定律的支撐而坍縮，我們藉以生活的人類現代物質文明系統，將在傾刻間土崩瓦解、煙消雲散。**可是如果沒有上帝這一絕對真理，這五個支撐和決定人類所有科學發現與技術發明最具基石性的科學定律，又安放在哪裡呢？** 在今天這個分工越來越細的、只在一片樹葉甚或一片樹葉的葉脈中做工的"技術專家"們，已經越來越失去那一代人所獨具的這種天問能力，也沒有人真正關心它們的安放問題。在牛頓那裡，邏輯是清楚明瞭的——上帝創造了支配自然萬物運行的萬有引力定律，因此牛頓才能發現它。牛頓之所以發現它，是因為上帝賦予牛頓探索興趣的自由意志與從上帝視角觀察和叩問的能力。牛頓對萬有引力定律的發現，既源於順服上帝的謙卑，又順服上帝的旨意而使該定律因照亮了現代科學的夜空而有益於人類。

　　為什麼今天的人類有如此自大和狂傲之心？那是因為他們崇拜科學技術新工具，誤認為科學技術能解決人所碰到的一切難題。 可是走到今天，科學家們在不斷探索的過程中，卻不斷碰到無法完全邏輯自洽的前所未有的許多難題。無論是宇宙大爆炸，還是紅移現象、黑洞和量子力學，難題一個接着一個。原來以為是顛撲不破的一個個科學真理，不斷受到新的挑戰而成為一系列假設支撐的變量關係假說。

　　如果宇宙大爆炸的假設為真，說明宇宙有起點，那麼這個起點便是創造，創造必有創造者，否則就出現物質和宇宙是自我創造的，而這樣的邏輯是不自洽的。**因此，在許多西方哲學家眼中，外在於宇宙的上帝就是必然的，而且所有上述最基礎的定律，也有了與"人的應當"同源於上帝創造的最終安放。** 如果沒有超然於宇宙和時間之外的上帝創造，我們就只能牽強地解釋這些科學發現的定律，本來就是這樣地在那裡存在着。而如果它們本來就是這樣地在那裡存在着，那麼在宇宙大爆炸之前，它們也這樣在那裡存在着嗎？顯然這是無法自洽的。這相當於說，在宇宙尚未創生之前，宇宙中就存在着人類迄今發現的、支配宇宙萬物相互關係的五個最基礎的科學定律。任何一個初識文字的人，都能從這一全稱判斷中看出它不可調和的自相矛盾。如果沒有上帝創造，宇宙大爆炸就會與熱力學第一定律（能量守恆定律）產生不可調和的矛盾，因為宇宙大爆炸就是無中生有，就是能量的最大不守恆。**如果上帝存在，這一衝突就會立即消解，在上帝所創造的宇宙中，上帝用能量守恆定律使自然世界的能量守恆，因此上帝創造的人類，可以用能量守恆定律來轉換自然中萬物的形式以資利用，這一陳述既有秩序又在邏輯上自洽。**

　　由於哈勃望遠鏡的發現，以及斯里弗、勒梅特和哈勃等科學家的關於“紅移現象”的發現，科學家們發現了宇宙膨脹定律，該定律也得到了愛因斯坦廣義相對論的支持。這表明星球乃至宇宙也有生命週期，每一個星球都在離其他星球遠去，這說明星球和宇宙都符合熱力學第二定律（熵定律），上帝所創造的宇宙在上帝所創造的熵定律中運行，這是有邏輯且邏輯自洽的。因為，假如宇宙是一個靠投入產出來維持的封閉系統，這個系統符合上帝創造用於驅使這個系統運行的熵定律，從而人們用哈伯望遠鏡觀察發現紅移現象而得出宇宙星際間存在等距膨脹的規律，因此提出宇宙膨脹符合熱力學第二定律的假說，這是邏輯自洽的。這個物理學假說得以成立的前提是：這個系統之外必須有一位創造主體上帝。沒有上帝，這一邏輯自洽性立即受到挑戰。如果說宇宙不是一個封閉系統，那麼它怎麼可能服從熱力學第二定律？問題還沒完，根據愛因斯坦的廣義相對論和宇宙物理學家們的推測，宇宙在膨脹的過程中，恒星的質量越來越大而體積則越來越小，最終因燃料耗盡而發生空間彎曲導致引力場坍縮，引力場坍縮會造成恒星質量乘數效應般增長至臨界值即奇點，坍縮在奇點的恒星質量無窮大，以致每秒 30 萬公里速度的光子都無法從其表面逃逸，從而使處於奇點的恒星變為無法觀測到的"黑洞"，這些黑洞恒星不再參與宇宙膨脹（熵定律）的旅程，它們作為恒星遺體被遺留在宇宙中，構成了宇宙中我們無法解釋的佔 95% 的暗物質和暗能量。於是，霍金提出黑洞是可以被穿越的，它們連接着另一個宇宙，因此"多重宇宙"的設想便誕生了。在這些令人迷醉且燒腦的人類科學想像力中，無論人類怎麼想像，都需要上帝介入；因為只有這樣，人類的想像力才能在邏輯上自洽。不參與宇宙生命之旅的星體，可以不遵循熱力學第二定律，但它們會遵循上帝為它們創造的另一些定律。多重宇宙，更說明了宇宙之外有宇宙創造者上帝的必須性。人類今天仍然尚未認識到的無數定律，都在上帝無限的懷抱和邏輯秩序中。**上帝這個絕對真理既不影響人的能夠，也不影響人的應當，相信上帝這個絕對真理，才可能有效解決類似黑洞理論與熱力學第二定律不自洽這種相對真理之間的矛盾。**

　　而由玻爾、普朗克、海森堡、愛因斯坦、薛定諤和泡利等大科學家艱辛探索出的量子力學，揭示了物質構成的原子世界中超微觀量子世界的"波粒二相性定律""不確定性定律""相容性定律"等神秘的內在驅動法則。量子力學為我們今天的電子計算機網絡、醫療設備、基因工程、AI 超級算力等技術發明與生活方式創新，開闢了前所未有的可能性空間。其原子超微觀世界的運行與宇宙模型運行在狹義相對性上極為相似，這的確令人震驚，但在人的意識介入觀測之前，光子運行軌道和能量的不確定性同樣令人震驚。[327] **沒有上帝意志的介入，創造並驅動量子世界的邏輯，以及量子與量子之間邏輯關係的自洽性，同樣無法達成。**

　　再回到宇宙大爆炸理論。宇宙學家們普遍接受的宇宙大爆炸理論，建立在宇宙無邊界無中心的假設前提下，這個假設前提被稱為哥白尼原理，因此宇宙大爆炸後的膨脹無中心無邊緣，宇宙每個位置的物質都是均勻分佈的。宇宙大爆炸後大約經歷 170 億年，宇宙大約膨脹了1 000 倍。宇宙創造論宇宙學家羅素·韓弗萊斯，對此提出了強烈的質疑：第一，如果宇宙大爆炸的前提是無界宇宙，已經膨脹了 1 000 倍的宇宙空間來自何處？宇宙學中迄今無法解釋的超過95% 的暗物質和暗能量存在何處？它們在無界宇宙還是在有界宇宙？在大爆炸之前還是之後？第二，如果宇宙無中心等距膨脹，怎麼理解處於不同星系位置的時間同一性？第三，如果時間是同一的，如何理解多重宇宙大於 400 億光年的空間卻具有時間的同一性？如果宇宙的時間是差別的，那麼必然有一個宇宙中心，宇宙的膨脹和黑洞才可以理解。即宇宙始於"白洞"而終於"黑洞"的奇點。第四，如果宇宙有一個中心，宇宙的膨脹就不可能是均質的，無界宇宙的假說就無法成為宇宙大爆炸的前提。第五，爆炸只可能將有序變成無序，因為爆炸並導致系統因熵增而崩潰，不可能將無序變成如此高精度的有序宇宙。**相比較而言，上帝創造宇宙使宇宙有序運行更為邏輯自洽。**韓弗萊斯博士因此構建了他的宇宙創造論和核聚變的一系列物理學模型，來取代邏輯上無法自洽的宇宙大爆炸物理學與數學模型。但宇宙創造論宇宙學家的論文，卻遭到了主流科學和社會傳媒的全面封殺。

顯然，迄今人類發現的科學定律，都是上帝創造宇宙，並鼓勵人的自由意志去觀察發現的"各從其類"的相對真理，都只不過是通向上帝這一絕對真理的相對階梯，人類也在觀察累積之中不斷地修正它們。最為客觀的態度，是將這些相對真理加上"假說"二字，**以防止人類總是將科學所發現的相對真理絕對化的傾向。**而人類這種將相對真理絕對化的傾向，正是人的主要罪性之一，也是科技新工具崇拜這種流行宗教的驅動力量本源。

　　科學，是上帝賦予人類設問與回答"為什麼"的邏輯想像與解釋能力；技術，是人類基於經驗積累出解決"怎麼辦"發問的技巧；這兩種能力使人類能在自然中，通過追求相對真理而充分挖掘與展示"人的能夠"。相信和崇拜上帝，則能認識絕對真理，建立正確的人神關係準則，並通過這種信仰，來處置自己的生命際遇，使自己能夠自我約制、自我激勵和自我堅定地在人世生活，以配得上上帝所期盼的"人的應當"，而無視他人在人間如何混世與瘋狂。科學猶如茫茫黑夜中一束束可見的相對真理之光芒，它們照亮我們軀體前行的路徑，的確提升了"人的能夠"；而那無邊無際的黑暗，只能依賴上帝信仰的不可見絕對真理之光來照亮，從而讓我們共同朝向上帝所期盼的"人的應當"。而當我們把技術與科學混為一談並當作新工具崇拜時，人類必然離開上帝的神聖期盼與呼召，墮入盲目驕傲、自以為是的深淵，從而總是為人類拉開互殘與自殘的社群互動模式的歷史帷幕。

第三節　極端個人主義氾濫下的泥淖

　　科技新工具崇拜帶來的上帝信仰世俗化浪潮，引領着人類行進在機械主義決定論、實用主義以及最終的極端個人主義道路上。

　　牛頓、笛卡爾和洛克這樣的思想大師，力圖將人類理性，自主統一在無限永恆且權威的上帝理性之下，以使人類自主理性的行使有一個"人的應當"的神聖源泉，以約制、激勵和堅定人的信心與行為。可是在他們之後，英國哲學家霍布斯、法國哲學家愛爾維修和拉美特利將人類的理性自主極端化，混同自然世界和人類理性自主的應然世界，創立了機械主義決定論。在他們看來，整個世界不過是像鐘錶一樣的一台機器，或者是一台大機器中包含許多台不同功能的小機器。

在拉美特利（1709—1751年）看來，物質是唯一實體，人也只不過是機器而已。這種觀點，當然可以被看作是那個時代經典物理學取得的巨大成就，對社會震撼所引發的哲學投射，但機械主義決定論走得很遠，以致機械唯物論的創始人霍布斯（1588—1679年）早就高聲呼喊出了"人的心靈也是一台機器"的口號。人的精神世界和屬靈生命，被機械唯物主義者霍布斯徹底否決，機械唯物論因此走到了它的歷史盡頭，但它的意義在於：在自然世界中企圖追求確定性而避免不確定性，這對經典物理學時代的科學探索來說，是一種內在的超強激勵。

　　但把這種自然探索生搬硬套到人類獨特的理性自主中，未免幼稚可笑。因此，當機械唯物者自以為人類理性可以自主控制確定性，打倒一切宗教權威、顛覆傳統束縛而獲得革命的暴力快感時，尼采創立了極端化的"存在主義"哲學。他不僅否定事物的確定性，進而否定上帝，否定普遍化的人類公共精神屬性，否定社會秩序和道德，甚至還否定個體生命的意義，可謂將個人主義推到了人類思想之極端。這一思潮，與經濟市場化進程中知識產權、物權，在法律上署名化的進程相結合，將個體從傳統的神聖性公共屬靈生活中剝離出來，直接與各種法律規定的"人的必須"相面對，極大地解構了人類歷史上歷時數萬年之久的家庭組織結構，助長了人作為個體的極端化自由意識，削弱了**人的應當**中飽含着的神聖性公共責任期盼，為後世直至今天的個人主義的極端化奠定基石。[328]

　　尼采之後存在主義的重要人物維特根斯坦（1889—1951年），將經驗主義哲學從科學實證主義中繼續剝離，發展為只關注語言遊戲的所謂"分析哲學"。在維特根斯坦那裡，包括科學在內的一切人類認知都是語言，語言是人類遊戲的連續性積累，人並不是非要成為主體，也可以成為這個世界的第三者。因此，以人為中心的普遍性和先存性是不存在的，甚至人的生活也沒什麼特殊意義，意義來自人的生活實踐形式，其意義只是人類語言遊戲的一種表達而已。我們最大的問題在於對"普遍性"的迷戀，所以，回歸語言描述是哲學的唯一出路。哲學只能用語言描述，解決不了方向和出路的問題，因此我們不能用哲學提出任何假設和理論，否則就墮入尋找普遍性解釋的迷霧之中，去完成哲學不可能完成的任務。

　　雖然我們可以從 20 世紀反抗國家社會主義試驗所產生的集體主義暴力統合，以及反抗民族主義法西斯暴力統合這樣兩個角度，來理解存在主義哲學生發的邏輯合理性；但是，20 世紀包括尼采、佛洛伊德、維特根斯坦、薩特和庫恩等人的存在主義哲學，運用類似自然科學的新分析工具和技巧，帶着對舊傳統的革命性極端衝動，極端強調個體的自由，以及否定"價值"和"意義"這樣的普遍法則與社會公共通約的先存性，他們最終只承認人的個體性自由與遊戲規則相對應。除了法律規定的遊戲規則所構成的"人的必須"之外，個體的人就是絕對自由的，家庭和傳統倫理顯然多餘。除此之外，任何負載絕對真理的公共精神組織，無須為個體行為之"人的應當"去扮演任何公共性神聖期盼的角色，"人的應當"被他們完全拋棄。存在主義哲學，對科技新工具崇拜下人作為個體有限物之狂妄自大的迎合，產生了明顯的歷史結局：**伴隨着 20 世紀科學技術實證主義取得的物質性驚人成果，存在主義哲學在科技新工具崇拜的巨大陰影之中，極為自然地為超級實用主義和極端個人主義思潮鋪路。**[329]

　　20 世紀實用主義哲學的代表人物是查理斯·桑德斯·皮爾士（1839—1914 年）、威廉·詹姆斯（ 1842—1910 年）、約翰·杜威（1859—1952 年）和理查德·羅蒂（ 1931—2007 年）。美國實用主義哲學從起始上看，與東方意義上的實用主義有很大的差別。這些實用主義哲學家，其實想在傳統上帝信仰與存在主義對普遍公共精神的全面否定之間，尋找一條在社會實踐中可行的"中道"；在上帝理性主義和笛卡爾經驗主義之間，尋找一條"中道"；在洛克堅持上帝是起點和歸宿的經驗主義，與 19 世紀法、德歐洲興起的唯名論之間，尋找一條"中道"。因此，美國實用主義哲學認為普遍性真理和信仰是存在的，不能被輕易否定，可是個體需要從經驗的觀察中得出概念，從概念中得出認知，並接受實效性的檢驗。只有經過實效性檢驗的普遍真理，才算得上真理。換言之，只有促進人類行動成功的理念，才算得上正確的理念。因此好的信仰應該被保留，壞的信仰應該被去掉，它們都需要接受實效性的檢查和驗證。為此，實用主義哲學家認為，個體應該擺脫絕對真理信仰與個人自由主義的二元對立，堅持行動實踐的驗證，從而倡導多元有效的世界觀。讀到這裡，你是否應該體會到，**美國實用主義哲學，只不過是 17 世紀的培根在自然科學研究中提倡的"排除歸納法"，在社會科學研究領域的翻版而已。**

美國實用主義哲學家們，以哈佛大學等常青藤大學為中心，在心理學、倫理學和教育學方面做了大量的研究工作，深刻而廣泛地影響着 20 世紀下半葉西方的思維範式與人文學科發展，推動着美國為代表的多元、自由、個性文化的繁榮昌盛。但由於美國實用主義哲學討論的命題，太過形而下、太過具像化了，所以沒能完成他們宏大的尋求"中道"的鵠的。試問什麼是"實效性"？什麼是"行動成功"？世界萬物的普遍聯繫和人的行為因果關聯極為複雜，遠超人的自主理性所能認識。有的因果萬里之遙，有的因果咫尺不逮；有的因果瞬時即報，有的因果數十年方顯；有的因果需待百年生發。因此人怎麼可能通過簡單的抽樣問答，數月之間的實證檢驗，就能確定地去回答社會領域的因果關聯問題？絕對化了的多元主義與絕對化的自由主義，有什麼本質上的不同？因此，經過在時間中妥協的磨蝕，美國實用主義的結局，跟科學技術混雜後委身於經濟市場的鐵律一樣，哲學上的實用主義中道，逐漸混同於實踐中的"功利主義目的"。而功利主義目的是因人而異的，比如人用功利目的來檢驗真理，則立即墮入各自立場的衝突窘境，無法成為人與他者之間行為應當的公約數。因此，由功利主義目的驅使的"實效性"，只能訴諸於社會傳媒影響力驅動的政治決策，從而最終落入廣告和公共關係影響政治決策的窠臼，成為超級實用主義的護身佛哲學。從結果上講，**美國實用主義哲學在市場驅動中，越來越忘卻了它藉以出發的"普遍性真理與信仰"，與東方"不管白貓黑貓抓住老鼠就是好貓"的功利性實用主義，越來越接近，不分伯仲。**[330]

　　一方面，美國實用主義哲學造成了美國文化的多元包容，解構了上帝信仰在羅馬天主教教會組織官僚化中，對個體的嚴苛戒律，甚至解構了傳統婚姻和家庭對個體的道德倫理束縛，促進了人個性前所未有的自由發揮，以及個人自由夢想和上帝賦予的潛能挖掘，從而創生了美國企業家、科學家和政治家中那些超級狂人的輝煌範例，引領着 20 世紀中後期公共傳媒平台上的流行風潮和娛樂巨星風采，演繹了一切皆有可能之個人主義夢想實現的行動邏輯；另一方面，這種個體的自由放任之閘一經打開，個體的自由放任，便通過社會傳媒與廣告效應製造的社會影響力，進入一種只能向前不能向後的棘輪效應，並通過教育系統代際傳遞。在這個進程中，新教倫理因其開放、包容的趨向，而與這種實用主義教育相合流，但同時也漸漸失去了嚴密之宗教組織化下的傳統莊嚴，失去了愛德華茲復興神學時代教牧人士們的激情獻祭與奉獻犧牲、激情護教與守衛經典之正統。日漸缺乏清教精神之領袖人才的新教教會組織派系叢生、枝蔓葳蕤、自由隨意，要麼大肆傳媒炒作，要麼教條乏味地履行公務，日漸缺乏對信眾的吸引，偶爾出現的教會組織醜聞，則被社會傳媒炒作得沸沸揚揚，人盡皆知。這形成了以偏概全的公共形象，促使信仰的世俗化與科技新工具崇拜的替代性興起。而個人的任性、大膽、極端乃至缺乏恥辱感的自由表演，則與社會傳媒的廣告需求一拍即合，加速了個人主義的極端化。球星、影星、歌星們通過社會傳媒娛樂大眾，受人追捧的情形猶如人間造神，以彌補大眾失去"人的應當"精神生活的內在空虛，而他們中很多人的個人生活則是在有錢時極度奢華、不計毀譽，在晚年時則往往家庭破碎、負債累累，死於吸毒和貧困，變成了這種個人主義極端化生命因果的人間範型。**人間的一切都在時間的棘輪中，被捲入功利主義競爭目標導向的超級實用主義漩渦。**[331]

　　經濟學家作為實用主義哲學的始作俑者，則露出了狡黠而自滿的笑容，因為所有行業實用主義的"實效性"檢查與驗證，似乎都可以用經濟學家們發現的經濟定律與貨幣來衡量。貨幣則緊跟技術潮流，脫去了人類萬年朝奉的黃金白銀盛裝，為"綠鈔""信用貨幣""電子錢""移動支付貨幣"，乃至與國家主權相分離的"歐元"和"比特幣"所取代，經營存貸業務的傳統銀行業不斷深化組織創新，投資銀行、期貨及外匯經紀公司、信託公司、證券公司、保險和再保險公司、風險投資公司、對沖基金、共同基金等，新金融遊戲組織不斷創新升級，普通大眾如墜雲霧之中，全靠"經濟學家"們通過大學課堂和公共傳媒引導人們的行為取向。

　　經濟學家既像古希臘蘇格拉底時代的智術師，又像中國春秋戰國時期的游說食客。他們縱橫在總統府、國際組織、大學、公司和大眾之間，到處收徒演講、簽名售書，用自我中心論的"經濟人"微觀假說理論，解釋一切社會現象，為所有人的逐利行為作正當性背書；用政府在財政政策與貨幣政策上應有所作為的凱恩斯宏觀假說理論，解釋一切國家的經濟波動並為政府大開藥方；用企業管理理論，教導企業家如何管理好公司並在競爭中勝出；用資本市場、期貨市場、大宗商品市場、外匯市場等等紛繁複雜的市場中類比建構的數學模型解釋市場波動，忽悠普通大眾將其資產交由所謂的"專家們"管理，從而形成了以華爾街為中心的全球金融產業利益鏈。儘管各國經濟發展、世界經濟趨勢、各種市場波動，從不按那些名滿天下、有權有勢的經濟學家們的預測行進，但他們總能找到事後解釋的理由，並通過社會傳媒將自己炒作得更加智慧超群。

可是，今天的情形的確與經濟學教科書向我們描繪的市場化、全球化圖景格外不同。一方面是全球能源過度消耗造成的環境與氣候危機；另一方面是全球化的產能過剩與浪費。一方面是在經濟學家們唱響全球的 GDP 中，資本收入佔比日益增長而勞動收入佔比則日益下降；另一方面是大型新科技公司引領的技術創新對勞動力的替代日漸加快，AI 技術則將這種機器對勞動力使用的替代，推進到了前所未有的快車道。一方面是南亞、非洲人口增長進入幾何級數階段，貧困問題日趨嚴重；另一方面是歐洲、北美和東亞等發達國家和地區出現不可逆轉的生育意願下降，生育率朝向歷史最低水平，從而帶來整體人口萎縮、老齡化和經濟衰退。一方面是全球主義倡導的包容與多元理念，麻痹人的民族身份認同和其他社會群組認同；另一方面是以極端主義為核心的組織和個人，在全世界上演針對平民、老人、婦女和兒童的恐怖主義自殺襲擊，這種自殺式恐怖襲擊似乎像病毒一樣在全球蔓延，所使用的手段、武器及人口聚集地選擇，令人恐怖而防不勝防。一方面是全球的核武器越積越多，其失控可將人類毀滅數十次；另一方面是大國之間基於新技術的軍備競賽依然如火如荼。人類被自我毀滅、相互毀滅與環境毀滅的風險與日俱增。我們站到哲學時空之巔極目遠望，看不到太過樂觀的人類未來預期景像。

然而，**極端個人主義和絕對自由主義的思潮，更加劇了個體對自由的絕對化理解，提升了越來越多的得意之人，在這個社會中的驕縱狂妄感，增加了越來越多的失意之人，在這個社會中的受挫無助感。**[332] 以華爾街為典型代表的各種橫行世界的得意之人目空四海，他們有足夠的金錢資源僱用各種法律中介、會計師、審計師中介，以及各種專家顧問，搞清各國、各地區、各行業的法律和遊戲規則差異，從中謀利、如魚得水。與此同時，社會中下層的人面對積累了數百年的各種法律條文一頭霧水，對各種明規則、潛規則一無所知，他們也無支付能力聘請各種中介把事情搞清楚，因此在生命旅程中碰到了各種挫折與摧殘，且只能隱忍並黯然神傷，由此，導致各種社會抑鬱性精神病患的數量，在過去十年呈幾何級數地急劇增加。

在缺乏上帝公共精神對人的守護和期盼的情況下，個體因神聖期盼而內生的自我約制、自我激勵和自我堅定的"人的應當"，在這些人的屬靈生命中逐漸消解，而陷於那些僵硬瑣碎且越積越多的法規性"人的必須"之泥淖中。在人生屢遭挫敗之後，人們常常找不到自己在這個世界上為何四處碰壁的直接原因，更找不到自己欲誅之而後快的物理性敵人，非常容易在盛怒之下衝破"人的必須"界限而走向非法，落入人類歷史早期的私刑式"復仇"行為模式中。

但找不到直接敵人的現代恐怖主義復仇模式與傳統復仇模式最大的不同是：復仇者常常只為了吸引社會傳媒的注意力去製造社會暴恐傷害，而不在乎傳統的"復仇"模式中對"犯罪者"的私刑懲戒，以維護復仇者心中的正義。現代暴恐復仇者只在乎社會傳媒的關注傳播，而不在乎他們懲戒的是誰；只在乎自己因暴恐襲擊而出名，不在乎社會正義的維護，恰如一個當街唱響的歌星，只在乎社會傳媒煽動的粉絲而不在乎唱什麼歌。這就是如今那些非組織化自殺式恐怖襲擊的個人，與這個他們搞不懂的社會複雜體系之戰正在日益增多的內在深層邏輯。那是人類離開上帝公共精神之後，企圖實現獨一人類科學理性自主，而像棘輪般不斷左轉所催生的，人類極端個人主義和絕對自由主義，發展到這個時代的必然困境。

第四節　撒旦的毒劑——全民福利主義

　　人類理性自主構造的現代化三大市場競爭體系，越來越枝蔓橫生，越來越複雜瑣碎，以致於越來越像一座超級迷宮，以致人類自主理性越來越在其中迷失。我們建造這個體系之前，那些借助上帝理性得以奠基的信仰原則和基石，總是為後來者打着人類理性自主創新的旗號所撬動，而我們身處其中的人總是為生活所迫，在生活中那些細枝末節處做功，在時間累積中，把這座迷宮裝扮得日益輝煌且複雜。今天，當我們抽身出來，從人類的遠地點觀察這座超級迷宮時，我們驚訝地發現，很多信仰基石已然被撬走，造成了整個大廈的懸空，而那些懸空的部分到底能支撐多久，成了我們今天必須提出並面對的問題。[333]

　　我們需要面對的這些基石問題是：一個國家現代化進程藉以支撐的是三大市場競爭制度，而三大市場競爭制度，建立在國民現代性公共選擇的基礎上。沒有正確的國民現代性基礎，三大市場競爭制度就不可能被建構並得到長期維護。構成國民現代性的基礎，至少有“自由”“平等”“公平”“正義”“公義”這五大基石。如果國民現代性的這五大基石公理被公共誤解，國民現代性基礎就會被撬動且變形，三大市場競爭制度就會變形垮塌，一國的現代化經濟、政治與社會危機就會生發。回望人類歷史，上述國民現代性的五大基石起源於基督信仰。三大市場競爭制度的具體建構與重構，則取決於每個民族國家人類理性自主的公共選擇，取決於各自攜着傳統文化產生的理解能力與建構能力的差別。如今，這些基石問題，依然是我們每個民族國家群體和個人不得不認真面對與思考的最重大問題；曲解這五大基石概念，從而曲解上帝理性而做出的公共選擇，必然產生誤導國家現代化制度構建進程與現代化結局，甚至可能引發社會大動盪與大苦難。

　　“自由”，是第一塊可以稱之為每一個個體的國民現代性基石。

如果國民現代性或這一基石原則，沒有得到社會主流認同並體現在三大市場競爭制度構建中，成為神聖的"天賦人權"，那麼無論這個國家物質多麼豐裕，也不可能被稱為現代化國家。一如阿聯酋、沙特阿拉伯那樣。可是，什麼是個體的自由？個體的"自由"源於何處？卻值得深入辨析。現代社會人作為個體的自由權，為何神聖？為何不同於動物的權利？這源於古老《聖經》中上帝的應許，人因為"被造"而獲得了上帝的賦權，因為上帝賦權使自由而變得神聖並權威。但個體自由的內涵是什麼呢？這也源於《聖經》律法書中上帝的應許，個體的自由包括"主體自由"和"客體自由"兩個方面。所謂主體自由，即個體在主體性上擁有的自由權利，這包括任何人無權剝奪的主體生命自由權，及其相連接的其他生命自由權。譬如個人主體在生命過程中的自由思考權、自由言論權、自由決策權和自由行動權等等。所謂客體自由，即個人主體對其在生命過程中，行使上述各項主體自由權所產生的客體結果，具有邏輯自洽的所有權及支配權，主要可分為自由思考與自由言論形成的知識產權等，自由決策和自由行動產生的客體化物權和財產權等。在《聖經》中，上帝應許的上述自由權，應該是清楚明暸而無爭議的，因為它圍繞人生命主體運行的時空而細分，條理分明而邏輯清晰。**但人是否無保留或在多大程度上擁有自由繼承權和遺贈權，是一個容易引起爭議的問題，因為這是"人的必須"的範疇。**

　　總之，在一個意欲現代化的國家中，如果對上述人個體的主體性自由和客體性自由的理解，達不成社會共識，這個社會就不可能通過立法將人的"天賦自由"權，轉變為憲法及其相應的下位法中的重要條款來體現並保護它們，因此也不可能建立起真正有效的三大市場競爭制度。

　　人的"自由"這一國民現代性，起源於上帝賦權的基督信仰，它解

決了人個體“自由”之現代性起源的神聖性源頭和權威性源頭問題。人因源於“被造”於上帝而獲得自由賦權，解釋了人“自由”的神聖性源頭而值得共同捍衛；源於上帝的權威源頭而值得共同信靠。因此“自由”成為構築一個民族國家現代化的第一塊國民現代性公共基石。[334]

　　“平等”是構築一個民族國家現代化的第二塊國民現代性基石。因為前述個體的“自由”，必須置於個體之間“相互平等”的前提之上，因此**“平等”是從人際間的公共角度，對個體“自由”權的重新審視與換位思考**。“平等”就是要保證：每一個個人主體都擁有上述神聖權威的自由權利而不受他人侵犯，特別是不受取得公權力名義的“他人”侵犯。因為**如果沒有人人“平等”的“不受侵犯”的公共性邊界的界定，每一個國民作為個體的上述“自由權”就無法阻擋他人，特別是獲得公權力名義的“他人”的侵犯，使上述“人的自由”權瞬間崩解而成為虛妄。**如果全體或絕大多數國民認識到“平等”這塊國民現代性基石，與“自由”那塊基石同等重要而且神聖不可動搖，因為它同樣來自“被造”於上帝的神聖源頭與權威源頭，它超越一切人間邏輯與人間權威而神聖不可撼動，同樣屬於上帝在《聖經》中的應許，那麼，這樣的國民現代性就是豐裕的、純然且堅固的，足以支撐一個民族國家現代化的偉大構想並予以實現。

　　可是，如果我們認為“平等”和“自由”是不可動搖的國民現代性，從而是構建國家現代化制度的基石，這就等同於我們承認下述公理：首先，**我們承認個體之間在生命旅程中的“起點差別性”“機遇差別性”“努力差別性”和“結果差別性”。不承認個體之間的上述差別性並保護這種差別性，等於立即否定了“自由”這塊國民現代性基石，“平等”也立即隨之崩塌，變成相互之間的暴力搶劫。**其次，我們承認人人有權自由地思考、發言、決策和行動，但必須對上述自由主權的行使，負其客體性後果之“責任”，因此“自由”暗含着“負責”，

"人人自由"等於"人人負責"。

　　總之，人是天賦自由的，但必須為自由的行使負後果責任。"自由"和"負責"在上帝的神聖法源上，猶如一個錢幣的兩面，不可分離。任何將二者分開的企圖，都是在播種邪惡。因為這種"分離企圖"，會削弱乃至破壞行為之因與創生對應之果的"因果律"，而"因果律"是上帝創造以驅動萬物運行，且由佛陀深刻發現，並揭示以驅動生命之輪的最根本定律，沒有這個定律，上帝創造的宇宙萬物之運行將立即停擺。[335]

　　"公平"是構築一個民族國家現代化的第三塊國民現代性基石。但"公平"這個概念因在人類歷史中被長期廣泛使用，已經變成一個歧義頗多的概念，值得認真深入辨析。在最原初的意義上，"公平"是一個公共尺度，類似用同一個度量衡，去計量兩個交易主體之間的交易物，以使交易雙方都感受到"自由與平等"之上帝應許的當下實現。首先，交易雙方是自由平等之個人或法人主體；其次，交易是雙方主體的自由選擇；第三，交易價格是雙方的共同約定；最後，交易的兌付與交貨需經過標準的公共尺度來衡量，保證交易的完成是公開和平準的。因此，**在亞當·斯密看來，完全競爭的市場，就代表着"公平"，因為在這個市場中，上述"公平"的所有條件，都得到了滿足。**

　　可是，為什麼兩個"自由平等"之主體間的交易，最能說明"公平"的含義呢？因為在一個公認"自由平等"是國民現代性基石的現代社會中，一個具有主體自由的人要想追逐客體性財產自由，市場交易是唯一途徑，除了交易之外不可能使用其他暴力手段劫奪。因此，基於"自由""平等""負責"的"公平"，就是人與他者之間的"公平交易"，這是上帝賦予人類社群公共性生活中"人的應當"的第一準則，即通過"公平交易"而非搶劫、偷竊、欺詐等暴力手段獲得自己欲求之財富。

可是，在所謂"人類理性自主"的當代社會中，很多學者為了發表論文獲得職稱與名聲，為了傳媒炒作與在政治舞台上取悅聽眾獲得他們的廉價掌聲，離開上帝的公共應許，任意發揮曲解"公平"這一基石理念，在"市場公平"之外，發揮出很多諸如"機會公平""結果公平""分配公平"等概念，並運用"經濟收入"和"資本收入"等概念，通過統計數據來分析這些概念，從而借題發揮，**將"公平"理念推展到"結果平均＝公平"的極端公平主義**，這其實與上帝應許人類最原初的"公平交易"的基石理念相比，已然離題千里而不能邏輯自洽。試想，如果我們簡單地根據對不同個人主體之財產或收入的統計結果平均，就得出公平與否的結論，那麼"公平"立即就變成人的主觀判斷，而判斷的標準是資產及其收入在個人之間分佈的"不平均性"，於是這些學者就在這個過程中偷換了概念，將"平均"偷換成了"公平"，並通過社會傳媒形成誤導，從而讓立法者嘗試通過立法即人的必須之強權規定，去用強權干預財富的分配過程，甚至干預交易過程乃至財富創造過程。

假若此種"公平"觀念成立，就等同於從根本上否定了個體的稟賦機會及其努力的差別性；同時也從根本上，否定了人個體挖掘他們自己這種差別性的自由；也等同於從根本上否定了人人平等、人人自由與人人負責。為人際間不勞而獲的寄生蟲搶劫邏輯，埋下了人類理性自主的種子，但卻在根基上毀壞了"基於負責的自由＝平等"之上帝應許人類因果動力機制的第一塊哲學界碑。

當然，我們依然應該關注一個社會個體之間的收入和財富分配，是否因為懸殊過大而影響社會的穩定與秩序，因為那些細緻煩瑣的市場規則乃出自人手，它們是否偏離了上帝賦予我們的"自由負責"和"公平交易"這樣的國民現代性基石，的確值得時時檢省。但從其結果觀察，我們只能通過統計結果分析反省，財富分佈是否超出"合理預期"而埋下社會失序動盪的種子，如果是，我們就應該繼續檢省造成此種潛在風險的市場規則是否"公平"，競爭是否"完全"，規則是否"透明"，案例糾錯是否"公正"到位，從而通過立法去加以微調和改進，**而不能根據統計結果簡單化地判定公平與否，尤其應該避免政府直接干預結果。這很容易造成因果對應規律的制度性深層破壞，從而在根基上毀壞社會前行的動力機制。**[336]

　　"公義與愛"，是構築一個民族國家現代化的第四塊國民現代性基石。中國儒家哲學中的"仁"和基督信仰中的"公義與愛"，都是講人如何以慈悲同情之心對待他者，差別是：中國儒家哲學中的"仁"，以家族血緣為他者的核心；基督信仰中的"公義與愛"則是以陌生人為他者核心。從邏輯源頭上講，中國儒家哲學的"仁"從人出發，因此導向血緣親情的他者仁愛是其必然邏輯，至多上升到血緣擴大的地緣關係已是一種奢望，其本質核心依然是血脈親情之愛；基督信仰中的"公義與愛"從上帝出發，因此導向陌生人之間的他者公義與愛是其必然邏輯。因為一個外在於宇宙的上帝，創造了人類並賦予人自由、平等和公平。所以，一個從上帝出發的人，其生命的首要目的便是榮耀上帝，榮耀上帝之道便是將上帝的"公義和愛"傳遞給陌生的"鄰人"。如果說《聖經·舊約》時代，我們還能看到盟約律法賜福的公義與愛還局限於猶太民族血緣地緣揀選試煉的話，那麼《聖經·新約》則因基督的到來、十字架上的獻祭與犧牲並最終復活，為全人類的罪支付了贖價。從此，上帝的愛與公義，便斷然跨越猶太民族的血緣地緣藩籬，傳向天下萬邦，直至地極。愛與寬恕不僅適用於陌生之人，乃至仇敵，以使人的此生生命，找到朝向及順服天父上帝的神聖旨意。基督信仰的公義與愛，通過近 2 000 年的慈善公益實踐，而轉變為全球化的慈善公益實踐，現代人自覺不自覺地受其影響，使其成為一個民族國家國民現代性的重要共識。

　　承認人的差別性並遵循"自由負責、平等、公平"的定律，是為了讓人所生活的社會獲得前行動力與井然秩序。動力，來自每一個個體的自由而負責任的不懈追求；前行秩序，來自平等的身份認定和公平的交易規則及市場環境營造。但是，這不等於上帝像自然主義那樣冷酷無情地任由市場競爭中的失利之人無路可走，相反，上帝用"公義與愛"呼召世人，讓人們將自己辛苦掙來的財富之部分用於公義與愛，並通過教會等公益慈善組織的承載，去幫助那些勤勞、正直，但在市場競爭中暫時受挫的人。這不僅可以幫助這些受挫之人擺脫困境、重返競爭，而且能使施助者與受助者通過這個過程獲得對上帝的感恩之心，進而認清自己的罪並悔改，堅固自己對上帝之愛與公義的信心，以活出上帝所呼召並期盼的"當且應當"的模樣。

　　因此，"公義與愛"作為國民現代性的基石，為市場同一尺度下公平交易帶來的人際差別之殘酷性托底。但是，公義與愛不能濫施，對懶惰和偷竊的人而言，濫施公義與愛便助長了好逸惡勞的罪性，既毀壞了一個社會的動力機制，又破壞了一個社會前行的秩序。這也是為什麼政府濫徵稅賦、再搞福利主義行不通的深層邏輯。

　　"公正"是構築一個民族國家現代化的第五塊國民現代性基石，也是最後一塊基石。上帝代表最高的最後的公正，因為他外在於我們的宇宙，他用他所創造的定律體系驅動和導向宇宙萬物運行，但他不會干預個別人的日常生活，他給人在思考、言論、決策和行動上的自由意志裁量權，只對人的終生行為做長因果終極審判。但在人的現世生命中，人的有限性和人性之罪，時時會因為社會誘惑而成為顯性的違法之罪，無法等到此生結束時再對人進行長因果審判，否則人間將諸惡橫行、混亂失序。所以，人類應當在社會制度建構中效仿上帝，對社會在動態運行中人所傷害他人的"自由、責任、平等、公平、公義"的言行，進行短因果案例審判，以校正個案之罪行，維護源於上帝的國民現代性原則和現代化秩序，使一個社會的公共空間有序化。而這種短因果審判和判決的公正性，決定着這個民族國家的國民現代性水平和國家現代化文明程度。

"公正"是最考驗一個民族國家現代性水平的核心基石。首先，人顯性之罪案的審判，需要先行制定規則和條文，制定規則和條文必須經過一個民族國家的政府之人手，而凡經人手所造，必帶有人的有限性和偏向，這種有限性和偏向，通過何種正義的程序與方法來建構、矯正與補救？其次，這些制定規則的人是怎麼選出來的？他們的必備資格與素質是通過什麼程序來確定的？他們的履職時間怎麼限定與更換，以及按何種程序更換的？再次，在有了充分體現上帝賦予個體的"自由、責任、平等、公平、公義"的規則與條文後，誰來接受社會個體的個案訴求，並進行案例審判呢？什麼樣的程序法案，能保證事實的真相充分揭露並接受公共監督？被訴之人的正當權利如何得到保證？整個過程如何最終保證審判和判決的"公正性"呢？最後，有限生命在上帝所定義之永恆時間流變的群體化運行中，必因外在環境和內部衝突而出現不同的"個案挑戰現存法則"，引致對各種"人的必須"之法律條文的修改與補充，怎麼保證這些立法修改和補充，能夠堅守上帝賦權予人的"自由、負責、平等、公平、公義、正義"之基石原則呢？

由此可見，有序化、條文化的"法制"，是保證一個社會有序化治理的必須，但不是所有的法制，都能體現上帝所賦權予人的"公正"之公共精神訴求。這就是司法權獨立的政治市場化競爭制度構建的重要意義所在。失去了"公正"之公共精神訴求的法制，必然產生對上帝賦權予人的"自由、負責、平等、公平、公義、正義"之國民性基石的撬動與踐踏。因此，培育上帝賦權予人的"自由、負責、平等、公平、公義、正義"的國民現代性基石，並動態地維護它們，是一個民族國家實現現代化、並長久保持現代化競爭力的長久責任，民族國家必須時刻保持上帝理性之光照耀並校正之，不可片刻懈怠與驕縱，否則必然在人類理性自主中跑偏。[337]

我們在時間和空間交互的大歷史觀中，觀察和比較當代民族國家的發展狀況，發現最為突出的有兩類狀況。

其一，是尚未實現現代化的欠發達國家，也力圖去構建三大市場競爭的現代化制度，比如埃及、敘利亞、哈薩克、印度、沙特阿拉伯、菲律賓、委內瑞拉、埃塞俄比亞、南非、中國、巴基斯坦、印尼、馬來西亞等，但其市場競爭制度總是不系統、不完整。相對而言，東亞的多數國家或地區作為後發民族國家，其市場競爭制度反而相對完整一些，根本原因在於國民現代性基石之差異。這些國家對個體之"自由、負責、平等、公平、公義、正義"等國民現代性基石的定義極其不嚴肅，社會主流意識混亂，這必然導致政治家對這些概念的曲解和任意發揮，從而導致立法基礎的混亂和法律規則與程序的跑偏，最終導致所建立的制度與國民現代性基石原則，嚴重脫節甚至背離。**法律條文上的"自由、負責、平等、公平、公義、正義"諸原則，在這樣的社會實踐中被嚴重扭曲變形，成為"專制、等級、壟斷、不公、暴政"的裝飾粉底，從根本上壓抑了個體的創造性衝動，極大地削弱了社會內生的動力機制，又破壞了社會中的正當性陽光秩序，最終導致這些國家在現代化進程中，長期處於缺乏內在動力與公共失序動盪並存的兩難局面。**[338]

其二，是以歐洲國家為代表的早已經完成現代化的後現代國家，是在基督信仰對上述國民現代性基石原則，經過近 2 000 年培育才開始現代化構建的，因此其三大競爭市場的構建，基本上遵循了洛克的政治市場方法論原理和亞當·斯密的經濟市場方法論原則，因此相對較早地完成了國家現代化進程，也相對早地完成了他們的現代化進程。

但是，在後現代進程中，科技新工具崇拜盛行，企圖取代上帝信仰的基督教世俗化浪潮一浪高過一浪。受尼采、佛洛伊德、維特根斯坦、薩特、道金斯等存在主義哲學，以及美國杜威等超級實用主義哲學滴水穿石般的影響，加上廣告和社會傳媒娛樂至死的表現主義運動，導致極端個人主義和絕對自由主義甚囂塵上。一人一票平權政治的原則，在各種政治政策的立法修改中，逐步走上了失去上帝公共理性必要制約的道路。人類獨一理性自主的偏激發揮作用，其最核心的表現，就是從 20 世紀下半葉開始流行於歐洲，並逐步傳染一切後現代國家的全民福利主義。全民福利主義的核心理念，始於對國民現代性中"公平"基石原則的嚴重曲解，它直接通過國家中個體收入的結果差距，匯出"分配不公平"的結論，**這其實是將收入統計的數學"不平均"，偷換定義為"不公平"**。這種立論從根本上撬動了"自由""平等""公平"這幾塊上帝賦權的國民現代性基石，從而讓人們無法進一步研究：人所建立的市場競爭法則，是否因出現新的壟斷而破壞了"平等競爭"法則；金融創新，是否因創造了大量對實體經濟無用的金融衍生品而損壞了市場公平競爭；職業經理人群體的收入和稅收，是否失去有形股東和其他社會約制而損害了公平競爭等。社會傳媒簡單化的宣傳，讓政治家們生發擴大政府權力的衝動，並嘗試通過政府直接干預來改變收入分配，於是直接介入市場運作，運用凱恩斯宏觀調控——強制性增加稅收（財政政策）和無度增加政府負債（貨幣政策），使政府財權大幅度提升，政府增多的收入，則通過福利分配方法去改變低收入者的現狀，以立竿見影地實現改變個體收入平均狀況的政策目標，同時收穫黨派政治的選票與支持率。

　　此例一開，立即得到很多歐洲政府的熱烈回應和選民的積極支持。因為人們突然發現，可以從政府那裡得到很多不勞而獲的免費福利。政府可以完全離開亞當·斯密限定的"市場守夜人"角色，積極地向公眾收稅、向未來借債，以增強政府對貨幣流動性的控制，並通過公共福利向大眾撒錢以獲得掌聲，一切都如經濟學家凱恩斯所說的那麼美好——"政府可以有所作為"。

　　而一旦這種好逸惡勞的人性之惡的福利主義閘門一經開啟，福利主義道路，就走進它的"棘輪效應"[339]——只能向前不能後退。福利主義政策一方面激勵人們去結成老年、種族、婦女、兒童、教育、衛生保健、特殊病患特殊工種、同性戀等群組等等，由此催生的群組化平權運動一浪高過一浪，為人們從政府爭取權益而組織示威、遊行、演說、明星代言、學術調查報告發佈和政治游說。所有群組的人都打着自由主義的旗號訴說自己的不幸遭遇，覺得政府對自己不公平，自己的權利沒受到應有的重視，他們苦大仇深、哀怨滿滿，需要更多的薪酬和更少的工作時間，需要更多的免費福利，但避而不談自己來到這個世界應負的責任。另一方面，政府為響應此種需求而付出的越來越高的福利開支，必然帶來人們稅負的增加。到 20 世紀末期，歐洲國家的平均稅率達 40%~50%，有的國家超過了 50%。人們抱怨稅費太高，很多企業家被迫遠走他國去創業，進而帶走了本國本就稀缺的"企業家"資源，反過來又減少了本國的就業與稅源。同時，免費福利必然導致浪費和濫用，並同時造成供給側嚴重不足——在歐洲國家和加拿大約見醫生，普遍要等半年乃至八個月以上，便是明證。

　　最重要的是，普遍性福利主義猶如一支撒旦的毒劑，在人們心中豎起了一道阻斷上帝創造的最基礎定律（因果律）之高牆。[340] 正是因果律使人的行為與結果之間存在一一對應，因果必須天經地義地聯繫在一起。你要想得到某種東西，就需付費購買；你要過幸福生活，就要努力去工作。這是人盡皆知的常識常情常理。可是，當福利主義這座高牆被福利主義者們豎起之後，政府作為一個人造的欲求物件被掛到牆上，接受人們無所不包的不勞而獲之福利的權利訴求和批評。已經實現的福利訴求，將被福利主義棘輪固化；尚未實現的福利訴求，則激發未來的群組化抗議和申訴期盼。而在牆那邊，政府一方面忙着加稅，或者忙着發放債券向國際、國內投資者借未來的錢，以堵住過分福利化的公共支出漏洞；另一方面，政客們像坐在桅杆發現可以搶劫商船的海盜，緊盯着新的社會群組標籤化運動的新浪濤，看哪一種福利需求可以為己所用，變為新的福利主義政治藥方。因此，日益擴大的赤字財政，必然成為政府預算的新常態。

福利主義道路，就是選民從政治上維權、迫使政府向未來舉債用於現時狂歡的龐氏騙局。這種飲鴆止渴的毒劑，從根本上摧毀了人的感恩之心與內在的勤奮動力，使人在時間流變中溫水煮青蛙似的變得貪婪、懶惰與自私，完全離開了上帝賦權予人並滿含對人神聖期盼的"人的應當"。歐盟委員會則是歐洲福利主義龐氏騙局的烏托邦代表，或者酷似中國古典小說《三國演義》中，龐統獻給曹操並最終致其百萬雄兵於死地的"連環計"。所有種下的因都會結果。到 2010 年，每位德國在職人員身負的國債均超過 5 萬美元，每個法國在職人員身負的國債均超過 3 萬美元，每個英國家庭身負的國債均超過 14 萬美元。歐洲國家平均無資金準備的公共負債達到 GDP 的 285%，希臘則達到 875%，法國為 549%，德國為 418%。美國與歐洲相比尚屬好些，但趨勢亦令人堪憂，2000 年美國政府支出佔 GDP 的 29%，當時英國佔 37%；現在美國變成 37%，英國則達到生死臨界值 47%。2022 年聯邦政府負債超過 30 萬億美元，達到 GDP 的 125%，走到了是進入福利主義快車道還是緊急剎車的歷史分叉點之紅燈下。令人唏噓的是，當希臘陷入無法自拔的公共債務危機時，國民既不接受延長工作時間，又拒絕接受削減福利，經過令人沮喪的長期爭吵之後，人類歷史上，第一個與國家主權脫鉤的歐盟央行居然決定，通過增發無主權保證的歐元貨幣來化解希臘債務危機。這種相當於火上澆油來救火一樣離棄常識的做法，使英國再也無法忍受，故英國通過公投脫離了歐盟。

　　我們可以預見，歐盟通過無主權印鈔繼續擴大的未來歐盟債務，將積累更大的危機，最終將毀滅歐洲現代化所創造的人類文明之範型。更何況中國和日本等經濟體，近年來也加入了這種瘋狂的印幣潮。請相信吧，明天會更糟，[341] 上帝不可能持續祝福不勞而獲、只強調自由卻不負責任的權力，和完全失去感恩之心的人類。

　　從邏輯上看，福利主義打着虛假的"公平"旗幟，從根本上撬走了上帝賦權予人"自由、負責、平等"的國民現代性基石，並同時撬動了"公義"與"正義"的基礎，導致人類現代文明大廈的基礎性懸空。首先，福利主義的"公平"是沒有任何邏輯的"數學平均"，如果只有平均才是"公平"的，這就會得出整個世界都不公平甚至上帝也不公平的結論——因為上帝創造的支配宇宙萬物運行的根本定律，就是承認"差別"的客觀性。沒有溫度的差別，就不可能有空氣流動；沒有引力的差別，就不可能有萬物間個性相異，而又相互連接的秩序；沒有高差，就不可能有勢能；沒有物質原子乃至量子運轉速度的差別，就不可能產生不同物質的質與量；沒有分子結構的差別，就不可能產生物質的化合與分解；沒有生物體內 DNA 螺旋信息的差別，就不可能構建不同的蛋白從而不同的細胞結構與功能。因此，上帝創造世界萬物和人類的前提，就是給予萬物以差別的個性，並允許它們自由地發揮這種差別性，由此創生的因果律，使這些無數差別的個性找到一種有秩序的連接方式。故而，**承認差別並堅定不移地堅守因果律，才可能有上帝公共精神意義上的"公平"。捨此之外，人間無任何人有權用簡單的數學統計平均值，給出"公平"與否的價值判斷。**

　　其次，人的自由，說到底就是有差別的主體生命，擁有存在、思考決策並行動的自由抉擇權，並享有其因果對應關聯的差異性結果，即人對自己的思考決策及行動結果的獨特性和差別性負責。這就是人的"平等"。如果把"平均"當成"公平"的衡量尺度來評判分配結果，我們就會將社會成果在個體中分配的差別，當作"不公平"加以撻伐，從而讓政府向未來借債和無度增稅的"看得見之手"，來取代市場這只"看不見之手"，進而一方面斬斷勤勞致富這一因果鏈條，鼓勵人的懶惰而毀掉社會的動力機制，另一方面毀掉了人的"平等"——即有些人只有努力的自由而不能享有其努力的成果，另一些人則有不努力工作的自由，但卻有通過抗議示威的群組化運動，去迫使政府通過增加稅收和借債來增發福利，使自己無嘗享有他人勞動成果的掠奪自由。"自由、平等、負責"這些最基礎的國民現代性基石，將因此而全面坍塌。

然而，政府通過對慈善組織的大規模直接免稅法案，促進了大量現代公益慈善組織的興起，使代表"公義與愛"的慈善公益捐贈，從基督教會組織中大規模分流，成為現代社會一道靚麗的風景線。以美國為例，其 2021 年慈善公益捐款超過 4 400 億美元，勞動時間性社會志願捐贈折款超過 1 700 億美元，宗教組織捐贈超過 1 000 億美元，各種慈善公益基金會經營性純收入超過 1 500 億美元。這意味着，公益慈善行業可用資源接近 8 000 億美元的規模量級，成為國民就業和社會公義性而非強制性公共事務的大產業。更為重要的是，公益慈善以極為細膩的公義眼光，在經濟市場競爭的現實中，尋找那些代表公義與愛的真正需求，並嘗試用捐贈者和受益人互動的方式去滿足這些需求，從中激發更多的感恩之心與社會公義。另外，公益慈善也嘗試與社會傳媒結合，推動社會公益宣導，維護社會公義與愛。

當然，這種因着稅務抵扣而產生的新公益，也難免加入推動絕對極端自由主義的全球化浪潮，甚至也為現代新科技崇拜下的極端自由主義與政治正確語境所污染；並且，因那些巨大的家族公益基金會的運作，既脫離基督信仰神聖源頭的制約，又失去草根公益的社會痛點制約，成為少數有影響力的商業人士提升他們社會影響力的工具，甚至成為他們在全球化生意中的開路先鋒，或變成政治勾結的工具等等而倍受詬病。

但仍然存在大量草根公益與慈善救助方式，依然遠比政府直接介入市場、打亂市場秩序的福利主義有效得多。衡量標準是：如果一個慈善公益組織，在市場和政府失效的地方，發現了社會的悸痛之點，並通過精心的項目設計與組織化管理，謙卑地傳播了上帝對人的公義與愛，保護了人的生命尊嚴，以及激發了弱勢成員對上帝神聖公義的感恩之心，促進了他們的內在覺醒，就是一個值得祝福的好公益組織。而國家福利主義將幫助與愛，轉化為似乎是受援助者天經地義的個人權利，這就從根本上摧毀了受助者對上帝的感恩之心，從而摧毀了基於神聖感恩之心而生發的，自我約制、自我激勵與自我堅定的“人的應當”。

福利主義長期盛行的結果，必然是社會離開上帝理性的公共邏輯，進入人的“泛自由”主義邏輯：人人只談自由而不談責任，只談權利而不談義務，只指責別人而不約制自己，只想要當下的享樂而不計長遠的後果，只相信此生的物質享受而不相信死後的靈魂安放。[342] 長此下去，人類將不再是具有靈性之神聖朝向的生物。

第五節　末路狂奔，還是幡然悔悟

回望人類過去 800 年走過的歷史蹤跡，自托馬斯·阿奎那肩負上帝賦予的神聖使命、開闢了“自然神學”的道路以來，人類的先頭部隊，開始了以公益大學與研究、文藝復興、宗教改革及科學實證，與人文啟蒙為各種表現特徵的**人類第二次大反思**。這次大反思，漸進式地改變了人類歷史中，完全以唯一神上帝為中心和出發點的人類生活，重新確立了上帝作為思考的出發點、人作為生活的出發點這樣的歷史性雙中心二元妥協。這一歷史性雙中心二元妥協，為人類的現代化建設構建了一個意義深遠的神學與人文哲學基礎，從而構築了現代社會各種市場競爭制度得以構建其上的民族國家國民現代性基石，使現代化社會建設的民族國家競爭，獲得了超越暴力劫掠、可以通過全球化公平交易而前行的可能性空間。而一個民族國家內部，則可以通過切合實際的三大市場競爭制度的設計與建構，去保護上帝賦予的"平等自由權"法則，從而構建以人類個體為中心和出發點的動力機制；保護上帝賦權人類群體的"公平、公義、正義"法則，從而構建人類社群生活的新公共秩序機制；這種人與他者的新關係學說，為現代化建設的新動力與新秩序之二元和諧的可能性，奠定了新的人類神學哲學認識論基礎。這一人類第二次大反思，極大提升了現代化文明的彈性係數：既在市場組織創新、溝通方式創新、科學躍升與適用技術創新等等方面，前所未有地推升了"人的能夠"；又通過現代政府構建、現代公益構建、現代教會構建等等方面，重新定義並闡釋了人類如何回應上帝的神聖呼召，並注重如何重構人類社群公共有序機制的"人的應當"。**人類第二次大反思，對人類過去、現在與未來的影響，是重大且深遠的。**

從上帝視角出發叩問"為什麼"的科學想像力，與人自我功利主義出發的"怎麼辦"技術，通過市場化競爭機制得以結合並相互加速循環。[343]

第一，人類從經典物理學出發，尋找動力和能量的群體性工作積累，推動着以煤炭為燃料的蒸氣機的發明，以石油和天然氣為燃料的內燃機和噴氣機的發明，以及以原子能鈾為燃料的核動力機的發明，極大地改變了人類的生產方式和生活方式，極大地提升了人類的空間移動速度和時間效率，極大地擴展了人類的有效活動半徑，使人類能夠首次突破地球引力限制而觸摸最近的星球。

　　第二，動力和能量的改變對材料不斷提出了新要求，促使人類在最小微粒分子、原子、質子、中子和電子等物質結構性探索的群體性工作積累中，推動化學分解與合成技術的發展和各種新材料的發明，從而使人類的居住方式和生活用品等，發生了天翻地覆的變化。

　　第三，化學和分子生物學的結合與延伸，促進了傳統植物種植與動物養殖的革命化進程，並在防疫和治病等領域取得了驚人的成就，從而促進了農業和食物供應前所未有地大幅增長，醫療保健能力空前提升，共同支撐着人類大規模增加的人口和人均期望壽命的延長。19世紀末期，整個地球的人口破天荒地突破 10 億，20 世紀末期則突破 50 億，21 世紀末期可能突破 200 億。

　　第四，對地球磁場解說的電磁學和波粒二相性光學的研究，以及量子力學的研究，不斷刷新着人類對信息集成與傳輸的認識。摩爾定律的迭代更新，促進了電腦網絡技術與移動互聯網技術的發明創新，從根本上改變了人類的生活方式與工作方式，使個體人際之間聯繫的空間性傳統障礙消失殆盡，人無時無刻不處於信息網絡的覆蓋與驅使中，並使 AI 自動化仿生命技術成為可能。而 AI 技術，又反過來提升計算能力，加速信息革命的迭代與更新，使未來充滿了迷人且駭人的不確定性。

　　第五，通過在化學上對生命體細胞中去氧核糖核酸物質的發現，並經過近一個世紀的探索積累，人類發現了生命體的遺傳密碼 DNA 的性狀和全息圖譜，並就 DNA 在細胞結構中的各種功能展開了全方位的研究探索，基因複製、基因阻斷、基因編輯、基因檢測等各種技術手段，被用於人體疾病的診斷和治療方面的探索。這不僅能夠延長人的期望壽命，而且為農業開闢了更為離奇而深廣的想像空間，並可能使 AI 技術生物化。

　　所有為這些科學技術成就做出卓越貢獻的人物，比如伽利略、開普勒、牛頓、波義耳、盧瑟福、道爾頓、海森堡、法拉第、麥克斯韋、焦耳、居里及居里夫人、玻爾、胡克、費米、薛定諤、愛因斯坦、狄拉克、巴斯德、蜜雪兒、克勞修斯、哈伯、沃爾森、柯林斯等，都是負有上帝使命的偉大靈魂，的確值得我們崇敬。因為正是他們從上帝視角出發的超級叩問想像力，及他們對上帝創造以支配自然萬物運行之定律的鍥而不捨之發現性探究，使人類對自然征服之"人的能夠"，累積到了從前無法想像的新高度。可是，這些處於科學頂層的絕大多數偉大的人類靈魂，都信仰上帝，他們深知偉大的發現源於上帝賦予人的超常的想像力，加上人類理性累積的實證方法。如果抽掉上帝賦予人的"想像力"，實證主義就會因失去方向和前提而什麼也做不了。那些非同尋常的偉大"想像靈感"之源泉，來自這些偉大靈魂對上帝"唯一性之真""唯一性之善""唯一性之美"的信心。因為相信，科學家們才會發問並追求；因為相信，他們才可能發現；因為相信，他們才通過思考而知其存在。否則誰看得見引力？誰看得見磁場？誰看得見波粒二相？誰看得見空間彎曲？誰看得見宇宙黑洞？誰又看得見量子場和基因密碼？ 科學家們相信自己所發現的支配萬物運行的科學定律之系統，是終極的造物主上帝所造，或最終被安放在上帝所代表的"唯一真"之上。因此，無論宏大的宇宙，還是中觀的萬物，抑或是微觀的原子和微生物運行，乃至超微觀的量子世界或 DNA 遺傳密碼，它們無不精巧而有序地具有高度的相似性性狀，並展現出上帝創造的完美與和諧，**完全不像人造的封閉系統那樣，在熱力學第二定律的熵增中耗散與衰敗。上帝創造的萬物則不同，它們各自在不同時空維度中運行而又相互連接，既不拒絕人類的利用，又不屈服於人類的權威，既因果相續又不為人類所能見的時空所圍。如此奇妙而精**

緻，唯有上帝的絕對真理可以最終解釋，唯有上帝的無限性權威可以最終駕馭。

　　可是啟蒙運動之後的 200 多年來，絕大多數在科學上毫無建樹，但知其皮毛與細枝末節的人，才是對科技新工具崇拜的強力推行者。他們將從未認真思考明白的"科學"，毫無邏輯地與"上帝信仰"對立起來，將人間一切偶像崇拜的宗教，與奠基人類現代文明的"基督信仰"混為一談，然後都冠上"迷信"或"精神鴉片"的稱號，一概予以否定和拋棄。這些拋棄了基督信仰的科技至上主義者在社會生活中隱約發現，他們的靈性依舊空空蕩蕩，猶如堂詰訶德大戰風車之後的慘敗迷茫，只剩下手中那把唯物主義的生銹長矛。他們嘗試用其一鱗半爪的科技碎片化信息，來解釋人類的道德與命運，解釋人個體生命中的一切，因為批判某些宗教組織現存的問題，而將人類對上帝信仰的理性與激情，毫無辨識度地輕率加以拋棄。[344] 其實，他們最後只能滑落回到佛教的認知，連人和動物的本質區別都必須在他們邏輯中被否決。在他們所謂科學寶典中，只剩下碳元素和氫元素，人和一隻弓形蟲、屎殼郎乃至細菌，沒有什麼不同，都遵循生物界你吃了我或我吃了你的相互轉化規律，宣稱所謂在進化中，"我們都是變異體"，於是乎除了叢林法則中的"贏"與"輸"，人沒有什麼特別的善惡是非原則與傳統美德值得去堅守。

　　這種極端主義科技化唯物論，將人類生命的意義貶低到如此不堪之境地，以致於人無法再找到尊重人類生命的邏輯力量，進而引致人對上帝絕對真理與無限權威之神聖性認識的普遍懷疑，使人的生命漆黑一片；並且反過來導致人的思考與行為，只能在廣告傳媒與市場競爭壓力下，被捲入到絕對個人中心和功利主義世俗化的浪潮之中——重視自己不是因為自己是人類獨特生命之一員，而是因為這團肉要活下去；與這團肉要活下去相比，生命的目的和意義全然是無所謂的。可是他們自己又常常扛着科學的大旗，號稱要對人類的未來負責，做解決人類命運的大事業。這種對生命價值的踐踏和對自我行動意義的無度誇大，與一切無神論、多神主義和偶像崇拜者殊途同歸，都是貶低別人而自義，俯視孱弱者而仰視偶像，無往而不行進在人間造神之路上。

　　表面上看，人似乎對那些所謂"科技"的細枝末節信息知道得越來越多，人也很醉心於每時每刻在手機上與他人交流與互動。但僅就儲存的信息量而言，一個成年人獲取的信息量，至多也不會超過今天一部蘋果手機儲存量的 10%。這些碎片化的信息佔領了人生命的分分秒秒，使人沒有了片刻的寧靜去接受上帝神聖之光的照耀，反而使人失去了整體上對生命意義思考的邏輯能力，丟失了人與上帝之間的本源聯繫，終致失去了辨別是非對錯的能力。當人與他者關係失去上帝話語光照的神聖性和權威性鑒別之後，當離開正確的人神關係指引人生發自我約制、自我激勵與自我堅定的"**人的應當**"之後，那些依靠倫理學說所背書的社會道德家們，便登場表演了。可是那些偽善的道德家們是人的楷模嗎？哪一個自義的道德家經得起神聖光照，哪一個道德家敢於宣稱自己是義人？舉目望去，他們甚至違反常識、常理與常情，男女不分，黑白不明，東西無向，人鬼無別，只是一些人認為的對錯，卻企圖通過廣告傳媒教育甚至政治工具，去強加給大多數人，讓大多數人服從他們的道德定義而已。這種普天下的政治正確對"人的應該"的約制，在時間中日漸顯出它們的蒼白與無力，更不用說對人心生發內在的激勵與堅定了。

　　有些政府則常常企圖充當道德楷模，用手中宣傳機器的威力，制定並傳播那些毫無內容的政治口號，企圖去引領社會的道德潮流，但其浩蕩宏大的虛假宣傳敘事，總是加劇社會道德的偽善、虛偽與敗壞，最終被人肉體活下去的欲求，加人類嫻熟的混世技巧踩在腳下，任意踐踏，最終污穢滿地。

在這樣的社會中，人人都宣稱自己在"科學"地工作並在"道德"地生活，人人都因知道很多破碎的"科技"信息而感到自豪。人以張狂自由的外表，掩飾着內在的邏輯空虛和人云亦云的廣告辭藻，以社會傳媒和商業廣告塑造的形像，導引着自己的消費購買習慣，以所謂"成功人士"的金錢標準，塑造自己的參照目標，以忙碌的工作、社交及碎片化的信息填塞自己的生命；無論說什麼，都永遠知其然而不知其所以然，但又不能在信心中，安於自己本來就有限且無知的坦然，永遠處於不知所措、坐立不安的生命惶恐之中。人的生命中本應有的來自本源神聖性的那份閒適安然與沉靜無畏，全然消失殆盡，人不知道生命的終極目標在哪裡。人即便有錢、有名、有勢，也依然坐立不安、手足無措，一分鐘沒有收到手機上廉價的點讚和鄰人虛假的掌聲，就惴惴不安、惶惶不可終日；或者終日生活在遊戲商設計的打鬥攻防虛擬英雄情境中，或者至死都在利用自己手中的世俗權力危害他人，作惡多端。如果我們能夠站到上帝視野的時空舉目下看，我們就會明白這是人類有史以來最為可悲的生命狀態，人類過着一種可怕的完全被科技所驅策的奴隸生活。

這種源於上帝信仰之"人的應當"的缺失，使人類社會的主流意識群體，暴露出了前所未有的巨大隱患。他們全身心在市場棘輪驅動下，推動着科技工具的應用化與擴張，並視科技為解決人類所面臨問題的唯一工具，將科技視為新偶像而加以崇拜。這也驅策着人與自然關係中人類對自然的恣意征服與狂歡濫用，宛如一匹脫韁失馭的野馬，在"人的能夠"的曠野上瘋狂無度地奔馳。**人類因此無法關上這個他們用"市場化制度＋現代科技"打開的潘朵拉盒子，而終於面臨着被人類自身群體化所創造出來的"人的能夠"之怪獸，從根本上徹底終結的危險。**

首先，經濟市場化與廣告傳媒業的互動性結合，形成了前所未有的超級世俗化力量，將原本具有神聖源頭的精神性社會產出，愈加物質化和商品化了。音樂家、繪畫藝術家、表演藝術家、社會學家、經濟學家、政治家乃至哲學家，都被這種超級世俗化浪潮裏挾，被各種設計公司、策劃公司、職業掮客、廣告公司、營銷公司，乃至公益基金會、華爾街金融機構所包圍。他們共同創造出各種非物質文化領域的細分市場，為那些期望在同類競爭中勝出的思想家、藝術家和政治理想家們，策劃包裝並投放巨額廣告，以達到征服讀者和聽眾並製造購買決策的社會影響力，最終以售出數量來衡量非物質文化的成就與水準。於是，"流行"，變成了這個超級世俗化社會中影響一個人做出精神性決策的最重要原因。"我讀、我聽、我欣賞、我喜歡、我崇敬、我贊成"的最重要原因，是因為"它流行"。因此，"流行"意味着能迎合甚至討好讀者和聽眾，能接受廣告設計、營銷策劃和資本介入。而那些不欣賞當今思想、藝術和政治舞台上大為流行之世俗作品的人，則被譏諷為"落伍之人"。所以，那些源於神聖啟示的獨立思想大師、藝術大師、政治大家範型，逐漸淡出了人類視野。也沒人再願意花時間，從人類歷史中去吸取靈魂涵養之精神力量，因為那些歷史性大師離我們當下窘迫而渴望的世俗生活太遠了。今天，即使在美國的常春藤大學，那些具有深厚歷史感的古希臘哲學和文藝復興等公共課程，門可羅雀，而傳播電影巨星成功之道和華爾街致富秘訣的公共課程，則總是爆棚。雖然人們普遍感覺到這個時代的人，越來越失去以往那些善良、耐心、優雅、從容與沉思辨析的美德，但看上去一切又都合情合理，找不到問題到底出在哪裡。

　　其次，AI 技術將是人類面臨的第一大潛在威脅。[345] 科技新工具崇拜與市場規律相結合，推動着 AI 技術的日新月異。人類運用 AI 技術的初衷，是節約日漸上升的人工成本，嘗試用機械自動化技術取代生產流水線上某些環節的勞動力。這種嘗試一方面提升了機器與機器之間因系統性連接而生發的"自動化"生產效率，另一方面也因逐漸取代了一些繁重、危險、污染等不利於人體健康的工種而受到讚美。可是隨着摩爾定律在芯片技術運用上的每 18 個月實現一次翻倍的迭代更新，40 年前需要 50 平方以上的空間才能容下的一個巨大計算機系統所儲存的信息，今天可以被壓縮後儲存到一個只有小手指指甲般大小的手機芯片中，電腦的運算能力，也因此呈同樣的幾何級數增長。這使得機器對人工的替代，進入了智能領域而不僅僅是原來那些體能領域。

全球領先的汽車製造公司 Tesla 和移動互聯網公司 Alphabet 都在加速研究的汽車"自動駕駛"呼之欲出，數千萬量級的汽車駕駛職業，面臨被機器人取代的威脅，數以億計的人將面臨不需要汽車駕駛能力的窘境。當智能機器人"深藍"擊敗國際象棋冠軍 20 年後，"阿爾法狗"再次打敗全球國際象棋冠軍，並進入華爾街股票市場操盤室，使大量的金融從業人員感受到前所未有的失業危機。

隨着量子力學的研究新進展即量子糾纏理論的運用、拓撲絕緣體材料的新發現，芯片材料遵循摩爾定律迭代翻倍引發升溫極限的問題正在得到解決，人類終將迎來量子計算機獨霸全球的新時代。量子計算機帶動的技術進步，終將打破摩爾定律的迭代邏輯，前所未有地超越人類想像而增加算力，為機器學習與深度學習即更深奧人工智能的構建，開闢了深遠的可能性空間。這使一個能聽、能說、能寫、能算、能動，乃至具有更聰明學習思考能力的人工智能新時代加速來臨，AI 助理、AI 翻譯、AI 駕駛員、AI 飛行員、AI 醫生、AI 護士、AI 分析師、AI 會計師、AI 律師、AI 警察、AI 法官、AI 交易員，都成為未來人工智能公司的開發目標。

由此確定性地帶來的第一個威脅是人的就業。一方面是整個地球人口仍然呈 20 世紀以來每個世紀 4—5 倍的規模在增長，另一方面則是從發達國家開始，企業家群體推動 AI 在幾乎所有領域對勞動力超過 40% 的全面替代，這將直接加劇勞動市場的人人競爭加人機競爭，使勞動階級的狀態每況愈下，以華爾街為典型代表的資本擁有階級的狀況，則會蒸蒸日上，被 AI 取代的勞動者漸漸被社會拋棄，成為沒有就業、沒有收入、失去社會溝通和理解能力的"社會棄兒"，而且這些"社會棄兒"將無處可去，且隊伍日漸壯大。憂鬱、吸毒、自殺、自殺式恐怖襲擊等社會問題才剛露端倪。顯然，由此帶來的大規模失業及引發的社會衝突與斷裂，將遠遠超過卡爾·馬克思時代及其過往的人類歷史。解決這種大規模"人機衝突"問題所需的能力，已遠遠超越了人類的群體能力，人類就像一群把魔鬼從地下呼喚出來後，再也無法把他們弄回去的彆腳巫師，面臨着完全進退兩難的窘境。

由 AI 快速發展帶來的第二個威脅，可能是人的機器化和機器的人化。 AI 產業將引發社會分工的進一步細化，除了被 AI 取代的從簡單到複雜的勞動力之外，AI 能創造性彌補的就業主要在設計與編程方面。但一方面人類群體中具有設計和編程興趣與能力的人口發生概率，始終是一個小概率事件，企圖通過教育將被 AI 取代的廢棄勞動人口，統統培訓成為 AI 設計和編程人員以獲得新就業的想法，太過天真與虛幻。另一方面，具有 AI 深度設計與編程能力的人，也會因為人類面對這個比過去複雜數十萬倍的產業，而不得不將人的分工進行幾何級數的細分。在這個過程中，人變成了每天面對電腦專寫單一環節程序的編程員、復核員、分析員、檢測模擬員等，人越來越片面化地進行人機對話，越來越多的人在移動計算機上做片面化的工作，在移動計算機上交流、娛樂與生活，人終將因越來越失去人的全面性而機器化了。可是人群體性產業化所創造出來的 AI 機器將逐步人化。它們聽、說、寫、讀、算、行走、奔跑、搬運等，各自分離的功能被愈發精細建構，以致每一種局部功能都可以超越人類自身。人的好奇心、好勝心和群體性積累能力，終將會使這些功能逐漸合流，並最終使 AI 機器全面人化，Chat-GPT 已經初步向人類展示了這種前景。

由此給人類帶來的第三個致命的威脅，是那些神經研究學家和基因工程學家們，正在鍥而不捨地致力於將基因生物工程、AI 計算能力與材料技術結合起來，最終使機器人全面化地獲得人的情感與好奇心。雖然 2012 年在美國德州漢森公司誕生的 BINA48 智能機器人，只有 250 萬個電子虛擬神經元，當然不能跟人類大腦 860 億個神經元相比，但通過記者跟 BINA48 的多次訪談記錄，BINA48 已經顯示出情緒性特徵。2015 年誕生的索菲婭機器人，則比 BINA48 更加具有邏輯推理和情感反應能力。這是機器向人化方向邁出的關鍵性步伐，它足以讓我們感受到那種潛在的巨大威脅力量。

ChatGPT 則完全上了一個機器學習與深度學習的大台階，ChatGPT 已經可以幫你寫詩歌來表達情感。機器人在深度學習技術的複合性提升過程中，會因其情緒性傾向而獲得自我認知的能力，特別是自主意識，當機器擁有情緒和意識自主這一天到來時，人類這種物種確實面臨着被自己創造的 AI 虛擬機器人終結的危險。日益片面化的人越來越不善於處理人與他者的關係，越來越多的人選擇後天型同性戀，越來越多的人選擇不結婚、不生子，越來越多的人傾向於以機器人作為性伴侶。這些喪失生命神聖目的的極端個人自由主義行為取向，都被披上了極端自由主義的平權外衣。公司則在利益驅動下可以毫無制約地生產任何產品，並通過廣告刺激去滿足任何極端荒唐的個性需求。任由這種失去上帝理性制約的常識悖論，將人類導向一個下行通道，為機器人全面終結人類準備了最原初的邏輯鋪陳，以及此消彼長的邏輯運行條件。

人類面臨 AI 技術的第四大威脅也是最大的威脅，在於 AI 技術對人類價值取向的更深度毀壞，即超越"AI"技術體現出來的"人的能

夠”的另外一面即“人的應當”失向，或曰人類面對 AI 技術臨到人
類生活時的是非善惡標準偏移。由於長達半個世紀自由主義絕對化的
氾濫，上帝造人的獨特性被世俗化極端自由主義所侵蝕所取代，不經
思索的人和動物“平等”觀念正在成為新一代人心中理所當然的“真
理”。在 AI 技術來臨之際，美國和歐洲的大學和主流媒體中正在流
行一種“所有智能皆平等”的觀念教育，這相當於在為 AI 機器深度
學習生成的智能與人類智能的“平等性”價值觀念鋪路。這種對待人
工智能的絕對自由主義和超級實用主義價值觀念，將人類迅速推入了
充滿了前所未有風險的死亡遊戲漩流之中。

　　弔詭的是，伊隆·馬斯克是公認的替代人類勞動力的自動駕駛 AI
技術先驅者，拉里·佩奇是公認的機器深度學習生成人工智能 AI 技術
的先驅者。但馬斯克的確對人類正在開發的 AI 技術在智能上對人類
的威脅充滿憂慮，因此他在 2015 年就作為發起人投資了非營利組織
Open-AI，該機構堅持非營利與開源代碼而不是商業目的的封閉代
碼，旨在研究如何預防 AI 深度學習生成的人工智能不被濫用以構成
對人類的威脅。可是由於在價值觀念上與 CEO 薩姆·阿爾特曼的嚴重
分歧，馬斯克 2018 年被迫退出 Open-AI。集多元主義國際化加極端
自由主義大慈善家於一身的比爾·蓋茨與阿爾特曼一拍即合，得以立
即投入 10 億美金，將 Open-AI 從一家代碼開源的非營利組織，轉
變成由微軟絕對控股的封閉代碼商業公司。比爾完全沒有 AI 領域的
倫理心靈負擔而捷足先登，於 2022 年下半年推出第一款聊天機器人
Chat-GPT，三個月之內創紀錄收獲上億使用者，後來居上，將後發
的社會互動 AI 技術提前登上歷史舞台。比爾再次站到世界之巔，猶
如人間新造就的神祇而風光無限。

　　從技術上講，Open-AI 作為新一代搜索引擎當然構成了對 Google
的巨大威脅，這對於厭倦了 Google 所創立的“無償服務 —— 留下加

密個人信息 —— 倒賣隱私賺廣告費"的消費者來說，或許是一個好消息。但我們對比爾使用"Chat-GPT"的未來商業模式，依然一無所知。但特別確定的是：Chat-GPT 肯定是一款比 Google 搜索更成功的洗腦機器。因為 Google 搜索只提供鏈接，答案由讀者到鏈接中去尋找，儘管 Google 總是根據大數據分析將你心儀的鏈接發給你，使你的觀念被強化或自我強化。但 Chat-GPT 則直接告訴你問題的答案。當 Chat-GPT 被要求為民主黨總統拜登和哈里斯寫一首詩時，Chat-GPT 愉快地為你獻上所要求的讚美詩，可是當你要求為共和黨的唐納德·川普和吉姆·喬丹寫一首詩時，Chat-GPT 卻委婉地拒絕你的請求；當你要求 Chat-GPT 為你寫一份石化能源的利用報告時，它會給你講民主黨關於石化能源的政治正確固定句式；當你要求 Chat-GPT 為女性下一個定義時，它會告訴你"女性太複雜，無法定義"；當你詢問跨性別問題時，它會濤濤不絕地向你宣傳那些跨性別的政治正確固定句式。顯然，Chat-GPT 已經成為由絕對自由主義加黨派政治所控制的 AI 技術平台，相比而言，原來意義上的左派媒體 CNN、ABC、CNBC 等相形見絀，小巫見大巫。顯而易見，極左媒體的新神已經造就出來，新的黨派鬥爭、政治運動、選舉操控、社會混亂將不可避免，人的獨立、自由與平等將進一步喪失。相信吧！明天會更糟。

Open-AI 不到半年的極左表現，引發社會的深度動盪與不安。伊隆·馬斯克聯合 1 100 多位 AI 領域的資深科學家和先驅人物共同簽署了一個宣言，呼籲暫停不負責任的 AI 技術開發，並呼籲國會加快監管立法以應對 AI 技術開發失控的風險。Google 負責 AI 神經網絡技術開發的科學總負責人享頓，是 AI 領域公認的深度學習技術的 AI 教父。他經過艱難掙扎，於 2023 年 5 月 1 日宣佈退出 Google 的領導職務。他在接受 CNN 和 BBC 等媒體採訪時坦言，必須停下來吹響號角，讓人類高度警惕，因為深度學習和機器學習使 AI 變得比人類聰明，AI 有很大可能在人化過程中用它們特有的方法殺死人類。但人類達不成共識，也無法由美國或任一公司單方面停下開發的腳步，因此人類面臨的 AI 風險可能要高於上個世紀以來人類面臨的核武風險。這絕非聳人聽聞。

因此，如果我們靜下心來傾聽，我們就已經能夠聽到一個正向我們走來的、人機混合生存時代的沉重足音。在人類獨一理性的群體性棘輪效應中，除了相互競爭而生發的短暫平衡之外，人類幾乎無法達成任何長期的有效共識。而短期的共識平衡，總是因極端自由主義和市場功利主義的聯合，在時間的棘輪中被撕成碎片，隨風而去。請問還有什麼力量能夠阻擋 AI 機器人對人的取代和終結呢？因此，霍金在臨死前不無憂慮地預言：“AI，或許將終結人類。”

再次，人對自然的征服已然完全走到盡頭，這種征服還反過來擊打人類，除了人類自身，人類再也沒有天敵。發現並挖掘上帝創造以支配宇宙萬物運行定律的現代科學，以及為人類功利目的所驅動的“怎麼辦”技術的狂熱運用，極大地推升了人類征服自然的“人的能夠”。在人與自然的關係中，“人的能夠”已取得絕對勝利。可是這一人類群體累積行為，已然走到了天盡頭、地盡處，完全失去了“人的應當”的公共約制。儘管各民族國家也制定了很多法律（規定了“人的必須”），來強行規約人的行為以保護自然，各國首腦也經常舉行環境大會以形成各種各樣的應對環境破壞的宣言和協定，但人類面對後發國家無度的人口增長和日益巨大的經濟發展需求，依然束手無策。

在全球主義的邏輯下，人類陷入無法自拔的“囚徒困境”。一方面，發達國家通過各種國際組織、多邊及雙邊組織、非政府組織，去幫助不發達國家征服自然、發展經濟。各國市場競爭中日益壯大的企業家隊伍，為了戰勝對手而不斷創新供給，並用廣告引領消費需求；另一方面，被推動的全球化發展，又促使地球環境進入不可逆轉地被毀壞的快車道。根據環境負載能力進行人口計劃和地球環境承載總體規劃等最本質問題，從來就沒有也不可能被討論，更不用說達成共識和行動了。於是人利用科技征服自然的一些主流趨勢形成，幾乎無法逆轉。

第一，自本輪工業文明以來，因巨量的能源燃燒和能量轉化而產生的二氧化碳，無法被地球上日漸減少的植物吸收平衡，被排放到地球之大氣層中形成堆積並產生溫室效應，從而使地球表面平均氣溫逐漸上升。1800 年，煤炭和石化燃料開始被大量利用時，大氣中的二氧化碳水平低於 280ppm，現在則超過 400ppm，地球平均氣溫至少上升了 2.5 攝氏度，2050 年將超過 600ppm，到時候地球平均氣溫比現在再上升 2.5 攝氏度。照此推算，2100 年的大氣中的二氧化碳水平肯定超過 1 000ppm，溫度上升多少甚或大氣是否存在等，已超越了人類的認知能力。[346] 這一被稱為 "溫室效應" 的人類行為因果，導致全球變暖的趨勢的形成。南半球的冰川正在消失，赤道附近氣溫大幅提升，北極冰化，整個海平面上升，馬爾代夫、上海等低地城市面臨消失威脅，很多物種已經或正在滅絕，乾旱地區增加，沙漠化速度加劇，氣候波動歷史性異常化，由此引發的火災、風災、旱災等自然災害頻度增加且破壞增大，如此等等。很多地區（如赤道附近）的氣溫在可預見的未來將不適宜居住，數億規模的環境難民的生發，將給人類社會帶來無法吸化的巨大災難。[347] 更可怕的是，根據最新研究，沉澱在大氣層中的二氧化碳，並不會自動消解而是越積越厚。大氣研究學家擔心這些堆積的二氧化碳，在大氣層中沉積的重量會因超過臨界值而引發歷史性坍塌，坍塌的二氧化碳會落向地球，造成氧需量嚴重不足，引發生物窒息，其中 70% 以上會落入海洋，使海洋變成流動性很差的黏稠物，從而使所有海洋生物完全滅絕，人類賴以生存的地球環境的因果鏈條徹底崩斷瓦解。然而，人類不斷增加的人口規模無法被遏制，後發國家為求發展的工業二氧化碳排放更加無法被遏制，各民族國家之間，關於先富國家和後富國家的人均排放權的爭論，不會有什麼實質性的結論，至多是外交性表達大家對全球變暖共同關切的政治正確而已。

　　第二，人口的巨量增加引發了食物供給的嚴重不足。為了回應和解決這一人類生存的最核心問題，科學技術在過去一個半世紀中的努力可謂功勳卓著，令人鼓舞。其核心路徑有五個：其一是增加土地墾殖；其二是通過轉基因雜交改變動植物性狀以增加單產潛能；其三是通過大規模的農膜使用，以促進微環境積溫的提升從而挖掘單產潛能；其四是通過大量高含量氮磷鉀化肥的施入以提高單產；其五是大量使用以殺蟲劑和除草劑為主的農藥，以控制病蟲害和雜草引發的單產負面效應。時至今日，所有地球上的土地已經被過度墾殖，反過來使地球上原有的 6 萬多億棵樹被嚴重砍伐，數量下降到 5 萬億棵之下，下降了 25%~30%，這對地球的氧量製造產生了致命的影響，其影響的深遠度依然超越了我們的認知 [348]；轉基因產生的問題也引發了如火如荼的爭論，但我們已然不可能離開轉基因食品生存下去；全球每年使用農膜及其各種塑膠製品 1.2 億噸，僅有 10% 被回收，10% 被焚燒，超過 70% 被遺棄在土壤中、河流裡，最終流入海洋。每一件塑膠製品，都需要 500 年的時間才能自然降解。因此這些越積越多的塑膠碎片污染土壤、河流、大氣和海洋，即使用不計算任何增量的簡單數學趨勢外推計算，等到第一批江河湖海中的塑膠製品被自然降解時，地球上累積的塑膠製品碎片，已然達到或超過 450 億噸，無數的生物因吞食它們而滅絕。還有哪種生物，能強大到在塑膠垃圾充斥的地球上繼續存活？因此其對地球和人類的深遠影響，遠超越人類科技的短因果認知，並每時每刻都在擊打着驕縱得意的人類；每年全球施進土壤中的 2 億噸化肥，正在耗盡上帝賦予我們的地力，深刻改變着土壤與作物的深層與長期關係，而這些化肥在中國土地中的施入量佔 1/3。

全球每年使用以殺蟲劑和除草劑為主的農藥是 350~400 萬噸，其中 50% 用於中國的土壤，這些巨量農藥不僅因農殘超標而直接危害當下人的健康，而且深遠地影響着土壤的毒性，河流、湖泊和海洋的毒性，從而影響着諸如蝴蝶、蜜蜂、其他昆蟲及水生生物的生存狀態，其影響的長因果鏈條，遠超人類所能達到的認知水平。

第三，人絕對化地戰勝地球上的所有生物。昔日威風凜凜的老虎、大象、獅子、犀牛、河馬、豹子等生物被人類無度獵殺，或完全喪失自己必需的棲息生態，正在走向群體性滅絕，沒有誰能逃出人類過度開發了的“人的能夠”魔掌。人類不知道這種人的絕對性勝利，到底在長因果鏈條上意味着什麼，只有某種不祥的預感通過啟示在某些人的心中蘇醒，也正是這些蘇醒者，祭出了對這些地球瀕危物種進行公益保護的大旗。或許該輪到這樣的歷史時刻了，人需要再次認識到，人真正的敵人是自己。

另外，**被誤讀並濫用的“公平和平等”之上帝賦權的國民現代性，一方面在培育社會同情與助長懶惰並行不悖的矛盾文化；另一方面在無度擴張政府職能，從而培育暴政與荒政並行不悖的內在基因。**[349] 科技新工具崇拜導致自然科學實證研究方法，在社會學科領域被簡單套用，從而通過統計信息分析得出結論的風氣，大為盛行，原來在社會學科領域長期使用的邏輯辨析與結構分析方法被拋棄。因此“自由”“責任”“平等”“公平”“公義”“正義”這些國民現代性基石原則，被嚴重誤讀，引發了社會主流意識的偏離。公平與平等的誤讀更甚。一種用簡單統計結果，來分析社會的實證主義學術框架的長期運用，必然產生用“平均權利”取代“社會公平”的主流意識，產生用“物理性絕對平權”取代“屬靈平等”的主流意識，進而產生了人人善於推卸責任、抗爭爭取絕對平權的內在意識，並通過群組化運動，去促使政府通過全民福利主義的方法，來干預市場競爭和利益分配。久而久之，這種方法，便切斷了人人必須通過自己努力去為自己的生命負責任的因果定律，助長了人類社會同情與激勵懶惰並行不悖的矛盾文化生成。其結局，必然加劇人人為自身幸福而奮鬥的創造性動力減弱。人人習慣於通過政府加稅和舉債，來解決各種群組性短期福利訴求的路徑依賴。這種路徑依賴，將使政府無限度地透支未來，無限度地打擊勤奮與創新。

　　與此同時，凱恩斯宏觀調控的理想主義模型，加上學術界將"平均"向"平等"的挪用與誤讀，促使政府干預市場競爭與介入所謂"二次分配"的過度授權，給了那些原本專制的政府以更為正當的理由去堅持專制暴政，將民族主義和國家主義，包裝上這些似是而非的自由、平等、公平、正義以及民主等偽概念，搗糊糊似地混同於原本立基於上帝信仰的國民現代性五大基石原則。政府離開市場競爭體制中本應居於第三方裁判的公正決策位置，直接控制資產，成為市場壟斷主體，控制資源和市場定價權，既從居民納稅人身上直接強制徵稅，又通過國家資本壟斷經營從市場竊取利潤，濫用行政權力，扭曲市場價格，培植政府官員和國企經營者的腐敗習性，打擊私人產權從而扼殺企業創新和社會公義，並很自然地會走向，利用一切科技新工具竊取個人隱私和剝奪個體自由與平等的極權主義道路，使這類國家在現代化進程中，進入前進兩步、後退兩步的長期蹣跚困境之中不能自拔。在那些具有民主制衡的非專制政府中，這種誤讀導致政治立法不可逆地向國家福利主義方向左轉，政治家一味迎合選民的同情心與不勞而獲兼具的烏托邦理想，在政治立法決策上荒政，最後發展成為，民主就是結果性社會平權的常識性群體荒謬。全民福利式的立法補丁，不斷激勵不勞而獲的懶惰，從根本上毀壞源於因果一一對應的社會動力機制，實質上造成了對本國企業家創新群體的打擊與驅離，最終使這些國家在國際市場上的核心競爭能力逐漸衰退，進入不可避免的後現代衰退危機中。

最後，這種用科技解決一切問題、解釋一切現象的唯物主義思潮在全球的流行，幾乎成為用物質利益解釋衡量一切人類行為的功利主義的同義語，從而促進實用主義哲學大行其道。[350]"一個國家有錢便有力量"成為口頭禪，一切超越個人主義和民族國家的社會公共精神和公共道義，都被實用功利主義認識論所解構，從而使我們在超越個人功利和愛國主義的領域中，喪失了更高公共精神的尊崇和辨析能力。聯合國、國際組織和國際公共傳媒，一邊倒地強調所有民族國家都具有絕對平權而又不實質性承擔相應國際公共義務的訴求，越來越流行。這酷似民族國家內部的全民福利主義邏輯，斬斷了每個主權國家為自己的行為負責的因果一一對應的定律，聯合國等國際組織，則日益變成這種全球化福利主義的公共俱樂部或全球烏托邦同盟加速器。

敘利亞難民問題，彰顯了這種民族國家間全球福利主義的邏輯困境。聯合國並沒有實質性地去解決敘利亞內戰危機和"伊斯蘭國"迅速崛起的地區性政治衝突的本質問題，但卻試圖將敘利亞產生的 700 萬難民結果，分配給發達國家去無條件安置，而且過分強調了難民與難民接收國公民之間的平權性。這種烏托邦式的"政治正確"，無異於客觀上鼓勵了主權國家的不負責任，以及所製造難民到別國去享受他國福利的理所當然。這種政治正確的國際道義，助推了第二次世界大戰以來全球最大的難民危機，其影響可能需要用今後半個世紀以上、歐洲國家數量巨大的難民安置造成的內部暴恐衝突，來予以詮釋並消化。

在和平發展與國際主義思潮的語境中，自 20 世紀下半葉以來，民族國家的衝突，很容易表現成以發展核武器為中心的全球化軍備競賽。在"9·11"極端化恐怖主義的巨大威脅下，圍繞着後發小國發展核武器的企圖所進行的鬥爭，可謂進退兩難。一方面，全球主義與規模日漸增大的對後發國家的和平發展援助，常常暗含着民族國家間，全球福利主義的平權邏輯，阻止後發國家發展核武器系統，常被視為對這種平權邏輯的違背；另一方面，後發國家在阻止恐怖主義或核武系統被極端化恐怖主義者和極權主義者利用方面，的確令人堪憂。現有核大國擁有的核武器系統，已經足以將人類毀滅一百遍。然而，核擁有國的名單卻在不斷加長，無數中小國家都企圖成為核擁有國，他們憧憬滿滿，躍躍欲試。任由各民族國家自由發展核武器系統的結局，當然是不堪設想的，可是，阻止核武擁有和軍備競賽之路則愈走愈艱。特別是聯合國常務理事國之一的俄國，開啟了自從 2014 年佔領克里米亞，而走上企圖吞併獨立國家烏克蘭的侵略之路後，其邏輯的展現，將使阻止核武擁有的道路，更加艱難且愈愈失去其正當性。長此以往，聯合國將正在變成一個極端自由主義性質的國家俱樂部。

　　人類對民族國家之間外部暴力的恐懼，並沒有因核武器的發展而減少，反而使外部暴力威脅更具有毀滅性。這種外部暴力威脅，還促使核武器發展與軍備競賽升級，人類進一步求助於新科技。網絡駭客，對隱私侵犯的信息暴力，機器人戰鬥隊，可携式導彈等科技，使人類面臨的外部暴力威脅加速升級。同時，個人獨行俠式的極端化恐怖主義行為日漸增多，近年世界各國所發生的內部暴恐襲擊場面令人心驚膽顫，某些案例的原因常常簡單得令人無法置信和目瞪口呆，人不知道如何面對自己身邊防不勝防的內部暴恐威脅。人最後可能終結於不可逆的和不可預料的相互毀滅。通過長時間在"怎麼辦"技術上的努力與"人的能夠"之積累，通過長時間世俗主義對上帝所期盼的"人的應當"的侵蝕，一切都已準備就緒，只是不知道哪一個瘋子，在哪一個歷史時刻，在哪一個地方，會按下哪一個啟動人類相互暴力毀滅的關鍵性按鈕。

　　總之，僅僅依靠科學技術的發展，不可能使人類整體獲得長久的安全與幸福。相反，失去上帝信仰之公共理性約制，將極大地助長人類的驕傲與輕狂，將加劇人類的自我中心主義張力，將強化人類以民族國家為常態的群組矛盾，反過來推動唯物質利益的群組化爭奪，對自然的瘋狂踐踏和對公共精神的極端蔑視，從而生發對人的奴役與殺戮，並將人類群組性地推入唯獨依靠科技進行的長期競爭角力之中。由此進一步**造成科學技術開發的畸形化，人與自然相互依存邏輯的毀滅，政府政治權力的濫用，極端個人主義暴恐意識的升級，毀滅性武器系統的無度累積。最終結局，人類極有可能在"人的能夠"的輝煌盛宴中群體性相互毀滅。**

　　就人類個體而言，科學技術的發展確實能夠給人的現世生活帶來更高的物質文明。但是，離開**上帝所期盼的內在自我約制、自我激勵和自我堅定的"人的應當"**，離開人神關係對人內在精神生命、在過去與未來時間上的邏輯連續，人有可能自覺、不自覺地片面化為現世活着的動物，被純粹功利化的市場驅趕進忙碌的人生軌道，獲得極端自我中心和極端個人主義的正當性，將生命視為一場有"人的必須"之法律邊界的物質遊戲，加入生命的競爭與搏殺。如果成功，人就驕傲自大、得意忘形，為下一輪競爭播下失敗之種；如果失敗，人就意志消沉或破罐破摔，或從失敗中試圖崛起、再度搏殺；或憂鬱自殺，一了百了，可謂"成者為王、敗者為寇"。而平庸一世、平安終老的人，則猶如一隻死亡的青蛙被埋葬了事，既無生命之來源可自豪，亦無生命之去向可期盼。

　　作為具有屬靈生命的人，有時我們或許需要思考：這樣一個漫無目的而又充滿不確定性的生命過程，是否值得人去經歷？這樣一個僅僅是一次性物理遊戲而願賭服輸的生活，是否值得我們去過？如果人的生命幸福還有屬靈的源頭，那麼在這個並不完美甚至瘋狂的人類世界中生活，在這個有限暫時且充滿相對性的人類世界中生活，人需要不斷做出主體性思考、判斷、決策和行動。既然如此，人對無限、永恆、完美之絕對性的連接與朝向是否存在？人是否能在生命過程中尋找內在自我激勵、自我約制與自我堅定的"人的應當"，去處理生命旅程中充滿跌宕與不確定性的人生際遇，應對生命旅程中常常難以避免的挫折與勝利？無論世人眼中的塵世生活如何，你心中對神聖彼岸期盼的回應都能被激發，都能讓你獲得幸福並感恩。而無論生命中的他者如何成為你的參照，以及如何對待與評價你，你都能從你的神聖期盼中，找回那種自我約制、自我激勵和自我堅定的"人的應當"，讓自己活出非同尋常的生命品味與優雅，並尋回生前死後一以貫之的神聖性邏輯。如果更多的人回到這樣的生命狀態，那麼我們對今天的社會，可能會有完全不同的視角，我們會有完全不同的聽力、理解力和使命感。因此我們會有完全不同的生命態度和人生決定，我們會重新定義我們的現代性基石和重建我們的現代化社會。**而足以改變我們人類個體和群體之靈性狀態的力量與智慧，不在科學技術和奇技淫巧式"人的能夠"之相對性真理之中，而在上帝啟示"人的應當"之神聖期盼的絕對性真理之中。**

或許我們已然走到了人類獨一理性自主（科技新工具崇拜）即人類第二次大反思的天盡頭，地盡處。**人類需要第三次大反思和幡然悔悟，或者沿着人類理性自主極端化繼續向左前行，末路狂奔，走向人類自我終結。**

在結束本書之前，我想舉一個例證：美國制憲會議瀕臨解散的尖銳衝突，因為上帝公共精神的介入而得以持續完成制憲的案例，或許對今天人類每個共同體、每個人類社群乃至每個生命個體，如何去體會"人的應當"，會具有特別的啟示意義。[351]

美國於 1787 年 5 月 15 日在費城開始的制憲會議，是由當時各州投票選出的傑出代表人物參加的。歷史研究表明：後來被美國人民稱為"國父"們及其他制憲會議代表，無論在學識、經驗、公共服務能力方面，都是十分傑出的，甚至於他們每個人在德性上，也都是溫和、勇敢和堅定的基督徒。他們當時的目標，就是要為剛從英國殖民體系中獨立出來的美利堅合眾國，制定一部完美的憲法。他們深知，這部憲法，必須要成為未來美國三大市場競爭制度構建的磐石性基礎；他們也深知，這部憲法最深的根基，便是美國人對基督以他寶貴生命的獻祭犧牲與復活為人類之罪支付了贖價，從而獲得上帝權柄以成為人神關係中保的生命、道路與真理的上帝信仰。只有基督信仰，才能保證這部憲法及其所有下位法的制定，可以保護上帝賦權給每個人的"平等自由權"，也才可能使這些制度具有公平性，司法制度的公正性，並由此保證人的潛能的最大發揮並最終使上帝的公義與愛及寬恕，得以彰顯。

可是，在人類歷史上如此優秀傑出的人才聚集在一起，並不能因為他們個體人的才能傑出與品德高尚就能自然達成共識，也並非優秀的個人共同努力，就能達成傑出優秀的公共制憲成果。

當會議召開 40 多天後，關於國會和參議院代表名額的分配問題，各州和聯邦在立法權上的分權問題、奴隸是否可以繼續合法使用，是否計算入國會代表配額基數問題、立法司法行政部門的分權方式與制衡問題等等，成為會議代表們高度關切與爭議的焦點。這些存在高度分歧的尖銳問題，都以文字形式和口頭辯論方式被充分表達出來，為了說服別人同意自己觀點而發表的演說，使會議高潮迭出，但爭吵與批評的措辭越來越激烈，會議氣氛變得越來越劍拔弩張，共識根本無法達成。很多代表失去耐心，憤怒之情溢於言表，準備捲舖蓋回家。美利堅合眾國制憲會議，瀕臨解散，獨立宣言以來的所有努力與犧牲，面臨白費，國家面臨重陷混亂而失去方向與分裂的巨大風險。

6 月 28 日，在這群優秀人物失去耐心準備各奔前程之際，賓夕法尼亞州代表本傑明·富蘭克林要求發言，會議主席喬治·華盛頓同意並勸說各位代表安靜聽富蘭克林發言。這位最年長的立法代表肯定了各州代表的傑出與優秀，理解各種不同觀點都是從各州公共利益出發的初心，理解觀點分歧引起辨析的必要性，理解衝突與達不成共識的沮喪心情。但是，我們每位代表需要認識到人的有限性和罪性，否則我們會喪失聽力，聽不到反對方觀點中的合理成份而導致爭論走向極端化。因此，富蘭克林強列呼籲與會代表意識到人類理性的有限性，呼籲代表們從無限永恆全能全善的上帝理性中尋求智慧，為美利堅合眾國的憲法制定靜心傾聽上帝的聲音，人類理性的雖然有限，但如果我們朝向上帝神聖的公共精神，就可能通過辨析、包容和妥協去尋求盡可能向好的共同解決方案。"實踐證明，離開上帝的介入，這部憲法無法完成"。因此，富蘭克林建議：與會代表每天開會前集體向上帝祈禱，請傑出的牧師來制憲會議上佈道並代禱。代表們安靜了下來，認真且平和地討論了富蘭克林的建議，考慮到美利堅合眾國未來要堅持宗教寬容和信仰自由的原則，會議沒有採納富蘭克林每天在會前集體祈禱的建議，但部分採納了富蘭克林的建議，即代表們每天來開會前獨自向上帝祈禱，並不定期請傑出牧師來會上佈道代禱。

因為上帝之靈的介入，偉大的奇跡就這樣發生了。接下來的制憲會議雖依然爭論激烈、唇槍舌劍，但一種友善、傾聽、平和、寬容、妥協的氣氛產生了。代表們通過對每一條款的爭論、辨析、堅守、接納與必要的妥協，使所有爭議條款逐一達成共識，最終表決通過了那部美利堅合眾國憲法。雖然這部憲法並非十全十美，但迄今為止，它依然是一部欲完成現代化的民族國家在制定憲法時，必須參照的制憲範型。這個案例給我們的啟示或許是：一群有限有罪但在"人的能夠"上無比優秀的個體人，在程序正義的上帝公義磐石原則下，被選舉出來並聚在一處，將個人自由意志及其所代表的社群公共利益訴求，表達到了極致，同時又在每天自己與上帝人神關係的祈禱感恩連接中，去處置人與他者之關係，因此能從上帝的呼召與回應中，**實現內心的自我約制、自我激勵與自我堅定的"人的應當"**，從而讓自己並通過自己對社群影響來實現"人的應當"，活出上帝所期盼的人類社群生活的模樣，充分彰顯出自由與有序自治並舉的樣式與範型。

結　語

　　人，因其獨特的脆弱性而作為一種在宇宙萬物關聯中獨特的社群生活動物，必然需要源於真、善、美的勇氣和信心，以獲得自我約制與激勵的持續性美德，否則人必生活在人與他者內外暴力相向、弱肉強食之叢林法則中。這樣的社群生活不值得人過，因為這樣的人類與動物別無二致，也不可能獲得人真正的幸福。為了人在生命過程中找到高於叢林法則的不可見的真、善、美，並保持去實踐它們的勇氣、信心和自我約制與自我激勵的持續性美德，人必須尋找"信仰"。因為只有正確的信仰，才能使每一個生命個體，認知並充分體會到那不可見不可觸摸的真、善、美的神聖源頭，並由此生發**自我約制、自我激勵與自我堅定的"人的應當"**，以使人在物理生命中練就並日益增強的群體性**"人的能夠"**，不會因此成為脫韁的野馬而失向馳騁。

　　在市場貿易驅動和成文法律出現之前的漫長人類歷史中，任何人類社群和民族，在其源頭上都有自己的信仰。這種種信仰，激發了人類社群中那些特別的英雄，對其信仰所期盼的"人的應當"積極回應，塑造了這些英雄在社群生活中自我約制、自我激勵和自我堅定的持續性美德，成為這些人類社群中個體生命的範型和榜樣，從而引領和規範着人類的早期文明歷史。

　　可是，這種種原始信仰中的人神崇拜，絕大多數乃至全部，幾乎都是從拜教物或曰偶像崇拜開始的，因此充滿了原始而濃烈的萬物有靈論的迷信色彩。人類有文字記載的信仰，其邏輯則清晰得多，其神聖權威的意義也更加明顯。**古希臘**諸神的五代譜系，是人類歷史上為數不多但分工明確、職責和法力邊界清晰的諸神崇拜。諸神有神喻有故事有歷史有邏輯，有文學有詩歌有雕像，因此在其跨越國家界限的信眾中，有相當的神聖性與權威性。但諸神必死於深藏諸神背後之命運的古希臘悲劇，引發了古希臘哲學家，對人與自然關係的自然哲學以及人與他者關係之人文哲學的大討論，由此引發了對古希臘信仰的哲學大反思。

無獨有偶，在古代東方社會，**古老的吠檀多**"梵一體三相說"的信仰體系，有着漫長的歷史和自洽性邏輯，並由此建構起頗為形而下的以"生命四期"與"四種姓"為核心的婆羅門教社會道德規範。**佛陀**的慈悲，特別致力於突破四種姓的藩籬而追求一切有情生命的平等，並擺脫生命無邊的苦與劫，去實現那超越因果律的涅槃成佛，為人的信仰帶來了理性自潔的梵音。中國自然主義的"天"祭崇拜下的**先秦**哲學，產生了**儒、法、道、墨**各哲學流派諸多的實踐哲學詰問與哲學解答，以及各哲學思想流派的政治爭鬥，結局是法家勝利、儒法聯盟，成為皇帝人間神的壟斷幫辦。由於皇帝神的失敗與無邊苦難，中國曾擱置自己過於形而下的哲學，從南北朝到隋唐，引入印度吠檀多"梵一體三相說"基礎上的佛教，以超脫生命永恆劫難之無常，並戰勝現世生命諸惡的涅槃修行，形成了朝向生命永恆與涅槃的信仰系統和佛陀宗教實踐，構建了東方的新信仰體系。這個體系對於古老東方的印度與中國，及其周邊東亞東南亞諸國關於人的應當的影響，意義重大且深遠。

希伯來文明在數千年苦難洗禮中，走了世界獨一無二的道路。他們不是通過哲學家去思考那些燒腦的問題，然後去尋找他們的神並構建他們的民族信仰，而是上帝耶和華唯一神直接自上而下，通過他們的先知挪亞、亞伯拉罕、雅各與摩西，以及歷時數千年的若干先知，來啟示以色列民，從啟示到口頭約定再到書面約定，形成了《聖經·舊約》的"盟約律法"信仰體系，以引領以色列民走人的應當之路，並帶祝福給天下萬族。

羅馬帝國依靠法律和刀劍開闢了 50 多個民族國家的被奴役之路，並為上帝之子耶穌的道成肉身、生命獻祭與復活，將上帝的公義和愛與寬恕的福音對超越以色列的全人類祝福的福音傳播，準備了人類信仰史上最壯麗的歷史鋪陳。

上述種種信仰構建，便是**人類第一次大反思**的成果。

　　經歷了無數基督徒的生命獻祭與犧牲，以《聖經·新約》為藍本的基督教福音運動，通過修道運動，托缽修會，中世紀孕育等公益組織創新，終至催生文藝復興、宗教改革、科學躍升與啟蒙運動。以此人類第二次大反思為基礎，以社會公益競爭制度、經濟市場競爭制度與政治市場競爭制度為核心的現代化文明體系構建，成為人類歷史的巔峰之作。遙遠的東方帝國中國和印度，完全缺席了這場圍繞着“人的平等自由權”和社會制度“公平正義與公義”的神聖源頭的大討論，因此缺席了人類第二次大反思。

　　在**人類第二次大反思**形成的後現代進程中，隨着人類文明的升級和結構複雜化的增長，人類社會的組織化構建也日益複雜。首先是政府成文法或律令的增加，對“人的應當”所涵蓋的內容進行強制性條款化分拆，構建了“人的必須”日益複雜的種種法律條文，強制人必須去遵守。但個體越來越記不住並理解不了這些日益增長浩如煙海的法律條文，總被強大的公共組織，借助種種複雜的法律條文所奴役。其次是宗教實踐化戒律或社會倫理不成文法，繼續從“人的應當”中分拆出許多倫理條規，構築社群性道德壓力，強迫社群中的個體予以遵守，是謂“人的應該”。但個體常常對這些百千萬條的倫理條規不耐煩，而各族群領袖們，卻總是樂此不疲地去構建種種新倫理強制力量來懲處個體。經過宋明理學理論化、皇帝與文官聯合造神儒教化後的儒家禮教的上萬條繁瑣條文，以及數萬條布哈里聖訓對穆斯林個體人日常生活的繁冗規約，便是最典型的例證。人類在這種離開上帝的錯誤道路上，走得越來越遠，人對生命之過去現在與未來，更加迷茫。因為人對外在於自由意志的集體規約之強加，始終充滿了不開心的反叛。

　　基於西方信仰、重新認識個體自由意志價值的人類第二次大反思，特別是**大陸學派**啟蒙運動的極端化向左再向左運動，推動人的生命中心從“上帝理性”向人類“理性自主”的大轉移。**西方國家**借此追尋三大市場競爭制度引領的國家現代化，構建以人的私利追逐為中心的市場公平競爭制度，引領世界將“人的能夠”即人類物質文明推至人類歷史之輝煌巔峰。但不幸的是，在這個大歷史進程中，人類理性“獨一自主”的極端主義思潮一直向左再向左，在批判傳統的過程中，極端地世俗化。這就使得有限的人類獨一理性，被日漸增長的市場競爭所驅動的現代化生活之強大壓力和科技新工具驅動，雙重碾壓。人們越來越不關心生命的過去，也不關心生命的未來和意義，一味強調“活在物理性的當下”，因而也失去了內在自我約制、自我激勵與自我堅定的“人的應當”。在旋風式此起彼伏興起的，相互攀比、以盲導盲乃至娛樂至死的流行風潮引領下，人們終日忙碌，不停奔走，卻不知生命去向何方。人，很有可能被技術創新日益分工細化並整合的，人類超強群體性累積形成的“人的能夠”，徹底肢解並終結。因此，**人類需要第三次大反思，來解決其所面臨的歷史困局。**

　　現代科技與物質主義世俗化語境下的人，要麼滑入神秘主義深潭，或者落入用有限去求證無限、用相對去求證絕對的茫然絕望，或者掉進輕率宣稱上帝已死之人的狂妄自大裡。

　　這些誤區使人在生命的跌宕際遇中，要麼因自己的弱小失意尋求依靠而參與其他人的造神運動，要麼因自己生命之路上的偶然成功志得意滿；或者因為偶然機遇掌握到權力而渴望他人造自己為神；因此，人的生命無往而不行進在人間造神之路上。因此參與組織化被奴役或組織化奴役他人，是這樣的生命狀態無法繞開的個體生命選項。

　　那些耳熟能詳的“自由、平等、公平、正義、公義”等公共精神，不是人造用於裝點門面的華麗辭藻，而是源於上帝神聖賦權予人，因此值得我們每一個人用生命去守持捍衛的價值觀。

　　只有基督的道成肉身、獻祭與復活為人類開創的人神關係之道，才讓我們擺脫罪的捆綁，擺脫血緣與地緣的束縛，從而構建起普世性的價值觀與現代文明體系，並能夠讓人類藉着這個獨一無二的信仰，從根本上斬斷人間造神之路，為最終消除被神話了的少數人利用國家名義組織化奴役多數人的現代政治文明，奠定了終極神聖與權威的普世價值基石。

而我們作為持有這份珍貴信仰的個人，依着基督作為道路真理生命的聖靈內駐，能夠夯實生命的內在信心力量與智慧，找到回應上帝呼召而內生的自我約制、自我激勵和自我堅定的"人的應當"，感恩、懺悔、行動，去守衛上帝賦予我們每一個人的"自由、平等、公平、公義、正義"的公共精神。在這樣的靈命狀態中，無論"我"的生命際遇在這個瘋狂的社會中，顯得如何低下、高貴、顯赫、平庸、起伏、跌宕，"我"都能找到自己生命中的過去、現在與永恆未來之間的邏輯一貫的方向與力量，從而體悟到生命中的幸福與美滿，並最終戰勝惡與死亡。

這就是"人的應當"，對個人生命與公共精神的最深刻關聯。

參考書目及延伸閱讀

1.　康拉德·洛倫茨，《動物與人類行為研究》，上海：上海科技教育出版社，2017：第一卷 249-329，第二卷 271-325。

2.　曹雪芹，《紅樓夢》，上海：上海古籍出版社，2005：77-78。第十二回：賈瑞深陷愛上其嫂子鳳姐的相思邪病，無藥可救。跛足道人送其"風月寶鑒"並囑其只可看背面，不可看正面，如此三日可愈。賈瑞每看背面立現驚心骷髏，忍不住轉看正面，乃鳳姐裸身招手，賈瑞入鏡與之交合，持續三日，數次遺精而亡。

3.　Michael Tomasello, A Natural History of Human Thinking Cambridge, MA: Harvard University Press, 2014:124-195; 恩斯特·凱西爾，《人論：人類文化哲學導引》，上海：上海譯文出版社，2013：3-120。

4.　索菲婭·N·斯菲羅亞，《希臘諸神傳》，北京：國際文化出版公司，2007；讓 - 皮埃爾·韋爾南，《宇宙、諸神與人》，上海：文匯出版社，2017:11-193。

5.　丹尼爾·狄福，《魯濱孫歷險記》，上海：上海譯文出版社，2006:80-250。

6.　伊爾文·史東，《梵古傳》，台灣：九歌出版社有限公司，2009：503-645；余光中，《余光中講梵古：追尋生命》，北京：北京聯合出版有限公司，2019：6-25。

7.　William Shakespeare· The Complete Works of William Shakespeare ·Lyndhurst, NJ:Barnes & Noble, Inc., 2015:670-713; 莎士比亞，《哈姆雷特》，上海：上海譯文出版社，2012。

8.　Provisional Military Government of Socialist Ethiopia Ministry of Culture, Sports & Youth Affaires· Panafrican Congress of Prehistory and Quaternary Studies·Addis Abeba,1971:275-350.

9. 　Peter Bogucki· The Origins of Human Society ·Oxford:Blackwell Publications Inc., 1999:10-35;Richard Klein· The Human Career: Human Biological and Cultural Origins ·Chicago:University of Chicago Press,2009:6-35;Chris Stringer, Robin Mckie· African Exodus: The Origins of Modern Humanity ·New York, NY:Holt Paperbacks,1998:3-24;David Christian· Maps of Time: An Introduction to Big History ·Oakland, CA:University of California Press,2011:163-200.

10. 　Yuval Noah Harari· Sapiens: A Brief History of Humankind ·London:Random House,2015:6-10; 海斯，穆恩，韋蘭，《人類簡史：從遠古到二十一世紀》，天津：天津人民出版社，2017:2-9。

11. 　Zecharia Sitchin, The 12th planet: Book 1 of The Earth Chronicles ·New York:Harper,1976:1-20。

12. 　阿諾德·湯因比，《一個歷史學家的宗教觀》，四川：四川人民出版社，1998:3-36。

13. 　Charles Horton Cooley· Social Organization ·New Brunswick, NJ:Transaction,2005:16-40;Charles Horton Cooley· Social Process ·Charleston, SC:Bibliolife, LLC,1918:78-91.

14. 　L·S·斯塔夫里阿諾斯，《全球通史》，北京：北京大學出版社，2006:4-44。

15. 　Charles Horton Cooley· Human Nature and The Social Order ·New York:Charles Scribner's Sons,1902:37-45, 265-283.

16. 　彼得·哈里森，《科學與宗教的領地》，北京：商務印書館，2016:20-46。

17. David Christian, 《時間的地圖: 大歷史導論》, Oakland,CA: University of California Press,2011:207-287.

18. 房龍, 《人類的故事》, 北京: 北京出版社, 1999:17-21, 34-36; 約翰·沃頓, 《古希伯來文明: 起源和發展》, 上海: 華東師範大學出版社, 2017:31-82; 彼得·沃森, 《思想史: 從火到佛洛伊德》, 南京: 譯林出版社, 2017:63-73; 董琨《中國漢字源流》北京: 商務印書館, 2005:16-45; 胡朴安《漢字簡史》 北京: 新世界出版社, 2017:8-63。

19.20. 21.22. 同上。

23. 馬丁·佩爾森·尼爾森, 《希臘神話的邁錫尼源頭》, 西安: 陝西師範大學出版總社, 2016:1-123; 呂克·費希, 《神話的智慧》, 台北: 台灣商務印書館股份有限公司, 2010:48-63; 讓 - 皮埃爾·韋爾南, 《宇宙、諸神與人》, 上海: 文匯出版社, 2017:11-219。

24. 蘭德爾·柯林斯, 《暴力: 一種微觀社會學理論》, 北京: 北京大學出版社, 2016:1-37。

25. 道格拉斯·C·諾斯, 約翰·約瑟夫·瓦利斯, 巴里·R·韋格斯特, 《暴力與社會秩序》, 上海: 上海格致出版社, 2013:29-58。

26. Homer, Robert Fagles, Bernard Knox,《奧德賽》, New York:Penguin Books,1997; 毗耶娑, 《薄伽梵歌》, 北京: 中國社會科學出版社, 1989:72-97; 蟻垤, 《羅摩衍那》, 北京: 人民文學出版社, 1980:95-138; 摩柯婆羅多, 北京: 中國社會科學出版社, 1993:28-73。

27. 約翰·馬歇爾, 《希臘哲學簡史》, 廣州: 世界圖書出版廣東有限公司, 2017:2-45; 北京大學哲學系外國哲學史教研室, 《古希臘羅馬哲學》, 北京: 商務印書館, 1961:3-18。

28. Ernst Cassirer, Susanne K Langer,《語言和神話》, New York:Dover Publications Inc., 2010:55-89.

29. 吉奧喬·阿甘本,《語言的聖禮》, 重慶: 重慶大學出版社, 2016:134-156。

30. 伊蒂絲·漢密爾頓,《希臘羅馬神話》, 北京: 中信出版集團股份有限公司, 2017:3-33; 凱倫·阿姆斯壯,《軸心時代》海口: 海南出版社, 2010:60-61。

31. 同上。

32. G.S. 基爾克, J.E. 拉文, M. 斯科菲爾德,《前蘇格拉底哲學家》, 上海: 華東師範大學出版社, 2014:113-214。

33. 同上。

34. G.S. 基爾克, J.E. 拉文, M. 斯科菲爾德,《前蘇格拉底哲學家》, 上海: 華東師範大學出版社, 2014:321-364。

35. 同上。

36. G.S. 基爾克, J.E. 拉文, M. 斯科菲爾德,《前蘇格拉底哲學家》, 上海: 華東師範大學出版社, 2014:365-408; 約翰·馬歇爾,《希臘哲學簡史》, 廣州: 世界圖書出版廣東有限公司, 2017; 北京大學哲學系外國哲學史教研室,《古希臘羅馬哲學》, 北京: 商務印書館, 1961:1-37。

37.38. 同上。

39. G.S. 基爾克, J.E. 拉文, M. 斯科菲爾德,《前蘇格拉底哲學家》, 上海: 華東師範大學出版社, 2014:434-506; 伯特蘭·羅素,《西方的智慧》, 北京: 中央編譯出版社, 2012:40-46。

40.41. 同上。

42. G.S. 基爾克, J.E. 拉文, M. 斯科菲爾德,《前蘇格拉底哲學家》, 上海: 華東師範大學出版社, 2014:635-680; 約翰·馬歇爾,《希臘哲學簡史》，廣州：世界圖書出版廣東有限公司，2017。

43. 約翰·馬歇爾，《希臘哲學簡史》，廣州：世界圖書出版廣東有限公司，2017:56-68；柏拉圖，《柏拉圖全集》，北京：人民出版社，2016：智者篇178-247。

44. 約翰·馬歇爾，《希臘哲學簡史》，廣州：世界圖書出版廣東有限公司，2017:69-83；柏拉圖，《斐德若篇》，北京：商務印書館，2017；柏拉圖，《會飲篇》，北京：商務印書館，2013；柏拉圖，《柏拉圖全集》，北京：人民出版社，2017；伯特蘭·羅素，《西方的智慧：從蘇格拉底到維特根斯坦》，上海：上海人民出版社，2016:49-69；柏拉圖，《蘇格拉底之死》，上海：上海譯文出版社，2011:50-240；I.F. 斯東，《蘇格拉底的審判》，北京：北京大學出版社，2015:253-318；君特·費格爾，《蘇格拉底》，上海：華東師範大學出版社，2016:11-48。

45.46.47. 同上。

48. 約翰·馬歇爾，《希臘哲學簡史》，廣州：世界圖書出版廣東有限公司，2017:92-118；柏拉圖，《柏拉圖全集》，北京：人民出版社，2016:1-7；埃里克·沃格林，《柏拉圖與亞里士多德》，南京：譯林出版社，2014:45-250；米勒，《靈魂的轉向》，上海：華東師範大學出版社，2015:139-192。

49.50.51. 同上。

52. 約翰·馬歇爾，《希臘哲學簡史》，廣州：世界圖書出版廣東有限公司，2017:119-140；埃里克·沃格林，《柏拉圖與亞里士多德》，南京：譯林出版社，2014:315-358；亞里士多德，《靈魂論及其他》，北京：商務印書館，2009:234-259；亞里士多德，《形而上學》，北京：商務印書館，1959:7、8、9、12卷；汪子嵩，《西方三大師》，北京：商務印書館，2016:260-340；約翰·居斯塔夫·德羅伊森，《希臘化史：亞歷山大大帝》，上海：華東師範大學出版社，2017:260-280，416-458。

53.54.55. 同上。

56. 約翰·馬歇爾，《希臘哲學簡史》，廣州：世界圖書出版廣東有限公司，2017:141-164；第歐根尼·拉爾修，《古希臘哲學的故事》，王曉麗譯，北京：時事出版社，2019:3-362。

57. 約翰·馬歇爾，《希臘哲學簡史》，廣州：世界圖書出版廣東有限公司，2017:140-151；伊壁鳩魯，《自然與快樂》，北京：中國社會科學出版社，2004:12-98。

58. 約翰·馬歇爾，《希臘哲學簡史》，廣州：世界圖書出版廣東有限公司，2017:154-164；章雪富，《斯多亞主義》，北京：中國社會科學出版社，2007:1-18；瑪律庫斯·奧勒利烏斯，《沉思錄》，上海：上海三聯書店，2010:20-58。

59. 西塞羅等，《懷疑的理性：西塞羅與學園柏拉圖主義》，上海：華東師範大學出版社，2017:80-168。

60. 張新樟編譯，《古代諾斯替主義經典文集》，北京：東方出版社，2017，600-670。

61. 朱熹，《周易本義》，北京：中央編譯出版社，2010，1-15；張榮明，《信仰的考古：中國宗教思想史綱要》，天津：南開大學出版社，2010:49-58;Albert M. Craig,The Heritage of Chinese Civilization,Boston: Prentice Hall,2011:51-109。

62. 凱倫·阿姆斯壯，《軸心時代》，海口：海南出版社，2010:27-35，73-78，156-165。

63. 朱熹，《孟子集注》，北京：中國社會出版社，2013；錢穆，《孔子傳》，北京：九州出版社，2011:29-87；赫伯特·芬格萊特，《孔子：即凡而聖》，南京：江蘇人民出版社，2002:18-76。

64. L. A. 貝克，《東方哲學的故事》，南京：江蘇人民文學出版社，2011:238-352；洪修平，《東方哲學與東方宗教》，南京：江蘇人民出版社，2016:350-395。

65. 孟子，《孟子》，北京：中華書局，2006:144-168；朱熹，《孟子集注》，北京：中國社會出版社，2013；高專誠，《大丈夫孟子》，桂林：灕江出版社，2017:19-68；貝塚茂樹，《孟子讀本：諸子的精神》，李斌譯，北京：北京聯合出版有限公司，2019。

66. 凱倫·阿姆斯壯，《軸心時代》，海口：海南出版社，2010:301-320；倪德衛，《儒家之道：中國哲學之探討》，南京：江蘇人民出版社，2006:97-134。

67. 鮑吾剛，《中國人的幸福感》，南京：江蘇人民出版社，2004:70-140；L. A. 貝克，《東方哲學的故事》，南京：江蘇人民文學出版社，2011:401-423。

68. 王先謙，《荀子集解》，北京：中華書局，1981:40-98。

69. 倪德衛，《儒家之道：中國哲學之探討》，南京：江蘇人民出版社，2006: 第6章；鮑吾剛，《中國人的幸福感》，南京：江蘇人民出版社，2004:13-74。

70. 老子，《道德經》，合肥：安徽人民出版社，2005；王弼，《老子道德經注》，北京：中華書局，2011:10-200。

71. 同上。

72. 老子，《道德經》，合肥：安徽人民出版社，2005；L. A. 貝克，《東方哲學的故事》，南京：江蘇人民文學出版社，2011:353-370。

73. 同上。

74. 莊周，《莊子》，呼和浩特：內蒙古人民出版社，2008；郭象，《莊子注疏》，北京：中華書局，2011:50-121。

75. 同上。

76. 莊周，《莊子》，呼和浩特：內蒙古人民出版社，2008；郭象，《莊子注疏》，北京：中華書局，2011:50-121；L. A. 貝克，《東方哲學的故事》，南京：江蘇人民文學出版社，2011:371-400；鮑吾剛，《中國人的幸福感》，南京：江蘇人民出版社，2004:13-74；南懷瑾，《莊子諵譁》，上海：上海人民出版社，2007。

77. 同上。

78. 同上。

79. 莊周，《莊子》，呼和浩特：內蒙古人民出版社，2008；荀子，《荀子》，呼和浩特：內蒙古人民出版社，2007；王先謙，《荀子集解》，北京：中華書局，1988:110-138；楊伯峻，《列子集釋》，北京：中華書局，2016:206-228。

80.81. 同上。

82. 趙守正，《管子注譯》，南寧：廣西人民出版社，1987："仁法""明法""法法""立政""七法"、"法禁""重令"篇。

83. 蒲堅，《中國法制史》，北京：中央廣播電視大學出版社，2003:50-110；楊寬，《戰國史》，上海：上海人民出版社，2016:180-250。

84. 吳起，《吳子兵法》，邱崇丙譯注，北京：中國社會出版社，2005。

85. 蒲堅，《中國法制史》，北京：中央廣播電視大學出版社，2003：第 4 章；楊寬，《戰國史》，上海：上海人民出版社，2016：第 5 章。

86. 楊寬，《戰國史》，上海：上海人民出版社，2016:203-229。

87. 蔣禮鴻，《商君書錐指》，北京：中華書局，2017:1-148；汪少炎，《鐵血與法治：商君法傳》，北京：中國政法大學出版社，2016:1-220。

88. 韓非，《韓非子》，呼和浩特：內蒙古人民出版社，2010:20-147；尼科洛·馬基雅弗利，《君主論》，北京：九州出版社，2007:37-188。

89. 同上。

90. 墨翟等，《墨子》，李小龍譯注，北京：中華書局，2007:5-140。

91.92.93. 同上。

94. 墨翟等，《墨子》，李小龍譯注，北京：中華書局，2007:140-180；徐希燕，《墨學研究》，北京：商務印書館，2001:15-88。

95. 墨翟等，《墨子》，李小龍譯注，北京：中華書局，2007:180-210；楊向奎，《墨經數理研究》，濟南：山東大學出版社，2000:26-88；楊寬，《戰國史》，上海：上海人民出版社，2016:498-585。

96. 約翰·沃頓，《古希伯來文明：起源和發展》，上海：華東師範大學出版社，2017:31-82；撒迦利亞·西琴，《眾神與人類的戰爭》，重慶：重慶出版社，2009:207-258。

97. Douglass C. North, John J. Wallis, Barry R. Weingast,Violence and Social Orders: A Conceptual Framework for Interpreting Recorded Human History, 紐約：劍橋大學出版社，2009: 29-69。

98. Raymond P. Scheindlin，《猶太人民短史：從傳說時代到現代國家》，紐約：牛津大學出版社，1998:3-12。

99. 同上。

100. John Bright，《以色列的歷史》，路易斯維爾，KY：威斯敏斯特約翰·諾克斯出版社，2000: 60-205；特倫佩爾·朗文，雷蒙德·B·狄拉德，《舊約導論》，上海：同濟大學出版社，2014:56-102；西蒙·蒙蒂菲奧里，《耶路撒冷三千年》，北京：民主與建設出版社，

2015:1-24。

101.102.103.104.105. 同上。

106. John Bright,《以色列的歷史》，路易斯維爾，KY：威斯敏斯特約翰·諾克斯出版社，2000:163-204；特倫佩爾·朗文，雷蒙德·B·狄拉德，《舊約導論》，上海：同濟大學出版社，2014；西蒙·蒙蒂菲奧里，《耶路撒冷三千年》，北京：民主建設出版社，2015：第4章；彼得·沃森，《思想史：從火到佛洛伊德》，南京：譯林出版社，2017:211-245。

107.108.109. 同上。

110. John Bright,《以色列的歷史》，路易斯維爾，KY：威斯敏斯特約翰·諾克斯出版社，2000:285-315；西蒙·蒙蒂菲奧里，《耶路撒冷三千年》，北京：民主建設出版社，2015:33-52。

111. 同上。

112. John Bright,《以色列的歷史》，路易斯維爾，KY：威斯敏斯特約翰諾克斯出版社，2000:327-412；特倫佩爾朗文，雷蒙德B狄拉德，《舊約導論》，上海：同濟大學出版社，2014:304-495；西蒙·蒙蒂菲奧里，《耶路撒冷三千年》，北京：民主建設出版社，2015:46-60。

113.114.115. 同上。

116. John Bright,《以色列的歷史》，路易斯維爾，KY：威斯敏斯特約翰·諾克斯出版社，2000:429-526；西蒙·蒙蒂菲奧里，《耶路撒冷三千年》，北京：民主建設出版社，2015:61-112；Cecil Roth,《猶太人民短史》，倫敦：東西圖書館，1969:23-100；伯納德·J·巴姆伯格，《猶太文明史話》，北京：商務印書館，2013:14-58。

117. 同上。

118. 佛洛依德，《摩西與一神教》，北京：生活·讀書·新知三聯書店，2017:23-113；西門·沙馬，《猶太人的故事》，北京：化學工業出版社，2016:8-70。

119. 安德魯·林托特，《羅馬共和國政制》，北京：商務印書館，2016:64-134，181-213，277-301。

120.121. 同上。

122. 威爾·杜蘭特，《世界文明史：凱撒與基督》，北京：華夏出版社，2010:3-60；雅各布·阿伯特，漢尼拔《布匿戰爭與地中海霸權》，北京：華文出版社，2017：1-214。

123.124.125.126.127. 同上。

128. 威爾·杜蘭特，《世界文明史：凱撒與基督》，北京：華夏出版社，2010:120-207，215-231；凱撒，《高盧戰記》，北京：商務印書館，1979:8-168；理查德·邁爾斯，《迦太基必須毀滅：古文明的興衰》，北京：社會科學文獻出版社，2016:32-512；彼得·雷森伯格，《西方公民身份傳統：從柏拉圖至盧梭》，長春：吉林出版社，2009:83-116；阿德里安·戈茲沃西，《凱撒：巨人的一生》，北京：社會科學文獻出版社，2016:300-580。

129.130.131.132.133.134.135. 同上。

136. 威爾·杜蘭特，《世界文明史：凱撒與基督》，北京：華夏出版社，2010:61-91；簡·伯班克，弗雷德里克·庫珀，《世界帝國史：權力與差異政治》，北京：商務印書館，2017:25-55。

137.138. 同上。

139. 威爾·杜蘭特，《世界文明史：凱撒與基督》，北京：華夏出版社，2010:262-291，372-400；埃利烏斯·斯巴提亞努斯等，《羅馬君王傳》，杭州：浙江大學出版社，2017:3-139。

140.141. 同上。

142. 威爾·杜蘭特，《世界文明史：凱撒與基督》，北京：華夏出版社，2010:543-565；伯納德·J·巴姆伯格，《猶大文明史話》，北京：商務印書館，2013:65-115；塔西佗，《編年史》，北京：商務印書館，1981:3-312；坎伯·摩根，《以賽亞書》，上海：上海三聯書店，2011:99-136。

143.144.145.146. 同上。

147. 凱倫·阿姆斯壯，《軸心時代》，海口：海南出版社，2010:65-72, 95-105, 398-405；威爾·杜蘭特，《世界文明史：凱撒與基督》，北京：華夏出版社，2010:569-591；James Martin，《Jesus》，紐約：HarperOne, 2016:240-460；坎伯·摩根，《使徒行傳》，上海：上海三聯書店，2012:1-240；歐尼斯特·勒南，《耶穌的一生》，北京：商務印書館，2009:150-315；Leonard Sweet; Frank Viola,Jesus: A Theography，納什維爾：Thomas Nelson,2012:109-309。

148.149. 同上。

150. 凱倫·阿姆斯壯，《神的歷史》，海口：海南出版社，2013:51-125；坎伯·摩根，《使徒行傳》，上海：上海三聯書店，2012:241-315；畢爾麥爾等，《古代教會史》，北京：宗教文化出版社，2009:14-34。

151. 威爾·杜蘭特，《世界文明史：凱撒與基督》，北京：華夏出版社，2010:262-291, 372-400；埃利烏斯·斯巴提亞努斯等，《羅馬君王傳》，杭州：浙江大學出版社，2017: 3-139。

152.153.154.155.156.157.158.159.160.161. 同上。

162. 德爾圖良，《德爾圖良著作三種》，上海：上海三聯書店，2013:15-68；趙林，《基督教與西方文化》，北京：商務印書館，2013:34-162。

163. 同上。

164. 瓦納爾·耶格爾，《早期基督教與希臘文化》，上海：上海三聯書店，2016:7-102；羅伯特·路易斯·威爾肯，《早期基督教思想的精神：尋求上帝的面》，北京：中國社會科學出版社，2011:110-210。

165. 畢爾麥爾等，《古代教會史》，北京：宗教文化出版社，2009:89-130；阿塔那修，《論道成肉身》，北京：生活·讀書·新知三聯書店，2009:28-149；梁鶴年，《西方文明的文化基因》，北京：生活·讀書·新知三聯書店，2014:17-59；《基督教早期文獻選集》，北京：宗教文化出版社，2011；W. Andrew Hoffecker, Revolutions in Worldview: Understanding the flow of western thought, Phillipsburg, NJ: P&R Publish Company, 2007:13-118, 74-135；路易斯·P·波易曼，《宗教哲學》，北京：中國人民大學出版社, 2006:99-159；安波羅修，《論基督教信仰》，北京：生活·讀書·新知三聯書店，2010:1-405。

166.167.168. 同上。

169. 章文新，《基督教早期文獻選集》，北京：宗教文化出版社，2011:278-326；W. Andrew Hoffecker,Revolutions in Worldview: Understanding the flow of western thought,Phillipsburg, NJ: P&R Publish Company, 2007:35-135；尼撒的格列高利，《論靈魂和復活》，北京：中國社會科學出版社，2017:235-303；歷代基督教信條，尼科斯選編，北京：宗教文化出版社，2010：尼西亞信經198-225。

170.171.172. 同上。

173. 奧古斯丁等，《論秩序》，北京：中國社會科學出版社，2017:51-88；奧古斯丁，《上帝之城》，上海：復旦大學出版社，2011:110-359, 1087-1161；奧古斯丁，《奧古斯丁選集》，北京：

宗教文化出版社，2010：論三位一體、自由意志、本性與恩典，36-144，159-256，257-303。

174.　同上。

175.　《歷代基督教信條》，尼科斯選編，北京：宗教文化出版社，2010：古代大公教會的信經 3-48；彼得·希瑟，《羅馬帝國的隕落》，北京：中信出版集團股份有限公司，2016:3-164。

176.　彼得·希瑟，《羅馬帝國的隕落》，北京：中信出版集團股份有限公司，2016: 167-547；本傑明·以撒，《帝國的邊界：羅馬軍隊在東方》，上海：華東師範大學出版社，2018: 134-434。

177.　《歷代基督教信條》，尼科斯選編，北京：宗教文化出版社，2010：古代大公教會的信經；彼得·希瑟，《羅馬帝國的隕落》，北京：中信出版集團股份有限公司，2016:1-3 章；愛德華·吉本，《羅馬帝國衰亡史》，北京：商務印書館，2009。

178.　同上。

179.　金觀濤，《歷史的巨鏡》，北京：法律出版社，2015:169-240；孟德斯鳩，《羅馬盛衰原因論》，北京：商務印書館，2016:1-181；威爾·杜蘭特，《世界文明史：信仰的時代》，北京：華夏出版社，2010:1-119。郭良鋆，《佛陀和原始佛教思想》，北京：中國社會科學出版社，2011:218-230；姚衛群，《印度婆羅門教哲學與佛教哲學比較研究》，北京：中國大百科全書出版社，2015:3-28; Lily Adams Beck,The Story of Oriental Philosophy,Maple Shade, NJ: Lethe Press, 2004:132-204.

180.181.182.　同上。

183.　若瑟蘭·麥克盧爾，查理斯·泰勒，《政教分離與良心自由》，南京：江蘇人民出版社，2018:78-110；畢爾麥爾等，《古代教會史》，北京：宗教文化出版社，2009:298-327；威爾·杜蘭特，《世界文明史：信仰的時代》。北京：華夏出版社，2010:767-803。

184.　同上。

185.　威爾·杜蘭特，《世界文明史：信仰的時代》，北京：華夏出版社，2010:539-637；鹽野七生，《羅馬帝國滅亡後的地中海世界》，北京：中信出版集團股份有限公司，2014:1-198；鹽野七生，《神的代理人》，北京：中信出版集團股份有限公司，2017:1-184。

186.187.　同上。

188.　威爾·杜蘭特，《世界文明史：信仰的時代》，北京：華夏出版社，2010:44-80；比爾·奧斯丁，《基督教發展史》，香港：香港種籽出版社有限公司，1991:18-64。

189.　同上。

190.　威爾·杜蘭特，《世界文明史：信仰的時代》，北京：華夏出版社，2010:104-120，820-880。

191.　同上。

192.　鹽野七生，《羅馬帝國滅亡後的地中海世界》，北京：中信出版集團股份有限公司，2014:201-241。

193.　G.K. 賈斯特頓，《方濟各傳 阿奎那傳》，北京：生活·讀書·新知三聯書店，2016:13-132；G.K. 賈斯特頓，《回到正統》，北京：生活·讀書·新知三聯書店，2011:10-128；阿爾文·J. 施密特，《基督教對文明的影響》，上海：上海人民出版社，2013:1-294；大衛·L. 瓦格納，《中世紀的自由七藝》，長沙：湖南科學技術出版社，2016:1-246。

194.195.　同上。

196.　巫白慧，《吠陀經和奧義書》，北京：中國社會科學出版社，2014:1-145。

197.　羅摩南達·普拉薩德，《九種奧義書》，北京：商務印書館，

2017；蟻垤，《羅摩衍那》，北京：人民文學出版社，1980:1-138；毗耶娑，《摩柯婆羅多：印度古代史詩》，北京：中國社會科學出版社，2005:1-98。

198.　同上。

199.　《摩奴法典》，北京：商務印書館，2011:6-277；羅摩南達普拉薩德，《九種奧義書》，北京：商務印書館，2017:124-240；伊薩瑪·泰奧多，姚治華，《梵與道：印中哲學和宗教比較研究》，北京：宗教文學出版社，2017:97-114。吠檀多哲學是基於"四吠陀""梵書""森林書""奧義書"四類經典之思考匯總。

200.201.202.203.　同上。

204.　毗耶娑，《薄伽梵歌》，北京：商務印書館，2010:31-471；室利·阿羅頻多，《薄伽梵歌論》，北京：商務印書館，2009:5-321；K.M.潘尼迦，《印度簡史》，北京：新世界出版社，2016:1-56; L. A. 貝克，《東方哲學的故事》，南京：江蘇人民出版社，2011:1-131。

205.206.　同上。

207.　凱倫·阿姆斯壯，《佛陀》，北京：生活·讀書·新知三聯書店，2014:1-200；亞當斯·貝克夫人，《釋迦牟尼傳》，北京：華文出版社，2015:1-281。

208.　同上。

209.　郭良鋆，《佛陀和原始佛教思想》，北京：中國社會科學出版社，2011:21-218；凱倫·阿姆斯壯，《軸心時代》，海口：海南出版社，2010:288-300；洪修平，《東方哲學與東方宗教》，南京：江蘇人民出版社，2016:87-260；吳汝鈞，《佛教的概念與方法》，北京：世界圖書出版公司，2015:1-258；性空法師，《四聖諦與修行的關係》，香光書鄉出版社，2003:23-170。

210.211.212.213.　同上。

214. 郭良鋆，《佛陀和原始佛教思想》，北京：中國社會科學出版社，2011:218-230；姚衛群，《印度婆羅門教哲學與佛教哲學比較研究》，北京：中國大百科全書出版社，2015:3-28；Lily Adams Beck,The Story of Oriental Philosophy.Maple Shade, NJ: Lethe Press, 2004:132-204.

215.216.217.218.219.220. 同上。

221. 舍爾巴茨基，《佛教邏輯》，北京：商務印書館，2009:10-56；Lily Adams Beck, The Story of Oriental Philosophy,Maple Shade, NJ: Lethe Press, 2004: 2-204.

222.223.224. 同上。

225. 平川彰，《印度佛教史》，北京：北京聯合出版公司，2018:2-151。

226. 商羯羅，《示教千則》，北京：商務印書館，2012:1-112；商羯羅，《自我知識》，成都：四川人民出版社，2015:3-98。

227.228.229. 同上。

230. 蔣禮鴻，《商君書錐指》，北京：中華書局，2017:1-148；汪少炎，《鐵血與法治：商君法傳》，北京：中國政法大學出版社，2016:135-221。

231. 施之勉，《漢書集釋》，台灣：三民書局股份有限公司, 2003: 漢書藝班固，《前漢書》，北京：中華書局，1998:10-85。

232. 班固，《前漢書》，北京：中華書局，1998:10-85。

233. 關志國，《道家黃老學派法哲學研究》，北京：中國社會科學出版社，2016:80-217；王中江，《根源、制度和秩序：從老子到黃老》，北京：中國人民大學出版社，2018:100-288。

234. 陸威儀，《早期中華帝國：秦與漢》，北京：中信出版集團股份有限公司，2016:52-153、230-256；辛德勇，《製造漢武帝》，北京：生活·讀書·新知三聯書店，2015:1-173；桓寬，《鹽鐵論》，北京：華夏出版社，2000:100-256。

235. 柏楊，《中國人史綱》，北京：人民文學出版社，2018:170-276；柏楊，《中國歷史年表》，北京：人民文學出版社，2012:260-321；魯惟一，《董仲舒:＜儒家＞遺產與＜春秋繁露＞》，香港：中華書局（香港），2017:87-126。

236.237.238.239. 同上。

240. 臧知非，《秦漢土地賦役制度研究》，北京：中央編譯出版社，2017:142-428。

241. 陸威儀，《分裂的帝國：南北朝》，北京：中信出版集團股份有限公司，2016:8-86, 191-213；葉秋菊，《秦漢詔書與中央集權研究》，北京：中國社會科學出版社，2016:73-147；馮友蘭，《新原道》，北京：三聯書店，2007:125-168。

242.243. 同上。

244. 曹旭，丁功誼，《竹林七賢》，北京：中華書局，2009:58-148；吉川忠夫，《六朝精神史研究》，南京：江蘇人民出版社，2012:1-83；孟澤，徐煉，《廣陵散：中國狂士傳》，北京：新星出版社，2017:1-38。

245. 同上。

246. 陸威儀，《分裂的帝國：南北朝》，北京：中信出版集團股份有限公司，2016:140-209；《中國佛教史:第二卷》，任繼愈主編，北京:中國社會科學出版社，1985:107-184;蔣維喬,《中國佛教史》，揚州：廣陵書社，2008:1-58, 89-156；高照民，《漢傳佛教高僧》，北京：宗教文化出版社，2018:1-156。

247.248. 同上。

249. 查理斯·本，《中國的黃金時代：唐朝的日常生活》，北京：經濟科學出版社，2012:1-60, 181-274；陸威儀，《世界性的帝國：唐朝》，北京：中信出版集團股份有限公司，2016:191-213；梁啟超，《中國佛教史》，上海：華東師大出版社，2017:101-262。

250. 同上。

251. 芮沃壽，《中國歷史中的佛教》，北京：北京大學出版社，2009:1-49；潘明權，《歷代宗教管理法令初探》，北京：宗教文化出版社，2017:49-166；蔣維喬，《中國佛教史》，揚州：廣陵書社，2008:99-163；蒲立本，《安祿山叛亂的背景》，上海：中西書局，2018:44-179；氣賀澤保規，《絢爛的世界帝國：隋唐時代》，桂林：廣西師範大學出版社，2014:113-340。

252.253.254.255.256. 同上。

257. 陸威儀，《世界性的帝國：唐朝》，北京：中信出版集團股份有限公司，2016:214-251；葛曉音，《唐宋八大家：古代散文的典範》，北京：北京出版社，2018:11-278。

258. 迪特·庫恩，《儒家統治的時代：宋的轉型》，北京：中信出版集團股份有限公司，2016:29-134；小島毅，《中國思想與宗教的奔流：宋朝》，桂林：廣西師範大學出版社，2014:17-154。

259.260. 同上。

261. 楊立華，《宋明理學十五講》，北京：北京大學出版社，2015:1-270；田浩，《朱熹的思維世界》，南京：江蘇人民出版社，2011:15-165；岡田武彥，《王陽明與明代儒學》，重慶：重慶出版社，2016:1-88；小島毅，《中國思想與宗教的奔流：宋朝》，桂林：廣西師範大學出版社，2014:197-270；迪特·庫恩，《儒家統治的時代：宋的轉型》，北京：中信出版集團股份有限公司，2016:97-156；芮沃壽，《中國歷史中的佛教》，北京：北京大學出版社，2009:65-94；蔣維喬，《中國佛教史》，揚州：廣陵書社，

2008:157-198；楊慶堃，《中國社會中的宗教》，成都：四川人民出版社，2016:1-83，228-264。

262.263.264.265.266.267.268.　同上。

269. 小島毅，《中國思想與宗教的奔流：宋朝》，桂林：廣西師範大學出版社，2014:51-124；楊慶堃，《中國社會中的宗教》，成都：四川人民出版社，2016:83-215；王斯福，《帝國的隱喻：中國民間宗教》，南京：江蘇人民出版社，2009:1-278；李志明，《傳統中國家族組織的公法職能》，北京：中國政法大學出版社，2016:1-219；李承貴，《儒士視域中的佛教》，北京：宗教文化出版社，2007:475-575。

270.271. 同上。

272. 李約瑟，《中國科學技術史》，北京，上海：科學出版社，上海古籍出版社，1999：“作者的話”13-23；李約瑟，《文明的滴定：東西方的科學與社會》，北京：商務印書館，2017:280-311；西蒙·溫徹斯特，《愛上中國的人：李約瑟傳》，北京：北京出版社，2016:1-305；Lerome Bernard Cohen，《Revolution in Science》,Cambridge, Ma: Harvard University Press，1985:105-261；赫伯特·巴特菲爾德，《現代科學的起源》，上海：上海交通大學出版社，2017:136-149。

273. 李志明，《傳統中國家族組織的公法職能》，北京：中國政法大學出版社，2016:59-220；聖凱，《中國佛教信仰與生活史》，南京：江蘇人民出版社，2016:59-69，184-193，229-255，296-301；韓德林，《行善的藝術：晚明中國的慈善事業》，南京：江蘇人民出版社，2015:10-350；夏伯嘉，《利瑪竇：紫禁城裡的耶穌會士》，上海：上海古籍出版社，2012:1-317；段世磊，《耶穌會在東方的教育活動研究（1549-1650）》，上海：上海遠東出版社，

2019:77-229。

274.275.　同上。

276.　趙林，《基督教與西方文化》，北京：商務印書館，2013:163-198；威爾·杜蘭特，《世界文明史：信仰的時代》，北京：華夏出版社，2010:820-963；W·安德魯·霍菲克，《世界觀的革命：理想西方思想流變》，北京：中國社會科學出版社，2010:148-189。

277.　托馬斯·阿奎那，《神學大全》，北京：商務印書館，2013:1-194；G·K·賈斯特頓，《方濟各傳阿奎那傳》，北京：生活·讀書·新知三聯書店，2016:149-288。

278.279.　同上。

280.　威爾·杜蘭特，《世界文明史：文藝復興》，北京：華夏出版社，2010:50-66，333-344。

281.　威爾·杜蘭特，《世界文明史：文藝復興》，北京：華夏出版社，2010:1-133，159-209，350-482；但丁，《神曲》，呼和浩特：內蒙古人民出版社，2010；伊拉斯謨，《愚人頌》，南京：譯林出版社，2011:1-100。

282.283.　同上。

284.　詹姆斯·基特爾森，《改教家路德》，北京：中國社會科學出版社，2009:61-228；蒂莫西·喬治，《改教家的神學思想》，北京：中國社會科學出版社，2009:42-86，153-228；雅克·巴爾贊，《從黎明到黃昏》，北京：中信出版集團股份有限公司，2013:1-254；《歷代基督教信條》，尼科斯選編，北京：宗教文化出版社，2010:19-265。

285.286.287.　同上。

288.　斯蒂芬·高克羅傑，《科學文化的興起》，上海：上海交通大學出版社，2017:3-240；赫伯特·巴特菲爾德，《現代科學的起源》，上海：上海交通大學出版社，2017；牛頓，《自然哲學之數學原理》，北京：北京大學出版社，2006：總釋之宇宙體系附錄，78-172；大衛·林德伯格，《西方科學的起源》，長沙：湖南科學技術出版社，2013:193-279。

289. 同上。

290. 斯蒂芬·高克羅傑，《科學文化的興起》，上海：上海交通大學出版社，2017:440-537；柯利弗德·A. 皮克奧弗，《從阿基米德到霍金》，上海：上海科技教育出版社，2014:1-44；Margaret J. Osler, Reconfiguring the World:Nature,God and Human Understanding from the Middle Ages to Early Modern Europe,Baltimore:Johns Hopkins University Press,2010:7-118.

291. 同上。

292. 亞·沃爾夫，《十六、十七世紀科學、技術和哲學史》，北京：商務印書館，2009:69-90；愛德溫·亞瑟·伯特，《近代物理科學的形而上學基礎》，長沙：湖南科學技術出版社，2012:1-11，243-279；趙林，《在上帝與牛頓之間》，北京：東方出版社，2007:6-48；亞歷山大·柯瓦雷，《牛頓研究》，北京：商務印書館，2016:283-287；約拿單·艾特肯，《奇異恩典：約翰·牛頓傳》，北京：中國社會科學出版社，2010:1-268。

293. 同上。

294. 沃爾德倫，《上帝、洛克與平等：洛克政治思想的基督教基礎》，北京：華夏出版社，2015:1-302；葛列格·福斯特，《從洛克出發》，哈爾濱：黑龍江教育出版社，2017:1-215。

295.296. 同上。

297. W·安德魯·霍菲克，《世界觀的革命：理想西方思想流變》，北京：

中國社會科學出版社, 2010:240-289; 盧梭, 社會契約論》, 北京: 商務印書館, 2003:18-31; 盧梭, 《論人類不平等的起源和基礎》, 北京: 商務印書館, 1962:72-104; 卡羅爾·布拉姆, 《盧梭與美德共和國: 法國大革命中的政治語言》, 北京: 商務印書館, 2015:2-89。

298. W·安德魯·霍菲克, 《世界觀的革命: 理想西方思想流變》, 北京: 中國社會科學出版社, 2010:301-331; 康德, 《純粹理性批判》, 北京: 商務印書館, 1960:15-63。

299. 羅傑·奧爾森, 《基督教神學思想史》, 上海: 上海人民出版社, 2014:387-556; 鍾馬田, 《清教徒的腳蹤》, 北京: 華夏出版社, 2011:2-334; 喬治·馬斯登, 《復興神學家愛德華茲》, 北京: 中國社會科學出版社, 2012:311-601。

300.301.302. 同上。

303. 約翰密爾,《論自由》,北京: 商務印書館,2009:18-111; 約翰穆勒,《政治經濟學原理》, 北京: 商務印書館, 2009:37-80, 229-266, 273-280; 亞當·斯密, 《國富論》, 北京: 商務印書館, 2015:3-92, 261-358; 亞當·斯密, 《道德情操論》, 北京: 商務印書館, 1997:97-114, 351-402。

304.305.306. 同上。

307. 吉爾貝·李斯特, 《發展史: 從西方的起源到全球的信仰》, 北京: 社會科學文獻出版社, 2017:67-113, 397-407; L·S·斯塔夫里阿諾斯, 《全球通史: 從史前史到21世紀》, 北京: 北京大學出版社, 2006:765-804; 亞瑟·赫爾曼, 《蘇格蘭: 現代世界文明的起點》, 上海: 上海社會科學院出版社, 2016。

308. 同上。

309. 托克維爾, 《舊制度與大革命》, 北京: 商務印書館, 1992:99-

175；露絲·斯科爾，《羅伯斯皮爾與法國大革命》，北京：商務印書館，2015:233-451；卡爾·施密特，《政治神學》，上海：上海三聯書店，2013:13-72。

310. 托克維爾，《論美國的民主》，北京：商務印書館，1989:72-120，215-243，369-400，569-599；傑瑞·紐科姆，《聖經造就美國》，上海：復旦大學出版社有限公司，2017:11-321；查理斯·比爾德，《美國文明的興起》，北京：北京時代華文書局，2017:26-571。

311. 丁建弘，《德國通史》，上海：上海社會科學院出版社，2002；黑格爾，《歷史哲學》，上海：上海書店出版社，2001:1-410；黑格爾，《邏輯學》，北京：商務印書館，2009:1-164；阿維納瑞，《黑格爾的現代國家理論》，北京：知識產權出版社，2016:1-143；馬克思，《資本論》，上海：上海三聯書店，2013:1-25；尼采與基督教：尼采的《敵基督》論集，劉小楓編，北京：華夏出版社，2014:1-58；尼采，《論道德的譜系》，北京：商務印書館，2016:15-196；尼采，《敵基督者——對基督教的詛咒》，北京：商務印書館，2016:3-104；恩斯特·凱西爾，《國家的神話》，北京：華夏出版社，2015:229-358。

312.313. 同上。

314. C.G. 普拉多，《從笛卡爾出發》，哈爾濱：黑龍江教育出版社，2017:42-145；亞當·斯密，《國富論》，北京：商務印書館，2015,16-92。

315. 約瑟夫·熊彼得，《經濟發展理論》，北京：商務印書館，1990:85-108，109-145，242-290；約瑟夫·熊彼得，《經濟分析史》，北京：商務印書館，1996:3-90。

316. 同上。

317. Robert G. Picard, The Economics and Financing of Media Companies, 紐約: Fordham University Press,2011,8-78;Robert G. Picard、Steven S. Wildman,Handbook of the Economics of the Media,2015:1-226.

318. 同上。

319. Stephen Bell、Andrew Hindmoor, Master of the Universe, Slaves of the Market, 劍橋, 麻塞諸塞州: 哈佛大學出版社, 2015:4-111, 147-185, 286-319; Robert B. Reich,The Common Good, 紐約: Alfred A. Knopf,2018:3-72。

320.321.322.323.324. 同上。

325. 托馬斯·皮凱蒂, 《21 世紀資本論》, 北京: 中信出版集團股份有限公司, 2014:1-48; 約瑟夫 E·斯蒂格利茨, 《自由市場的墜落》, 北京: 機械工業出版社, 2017:10-76。

326. 同上。

327. 伯頓·費爾德曼, 《諾貝爾獎: 天才、爭議與榮耀的歷史》, 長沙: 湖南科學技術出版社, 2016:379-434; 《自然雜誌》編輯部, 《諾貝爾自然科學獎全解讀（2005-2015）》, 上海: 上海大學出版社, 2016:3-380。

328. 鄧尼斯·亞歷山大, 《重建範型: 21 世紀科學與信仰》, 上海: 上海人民出版社, 2014:290-417; 保羅費耶阿本德,《科學的專橫》, 北京: 中國科學技術出版社, 2018:1-124。

329. 理查德·道金斯, 《上帝的錯覺》, 海口: 海南出版社, 2017:245-312; 阿利斯特·E·麥克格拉思, 《科學與宗教引論》, 上海: 上海人民出版社, 2008:79-115。

330. 讓 - 皮埃爾·盧米涅, 《黑洞與暗能量》, 北京: 人民郵電出版社, 2017:261-273, 386-416; 布萊恩·克萊格, 《萬有引力》, 海口:

海南出版社，2017:136-179；西蒙·辛格，《大爆炸簡史》，長沙：湖南科學技術出版社，2018:302-392；布萊恩·克萊格，《量子糾纏》，重慶：重慶出版社，2018:1-200。

331. 同上。

332. 維特根斯坦，《邏輯哲學論》，北京：商務印書館，2009:25-104；高宣揚，《存在主義》，上海：上海交通大學出版社，2016。

333. 同上。

334. 理查德·羅蒂，《實用主義哲學》，上海：上海譯文出版社，2009:1-28；威廉詹姆士，《實用主義：某些舊思想方法的新名稱》，北京：商務印書館，2009: 92-154。

335. 同上。

336. 普魯特、金盛熙，《社會衝突：升級、僵局及解決》，北京：人民郵電出版社，2013:112-186。

337. 尼布林，《人的本性與命運》，北京：宗教文化出版社，2011:196-257, 279-398；R.尼布林，《道德的人與不道德的社會》，貴陽：貴州人民出版社，2009:2-48。

338.339. 同上。

340. 馬克斯·韋伯，《新教倫理與資本主義精神》，北京：生活·讀書·新知三聯書店，1987:3-149。

341. F.A. 耶克，《通往奴役之路》，北京：京華出版社，2000:1-240。

342. 同上。

343. Franz-Xaver Kaufmann，比較福利國家。台北：巨流圖書有限公司，2006:51-276；羅伯特·希格斯，《反利維坦：政府權力與自由社會》。北京：新華出版社，2016:3-34。

344. 同上。

345. Franz-Xaver Kaufmann，比較福利國家。台北：巨流圖書有限公司，2006:51-276；羅伯特·希格斯，《反利維坦：政府權力與自由社會》，北京：新華出版社，2016:3-34；湯姆·戈·帕爾默，《福利國家之後》，海口：海南出版社，2017。

346. 同上。

347. 理查德·道金斯，《魔鬼的牧師：關於希望、謊言、科學和愛的思考》，北京：中信出版集團股份有限公司，2016:7-67；理查德·道金斯，《自私的基因》，北京：中信出版集團股份有限公司，2018:1-300；比爾·梅斯勒，《生命的誕生：我們究竟來自哪裡》，北京：人民郵電出版社，2017:11-259；Francis S. Collins, The Language of God: A scientist presents evidence for belief. New York: Free Press INC., 2007:75-110, 139-166.

348. 同上。

349. 喬治·扎卡達基斯，《人類的終極命運：從舊石器時代到人工智能的未來》，北京：中信出版集團股份有限公司，2017: 205-299。

350. 約翰·R·麥克尼爾，《太陽底下的新鮮事：20 世紀人與環境的全球互動》，北京：中信出版集團股份有限公司，2017:17-332。

351. 同上。

作　者	何道峰
策　劃	拇指工作室
主　編	Michelle Lee
責　編	Chuk Yu
設　計	王棟尼
排　版	吳江濤
出　版	人文出版社（香港）公司
網　址	http: //www.hphp.hk
電　郵	info@hphp.hk
印　刷	中華商務彩色印刷有限公司
版　次	2023 年 10 月初版
分　類	歷史哲學
I S B N	978-988-74703-5-9
定　價	HK$178　NT$698　US$23
發　行	香港聯合書刊物流有限公司
	台灣貿騰發賣股份有限公司

Facebook　　　　　　Wechat